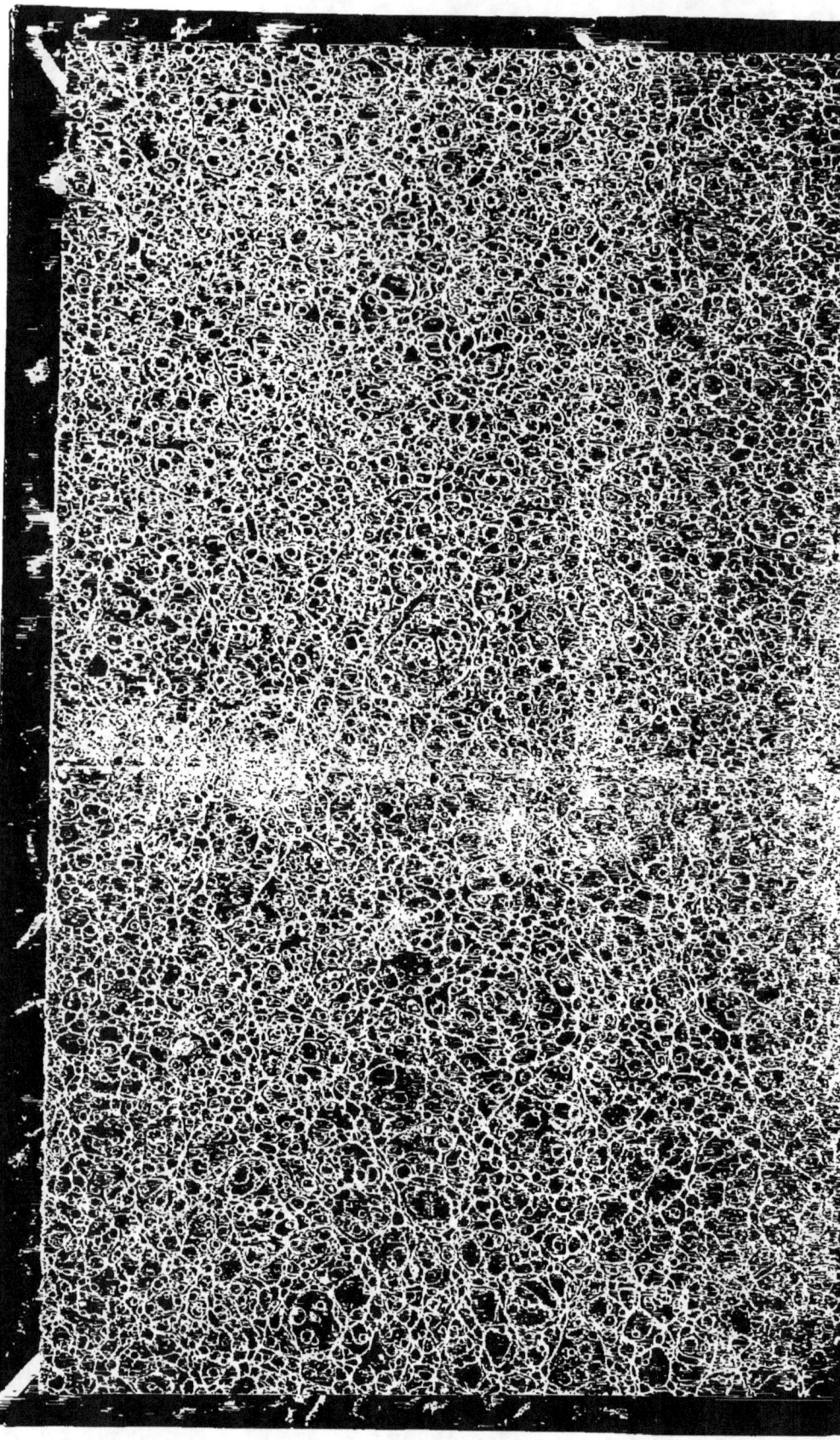

Larrey

L'EMPIRE.

IMPRIMERIE DE E.-J. BAILLY,
Place Sorbonne, 2.

HISTOIRE
DE
L'EMPIRE

1804 — 1814

PAR

DELANDINE DE SAINT-ESPRIT

Napoléon.

PARIS.

MALLET ET Cie, ÉDITEURS,

RUE DE L'ABBAYE, 9 et 11.

M DCCC XLIII

INTRODUCTION.

Napoléon, le grand homme de l'histoire contemporaine, fut l'homme de la nécessité, et non l'homme de la patrie; il jouit pendant dix années d'une puissance enlevée par surprise. L'exaltation et l'ambition lui avaient dessiné un horizon; il s'y plaça, et, appuyé sur son épée, il se souleva et atteignit les annales du monde.

« La force est toujours la force; l'enthou-
« siasme n'est que l'enthousiasme; mais la
« persuasion reste et se grave dans les
« cœurs. »

Ces paroles de Bonaparte ont formulé le programme de sa vie d'empereur : la destruction de sa force éteignit l'enthousiasme ; la persuasion nationale qu'il ne pouvait pas rendre la France heureuse, le fit tomber.

La république lui donna un drapeau, le consulat un piédestal ; l'empire plaça un globe dans sa main ; la restauration un écueil sous ses pas.

Il croyait à la fortune de son étoile ; son esprit était empreint du beau idéal de la gloire, il s'en nourrit jusqu'à son dernier soupir.

Le panégyrique de Napoléon est dans ses institutions plutôt que dans ses victoires ; les unes sont restées et fructifient, les autres ont coûté du sang et n'ont rien laissé ; et pourtant, par une anomalie du siècle, le peuple qui a tant pleuré en élevant ses trophées, aujourd'hui n'exalte qu'eux.

Napoléon, tout en répudiant les principes révolutionnaires, s'est incarné avec eux. L'Europe et l'Asie sont encore vibrantes de ses proclamations ; il sembla faire revivre l'empire de Charlemagne, tout en sapant les vieilles dynasties. Des sceptres furent à ses pieds ; des princes vinrent à son bivouac, implorer, après les batailles, les couronnes que la serre de l'aigle avait enlevées ; il les déposa sur ces fronts humiliés.

Le fils de la révolution, d'une main jeta au sol les germes de la liberté ; de l'autre il les étouffa avec son sabre. Napoléon semblait s'écrier : « Je veux ! je serai ! à moi « l'avenir ! je découvre l'univers !..... on « n'avait rien vu avant moi ; le monde m'attendait ! »

Dans le triomphateur, il y a deux natures : la première ouvre une voie nouvelle au présent, la seconde a failli au passé. Un jour, il cherche à conquérir la sanction du temps ; un autre jour, il se rit des siècles, et s'empare du progrès pour se pousser en avant.

Dans son ascension, il a un instinct prophétique. Napoléon s'éblouit, il est dans l'ivresse ; mais, arrivé au faîte des grandeurs ; il tombe, et l'optique de l'orgueil est brisé sur un tombeau.

Le sépulcre est le creuset où se rectifient les renommées ; ce qui doit être enregistré par les âges surgit au-dessus de la vie ; c'est une lumière sans éclipse. Une gerbe se déploie sur le catafalque de Napoléon : ce sont ses traités de paix et ses institutions, qui ont agrandi la France et avancé la civilisation.

L'année 1797 vit le traité de Campo-Formio ; ce traité amassa des territoires sous ses drapeaux. 1801 donne la paix à l'Église par un concordat, et le repos aux peuples par le traité de Lunéville. 1802 voit faire un pas à l'intelligence humaine : la création des écoles primaires s'unit aux bienfaits d'une diplomatie de pacification ; l'amnistie des émigrés, le traité de paix d'Amiens, la création de la Légion-d'Honneur deviennent les banderolles de la gloire. 1803 s'ouvre par l'union américaine, et 1804 par la promulgation du Code civil.

A cette époque, Bonaparte avait mis ses trophées en faisceau : Montenotte, Millesimo, Mondovi avaient jeté à l'Europe leur son d'airain ; Altenkirchen, Rastadt, Castiglione et Neresheim pavoisèrent la patrie d'étendards ; puis le pas de charge marqua la conquête de Wurtzbourg, de Bassano, d'Arcole et de Rivoli. Aux Pyramides, à Sedyman, à Samhoud, les siècles sont réveillés par le houra de la France. Le camp français est posé devant Pfullendorf et Stockbach, et leurs murailles croulent; Magnano, Cassano, Bassignana tressaillent, chancellent et tombent; l'armée les foule et va plus loin.

Les triomphes d'Orient ne donnent pas trêve aux rois de l'Occident; Napoléon et ses soldats combattent à la fois sur tous les sols: Bergen, Dietikon et Kastribkum font plier la herse de leurs remparts. La carrière n'est pas remplie; une autre moisson de gloire est faite à Fossano, à Engen, à Moeskirch et à Biberach. La tente consulaire est couronnée des palmes de Montebello, d'Hoschtedt et de Marengo.

Ces batailles donnent le dernier salut au nom de Bonaparte; l'ère de Napoléon va s'ouvrir.

L'empire se pose: le traité de la confédération des États du Rhin signale la marche de la grande armée; cette marche enveloppe les champs de bataille d'Austerlitz, d'Iéna, de Friedland, d'Esling, de Wagram, de Sainte-Euphémie et d'Auerstadt. Les peuples font une halte, puis ils reprennent les armes et viennent lutter à Medina et à Vimeiro. Ce n'est pas encore assez : les combats d'Espinosa, de Tudela, de Médélin et d'Oporto donnent des fleurons à nos baïonnettes. Le nord comme le midi paie encore une fois des tributs à la grande épée de Napoléon : Sacile, Abensberg, Eckmulh, font faire un pas de plus aux victoires de l'empire. Notre armée avance toujours; elle prend Esling, Raab, Enzersdorff, et va bivouaquer sur le champ de Wagram.

Le *Te Deum* est incessant : il retentit pour la prise de Talavera-la-Reyna, il sonne pour la soumission d'Ocana, de Busaco ; il éclate pour la reddition de la Gebora et des Arapilès : ses sons deviennent un glas pour les populations détruites de Sagonte.

Les houras de guerre se répercutent ; ils vont se perdre dans les régions glacées. Smolensk, Polotsk et la Moscowa vibrent du cri déchirant de l'aigle ; ce cri fait encore tressaillir l'Europe à Malojaroslawetz, à Wiazma, à Lutzen. L'armée mutilée le suit.

L'aigle blessé plane encore ; il secoue des foudres à Dresde, à Hanau et à Leipsick. Partout c'est un adieu de gloire, partout c'est un salut de sang : Vittoria, la Rothière, le Mincio, Orthez et Craonne proclament l'agonie d'une armée.

La campagne de France s'ouvre avec sa gloire de revers : Montereau, Montmirail, Champ-Aubert, jettent de dernières lueurs sur nos armes.

Le colosse se repose ; il se relève un moment et s'abat : c'est Waterloo qui reçoit sa chute ; de cette chute devait jaillir du feu ; l'avenir l'absorbe.

Ainsi l'Empire, cette grande page d'un siècle, ce volcan du sol de France, ouvre son cratère, lance sa lave et s'éteint.

Le temps a passé ; la postérité a commencé pour Napoléon. Le monde est las des grandeurs et du bruit. Il s'écrie devant la tombe du conquérant : « Quoi ! cette dépouille pa-
« rée pour paraître grande, est celle qui
« naguère dominait, sous la simple capote

« des camps, toute la splendeur des monar-
« ques !

« Comment ! c'est là cette renommée,
« cette personne, cette race, pour qui l'Eu-
« rope battait des mains ! dont on aurait payé
« un cheveu, un sourire, un regard du sacri-
« fice de l'existence ! »

De la cendre, c'est tout ;..... les rois s'en vont : les âges qui s'écoulent résument les âges antérieurs. Ce qui existe nous réfléchit ce qui a existé. « Par les uns, nous dit Ho-
« mère, on peint les autres. » C'est la parole future qui se coordonne avec la voix des siècles. On écoute et on apprend.

Les générations ont décru sous les pas de Napoléon. La société a remonté à une vie nouvelle. Mais les peuples, dans leur émancipation, sont devenus inhabiles à vivre de la vie sociale. Le mouvement est incohérent ; les progrès ont mis en faisceau un amas de charpente sans ouvriers pour bâtir..... et dans le présent, on ne voit plus ce qui sera.

EXPOSITION.

LE BLOCUS CONTINENTAL.

Le blocus continental était l'étendard levé, c'était la déclaration de guerre, c'était l'action, le bras d'une transmission de crainte, qui remplit les fastes du consulat et de l'empire; en étudiant ses rapports, ses ramifications, on s'initie à la politique qui a agité tous les royaumes; c'est le phare sur l'écueil.

Les revers éclairent l'expérience, ils mitigent l'orgueil des hommes qui s'élèvent, ils relèvent les peuples qui se courbent. Suivons donc l'histoire du coup d'Etat qui a rempli les destinées napoléoniennes.

La lutte de la France et de la Grande-Bretagne

était incessante, on aurait dit que les Anglais avaient entendu bruire à leurs oreilles la harangue de Démosthène pour la Chersonèse.

« Faites attention, Athéniens, que vous courez
« le risque le plus grand qu'ait couru aucun peu-
« ple de la Grèce. Le dominateur ne pense pas
« seulement à vous soumettre, mais à vous dé-
« truire; vous n'êtes pas faits pour servir, vous
« êtes trop accoutumés à commander. Il sait qu'à
« la première occasion, vous lui donnerez plus
« de peine que toute la Grèce ensemble. »

En effet, l'Angleterre, en traversant les entreprises du premier consul, lui avait donné à elle seule plus de peine que l'Europe entière sous les armes. Il sentit qu'il ne pourrait jamais jouir en paix de son ovation, tant que le cabinet de Saint-James aurait de l'influence, et il n'eut rien tant à cœur que de dissoudre cette prépondérance qui agrandissait la destinée d'un peuple au préjudice de sa propre gloire.

Alors tous les moyens furent trouvés bons, tous furent employés pour abattre un sceptre qui entravait son élévation et empêchait sa suprématie de prendre son essor.

C'est alors que le système continental fut créé et prit cours; Bonaparte chercha à jeter l'interdit sur le commerce anglais ; il somma les Etats de ne plus correspondre avec la Grande-Bretagne.

Le monde entier pesa les lois de Napoléon et les subit; un décret « déclara de bonne prise tout « bâtiment qui se trouverait chargé en tout ou « partie de marchandises anglaises, quel qu'en « fût le propriétaire. » Il interdisait « l'approche « des ports de la France à tout navire neutre qui « aurait touché les côtes de l'Angleterre ; » et ordonnait « de mettre à mort tout marin de nation « neutre qui se trouverait sur un bâtiment an- « glais. »

On aurait dit que l'ère de 1793 n'était point finie...

La Grande-Bretagne entra profondément dans la haine : la liberté des mers, les libertés publiques furent faussées par le génie de la guerre ; on combattait sans apitoyance, on se plaçait avec rage en dehors des nations civilisées.

Ainsi tout ce qui venait de la rive anglaise était repoussé et brûlé ; les douanes avaient établi un cordon infranchissable, non seulement en France, mais dans les royaumes circonvoisins.

La Hollande, l'Italie, l'Espagne et le Portugal se soumirent. Plus de relations commerciales, plus de chances pour vendre et trafiquer dans les ports des États libres. Bonaparte avait lancé ses firmans, et ses firmans allèrent jusqu'à boucher à l'Angleterre le passage des Dardanelles avec les escadres du Divan.

La diplomatie s'enflamma; les têtes des hommes d'État fermentèrent.

Les États-Unis résistèrent : des captures furent faites, et devant le vouloir de Napoléon, le pays de la première indépendance perdit sa liberté : l'homme-combat, et comme consul et comme empereur, donna partout une consigne, elle fut observée.

Il traîna devant toutes les populations son épée conquérante; cette épée l'avait créé chef d'une nation de trente millions d'habitans, tous de races guerrières. Cette attitude impressionna le siècle, et le siècle fut tout au système continental.

Les ministres anglais suivirent pas à pas les préparatifs qu'une domination universelle avait entrepris; cette ligue gigantesque s'avançait, se repliait, et contournait les événemens, selon l'intérêt et l'action d'une politique ombrageuse; c'était une réunion de griefs, de lois, de réglemens, dont le but était toujours un vif ressentiment contre l'Angleterre.

Dans cette ligue, la République française avait

déjà appelé à elle la République ligurienne et la République helvétique : elle convoqua la Westphalie et le Danemarck ; ces puissances amenèrent leur pavillon à bord des frégates françaises pour prendre le mot d'ordre.

Cette fédération faussait les idées et asservissait les peuples. Le mal fit fausse route, il ne releva ni les princes, ni les Etats.

Dans ce conflit, le prince laïque, Talleyrand-Périgord, ex-évêque d'Autun, fut consulté ; il dirigea avec plus d'ardeur encore les apprêts du blocus continental. Mais ce maître en diplomatie eut beau avoir recours aux artifices, pour colorer les avantages que les empires devaient retirer en fermant leurs ports aux Anglais, le voile était léger, on vit au travers, et on reconnut que l'intérêt général était sacrifié pour en servir un seul.

Le système continental fut tamisé par tous les partis, il n'en sortit rien de pur ; c'était des mesures d'une unité oppressive, appuyées par des mesures d'envahissement, et toujours la voie de la domination était agrandie : le blocus continental était le prétexte ; le but était de changer les constitutions des gouvernemens, pour établir des royaumes de famille.

Ainsi, par des lois votées à la suite de nos drapeaux, les puissances de la confédération du Rhin plièrent le genou devant deux frères de Bonaparte qui portaient couronne, et qui surveillaient l'exécution de ses ordres.

Napoléon, sous l'aspect de la neutralité, voulut réorganiser un ordre dynastique, et subordonner tous les pouvoirs au pouvoir de l'Empire: tant que la gloire parla, il réussit; mais quand la vénalité s'en mêla, il n'avança plus.

Bientôt la politique plaça près des vieilles monarchies, des garnisaires armés; mais cet appareil des sergens du fisc ne releva point la moralité du système continental, il l'abaissa : la lime du droit des nations ne mord pas sur l'acier.

Cependant la couronne de Suède avait ressenti une secousse: la France faisait particulièrement surveiller les négociations de cette puissance avec l'Angleterre. Napoléon livra son secret au prince de Ponte-Corvo.

Bernadotte louvoya autour du sceptre de la Suède, avant d'y porter la main. Là, l'Empereur s'apprêta non seulement à maintenir le blocus continental, mais il résolut de faire décréter, par le canal de la Suède, la guerre à la Grande-Bretagne, par toutes les puissances qui étaient encore en paix.

Ce fut l'un des anneaux de la chaîne des potentats : il fallut opter entre une guerre océanique, ou une guerre sur le terrain des vieilles luttes.

La Suède hésita: cette ancienne reine du Nord vit que Napoléon voulait faire d'elle une vassale ; il exigeait une obéissance passive, il mettait en réquisition ses soldats, sa marine, son argent et une rançon de deux mille matelots, et avant de connaître si une prise de possession conviendrait aux Suédois, il fit proclamer comme avant-garde de la souveraineté le système continental, et dirigea dans les ports de la Suède les douaniers à la cocarde tricolore.

Devant cet empiétement offensif, la Suède tint un congrès populaire : chaque paysan sortit de ses vallées pour déposer son vote, et pourtant jamais gouvernement ne fut régi sous des formes plus absolues.

Gustave IV avait hérité d'un sang bouillant et brave, sa franchise, l'élévation de son âme en avaient fait un ennemi de Napoléon. Ce prince ne l'appelait pas autrement que « l'assassin du duc d'Enghien, » et quand le maître des légions de France convoqua à Erfurt, sur un champ de victoire, les puissances belligérantes, Gustave IV dédaigna de se trouver aux conférences.

Napoléon voulut connaître si la fierté de ce petit potentat ne s'abaisserait pas devant un joyau de la couronne, il lui fit offrir une portion du Danemarck. Gustave IV fit aussitôt connaître au prince régnant les propositions de l'Empereur, et mit à la disposition du Danemarck, en cas d'attaque, les forces de la Suède. Ce caractère noble et grand était pour Napoléon une défaite morale, il ne les aimait pas!...

Napoléon, depuis ce temps, conserva contre Gustave IV un levain, il résolut de détruire ses États, et bientôt il décida l'empereur Alexandre à envahir la Suède. Les liens du sang n'arrêtèrent point l'autocrate du Nord. La Finlande devint la possession des Russes, et toujours les Russes s'avançaient.

Gustave voulut combattre, quoique réduit, le joug blessait sa fierté; il y avait de la vie au cœur chez ce roi, il voulut s'en aider: il fit un appel à l'honneur, mais l'honneur resta froid.

Les patriotes suédois étaient gagnés; ils préférèrent plier sous l'étranger qu'obéir à un prince qui sentait sa dignité.

Les mécontens voyaient à leur tête le major-général Adlercrutz. Ce seigneur démocrate fit des représentations humiliantes; Gustave tira son épée ; le major osa le désarmer, c'était dire qu'il n'était plus roi. « Sire, souvenez-vous, dit le con- « juré, que votre épée vous a été donnée pour « la tirer contre les ennemis de la patrie, et non « contre les vrais patriotes, qui ne veulent que « le bonheur de la Suède. »

De ce moment, le roi fut retenu prisonnier, et enfermé à Drontingholm ; il paya sa liberté par une abdication et par l'exil.

Le duc de Sudermanie, son oncle, fut nommé régent, puis il fut élu roi sous le nom de Charles XIII.

La Suède n'en fut pas plus heureuse : le blocus continental était le cauchemar des nations, il fallait le subir ; et au réveil, il durait encore.

Napoléon ne s'était point ralenti dans ses prohibitions. Ses décrets frappaient toujours : bientôt les denrées coloniales furent mises à l'index de sa politique ; l'usage du café parut suspect, on torréfia la chicorée, on jeta dans les alambics la fève d'Arabie, on en composa un sirop aromatique ; on eut aussi besoin de remplacer l'indigo ; la gaude et le pastel établirent un bleu rival ; mais il n'y eut de transfusion imitative ni pour le chocolat ni pour le quinquina ; l'écorce de marronnier et les sucs les plus amers ne purent y suppléer. Les déjeuners stomachiques et les guérisons de la fièvre furent suspendus pour les fortunes modestes. Le tarif des denrées d'outre-mer fut excessif; le prix de la livre de sucre s'éleva à plus de six francs, et le suc de la betterave fut distillé. Les étoffes de coton devinrent d'un prix plus élevé que les étoffes de soie; les besoins de la vie, les goûts, les habillemens, tout fut proscrit, tout subit les rigueurs du blocus continental.

Les marchandises anglaises furent brûlées par masse en Hollande et sur les bords de la Baltique: c'était un vandalisme qui encourageait la contrebande; ces objets déclarés de bonne prise, auraient pu être répartis dans les hôpitaux et vêtir le pauvre; tout fut violent, rien ne fut humain. La vénalité seule eut voix.

Le monopole s'établit; on vendit des *licences*; c'était le droit de trafiquer à ciel ouvert; c'était le privilége de la fraude. Les villes anséatiques furent remplies de marchés honteux; Hambourg, Brême, Lubeck formèrent des comptoirs d'infraction légale. Les rois ne pouvaient violer le système continental, mais les favoris de l'Empire avaient la prérogative de le faire.

Les événemens du Nord se pressaient; la mort de Christiern Auguste de Holstein-Augustembourg, prince royal de Suède, laissait une voie à l'ambition ; un congrès secret fut tenu et protégé par la France : trois noms furent jetés dans l'urne des aspirans; c'étaient le roi de Danemarck, le duc d'Oldembourg et le prince de Ponte-Corvo.

L'élection parut indépendante, elle ne fut que forcée : le prince de Ponte-Corvo sortit triomphant du ballotage; Charles-Jean Bernadotte fut appelé par les États-Généraux à la succession du trône de Suède.

Napoléon qui avait donné la main à son frère d'armes pour monter au trône, en fut bientôt jaloux; il dit avec dépit : « En donnant mon « consentement, j'éprouvai un arrière-instinct « qui me rendait la chose désagréable et pé- « nible. »

Cet arrière-instinct fermenta, la franchise manqua, et de sourdes menées environnèrent les lettres d'émancipation que Bernadotte reçut et de la France et de la Suède.

Napoléon alla jusqu'à dire à ses confidens : « Quand Bernadotte aura cinquante mille hom- « mes à ses ordres, il les emploiera à me faire la « guerre. »

Il semblait que les événemens de 1813 lui étaient révélés... Charles-Jean vint prendre congé de l'Empereur : on vit alors dans un refus authentique du nouvel élu tout ce qu'on avait à redouter; il ne consentit point à signer l'engagement de ne jamais prendre les armes contre la France, il trouvait que c'était blesser l'indépendance d'une nation; il fit ainsi connaître qu'il y avait dans son âme des restrictions princières. « Partez, que vos destinées s'accomplissent, » tels furent les adieux de Napoléon. Ces mots, prononcés d'une voix étouffée, étaient le pressentiment de l'avenir.

Il fallait à Charles-Jean une abjuration pour atteindre à la couronne de Suède, il la prononça : pour arriver un trône, il renonça et à sa foi religieuse, et à sa foi politique.

Néanmoins, son ovation n'était pas encore assise : le gouvernement suédois lui reprochait trop de partialité pour la France, le gouvernement français, trop de nationalité pour sa nouvelle patrie.

L'Empereur connaissait les hommes, il ne tarda pas à mettre Bernadotte à l'épreuve; il préférait voir un ennemi en face, qu'un ami douteux. Il lança encore un décret d'oppression, c'était un perfectionnement du système continental, c'était l'ordre avancé, l'ordre du jour, l'appel aux armes.

Bernadotte savait que lorsque Napoléon mettait un pied dans un État avec le blocus des ports, il ne s'arrêtait plus ; c'était le premier pas de la course, c'était le premier bond des envahissemens. Bernadotte alors boucla son armure, tout en faisant des représentations respectueuses ; mais ces représentations, Napoléon ne les supportait pas. Dans ce moment une pensée traversa le cerveau de l'Empereur ; il déclara : « que « si le prince royal l'ennuyait, il pourrait bien « lui faire achever son cours de suédois à Vin- « cennes. » C'était indiquer la place où était mort un prince chevaleresque, c'était dire qu'avec un mot Bernadotte serait enlevé au milieu de la cour de Suède, et fusillé en France !...

Méhée, le trop fameux Méhée, celui qui avait épié les jours du duc d'Enghien sur la terre étrangère, pour les livrer à prix d'argent à la police, était à son poste, il était en Suède ; il rôdait incognito aux alentours de la résidence princière, il allait trafiquer d'une vie de plus, lorsque Bernadotte déjoua la trame : Méhée fuit à la hâte, et Charles-Jean arma les Suédois.

Alors Napoléon donna l'ordre à ses troupes d'avancer. La Poméranie fut occupée, Davoust et Friant s'emparèrent de Stralsund. Bernadotte

s'écria : « Puisqu'il agit ainsi, il lui en coûtera
« cher. » Il expédia des courriers à Saint-Pétersbourg et à Londres, et se tint en arrêt.

Pourtant, avant de rompre entièrement son alliance, Charles-Jean écrivit en ces termes à Napoléon : « Je ne suis pas un Coriolan, je ne
« commande pas les Volsques, mais j'ai assez
« bonne opinion des Suédois pour vous assurer,
« sire, qu'ils sont capables de tout oser et de
« tout entreprendre pour venger des affronts
« qu'ils n'ont point provoqués, et pour conser-
« ver des droits auxquels ils tiennent peut-être
« autant qu'à leur existence. »

Cette lettre était trop imbue d'indépendance pour trouver grâce devant Napoléon, sa réponse fut l'expédition des ordres de combat à outrance. Il fit raser les citadelles de la Suède, saccagea de nouveau ses provinces : c'est alors que Bernadotte se rendit secrètement sous la tente de l'empereur de Russie, et, comme Coriolan au camp des Volsques, il pactisa contre l'ennemi commun, et contre son pays.

Le cabinet britannique, par un traité, s'engagea à solder toutes les coalitions qui se formeraient contre la France, et bientôt toutes les bannières marchèrent contre elle.

Le temps a fait connaître que la puissance la plus élevée tombe quand elle blesse la nationalité des peuples.

Napoléon est tombé, et Bernadotte est debout... L'un, comme empereur, usa sa pourpre à force d'en étendre l'ampleur; l'autre, comme roi, se resserra dans des limites pour mieux fortifier la base. Le premier vainquit l'Europe et disparut, le second fut soumis à l'Europe et resta. Ces deux soldats de fortune payèrent tous deux leur couronne par leurs chevrons de bataille; tous deux avaient flatté le peuple, tous deux avaient vaincu; mais au jour où les bannières dynastiques furent soulevées, on ne compta plus que les services d'unité monarchique. Bonaparte avait combattu pour détruire un principe d'ordre, Bernadotte avait versé son sang pour le maintenir : au jour où la légitimité triompha, Napoléon eut une île pour exil, Bernadotte un royaume pour apanage. La restauration fut faite en France, il n'y en eut point en Suède : une puissance acquise remplaça le droit.

Ainsi l'exemple de la résistance est profitable dans l'action du bien des rois et nuisible dans l'action des peuples. L'histoire des révolutions publie cette vérité; c'est un acte de foi, il ne varie point.

Tous les fastes de l'Empire rappellent cet enseignement : la politique de Napoléon fit tant de faux pas, qu'elle boita sur tous les sols.

Naples fut encore un des États où les volontés de Napoléon débordèrent les événemens. Murat, le roi des camps, le sabreur de diadêmes, avait organisé le blocus continental comme une loi martiale ; mais son zèle pour les intérêts de la France ne fut pas de longue durée : un trône, un peu d'or étranger et l'exemple de Bernadotte portèrent haut son esprit d'insoumission. Murat, le fidèle Murat, ce lieutenant de Napoléon, prit aussi dans un royaume octroyé par les baïonnettes françaises, un galon de félonie ; et dans une période rapprochée, il s'arma, trahit son maître, et mourut.

Ainsi les mesures de la force et l'intérêt matériel, sous l'Empire, ne firent pas honneur aux hommes et ne portèrent pas bonheur au pays.

NAPOLÉON.

SOMMAIRE

I

Étude sur la Conférence de La Canea et sur les Salons de Jean de Bolo.

II

... Clovis ... Clovis au pied de la Croix ... baptême — La fondation de la paix — Le grand conquérant — Présidence de Saint-Pie ... en religion — L'Évêque et l'Abbé — L'Aquitaine ... — Les Grands de plus — Les Contes.

III

Les VII Chants célèbres — La Bénédiction pontificale — Le Conquérant, suprême ... par le règne de la Liberté.

IV

... Première Charge.

La Bretagne — Les Oubliés américains — Les Déroutes — Les Batailles de l'Empire — Le Front de Vendémiaire — Fontenoy et ... leçons — L'Imminence d'une bataille — Le Traité de Paix.

SOMMAIRE.

I
TERRE ET MER.

L'Ovation. — Le Luxe de cour. — Le Canon d'alarme. — Une Nuit de dangers. — Le Récit.

II
CAUSE CÉLÈBRE.

Protestation de la légitimité. — Préméditation de meurtre. — Les Débarquemens. — Les Chefs de parti. — Les Voies obliques. — Les Limiers de police. — Les Aveux extorqués. — Arrestation de Moreau. — La Sellette. — La Défense. — L'Arrêt. — L'Acquittement. — Les Cris de joie. — Les Tombes.

III
SACRE.

Pie VII à Fontainebleau. — La Bénédiction pontificale. — Le Cortége armorié. — Les Cérémonies de l'Eglise. — La Liberté.

IV
CAMPAGNE D'ALLEMAGNE.
Troisième coalition.

La Flatterie. — Les Célébrités guerrières. — La Déroute. — Les Bulletins de Trafalgar. — Le Palais de Schœnbrunn. — Position stratégique. — L'Hécatombe d'une bataille. — Le Traité de Paix.

V

TRAFALGAR.

21 octobre 1805.

Les Ports. — L'Action de la marine. — La Politique européenne. — Nelson et Villaret. — L'Abordage. — Les Cadavres à bord. — Le Cri de gloire et le cri de détresse. — Les Morts et les Prisonniers. — Le Secret d'une tombe.

VI

L'ÉCRITEAU.

La Promenade d'une heure. — La Caserne. — Les Arrêts d'un soldat. — La Réprimande. — La Grâce.

VII

CAMPAGNE DE PRUSSE.

Quatrième coalition.

Un Résumé de gloire. — Les deux Victoires. — Qui vive! — Les Bouches à feu. — Soumission de la Prusse. — Les Adieux d'un roi.

VIII

LE GOUVERNEUR DE BERLIN.

Le Serment. — La Correspondance secrète. — Une Commission militaire. — La Supplique. — La Lettre interceptée. — La Clémence.

IX

CAMPAGNE DE POLOGNE.

Suite de la quatrième coalition.

Appel à l'indépendance. — Les Flocons de neige. — Prise d'une église. — Les Trophées sanglans. — Le Titre d'honneur. — Le Bâton de maréchal. — La Paix sous la tente.

X

PRISONS D'ÉTAT.

La tour de Weischelmunde. — Le Lieutenant de police. — Les Agens provocateurs. — Les Secrets de prison.

XI

CAMPAGNE D'ESPAGNE.

La Servilité royale. — La Geôle princière. — Soumission du Portugal. — Le Fourbe politique. — L'Abdication. — L'Intrigue impériale. — Les Piéges de la diplomatie. — Le Coup de feu. — L'Élan patriotique. — Reddition de Madrid. — Victoires et Revers.

XII

LA CONTREBANDE.

Le Douanier type. — La Caisse de cachemires. — L'Exemple de sévérité. — L'ingénieuse Supercherie. — La Taxe. — Le Rapport. — Le Dignitaire.

XIII

CAMPAGNE D'AUTRICHE.
Cinquième coalition.

Les trois Feuillets de gloire. — Le Maléfice des batailles. — La Blessure suspecte. — L'Armistice. — Le Bulletin.

XIV

ÉVÉNEMENS INTÉRIEURS.

Le Jong impérial. — La Surprise. — Le Divorce! — Le Mariage. — Les Fêtes. — Un Crêpe de deuil. — Le Berceau.

XV

CAMPAGNE DE RUSSIE.

Suite de la cinquième coalition.

Les Apprêts de guerre. — Les Rangs de gloire. — L'Enthousiasme. — Les Marches forcées. — Le Sépulcre guerrier. — Entrée à Moscou. — Les Ruines fumantes. — Les Pas rétrogrades. — Passage de la Bérésina. — Le Climat meurtrier. — Les Cadavres congelés.

XVI

PAPIER-FAUSSE-MONNAIE.

Les Faux-Assignats. — Les Représailles de Fraude. — Les Ateliers. — Le Bagage. — Les Bancknotes. — Les deux Faussaires. — L'Arrestation. — Le Supplice.

XVII

CAMPAGNE DE SAXE.

Sixième coalition.

Les Palmes. — Le Décret. — Le Lit de mort. — La Rançon de paix. — La Défection. — Le Présage. — Les Civières d'honneur. — Les Fléaux. — Les Remontrances législatives.

XVIII

LE CHEVAL AMBULANCE.

Le Compagnon de danger. — Le Hennissement. — Les Soldats mutilés. — Le Palefrenier.

XIX

CAMPAGNE DE FRANCE.

Suite de la sixième coalition.

La Revue impériale. — Le Pas de l'Etranger. — Les Désastres intérieurs. — Les Souverains coalisés.

XX
LES ADIEUX A L'ARMÉE.

Les Aigles. — Tentative de suicide. — La Séparation. — Le Reflet des opinions. — L'Adversité. — L'Étude du cœur. — Le Peloton d'élite. — Les Clameurs. — Le Village de Douzère. — Les rives du Var. — Les Commissaires. — Fréjus. — Saint-Rapheau. — Les Voiles. — L'Exil.

XXI
LES CENT JOURS.

Le Débarquement. — La Marche assurée. — Les Souvenirs. — Le Drapeau. — Les Prophéties armées. — La Mission politique. — Labédoyère. — Le Faubourg de Tié-Cloître. — L'Ovation des baïonnettes. — Lyon. — Lons-le-Saunier. — Les Tuileries. — Le Champ-de-Mai. — Les Fédérés. — La Reprise des Hostilités. — — Waterloo. — La Défaite.

XXII
DERNIÈRES PHASES.

La Pompe des camps. — Les Paroles de paix. — Le Départ. — Le Prisonnier à bord. — Le Cri d'agonie.

XXIII
MORT DE NAPOLÉON.

Le Banni des Rois. — Sainte-Hélène. — Longwood. — L'horoscope. — Sir Hudson Lowe. — Antomarchi. — Le Balancier. — Les dernières Heures. — L'île des Peupliers. — Parallèle.

XXIV
LE REPOS DU SOLDAT.

La Station des vieux soldats. — Les vieilles Ruines et les jeunes Souvenirs. — Un Tribut de regrets.

XXV.
LES FUNÉRAILLES.

L'Attente. — Le Vote. — Les Honneurs. — Le Sarcophage. — Mille Traits. — Le Salut à la tombe.

HISTOIRE
DE
L'EMPIRE.

CHAPITRE PREMIER.

Terre et Mer.

18 mai 1804.

Tout cercle revient à son point de départ : la révolution avait repoussé la monarchie et avait hâté le pas; une monarchie arrêta son trajet. Une main de fer se posa entre l'étranger et la patrie; elle s'étendit pour revendiquer le prix de la gloire sur le terrain des batailles.

Napoléon, dès le 3 mai 1804, franchit d'un seul bond les frêles jalons de la puissance consulaire; il les brisa et fit brèche sur le sol de l'indépendance. Le Tribunat jeta un diadème sur les lambeaux de la toge républicaine; Napoléon le releva.

Les voix des députés qui traduisaient l'avenir en dévoilant l'ambition du chef de l'armée, accueillirent les propositions faites, le 30 avril, de conférer à Napoléon le titre d'empereur. Le nom d'empire fut donc prononcé; une clameur remplit l'enceinte, des protestations éclatèrent; mais devant un pouvoir ombrageux le silence régna, et laissa la voie libre pour les membres du sénat; ils vinrent y planter un écusson dominateur. Un huis-clos législatif, protégé par des baïonnettes, suffit à l'ovation : le 18 mai 1804, Napoléon fut proclamé empereur.

Les acclamations de l'armée imposèrent la sanction nationale; la France, lasse d'anarchie, la donna. La manœuvre politique était consommée; la garde consulaire se rangea autour de son chef couronné. Napoléon, d'une voix forte et regardant le pays en face, dit : « J'accepte le titre que vous croyez utile à la gloire de la nation. »

L'Europe contempla avec étonnement l'officier de fortune qui avait sous ses pieds la hache de la terreur, et à ses genoux les régicides qui avaient souillé leur vie pour briser le contrat monarchique qu'ils venaient reconstituer.

Les palais reprirent leur aspect royal; le luxe d'une cour resplendit dans l'enceinte des Tuileries, où l'émeute était montée pour traîner à la mort un roi descendant de soixante-cinq rois! Là, derrière les grilles gardées par les soldats de l'empire, le même peuple qui avait crié : « Plus de rois ! » se pressait pour regarder briller aux feux des lustres les livrées et l'or des courtisans.

La France était attentive et l'Europe attendait.

Napoléon s'était mesuré en personne avec tous les dangers ; il connaissait ceux que le génie et la force peuvent maîtriser ; il ne recula que devant les obstacles où sa volonté ne pouvait rien. Ainsi, la tempête qui dispersa plus d'une fois des convois maritimes en vue des côtes d'Angleterre, donna naissance au système continental, à cet écueil gigantesque où se déchira l'aile de l'aigle impérial.

Les circonstances dessinent les hommes, les événements les font connaître. Dans une brumeuse soirée d'automne, Napoléon, assis devant une grande table, entouré d'un cercle d'officiers de marine et de généraux, entendait siffler le vent dans la rade de Boulogne. « La mer doit être mauvaise, » dit-il, « les tempêtes sont le vrai rempart des Anglais... « Ecoutez!... c'est le canon de « détresse d'un navire ! encore un orage !... » En ce moment un des aides-de-camp de service annonce qu'une canonnière est entraînée par l'ouragan.

Napoléon frappe du pied avec violence et sort en s'écriant : « Toujours la furie des vagues!... »

On le suit sur le port ; là le tumulte sourd d'une nuit orageuse se laissait apercevoir à la lueur des éclairs. La voix de Napoléon s'élevait, et répondait au canon d'alarme de la canonnière.

« Vite des embarcations à la mer !... Allons,
« marins ! au secours de vos camarades ! »

Mais pour la première fois l'immobilité répondit à un ordre de l'Empereur.

« Qu'on appelle mes grenadiers; ils n'ont peur,
« eux, ni du canon, ni des vagues! »

L'amour-propre fit ce que n'avait pu faire l'humanité : les matelots s'élancent, la rame lutte contre les lames houleuses. Napoléon hâte les hommes, il voudrait comprimer l'Océan; et frappant la terre, il répète : « L'orage !... toujours l'orage ! »

Puis, apercevant l'espace éclairé par le feu du ciel, il suit la direction des chaloupes ; tout-à-coup il s'écrie : « Ils font fausse route, ils dévient, ils
« vont se briser sur les rochers !... Un canot, vite,
« un canot. »

— « Mais, Sire, » dit un officier de marine, « la mer est horrible. » — « Silence, Monsieur !....
« N'avez-vous donc pas d'oreilles pour l'agonie
« de ce malheureux navire?... »

Le frêle esquif est prêt, Napoléon s'élance; la foule pressée sur le rivage suit avec stupeur l'homme du destin marchant contre les élémens.

Le canot, tour à tour englouti dans l'écume et ramené sur le haut d'une vague, était conduit par quatre rameurs et un novice timonnier : —
« Avançons-nous?... dit Napoléon. — A peine,
« Sire. »

Alors, il accusait la mollesse des rameurs, et le

pilote, pour toute réplique, montrait à l'Empereur un flot qui montait jusqu'à lui; Napoléon lança furieux sa tabatière contre la vague qui se riait de sa colère, et qui vint se briser sur son genou. « La mer!... la mer!... elle se révolte; mais « on peut la vaincre... »

Une lame furieuse répondit à la menace du conquérant : « La mer n'est pas tenable, » dirent tous les marins, « nous y périrons, Sire, et nous « ne les sauverons pas. »

Une secousse plus violente encore décida enfin l'Empereur à regagner le rivage ; mais sa pensée restait en courroux sur l'Océan ; il répétait à voix basse : « Les malheureux! entre la mort et les Anglais! » Puis, en abordant, il frappa fortement la grève et s'écria : « Oui,... la terre,... la « terre... elle ne manque jamais au pied du soldat : « elle ne se soulève pas pour le repousser, elle « ne s'entr'ouvre pas pour l'engloutir; elle a tou- « jours un champ de bataille pour la victoire. « Oh!... la terre... oui, la terre!... »

Napoléon passa la nuit sur le port; au point du jour la tempête s'apaisa et la canonnière, secourue par les premières embarcations, rentra dans la rade.

Le lendemain une estafette portait à l'impératrice Joséphine cette relation, écrite par l'empereur :

« Le vent ayant beaucoup augmenté cette nuit, une de nos canonnières qui était en rade, a chassé et s'est engagée sur les rochers à une lieue de Boulogne. J'ai cru tout perdu, corps et biens; mais nous sommes parvenus à tout sauver. Ce spectacle était grand : des coups de canon d'alarme, le rivage couvert de feux, la mer en furie et gémissante ; tout m'a tenu dans l'anxiété de sauver ou de voir périr nos marins; l'âme était entre l'éternité, l'Océan et la nuit. A cinq heures du matin, tout s'est éclairci, tout a été sauvé, et je me suis couché avec la sensation d'un rêve romanesque ou épique. »

Plus d'une fois, dans la lutte du système continental, la nuit de Boulogne, qui peignit dès les premières pages de l'empire la décevance de la volonté du dictateur, revint à la mémoire de ceux qui avaient entendu Napoléon s'écrier : « Oh! la terre, la terre ! »

CHAPITRE II.

Cause célèbre.

10 juin 1804.

Il est des associations toutes d'action et de vœux, qui ne sont point des complots. Le trône de la vieille monarchie était renversé, ses anciens soutiens cherchaient à le relever; ils servaient un drapeau et ne conspiraient pas. Leurs regrets indiquaient leur pensée, et leur pensée était une ligne de conscience.

Les partis étaient en guerre, ils jetèrent le gant devant les supplices et la mort; il fut relevé.

Napoléon venait de revêtir la pourpre impériale; Louis XVIII lança ce manifeste:

« En prenant le titre d'empereur, Bonaparte vient de mettre le sceau à son usurpation. Ce nouvel acte d'une révolution où tout, dès l'origine, a été nul, ne peut sans doute infirmer mes droits. Mais, comptable de ma conduite à tous les souverains, dont les droits ne sont pas moins lésés que les miens, et dont les trônes sont tous ébranlés par les principes dangereux que le sénat de Paris a osé mettre en avant; comptable à la France, à ma famille, à mon propre honneur, je croirais trahir la cause commune en gardant le silence en cette occasion. Je déclare donc, en présence de tous les souverains, que, loin de reconnaître le titre impérial que Bonaparte vient de se faire déférer par un corps qui n'a pas même d'existence légitime, je proteste contre ce titre et contre tous les actes subséquens auxquels il pourrait donner lieu.

Les rois furent attentifs; ces paroles eurent de l'écho. Il y eut guerre, et guerre à mort; mais il fallait que la mort fût apportée avec des armes loyales. Une guerre de piéges n'était plus dans nos mœurs; elle fit tache, et les drapeaux se cachèrent.

Tout ce qui se rattachait au point de vue de la légitimité était sourdement détruit. Un attentat prémédité menaça la vie du roi sur la terre étrangère. Des meurtriers furent envoyés de France à l'étranger; les détails firent refléter des charges graves contre le dictateur couronné. Deux hommes se détachèrent du ministère des relations extérieures avec des passe-ports très en règle. Ils étaient porteurs d'instructions qui devaient les mettre en rapport avec un nommé *Caulon* qui tenait une taverne où venaient fréquemment les domestiques de Louis XVIII. Avant de quitter la France, l'un des envoyés révéla au jeune Descorches de Sainte-Croix, employé comme lui au même ministère, « qu'il avait accepté la mission de passer les frontières pour affranchir Napoléon des importunités que lui causaient les prétentions de Louis XVIII. » A cet aveu, Descorches conseilla à son condisciple d'entrer, en apparence, dans les vues criminelles qui lui étaient confiées, et de sauver le roi en le prévenant avec assez d'adresse pour ne pas se compromettre. Quelque temps après, on saisit sur la table de Louis XVIII des légumes empoisonnés : on appela des médecins qui constatèrent la présence de l'arsenic. Le gouvernement prussien ne poussa pas plus loin les investigations; les coupables eurent le temps de passer à la Guadeloupe, où ils obtinrent des emplois, et le roi de Prusse, qui ménageait alors Napoléon, interdit au roi de France tout asile dans ses États. Ainsi la politique étrangère se joignait à un déni de justice devant un grand attentat; ainsi, pendant que les serviteurs du roi légitime étaient poussés vers l'échafaud, le prince issu d'une lignée qui s'était grandie sur les trônes, trouvait à peine dans l'Europe un lieu où il pût reposer sa tête.

Le pays était tourmenté; les partis étaient en

présence; ils lancèrent tous leur cri de mort.
L'opinion avait désigné un fils de France pour
guider le dévouement dans les mouvemens in-
surrectionnels; la Vendée allait encore offrir
son tribut de foi et de courage; mais, en rapprochant ses forces de Paris, il fallait provoquer une
libération, et non entrer dans une conjuration
de meurtre. Jamais les Bourbons n'avaient mis à
l'encan la vie du premier consul; une route
souillée ne pouvait pas servir d'avenir au petit-fils
de saint Louis; un masque sur un attentat eût
réussi, un plan sans voile échoua.

Les idées chevaleresques donnèrent accès à un
cartel politique. Napoléon reçut un message authentique qui le prévint, « que son escorte serait
attaquée par un prince de la maison de Bourbon,
et qu'en cas de succès, le roi serait proclamé sur
les cendres de Louis XVI. »

Le duc de Berry avait loué une maisonnette
sur la grève étrangère, la trahison le releva de
ce poste. Les premiers débarquemens de sujets
fidèles se firent sans obstacles sous la falaise de
Beville, entre Dieppe et Tréport. On établit des
étapes jusqu'à Paris; quinze chaumières de distance en distance furent occupées; là, on trouvait gîte et assistance. L'abordage était périlleux,
un bateau pouvait rester couvert par la falaise;
puis il fallait escalader un à un le rivage, à l'aide
d'une corde tendue du haut d'un rocher. Le capitaine Wrigth était chargé du débarquement; des

hommes sûrs étaient à leur poste pour hisser les arrivans et les déposer sur la côte!

La première station de cette course était une hutte sur la grève, près du village de Guillemecourt, et la seconde la ferme de la Poterie. Là apparurent, comme premières vedettes de la légitimité, les deux fils du duc de Sérent, ancien gouverneur des princes. Ils venaient sonder les dispositions des royalistes de l'Ouest; et près de la colonne de Beaumanoir, où leur nom héraldique était inscrit, ils renouvelèrent le pacte du *serment des trente*. Ces deux passagers furent saisis et fusillés sur la plage.

La seconde embarcation portait Georges-Cadoudal et huit de ses compagnons; la troisième mit à terre le général Pichegru et son ancien aide-de-camp, Lajollais; la quatrième devait amener à la rive le frère du monarque, le comte d'Artois, et le duc de Berry. Les signaux détournèrent la voile et sauvèrent les princes.

Tous les serviteurs de la cause royale se joignirent, s'entr'aidèrent, unirent leurs efforts et leur vie. Charles d'Hosier et Dessole étaient allés au devant de Georges-Cadoudal, et Georges au devant de Pichegru. Les moyens étaient concertés : on arriva à Paris par petits pelotons. Charles d'Hosier, sous la livrée d'un cocher, conduisit Georges jusqu'aux barrières de la capitale; là, Bouvet de Lozier l'attendait, il se chargea de son logement. Son premier refuge fut rue du Bac, au coin de la rue de Varennes; ensuite il trouva un abri quai de Chaillot, n° 6; puis il se rendit rue Carême-Prenant, où l'un de ses compagnons lui construisit une cache impénétrable.

Pichegru donna avis à son frère, ancien prieur des Dominicains, de son arrivée; mais il ne lui fit pas connaître le lieu de sa demeure. Il partagea pendant quelque temps la retraite de Georges; peu après il alla se loger chez un de ses amis, Roland, entrepreneur de transports militaires.

Tous les hommes d'action s'étaient vus. Mais bientôt les premiers Bretons de l'armée royale qui parurent à Paris furent arrêtés et transférés dans une prison d'État. Le général Savary eut ordre de surveiller les rivages de l'Ouest. Les tentatives d'un prince qui avait attaché les destinées de sa maison à une lutte qui portait l'empreinte d'un combat en champ clos échouèrent. Napoléon préféra garantir son pavois par sa police plutôt que par ses armes.

La mort du duc d'Enghien avait mis un gouffre entre la royauté et l'empire; Louis XVIII redoubla d'énergie et stigmatisa ainsi l'auteur de cet attentat.

« Il ne peut y avoir rien de commun entre moi et le grand criminel que l'audace et la fortune ont placé sur le trône, qu'il a eu la barbarie de souiller du sang pur d'un Bourbon, du duc d'Enghien. La religion peut m'engager à pardonner à un assassin, le tyran de mon peuple doit toujours être mon ennemi. Si la Providence, par des motifs inexplicables, me condamne à finir mes jours en exil, jamais, ni mes contemporains, ni la postérité ne pourront dire que, dans le temps de l'adversité, je me suis montré indigne jusqu'au dernier soupir d'occuper le trône de mes ancêtres. »

Cette voix foudroyait l'usurpation ; elle devint le cri de combat des Vendéens. Les bras, les plans, les œuvres de tous les royalistes furent consacrés à la défense de la légitimité. Tous les guerriers, tous les hommes d'État qui eurent foi aux droits légaux, aux principes conservateurs de la vieille monarchie, s'unirent. On rassembla tous les mécomptes, on groupa les haines, on invoqua les dissidences pour former un ensemble de force : c'était une voie de contre-révolution plutôt qu'une conspiration. Les hommes qui étaient entrés tête levée dans la ligue royaliste redoublèrent d'efforts. Georges Cadoudal et Pichegru avaient sondé Moreau ; mais l'incertitude avait laissé en suspens sa coopération.

Cependant le général Moreau, tout en affectant l'obscurité, visait à la renommée ; il attirait, loin de les éviter, tous les hommes qui avaient été froissés par le gouvernement. Moreau, le vainqueur d'Hohenlinden, ne pouvait stationner au pied du trône du vainqueur de Marengo. Il avait vu avancer la révolution du 18 brumaire, et ne s'en était point emparé ; le pouvoir seul était effacé de ses services. Moreau, auquel la nature avait refusé la promptitude de volonté qui domine et abat les obstacles, était peu propre à mesurer le génie audacieux qui tenait les rênes de l'État. Le premier consul le savait; il se tint debout, et comprima toutes les célébrités qui visaient à sa chute.

Il y avait pourtant dans les prévisions des athlètes de la royauté quelque chose qui froissait la franchise. Moreau avait dénoncé Pichegru, son ancien chef, son protecteur, son compagnon d'armes; cette dénonciation avait amené, au 18 fructidor, sa proscription; et dans cet instant, il cherchait dans le mystère à unir son gantelet avec celui de Pichegru pour attaquer l'ennemi commun. L'orgueil blessé avait fait faire un pas; ce pas était-il assez avancé? On en doutait. Napoléon était pour tous, il est vrai, un rival de gloire; mais ce n'était pas suffisant pour que les conjurés livrassent leur vie; ici, il fallait la mettre en jeu: encore un effort, elle devint l'arrhe d'une réaction. Moreau voyait, dans un changement politique, un avenir de dictature, Pichegru une réparation, et Georges Cadoudal un levier monarchique.

La patrie avait contracté envers Moreau des engagements d'honneur; elle était restée muette. Pichegru, le vainqueur de la Hollande, avait été muselé, et envoyé de Paris à Rochefort dans une cage de fer, pour gagner ensuite les déserts de Sinnamary; une telle violence lui était allée au cœur. Georges avait mis ses engagemens dans le devoir : dans les landes de la vieille Armorique il n'avait prêté qu'un serment, celui fait au roi de France. Tous voyaient dans Napoléon un soldat de fortune qu'ils auraient pu commander; obéir à ses ordres révoltait leur fierté, blessait leur caractère et entachait leurs prouesses. Voilà les hommes drapeau. Mais pour soulever les masses il n'y avait ni unité dans les œuvres, ni unité dans les principes. Il fallait prendre des voies obliques ; elles réussissent peu en France, et alors elles n'eurent que de faibles adhérents.

Par ordre des princes, on abdiqua les poignards et les machines de meurtre; cela entrait dans des lois de conscience. Les Bourbons ne connaissent que les voies franches et pures. L'histoire, d'ailleurs, avait montré que tous les pouvoirs de la république, qui étaient nés du sang et qui avaient voulu vivre dans le sang, étaient tombés. Les échafauds de 1793 tuèrent la Convention ; les mitraillades balayèrent le Directoire. On ne pouvait viser au triomphe qu'en atteignant un but noble et avoué; on le chercha dans une restauration.

La police était aux écoutes; elle offrit cent mille francs à celui qui lui livrerait Georges et Pichegru : avec une telle somme, on attaque bien des consciences. La police avait étendu son espionnage sur toutes les rives d'abordage ; afin de la mettre en défaut, les débarquemens partiels furent changés, mais pas assez prudemment. Deux frères d'armes de Georges, Picot et Bourgeois, furent arrêtés à Pont-Audemer, et traduits immédiatement devant une commission militaire. Aucun aveu ne sortit de leur bouche, ils furent condamnés à mort : on leur offrit leur grâce pour parler, ils se turent et surent mourir. Un autre compagnon de Georges, nommé Querolle, fut soumis à la même épreuve ; sa tête devait tomber, mais avant, on le livra à la torture : ses doigts furent posés dans des étaux ; la douleur de la pression lui arracha des révélations qu'il n'avait point faites devant un arrêt de mort. Ainsi la torture, abolie par Louis XVI, fut inaugurée pour tuer le principe dynastique, par les hommes qui avaient crié liberté! au pied des échafauds de 1793.

En broyant la loi avec une main de fer, on arracha à l'un des patiens des aveux qui compromirent la cause commune. Le gouvernement livra à la publicité la découverte du grand complot qui, selon lui, était tramé contre la vie de l'Empereur.

Alors l'adulation des grands corps de l'État fit fléchir bien des genoux. Le clergé, rallié au nouveau pouvoir, inscrivit dans ses mandemens des actions de grâces. Tout prit une attitude impressionnable et menaçante.

Cependant les hommes d'exécution n'avaient

point perdu leur énergie. Georges et Pichegru avaient de nouveau conféré avec Moreau, à Chaillot; mais ils n'avaient pas été satisfaits de l'entrevue. Moreau paraissait vouloir agir dans des vues personnelles, et Georges avait dit à Pichegru en se retirant : « S'il veut travailler pour lui, il faut le laisser. » Il fut laissé, mais la cause royale n'avança plus; puis elle eut trop de confidens pour ne pas être trahie.

Napoléon avait rapproché de son cabinet le conseiller d'État Réal; il l'avait investi du droit de suivre pas à pas toutes les démarches des royalistes. Ce mandataire s'était entendu avec Fouché; ces deux hommes suppléaient aux investigations du grand juge Reynier. Bientôt quarante-sept prévenus furent mis en arrestation. Les lois qui protégeaient les accusés gênaient les ressentimens : avant de donner cours à la procédure, Napoléon fit annuler toutes les dispositions qui étaient la sauvegarde des prévenus. Un sénatus-consulte intervint le jour même des arrestations; il suspendait pendant deux ans les fonctions de jury, et cela en ce qui touchait la connaissance des crimes d'État. Les prévisions de mort ne s'arrêtèrent pas là : le lendemain une loi déclara que le recéleur des conjurés serait jugé et puni comme les auteurs du crime. Devant une justice à la turque un tribunal révolutionnaire fut improvisé, il instruisit.

Réal, pour mettre en relief son zèle, pressait

Napoléon de faire arrêter Moreau; à ce nom, il hésita. Son empire n'était pas bien affermi; devant un coup d'État la base pouvait manquer, et la couronne qui allait bien aux lauriers, pouvait passer sans grande secousse sur le front de son compétiteur en gloire. Le temps, les circonstances, le danger, tout était palpitant; l'avenir était gros d'orages.

Cependant Napoléon ne recula devant aucune considération, ni devant aucun obstacle; Moreau, qui habitait la belle terre de Gros-Bois, fut arrêté à quelques pas de cette résidence, et conduit au Temple. Georges, après avoir changé chaque jour de domicile, fut reconnu en cabriolet, à la descente de la montagne Sainte-Geneviève. Son cheval est arrêté; il tire une arme à feu et brûle la cervelle à l'agent de police qui avait entravé sa route. Au bruit de l'explosion, le peuple accourt; un chapelier et deux garçons bouchers se jettent sur lui et sur Léridan, son compagnon. Les deux premiers qui lui mirent la main sur le collet furent décorés peu après de la Légion-d'Honneur; c'était *Coqueluit* et *Langlumé*. Pichegru fut plus facile à saisir; il s'était réfugié chez un nommé *Leblanc*, rue Chabannais; il fut vendu pour toucher la rançon de la délation. *Comminges*, l'un des plus fameux suppôts de la police, envahit sa retraite la nuit, le garrotta dans son sommeil et le déposa dans un cachot, enveloppé dans sa couverture.

Quelques jours après, les comtes de Polignac

et le marquis de Rivière tombèrent au pouvoir des agens de la force publique : ce dernier portait sur son cœur un portrait du comte d'Artois avec ces mots : « A mon fidèle aide-de-camp de « Rivière, pour les voyages périlleux qu'il a faits « pour mon service. »

Chaque heure amenait une arrestation de plus. Bientôt la sellette du tribunal d'exception se remplit : on voyait les accusés rangés sur trois lignes. A la tête de la première colonne qui devait être abattue, figurait Georges Cadoudal ; Moreau était à la seconde ; c'était la réserve.

Un homme allait manquer au trépas juridique : Pichegru devait faire des révélations dans les débats ; on savait qu'il devait livrer la correspondance anglaise ; elle donnait à entendre que Napoléon, pour assurer la sécurité de son passage d'Egypte en France, avait promis son concours pour relever le trône des Bourbons ; et aujourd'hui il poussait vers l'échafaud tous ceux qui avaient gardé la foi au cœur et servi cette cause ; mais il n'y eut pas de révélations.

Pichegru fut trouvé étranglé sur sa couche. Son cadavre fut apporté dans la salle des séances. Les procès-verbaux de commande établirent : « Qu'il « avait passé dans sa cravate un tronçon de fagot, « qu'il en avait fait un tourniquet ; que pour le « fixer, il s'était couché dessus, et qu'il était expiré. »

« Cela me paraît incontestable, » dit ironique-

ment un habile physiologiste; « et je ne doute
« même pas que Pichegru étranglé n'ait tiré le
« cordon de sa sonnette pour avertir qu'il était
« mort.... »

Le capitaine Wrigth avait aussi quelque chose
à dire hautement: plus tard il fut trouvé au Temple
décapité dans son cachot; les déclarations portèrent; « Qu'il s'était coupé le cou avec un rasoir. » On n'accordait aux prisonniers aucun rasoir, et pour tous il y avait un barbier. On frissonna devant tous ces attentats; quelques voix
prétendirent que la ceinture des Mamelouks était
tachée, et qu'elle portait le secret de deux suicides (1).

Le grand drame juridique était ouvert. Des magistrats improvisés avaient été choisis pour servir
la vengeance, plutôt que l'équité. On espérait
tout de leur obéissance; leur conscience était
comptée pour rien; quelques uns méritaient cet
affront.

Hémard présidait: ancien juge criminel, sa dureté pour les accusés était devenue proverbiale
comme celle de Gérard, procureur-général; on
les appelait tous deux *les chercheurs de coupables.*
L'ancien régicide, Thuriot, avait été nommé juge
instructeur; Georges ne l'appela, dans les débats

(1). Un des prisonniers d'état, Fenouillot, qui était près de ces
geôles, a révélé avoir entendu, la nuit, des pas furtifs et des cris
étouffés. Cette indiscrétion attira sur lui trois ans de plus de captivité.

que *Tue-roi*. Granger partageait ses sympathies. Bourguignon était l'ancien ministre de la police sous le Directoire. Desmaisons, comme terroriste, s'était expatrié après la chute de Robespierre; Selves avait été évincé des tribunaux, il y rentra pour juger tout ce que l'honneur pouvait offrir de plus digne en célébrité et en courage.

Les autres juges étaient Clavier, Lecourbe, Martineau, Laguillaumie, Rigault et Dameuve. Ceux-là arrivaient sans antécédens fâcheux. Ils résistèrent longtemps aux préventions; et on entendit Clavier, dans les premières délibérations où Thuriot opinait pour la mort du général Moreau, en assurant que le premier consul lui ferait grâce, s'écrier: « Et qui nous la fera à nous ! » mots sublimes, dignes des temps antiques.

Ainsi se préparaient les débats de ce procès qui a retenti dans les causes célèbres. Les interrogations de Georges firent les honneurs d'un cortége de mort.

« Votre nom? — Georges Cadoudal. — Votre âge? — Trente-cinq ans. — Depuis quel temps êtes-vous à Paris? — Depuis environ cinq à six mois. — Où avez-vous logé? — Nulle part. — Pourquoi refusez-vous de le dire? — Parce que je ne veux pas augmenter le nombre des victimes. — Au moment de votre arrestation, ne logiez-vous pas rue et Montagne-Sainte-Geneviève, chez une fruitière? — Au moment de mon arrestation, je logeais dans un cabriolet.

— Que veniez-vous faire à Paris? — Je venais pour attaquer le premier consul. — Quels étaient vos moyens? — J'en avais encore bien peu; je comptais en réunir. — De quelle nature étaient vos moyens d'attaque? — Des moyens de vive force. — Où comptiez-vous trouver cette force là? — Dans la France tout entière. — Aviez-vous beaucoup de monde avec vous? — Non, parce que je ne devais attaquer le premier consul que lorsqu'il y aurait un prince français à Paris, et il n'y en a pas encore. — Vous avez, à l'époque du 3 nivôse, écrit à Saint-Régent, et vous lui avez fait des reproches de la lenteur qu'il mettait à exécuter vos ordres contre le premier consul? — Le billet que vous me présentez n'est pas de moi, je nie de l'avoir jamais écrit à Saint-Régent; d'ailleurs ce billet est du 29 décembre; j'étais à cent trente lieues de Paris; l'affaire du 3 nivôse avait eu lieu le 24; je n'ai donc pu la décider par cet écrit. — Quels étaient les quatre hommes que vous vouliez introduire au palais des Tuileries? — Je n'ai voulu introduire personne. Le premier consul était sur ses gardes, et mon intention n'a jamais été de le faire assassiner dans le palais des Tuileries en y introduisant quatre hommes. — Qui vous avait chargé de venir en France? — J'y étais venu de concert avec les princes français. — Vous êtes resté à Paris quatre ou cinq mois, et vous n'avez rien proposé pour exécuter votre projet? — J'avais à proposer; mais je n'avais encore rien absolument d'arrêté. — N'est-ce pas, au contraire, que vous n'aviez pas trouvé les moyens d'exécuter vos desseins? — Si je n'avais pas trouvé de moyens, je m'en serais allé; car il est inutile de se faire tuer pour ne pas réussir. — Quelles sont les personnes que vous fréquentiez le plus habituellement à Paris? — J'ai vu quelques personnes, mais je ne les nommerai pas. — Avez-vous vu Coster Saint-Victor? — Personne; généralement je ne nommerai personne. — Qui devait fournir les fonds et les armes? — J'avais les fonds, je n'avais pas encore les armes. — N'est-ce pas avec ce poignard que, secondé par des conjurés, vous vous proposiez d'assassiner le premier consul? — Je devais l'attaquer avec des armes pareilles à celles de son escorte. — A quelle époque avez-vous servi dans l'armée royale? — En 1793. — Lors de la pacification, y avez-vous consenti? — On vint nous dire que l'intention de Bonaparte était de rétablir la monarchie; c'était alors l'opinion publique en France, et nous vînmes à Paris pour l'aider et concourir à la rétablir. »

« La franchise de Georges mit en relief les droits et la pureté de la cause qu'il servait. Il montra sa main que les sicaires avaient enfermée sous les vis d'un chien de fusil. Son courage avait surmonté la torture. Il n'avait dénoncé aucun de ses compagnons; il avait dit: « Vous me tenez, c'est assez
« de ma vie. » Devant de telles épreuves on était

sûr qu'il saurait mourir ; on ne fut point trompé.

Pendant que les dénégations des services rendus à la royauté étaient offertes en holocauste à la défense de la plupart des accusés, Georges releva la monarchie sur son trajet de supplice. Il mit en scène son drapeau ; il semblait le placer en face de ses juges pour braver la révolution. Ses déclarations furent toujours énergiques ; c'est ainsi qu'il s'exprima à la clôture de la séance :

« Monsieur le procureur-général m'a reproché de n'avoir pas tenu à la paix signée avec le général Brune. J'ai dit la vérité, je la répète : le gouvernement ne voulut pas ratifier les conventions passées entre ce général et moi. Le général Clarke et le premier consul se le rappellent sûrement. Alors croyant avec raison que le gouvernement, qui ne voulait pas ratifier le tout, pourrait très bien ne tenir à rien, il a bien fallu que je prisse mes sûretés. Mais la preuve que je tenais à la paix, c'est que depuis, je n'ai pas fait la guerre, et je pouvais la faire. Toujours attaché à la France et à la famille des Bourbons, les deux années passées en Angleterre ne m'avaient pas refroidi. Toutes les nouvelles que je recevais de France m'annonçaient que l'opinion publique était prononcée, que le vœu le plus ardent des Français était de voir renaître le gouvernement d'un seul. Au moment du traité d'Amiens, je n'ignorais pas qu'il était question de proclamer Bonaparte empereur. D'après ces nouvelles, je me déterminai à passer en France et à voir par moi-même si l'esprit public était réellement tel qu'on l'avait annoncé être. Mon dessein était d'examiner s'il n'était pas possible de faire tourner cette opinion en faveur de la famille des Bourbons. Si je l'avais trouvée favorable à cette famille, j'aurais sollicité l'arrivée d'un prince, et j'eusse calculé avec lui les moyens propres à obtenir le résultat désiré. Trompé dans mes espérances, je me suis abstenu de cette demande, et je n'avais pas réuni six hommes. Voilà la vérité tout entière. Je ne sais si cette conduite porte le caractère d'une conspiration. Je ne connais pas les lois; vous les connaissez, messieurs, je laisse à vos consciences à en décider. »

Après de tels aveux, on n'avait plus besoin de preuves pour faire tomber des têtes.

Pendant ce temps, Moreau écrivit à l'Empereur, et nia sa coparticipation à l'œuvre de régénération. Il traita de rêves et de folie les actes de la royauté; il se justifia du reproche de n'avoir pas de nouveau dénoncé Pichegru, son frère d'armes, et prit une place à part dans les débats.

Voilà comment son défenseur repoussa l'accusation :

« Moreau ne dénonça pas Pichegru; mais il battit l'armée autrichienne sur toute la ligne du Rhin; il prit Kaiserslautern, Newstadt, Spire, défit Würmser, passa le Rhin en présence de l'ennemi, gagna les batailles de Renchen, de Rastadt, d'Ettenheim. Il ne dénonça pas Pichegru, mais, l'année suivante, il fit cette mémorable retraite à travers cent lieues de pays; cette retraite, l'admiration des plus habiles généraux. Tant et de si brillans exploits étaient un moyen de déconcerter un complot plus sûr sans doute, et plus glorieux peut-être qu'une dénonciation. Au surplus, si Pichegru conspirait, c'était contre le Directoire, contre un gouvernement dont l'expérience nous a montré les vices et les dangers, contre un gouvernement qui, quatre ans après, tomba sous le bras d'un héros et le cri unanime de la nation; le chef qui nous gouverne a aussi conspiré. »

L'opinion royaliste ne prédominait pas; l'intérêt était groupé sur de nouveaux trophées. La gloire de Moreau était aux prises avec la gloire de Napoléon; c'était une lutte qui devait abattre des têtes: l'esprit public allait s'armer, et la geôle de Moreau s'ouvrit sous la pression du peuple et sous celle des armes. Georges avait dit: « Si j'é-
« tais le général Moreau, j'irais coucher ce soir
« aux Tuileries. » Cette prévision était juste. L'enthousiasme pour l'illustre prisonnier était général: lorsqu'il arrivait à l'audience, par un mouvement subit, tous les soldats de garde lui portaient les armes, et Moncey, qui commandait la gendarmerie, fit dire à Napoléon « que s'il ne faisait finir
« les débats, il ne répondrait plus de la troupe. »

La position devenait des plus critiques: le chef de l'État était renfermé avec Fouché; il n'osait plus se montrer, il avait été hué; c'était le signe précurseur d'une grande commotion.

La délibération durait depuis vingt-quatre heures; elle se faisait presque sur la place publique. Tout le monde énumérait les voix; on savait à l'avance qu'Hémard, Thuriot, Selves et Granger étaient pour la mort; que Bourguignon proposait l'excuse qui éloignait la peine capitale, et que la majorité l'emportait pour la liberté du général Moreau, tout en frappant la plupart des autres accusés. On apprit qu'après les voix recueillies, le président avait différé de prononcer l'acquittement pour ramener ses collègues à la condamnation : c'était un crime de lèse-justice qui s'introduisait dans la chambre du conseil; on avait remis en délibération une cause jugée, on replaçait sur la sellette des accusés absous. Ce délit était révoltant; c'était une chambre ardente et non un tribunal. En prolongeant la discussion sur un arrêt rendu, le président ramena plusieurs juges à se réformer; l'agitation était au comble; enfin la porte s'ouvrit. L'encombrement gagna toutes les avenues; on fit silence, et le président lut cet arrêt :

« La cour, considérant : que d'après l'instruction et les débats, il est constant qu'il a existé une conspiration tendant à troubler l'État par une guerre civile, en armant les citoyens les uns contre les autres, et contre l'exercice de l'autorité légitime; que Georges et Jean Cadoudal, Bouvet de Lozier, Russillon, Rochelle, Armand de Polignac, d'Hosier, de Rivière, Ducorps, Picot, Lajollais, Roger, Coster, Deville, Gaillard, Joyaut, Burban, Lemercier, Lélan, Mérillé, sont convaincus d'avoir pris part à cette conspiration, qu'ils l'ont faite dans le dessein du crime;

« Les condamne à la peine de mort, et déclare leurs biens acquis à l'Etat. »

Toutes ces morts ne semblaient que des ombres placées pour faire ressortir un grand acquittement. Les trépignemens de joie éclatèrent, au nom de Moreau : un jeune homme que son costume faisait remarquer, et qui cachait ses épaulettes, s'écria : « Brave Moreau, tu vivras donc! » Il portait sous ses vêtemens une ceinture de pistolets; il la montra aux juges et disparut. « Il est sauvé..., il est sauvé... Vive Moreau! Ces cris retentirent dans la salle, et au dehors le peuple et l'armée étaient triomphans. Les généraux Lecourbe et Magdonald, qui avaient suivi les débats avec une grande anxiété, furent entourés; ils recueillirent et les félicitations et la disgrâce. Les juges Rigault et Lecourbe qui avaient déclaré qu'il n'y avait pas même de délit, eurent ordre de quitter la France. Les tombes où allaient être précipités les soutiens de la vieille monarchie, étaient à peine aperçues; la conservation de Moreau absorba toute l'attention. Devant ce nom, Napoléon craignit encore une réaction d'effervescence; Fouché fut chargé de négocier l'exil de ce général. C'était un traité qui violait les arrêts de mise en liberté et tous les droits des citoyens; pourtant il fut accepté, et la patrie fut veuve du guerrier qui avait reculé ses frontières.

Le linceul qui devait couvrir tous les athlètes de la légitimité venait d'être suspendu sur des têtes de vingt ans. Le plus jeune des Polignac demanda à mourir pour son frère, qui était père de famille. Il déclara que pour lui il ne ferait faute à personne. L'impératrice Joséphine et la reine de Naples arrachèrent quelques existences au supplice; les Polignac furent du nombre. Mais le sang qui fait toujours tache dans les guerres civiles, jaillit sur le sol, et ce fut à flots que Napoléon le laissa couler. Georges et Jean Cadoudal, Ducorps, Picot, Roger, Coster, Deville, Joyaut, Burban, Lemercier, Lélan, Mérille, saluèrent leurs tombes par le cri de *vive le roi*; ils tombèrent sur le tertre rougi de la plaine de Grenelle. La légitimité est venue s'asseoir, sans qu'un modeste obélisque ait rappelé que les soldats qui meurent pour le trône doivent avoir une palme de souvenir!

La vie des sujets semble être une portion du trésor des rois; ils la dépensent avec prodigalité ou comme le denier de l'épargne, selon le type de leur caractère. C'est surtout dans les temps de révolution que cet insoucieux laisser-aller de la politique est sensible; toutes les célébrités faites et toutes les célébrités à faire se mêlèrent, Moreau, Pichegru, Cadoudal, les hommes de la république, les hommes de la royauté, tous avaient fraternisé et jeté le gant à l'avenir.

La cause des princes a pour pivot le dévouement. On écarte la mort et on marche au triomphe : les défenseurs des vieux principes ont la témérité des jeunes partisans : les missions du danger sont offertes, elles sont accueillies. Mais dans le conflit moral où on jette le sort des couronnes, souvent l'abnégation et l'ambition sont confondues; puis, au jour du succès, les services sont rabaissés; on n'ose avouer les hommes qui sont tombés en cherchant une brèche pour y glisser un drapeau, on abandonne à l'attaque des passions la mémoire de ces vedettes avancées, frappées au nom de la loi qui atteint les conspirateurs : ce qu'on devrait honorer est livré à l'oubli, et l'indifférence des rois laisse errer l'histoire.

CHAPITRE III.

Le Sacre.

2 décembre 1804.

Dix ans semblaient s'être effacés de la vie d'un siècle ; le tumulte d'une révolution, le grincement des échafauds avait été couvert par les fanfares d'une armée conquérante. Napoléon et ses légions, en rapportant leurs trophées à la patrie, avaient foulé les débris de la puissance populaire. Un empereur était assis sur le vieux trône des rois ; mais ce n'était plus l'ancienne France : ses regards fixés sur la couronne d'un jour n'y voyaient pas briller l'huile sainte qui bénissait le front des fils de Clovis. Napoléon sentit que son sceptre manquait de force vitale ; il avait fait agenouiller les factions ; il chercha à se rapprocher des principes fondamentaux pour s'appuyer sur eux.

L'Empereur avait l'intention de commencer une race ; il calcula son aspect, il le voulut éblouissant d'éclat et de pouvoir. Il mélangea la solennité du passé avec la splendeur de l'innovation. Il traita de puissance à puissance avec l'Eglise ; et le souverain pontife, libre en apparence, contraint de fait, inclina la triple couronne devant la force d'une épée.

Alors Pie VII quitta le Vatican, et traversa les Alpes dans la saison des frimas, pour venir oindre le front du successeur de la république.

Le monde chrétien étonné, compta en gémissant les pas du saint cortége qui s'avançait vers la France. La pompe ecclésiastique faisait contraste avec la déchéance visible de l'omnipotence pontificale.

Toutes les dignités du sacerdoce étaient représentées dans ce consistoire mobile : cinq cardinaux, quatre archevêques, douze évêques, trois aumôniers du sacré collége et deux maîtres des cérémonies formaient la suite du pape.

Le programme administratif envoyé aux préfets pour le passage du saint-père dans les provinces de France, portait le cachet de l'autorité anomalique de Napoléon.

Les routes aplanies, les ravins garnis de palissades, assuraient la sécurité du voyage. Des voitures riches et confortables, des chaises à porteur, bravaient l'aspérité des Alpes.

L'entrée du pontife sur le territoire français

fut solennisée par la piété. Les populations, qui venaient de voir redresser la croix des clochers, se pressaient sous la bénédiction du chef de l'Eglise, comme elles s'étaient pressées à la réouverture des temples. L'élan catholique était unanime; il avait pour l'histoire un grand retentissement.

Dans les ovations apostoliques, Lyon prit son rang de croyance: un trône avait été élevé sur la place Bellecour. Le pape ne s'y plaça point; sa station fut le balcon d'une simple maison. De là, il se dirigea sur la montagne des premiers martyrs des Gaules, et alla consacrer des indulgences à la chapelle de Notre-Dame de Fourvières, ce sanctuaire qui côtoie les tombes des générations lyonnaises et attire la ferveur. La seconde ville du vieux royaume chrétien se leva tout entière pour faire escorte au chef de l'Eglise; puis cette population de cent mille âmes s'agenouilla comme aux vieux temps, sur la terre nue, et fut bénie comme un seul homme. Alors le cri de la foi remplit l'air, et les populations accourues de loin regagnèrent les montagnes, en chantant des cantiques, comme les aïeux au retour des grands pèlerinages.

Sur les limites de chaque département, les honneurs officiels étaient échelonnés; partout, comme à Lyon, les drapeaux de l'armée étaient apportés à la bénédiction du pontife. Pie VII arriva ainsi jusqu'à Fontainebleau. Le gothique palais de François 1er porta la première inscription d'un règne dont cette demeure royale devait encadrer le dernier tableau.

Napoléon commanda des hommages, mais il ne les paya pas. Il se posa entre les bienséances d'une souveraineté qui voulait être sanctionnée par l'Eglise et le cynisme du bivouac. L'Empereur n'alla pas au devant de l'hôte auguste qui tenait le sceptre du christianisme; il se détourna d'une chasse pour recevoir le pape, et retourner avec lui au château.

Bientôt Napoléon et Pie VII se rendirent ensemble à Paris. La ville que rien n'étonne et que tout occupe, se réveilla de sa torpeur à la vue du chef de l'Église. Pie VII, logé aux Tuileries, eut une cour sans courtisans. Chaque matin, de tous les quartiers de la capitale, des familles se rendaient au lever du pape. Tous les Français, sans distinction de rang, étaient admis dans l'intérieur du palais. La tente de voyage du chef de l'Eglise était ouverte à toutes les prières, comme le temple de Jésus-Christ.

Les fidèles, rangés sur deux rangs, attendaient le souverain pontife ; là , toutes les mères amenaient leurs enfans, et chaque enfant tenait en sa main un chapelet, pour conserver un gage de la bénédiction solennelle répandue sur sa jeune tête.

Le grand événement qui se préparait était le coup de mort des partis, paralysés par l'étonnante prépondérance d'un seul homme.

Tandis que d'une main Napoléon enchaînait

la France, il tendait l'autre afin de recueillir les votes de l'adhésion nationale pour la consécration de l'hérédité impériale. Ce simulacre de la souveraineté du peuple fut enregistré par le sénat. Les listes des provinces furent compulsées : on y trouva trois millions cinq cent soixante-douze mille trois cent vingt-neuf votes affirmatifs, plus les quatre cent mille voix de l'armée et les cinquante mille voix de la marine. Entre le sénat et la patrie, il n'y avait communication que par décret. Ce peuple, naguère roi, accepta sans vérification des votes qu'il aurait dû compter, et l'appel de Napoléon au trône fut livré comme un fait à l'histoire.

Bientôt Paris fut sillonné par deux cortéges : le point de départ était le palais des Tuileries, le but l'église de Notre-Dame.

Le pape alla attendre au pied de l'autel l'Empereur qui venait y prendre le lustre monarchique. Une foule immense et silencieuse se pressait pour voir la splendeur des coursiers caparaçonnés et les livrées du sacre. Tout était rehaussé d'or et de broderies; mais le vrai luxe de Napoléon était la garde qui formait son escorte.

L'appareil héraldique, abattu à coups de piques dans les prouesses révolutionnaires, reparaissait au grand jour. Les hérauts d'armes, les maîtres des cérémonies précédaient le carrosse impérial; les grands officiers de la couronne étalaient leurs armoiries. Les membres de la famille Bonaparte portaient en bosse les écussons princiers qu'ils tenaient de la munificence fraternelle.

L'Empereur, après une station à l'archevêché, en sortit revêtu du manteau aux abeilles d'or. Le maréchal Kellermann ouvrait le cortége; il portait la couronne qui allait ceindre le front de Napoléon: cette couronne était celle de Charlemagne.

Dans la nef de Notre-Dame, où Louis XIII s'était humilié, s'élevait un trône qui dominait la pompe du culte: de nombreux degrés formaient cette estrade où Napoléon devait prononcer son serment; il voulut qu'on le vît monter haut et long-temps.

Autour de ce trône dont on apercevait l'échafaudage sous le velours, étaient rangés les écussons de la France monarchique: cette puissance d'un jour, dominant celle qui avait marché de pair avec les rois, était l'histoire mouvante d'une ère phénoménale.

L'homme qui se posait pour être vu de l'Europe, n'avait pour blason qu'une épée; cette épée, trempée au feu des batailles, portait un sceptre et ne pliait pas. Dans cette cérémonie qui ramenait aux regards l'ombre des vieux temps, l'étonnement remplaçait l'enthousiasme, la crainte, le respect, la méditation, la ferveur. Le roi des baïonnettes en s'inclinant devant le chef de la catholicité, n'accomplissait qu'une œuvre politique. La religion en lui donnant le baptême des fils aînés de l'Église, n'octroyait pas une adoption bénite; elle recevait la permission de l'offrir. Tout, dans cet éclat sans solennité, portait le cachet d'un avenir incertain : ces actes dévoilaient les fautes des courtisans; c'était la seule réalité du tableau que déroulait cette cérémonie.

L'impératrice avait aussi son cortége; il était brillant des vieux noms de France : les dames qui formaient sa maison avaient eu le tabouret héréditaire des duchesses.

Le pape monta à l'autel et entonna le *Veni, Creator;* puis il présenta l'Évangile au couple couronné; les cérémonies du sacre s'accomplirent.

Le manteau, l'anneau, le sceptre et la main de justice furent remis tour à tour à l'Empereur. Il ne restait plus que la couronne; le pape s'avançait pour la poser sur le front du fils soumis de l'Église; mais déjà Napoléon s'en était emparé comme d'un butin de conquête : il la plaça sur sa tête, et couronna Joséphine agenouillée devant lui.

Cette journée consacra la régénération de la puissance et l'anéantissement des principes.

Le temps, en marchant, fit bientôt voir le revers près de l'ovation : peu d'années après, Joséphine fut répudiée, et le pontife qui l'avait sacrée, fut enlevé à la splendeur du palais Quirinal, et ramené comme prisonnier dans cette France qu'il était venu bénir.

Fontainebleau devint la geôle de Pie VII; le bras qu'il avait armé d'un sceptre se leva sur ses cheveux blancs. Là, le pouvoir moral de l'Église lutta contre la force. Toutes les concessions qu'on voulut arracher au pontife de la chrétienté furent refusées par lui ; Napoléon échoua devant l'empire du dogme religieux.

Lorsque les rênes du pouvoir glissèrent de la main de Napoléon, le pape regagna ses États, les pompes de la catholicité et de la ferveur s'échelonnèrent sur son passage. C'était le martyr de la foi qui avait payé son tribut aux proscriptions politiques. Pie VII et Napoléon offrirent deux contrastes: pour l'un, il y eut abaissement physique sans décadence spirituelle; pour l'autre, il y eut force matérielle sans grandeur.

CHAPITRE IV.

Campagne d'Allemagne.

Troisième coalition.

1805.

Les puissances européennes voyaient avec effroi l'agrandissement de la France par les baïonnettes. La réunion de Gênes à l'empire ouvrit un point de dissidence; tous les cabinets méditèrent une guerre pour priver nos armes de cette possession. Ainsi, une république assise sur un lit de rochers frappés de stérilité, fut défendue par les trônes monarchiques, devant la pourpre dominatrice qui s'en était emparée.

Napoléon fit valoir « que la Grande-Bretagne « seule avait intérêt à priver la France des ports « qui pouvaient garantir l'Italie et assurer la con-

« quête du royaume de Lombardie; qu'elle seule
« voulait opposer sa domination sur les mers; » et
qu'était-ce, en effet, que Gênes en comparaison
de l'Océan et de la Méditerranée?

L'insistance de la Russie parut une offense; Napoléon ne la souffrit pas. « Que veut, » disait-il,
« cette Russie, moitié européenne, moitié asia-
« tique, moitié civilisée, moitié barbare? Si la
« France agrandit sa puissance de quelques con-
« trées voisines, c'est pour y porter les lumières;
« elle, c'est pour y porter les ténèbres. Serait-ce
« l'Autriche qui se plaindrait? mais la modération
« de la France est gravée à Vienne sur un trône
« qu'elle a deux fois relevé. »

Cette fierté ne manquait pas de logique; mais
les pouvoirs belligérants avaient tiré l'épée.

Quelque humiliation avait été imprimée au front
de Napoléon: il avait cherché à rapprocher de son
sceptre Naples et la Toscane; il avait voulu disposer de la main de la jeune reine d'Etrurie pour
Eugène Beauharnais. La flatterie avait mis en relief
une généalogie qui relevait la noblesse du sang
des Bonaparte, et proclamait haut l'ancienneté de
son origine. Ces petits moyens échouèrent. Alors
Napoléon, se grandissant sur son seul piédestal,
désavoua la grandeur héraldique de sa race, et déclara « que l'origine de la maison Bonaparte était
« connue, qu'elle datait seulement du 18 brumaire. » Puis, se riant des vieilles dynasties, il
jura que, « dans dix ans, la sienne serait la plus

« ancienne de l'Europe; » et peu s'en fallut qu'il ne tînt ce serment.

Ainsi se préparait une nouvelle lutte continentale qui devait mettre en lambeaux bien des drapeaux.

L'Angleterre avait semé son or pour diviser la France. Napoléon, comme par un coup de baguette, présenta en moins d'un mois deux cent mille hommes, des bords de la mer aux rives du Rhin. Cette armée marchait sous les célébrités guerrières de Bernadotte, Davoust, Soult, Lannes, Ney, Augereau et Marmont. Elle était divisée en sept colonnes d'infanterie, toutes fortes en vaillance, toutes animées de l'honneur de la patrie. Puis venaient ces brillans escadrons qui avaient chargé sur tous les sols et culbuté l'ennemi. Murat, Nansouty et d'Hautpoult étaient là; c'était dire que la réserve de gloire ne manquerait pas à son poste.

Masséna, à lui seul, avait embrassé l'Italie; devant sa renommée la France ne plaça jamais de guidon.

Les Autrichiens avaient passé l'Inn; ils s'étaient emparés de Munich et avaient repoussé le roi de Bavière sous les drapeaux de la France, alliés à sa phalange; cet abri était pour lui un pavois.

L'Empire avait salué sur le champ de bataille le peuple français du nom de « *grand peuple;* » il plaça au cœur de la nation ce salut de gloire; elle y répondit, et, semblable à ce Romain qui frappait la terre du pied pour en faire sortir des soldats, Napoléon voyait à sa voix toutes les générations porter les armes. Sa couronne était tellement éblouissante qu'il put s'écrier un instant, sans craindre de la perdre : « Je puis déposer sur un « coussin mon diadême, et dire aux Français : Si « vous connaissez quelqu'un plus digne que moi « de le porter, placez-le sur sa tête. »

Napoléon se trouvait sur la ligne de conquêtes que Moreau avait parcourue. Les défilés de la Forêt-Noire étaient gardés; quatre-vingt-dix mille hommes fortifiaient l'Iller et occupaient Memmingen et Ulm. A cet aspect, Napoléon laissa échapper cette pensée: « Bientôt je montrerai à mes soldats « que toutes les campagnes de Moreau n'étaient « que des jeux d'enfant. » Il tint parole. Mack, qui comptait tant de défaites, en vit une de plus à inscrire sur ses vieux galons autrichiens; la déroute de l'ennemi fut complète.

Soult, pour mieux observer les positions, avait pris la faction d'un simple soldat dans les marais des postes avancés. Sous cet incognito, il mesura l'attaque, et bientôt, comme maréchal de l'empire, il commanda et vainquit. Les bagages, l'artillerie, quatre mille prisonniers, deux lieutenants-colonels, six majors, soixante officiers et huit étendards défilèrent devant l'armée, et furent ramenés, comme prise de guerre, au quartier-général. Sur tous les villages jusqu'à Augsbourg, le drapeau tricolore flotta dans une première fête de victoire.

Le maréchal Ney revendiqua de nouveaux lauriers; il les obtint sur le prince Ferdinand à Grünberg et à Guntzbourg. Bernadotte en voulut sa part; il tailla en pièces les Autrichiens à Munich, et refoula le général Kienmeyer dans la forteresse de Braunaw, où les premières lignes de l'armée russe venaient de prendre position.

Ulm tenait encore; Ulm fut sommé de se rendre, et une sommation de la bouche de Napoléon valait une victoire. Mack, qui avait déclaré « qu'il ne quitterait ses bottes que sur la place du « Carrousel, » eut à peine le temps de les mettre pour fuir.

Voilà le récit d'un émigré français qui ne put retenir son enthousiasme pour les vainqueurs, bien qu'il combattît sous une autre bannière:

« L'Empereur, le trop heureux Napoléon, se place sur une élévation au pied du mont Saint-Michel. Tout étant ainsi disposé, on nous donne l'ordre de défiler aux pieds de sa majesté, en sortant par la Fraüenthor, et de déposer les armes à notre arrivée près de la Porte-Neuve. Vingt-trois mille Autrichiens sortent, tambour battant, la rage dans le cœur, le désespoir dans l'âme, traversent le carré français dans toute sa longueur, pendant que la musique ennemie nous régale de l'air du *Vogel Franger*. Journées de Pultawa, de

Pyrna, vous n'êtes rien en comparaison de cette hideuse sortie d'Ulm !

« Durant cette humiliante procession, et pendant que les soldats mettaient bas les armes, à mesure que les bataillons arrivaient à la place indiquée, Napoléon, dans le costume le plus simple, au milieu de tous ses généraux brodés, s'entretenait très affablement avec Mack et plusieurs de nos généraux, qu'il avait fait monter auprès de lui après qu'ils eurent défilé... Il est nuit, chacun retourne à son quartier, et se prépare à sortir le lendemain d'un lieu qu'on a tant de raison d'abhorrer.

« Telle fut la fin des opérations militaires entreprises avec tant d'espoir de succès ; tel fut le résultat accablant des monstrueuses sottises qui signalèrent cette campagne de sept jours. Il surpasse, sans contredit, tout ce que la monarchie autrichienne a jamais éprouvé de plus foudroyant et de plus humiliant. Seize généraux, quinze officiers d'état-major et vingt-trois mille hommes avec leurs officiers supérieurs et autres, une grande partie du corps du génie, toute l'artillerie avec ses attelages tombent, dans Ulm, entre les mains des Français; sept mille hommes capitulent en plein champ avec Werneck, six mille dans Memmingen, et cinq mille dans Munich essuient le même sort; les États héréditaires sont pour les premiers moments en proie aux incursions et aux ravages de troupes accoutumées à ne rien ménager; Vienne est menacé, et cet enchaînement de catastrophes et de dangers est l'ouvrage d'un seul homme! Quant à nous, qui avons été condamnés à être les témoins et les agents de cette dégoûtante tragédie, nous traînons, de province en province, le sentiment de notre douleur. »

Ainsi, les triomphes de la grande armée atteignaient toutes les rives; les batailles gagnées étaient regardées comme des engagements d'avant-postes. Le sénat recevait par chaque courrier des dépêches enveloppées dans des drapeaux. Toujours des illuminations suivaient la lecture des bulletins, qui étaient la grande page d'honneur de la patrie. Dans tous les théâtres, on se les faisait lire, et le public suivait toutes les allusions, pour faire éclater son transport. Ces vers d'*Iphigénie* furent couverts d'applaudissemens :

> Mais qui peut dans sa course arrêter ce torrent?
> Achille va combattre, et triomphe en courant.

La France pavoisa de ses étendards les capitales; elle fit assez pour absorber toutes les renommées.

« Nous avons fait, » s'écria l'Empereur, « devant Memmingen soixante mille prisonniers; je les envoie manier la charrue en France et remplacer les conscrits. »

Braunaw fut pris, Vienne menacé. Le prince

Ferdinand voulut fermer les portes de cette cité, il ne put y parvenir; il y trouva en travers l'épée de Napoléon. Le drapeau de France flotta sur les remparts de la capitale de l'Autriche; l'Empereur fit une faction dans le palais de Schœnbrunn, comme dans une guérite d'honneur. Puis l'armée se releva brillante et alla prendre ses cantonnemens de gloire à Olmütz; dans son trajet elle captura toujours des bagages et des prisonniers. La traînée du sang français signalait le pas de charge de nos grenadiers; Oudinot, qui marchait en tête, fut mis hors de combat, ainsi que ses deux aides-de-camp; mais les succès furent rapides, et partout la victoire mit l'appareil sur les blessures de nos braves.

Sur l'Adige, Masséna suit en vainqueur les savantes manœuvres du prince Charles; dans le Tyrol, c'est Augereau qui déploie ses combinaisons de gloire, et force l'archiduc Jean à la retraite. Les étendards des deux princes autrichiens sont brisés, les tronçons leur restent aux mains; ils ne blessent plus.

Un roulement de tambours se répercute sous les tentes; il se prolonge sur toute la ligne de la grande armée. Tous les faisceaux d'armes sont couronnés, c'est l'appel à de nouveaux périls; nos soldats vont encore les surmonter.

Toutes les colonnes de l'armée française se déploient dans un ordre admirable; c'est le premier coup d'œil du génie de Napoléon, c'est le prologue de la bataille d'Austerlitz.

On touchait au 2 décembre 1805 : quatre-vingt mille Français étaient rangés en bataille, plus de cent mille ennemis leur faisaient face; chaque guidon avait un empereur; toutes les renommées étaient en présence.

Napoléon fit approcher ses aigles; sous ce dais guerrier, il adressa ces paroles à ses soldats :

« Ces Russes que vous avez devant vous sont les mêmes que vous avez déjà vaincus. A Holabrun, ils ont fui devant vous; maintenant ils viennent venger l'affront que leurs alliés ont reçu à Ulm; mais cette journée leur sera funeste. Nous occupons une position formidable, et l'ennemi ne saurait attaquer notre droite sans découvrir son flanc. Je commanderai moi-même la bataille, et si la victoire devenait un instant douteuse, vous me verriez à la tête de vos premiers rangs. Nous terminerons aujourd'hui la campagne, et nous la couronnerons par une paix digne de vous, digne du peuple français, digne de moi. »

Les harangues de l'Empereur laissaient toujours un écho dans le cœur du soldat, et cet écho résonnait dans les heures de faction. Au camp, on commentait les paroles du chef de l'armée, et on en faisait des oracles. Un vétéran dit en remettant son arme au repos : « Quand il promet
« la victoire, c'est comme si nous la tenions; cha-
« cun son coup de feu, et le drapeau tricolore
« aura des pompons. Hier, c'était Memmingen,
« demain ce sera Austerlitz; il n'y a que le nom

« qui change. Après celle-ci, il promet des con-
« gés, et à ceux qui aiment le pays, bonne étape;
« mais il y a encore trop de terrain devant nos
« yeux, et à l'aigle il faut encore une aire con-
« quise pour se reposer. »

Les grenadiers sont les premiers en ligne, ils mesurent le front de bataille de l'ennemi. L'Empereur donne à chaque régiment un nom de gloire; c'est le baptême des armes. L'*Intrépide* vient de donner à Braunaw, et de refouler quatre mille Russes... Présent!... L'*Invincible* s'est avancé l'arme au bras, au milieu de la charge, et n'en a pas moins vaincu:... Présent!... L'*Immuable* a pris pied dans le carré de l'armée ennemie, pour abattre de tous les côtés... Présent!... Devant de tels hommes le soleil d'Austerlitz allait luire...

Napoléon est toujours à cheval, en redingote grise, en chapeau à trois cornes; il galoppe sur le champ de bataille, et semble dire à tous les pelotons : « Présent! » Il éperonne la gloire, il dévore en espérance les empires. On dirait que le monde n'est pas assez grand pour peser sa couronne : avant l'action de guerre, il signe des circulaires, des marchés, des décrets, et dans sa personne il résume la patrie agitée. Il va faire loi sur l'Europe, en promenant sa formidable épée : voilà l'homme-combat qui est debout, et qui fait chanceler les trônes à chaque pas qu'il fait sur le sol hors frontière. C'était là les impressions et la destinée de Napoléon, la veille de la bataille d'Austerlitz... Cette grande page allait s'ouvrir : les feuillets étaient d'airain, le burin était l'acier des baïonnettes.

L'enthousiasme se réveilla au feu du bivouac. L'Empereur visita incognito et pendant la nuit ses légions. Tout-à-coup il est reconnu : on se rappela qu'on touchait à l'anniversaire du couronnement ; le soldat avait à cœur de mettre en relief le souvenir de ce jour où le diadème avait été présenté à Napoléon sur un trophée de lances étrangères. Toute la ligne fut à l'instant illuminée, et au milieu des feux de joie, les cris de « Vive l'Empereur ! » décelèrent sa revue nocturne.

Le ciel était serein. Napoléon réunit sur une hauteur tous les grands capitaines qui allaient prendre part à ses mouvemens stratégiques.

La bataille des trois empereurs allait porter au loin les faits d'armes.

Le maréchal Lannes était à l'avant-garde et occupait la gauche ; Suchet l'appuyait : il couronnait des mamelons dont tous les défilés étaient gardés par un rang de voltigeurs. Soult commandait la droite ; il avait abrité ses colonnes par les forêts et par les marais, où les glaces s'étaient amoncelées. Bernadotte, à la tête de l'armée du centre, avait hérissé ses carrés d'artillerie. Davoust observait les manœuvres de l'aile gauche, et Murat celles de l'aile droite. La réserve, composée de vingt bataillons de grenadiers de la vieille garde, offrait un rempart d'hommes plus immuable qu'un bastion de rocher. Oudinot, qui les guidait, n'avait jamais appris la tactique de la retraite, n'en ayant jamais eu besoin avec de tels athlètes.

Voilà le personnel de guerre que Napoléon présenta à l'ennemi : toutes ces épaulettes à bouillons étaient noircies par la poudre des batteries, et sur toutes les cartouches du soldat étaient inscrits l'ancienne gloire des camps et l'avenir du jour qui se levait.

La position des phalanges étrangères était supérieure aux combinaisons que le génie de Napoléon venait de créer. L'empereur Alexandre était partout; sa présence imprimait la vaillance et la force. Le plateau d'Austerlitz servait de perspective à la victoire. Il était gardé par le prince Constantin, qui faisait mouvoir sous ses ordres la garde impériale, ces Russes aux bras de fer, qu'on n'avait pu encore entamer.

Le prince Jean de Lichstnein s'était inscrit pour défendre les premiers postes, et le général Kamenskoi pour marcher le premier à l'attaque. Dans ce groupe de guerriers Kollowrath Milloradowith et Kutusow se déclarèrent « les étendards de Saint-Georges, » tandis que le prince Repnin et les généraux Buxhowden et Przikewky avaient envié l'honneur de coucher sur le champ de bataille que les Français occupaient. Ils l'attaquèrent et y couchèrent... mais tous morts ou prisonniers... Alors, sur les cadavres des Russes, l'armée française se tint debout et frappa toujours. La résistance avait élevé devant elle une redoute de corps abattus; le cri « En avant! » signala la défaite complète de l'ennemi; pas une position qui ne fût enlevée, le pas de charge était la fanfare de la gloire et celle du carnage. Le jeu de l'artillerie, le choc des armées, la voix perçante des blessés, tout imprimait l'image des grandes commotions de guerre. Jamais lutte n'avait été plus vive et plus terrible; le désordre, les grâces, l'honneur, le péril, tout était mêlé : c'est une communauté d'action de bravoure et de trépas. Toutes les célébrités se mesurèrent; elles grandirent et s'abattirent. La page retentissante du bulletin français allait parer encore une fois la vie de Napoléon.

Partout on vit des tombes et des lauriers. La bataille, engagée au lever du soleil, se prolongea jusqu'à la nuit.

Napoléon avait attiré les Russes, en feignant des pas rétrogrades; il plaça l'ennemi sur un terrain désastreux; son plan s'exécuta de point en point. Il déborda toutes les colonnes qui lui faisaient face et les tailla en pièces. Il refoula la réserve sur la glace d'un lac immense : ici, la mort était sous les pas de l'armée coalisée; la plaine congelée fut canonnée, elle se brisa, et le gouffre engloutit trente mille hommes. Jamais spectacle plus affreux ne s'était offert à la vue. Une masse de combattans disparaissent tout-à-coup sur une surface mobile, comme un bruit qui bondit et se perd, et qui ne laisse après lui qu'une ride sur les eaux : le silence d'un tombeau sans sépulture surgit, là où, une heure auparavant, les cris et les déchiremens avaient rempli les échos d'accens de rage et de douleur. Telle fut l'actualité de cette journéé, où le passé est venu revendiquer les mânes des combattans, pour les unir aux fastes de la postérité.

Tout était consommé : des milliers de victimes avaient péri dans le lac et sur le champ de bataille ; quinze généraux dans les rangs ennemis étaient morts, et le général en chef Kutusow s'était retiré du combat couvert de blessures, laissant son armée décimée, son artillerie et ses drapeaux au pouvoir de nos soldats.

Le lendemain de l'action, Napoléon parcourut ses tentes et s'écria devant le front de l'armée : « Soldats, vous avez décoré vos aigles d'une « gloire immortelle, bientôt je vous ramènerai « en France, il vous suffira de dire : *J'étais à la* « *bataille d'Austerlitz*, et mon peuple répondra : « *Voilà un brave.* »

Bientôt les récompenses militaires doublèrent la part du dévouement : Napoléon décréta des pensions pour les veuves des officiers tués ; il adopta les enfans des soldats abattus sur le champ du combat, et ordonna qu'ils fussent élevés aux frais de l'État. La valise de l'Empereur était portée à dos de mulet; l'or fut distribué à pleines mains. Les soldats trouvèrent en outre un butin dans chaque hâvre-sac des Russes, qui avaient l'habitude de s'en dessaisir et de le déposer à leurs pieds au moment de combattre.

Napoléon avait dit: « Les Russes sont à nous! » Il avait dit vrai: les rangs ennemis furent ravagés; l'on vit passer les fourgons et une multitude de chariots où étaient entassés les blessés et les prisonniers. A cette vue, l'Empereur se présente au devant de sa tente, se découvre et s'écrie: « Respect au courage malheureux! » Les officiers tinrent leur épée basse, et les soldats portèrent la main au schako.

Peu après, Napoléon vit arriver à son bivouac l'empereur d'Autriche; il venait lui demander la paix. Les honneurs des camps lui furent rendus; et, en recevant le souverain qu'il venait de vaincre, Napoléon, lui montrant son toit de chaume, lui dit: « Voilà le palais que j'habite depuis deux mois. » L'empereur d'Autriche lui repartit: « Vous avez su le parer. »

Le ministre Haugwitz avait été dirigé de Berlin au quartier-général des alliés; il se rendit à celui de Napoléon, car il avait ordre de suivre les phalanges victorieuses pour leur adresser des félicitations. Le vainqueur d'Austerlitz ne se méprit point sur les sentimens du cabinet prussien. « Voilà, dit-il, un compliment dont la fortune a « changé l'adresse. »

Les électeurs de Saxe et de Hesse protestèrent « qu'ils n'avaient pris les armes que pour protéger « leur neutralité, et qu'ils n'avaient pas cessé « d'être dans des intentions pacifiques : » c'étaient aussi des protestations qui changeaient d'adresse. Un armistice fut signé.

Ainsi cette campagne, qui avait transporté en soixante jours quatre-vingt mille Français des montagnes noires aux monts Krapacks, des sources du Danube aux glaciers d'où jaillit la Vistule, assurait à l'armée française le maintien de ses conquêtes, jusqu'à la paix. Son domaine de gloire comprenait une partie de la Moravie et de la Hongrie; la Haute et la Basse Autriche, le Tyrol, le territoire de Vienne, la Carinthie, la Styrie, la Carniole, Goritz, l'Istrie, le cercle de Montabor et tout le pays entre Tabor et Lintz.

Assis sur le trône de France, Napoléon devenait le seul légataire d'une révolution qui lui avait transmis une puissance sans bornes. Toutes les résistances étaient brisées ; la supériorité des diadèmes était abattue; ils roulaient dans la poussière de ses pas. L'ancienne France est détruite, la nouvelle est créée; l'exaltation guerrière a tout produit, aucune considération ne ralentit les progrès de l'innovation; les siècles s'avancent, la renommée de Napoléon s'est élevée. Le front de Charles-Quint, où brillaient trente diadèmes, est resté au-dessous de l'apogée du vainqueur d'Austerlitz; il règne sur la moitié de l'Europe, et se fait redouter de l'autre moitié. Il façonne des royaumes et des rois.

Puis, sur les débris des vieux diadèmes, à la clarté des feux encore étincelans de son bivouac, il fait former le cercle : ici, ce sont des monarques qui le forment sous le dais de leurs drapeaux déchirés. Un moment le vainqueur leur redonne la force, pour imprimer une légalité morale aux conventions qu'il dicte sur le champ de bataille.

Le traité de paix signé à Presbourg a enregistré dans les annales de France de belles pages ; c'est Austerlitz qui les a promulguées, Napoléon les a scellées du pommeau de son épée : c'était dire que ses armes, qui jalonnaient la patrie, feraient respecter ses conquêtes. Dans ce tribut, les États de Venise, y compris la Dalmatie et l'Albanie, rentraient sous le sceptre de l'Italie, qui était tenu debout par la France.

L'indépendance de la république helvétique était proclamée ; l'Empereur allait s'en déclarer le médiateur. La principauté d'Eichstett et de Passau, la ville d'Augsbourg, devinrent l'apanage de l'électeur de Bavière et du duc de Wurtemberg, auquel Napoléon octroya un brevet de roi.

Mais dans cette féodalité de la guerre il y avait dîme et redevances ; les princes, en recevant une couronne, fermaient les yeux pour ne pas apercevoir le lien de fer placé sous ces fleurons : ces souverains corvéables s'appauvrissaient en grandissant.

La France captura à son profit les pays d'Anspach, de Bareuth, de Clèves, de Neufchâtel. C'était la Prusse qui faisait les honneurs du champ de combat; Napoléon lui jeta, pour adieu, sur le cercueil de Guillaume Pitt, l'électorat de Hanovre, qui était dans les possessions anglaises, et qui était de bonne prise.

Cent jours étaient passés, ces cent jours avaient fait un siècle de mémoire; de tels prodiges avaient grandi la renommée de la France. Napoléon était nommé par le sacerdoce *l'homme de Dieu*. Le Tribunat vota à l'armée cette colonne de bronze semblable à la colonne Trajane, et fondue avec les canons pris sur l'ennemi; trophée mémorable qu'Austerlitz fit naître et que Waterloo n'a pu abattre.

Tant il est vrai que, lorsque le sang de la patrie arrhe l'avenir, l'avenir voile les revers et pare les âges.

CHAPITRE V.

𝕿rafalgar.

21 octobre 1805.

Bonaparte, comme consul, avait mis dans ses combinaisons de prouesse « la descente en Angle-« terre; » Napoléon, comme empereur, la maintint dans ses prévisions de fortune.

Il fallait que ses destinées fussent accomplies, ou comme gloire, ou comme échec.

Dans nos ports, il y avait vie et action : des navires de haut-bord se radoubaient et s'équipaient. Puis un nouveau plan laissa arrière les vaisseaux et les frégates, et on se mit à construire mille chaloupes de soixante pieds de long sur seize de large, tirant seulement deux pieds d'eau. Elles devaient être armées de trente-six bouches à feu, et montées par cent hommes. On avait adapté à chaque chaloupe, vingt-cinq rames. Un temps brumeux était attendu pour faire manœuvrer la flotte ; les dispositions étaient coordonnées avec un nombre infini de petites embarcations, qui auraient bravé le long des côtes, et à cause des bas-fonds, les vaisseaux et les frégates... Cette combinaison détermina une construction en masse de prames, de péniches, de canots, de nacelles et de petits bateaux plats, qui laissaient arrière ceux construits sur le boulevard des invalides, lors du consulat. En telle sorte que les caricatures anglaises représentaient « les charpentiers français occupés à scier des noisettes pour en faire des bâtimens de guerre. »

Néanmoins, pour résister à la coque d'une noisette, la Grande-Bretagne jugea à propos de tapisser les bords de la Tamise de frégates, et de les lier les unes aux autres par des barres de fer.

Le bruit s'était répandu que des expéditions lointaines allaient avoir lieu ; Napoléon dissimula pour mieux atteindre son but : il devait commander en personne la descente en Angleterre ; Thomas Payne devait l'accompagner et faire ses proclamations en débarquant sur le sol de la Grande-Bretagne, pour revendiquer le vieux royaume de Guillaume-le-Conquérant.

Les mers furent bientôt couvertes de pavillons ; celui de France dominait, et pourtant l'Angleterre venait de mettre à l'encan nos revers ; elle avait trafiqué de nos pertes maritimes. Après la journée d'Aboukir, elle était loin de penser que nos désastres étaient réparés. Les mêmes hommes qui avaient combattu sous les deux pavillons se trouvaient à bord des grands mâts ; l'amiral Villeneuve pour la France, l'amiral Nelson pour la Grande-Bretagne.

Pour étayer ces mesures, Napoléon forma dans les principaux ports plusieurs camps : Davoust, Soult, Ney, Victor, en eurent le commandement. Cent cinquante mille hommes y furent réunis. Des primes furent accordées aux vieux marins pour former de bons matelots ; des fonds furent votés, des armes mises en réserve, des décorations promises ; enfin, tout fut mis en œuvre pour assurer le triomphe du combat.

Des traités secrets furent signés avec toutes les puissances rivales. Cadix arma dix vaisseaux de ligne, le Ferrol, sept, Carthagène, six.

L'Angleterre vit cet appareil avec joie ; elle crut à la sécurité de son pavillon, elle voulut le montrer haut, elle vint bombarder nos ports. Trois fois les voiles ennemies s'approchèrent du Havre et tentèrent de s'en emparer, trois fois elles furent repoussées. Il en fut de même à Dieppe, à Fécamp, à Calais, à Boulogne, partout où la Grande-Bretagne fit des sommations de soumission, elle recueillit la déception. Toutes ses tentatives profitèrent à la France ; elles familiarisèrent nos guerriers avec la mer, et leur rappela que les Anglais sur les flots n'étaient pas des ennemis invincibles.

La sépulture sans cercueil, l'Océan, tint en face de nos escadres ses écueils béans; on attendait le génie de l'homme pour éviter les récifs, mais ce génie ne fut donné, ni aux hommes de mer de la France, ni aux hommes d'État qui faisaient mouvoir les manœuvres de la diplomatie.

Bientôt il y eut faute, et dans les deux flottes, et dans les deux cabinets: l'irrégularité des vents, et la mauvaise fortune furent à la remorque des fausses combinaisons. Aussi le revers toucha peu à peu le succès, et Trafalgar fut un linceul pour la France. Cette bataille laissa voir la gloire et la mort; et la gloire et la mort révélèrent et suivirent, non la baguette qui commande aux hommes par un pouvoir occulte, mais la puissance qui montre à ciel ouvert le doigt de Dieu.

Napoléon n'avait point fléchi dans son désir d'arriver, toutes voiles déployées, sur le sol Britannique. Ce désir perçait dans ses communications officielles et dans ses préparatifs de guerre. Boulogne avait élevé une colonne à ses trophées, en face des côtes ennemies; c'était un gage de défi, c'était une sommation aux équipages: l'Angleterre appareilla ses escadres, et les fit défiler armées pour la bataille, devant nos bastions d'honneur.

L'amiral Villeneuve et l'amiral Gravina avaient réuni leurs flottes combinées au cap Finistère. Ils se tinrent en station, puis s'avancèrent sur la Corogne ; puis, renforcés de treize vaisseaux de ligne, ils résolurent de se porter sur Brest ; là, ils devaient joindre l'amiral Gautheaume, qui n'attendait que le salut des mers pour se porter sur l'armée de Boulogne, et se mettre en état, avec des forces imposantes, de livrer une grande bataille et de prendre pied sur la terre Britannique.

On était au 4 août 1805 ; Villeneuve manœuvra en vue de Boulogne, Napoléon y avait pris pose ; l'homme de mer redoutait l'homme de terre. Jamais plus grande ni plus hasardeuse conception n'avait eu lieu : depuis dix-huit jours les pavillons de France avaient pris le vent ; les forces de l'Angleterre ne pouvaient combattre à force égale ; c'était un triomphe arrhé, c'était mettre en œuvre une conquête que d'aller à l'abordage.

Nelson s'était réuni à Collingwood ; ces deux amiraux connaissaient tous les avantages que pouvait retirer la France de l'attaque et tous deux cherchèrent à neutraliser sa gloire. L'amiral Villeneuve ne vit pas juste sur les dispositions de l'ennemi ; au lieu de déployer ses pavillons grand largue et de couler bas la flotille qui lui faisait face, l'amiral français vira de bord et alla s'embosser devant Cadix. Collingwood n'avait qu'une faible escadre dans ces parages ; en voyant les sillons de l'armée navale de France, il se replia sur Gibraltar. Bientôt Nelson le secourut, et les forces navales de l'Angleterre se trouvèrent de vingt-neuf vaisseaux de ligne.

De leur côté, les amiraux Villeneuve et Gravina n'eurent en vue qu'une bataille décisive.

Villeneuve avait à racheter une disgrâce; Napoléon avait été exaspéré quand il avait appris le mouvement rétrograde de sa flotte, et s'était écrié : « Aujourd'hui, il a laissé perdre sa supé-« riorité; il n'y a d'habiles que ceux qui savent « triompher. »

L'amiral Nelson n'était plus qu'à sept lieues du cap Trafalgar; la journée du 21 octobre fut à jamais mémorable.... en héroïsme et en désastres...

Tous les pavillons qui prirent part à ce grand combat furent annotés pour l'hist oie (1). Nelson

---

(1)   Escadre Française :

Le Swiftsure, de 74 canons; le Fougueux, 74; l'Indomptable, 80; le Bucentaure, 80; l'Argonaute, 74; le Berwick, 74; l'Aigle, 74; l'Achille, 74; l'Intrépide, 74; le Redoutable, 74; l'Algésiras, 80; le Pluton, 74; le Neptune, 80; le Héros, 74; le Formidable, 80; le Mont-Blanc, 74; le Scipion, 74; le Duguay-Trouin, 74.

Escadre Espagnole :

El San-Ildefonso, de 74 canons; el San-Juan Nepomuceno, 74; el Bahama, 74; el Monarca, 74; el San-Francisco-de-Asis, 74; el Bayo, 100; el Neptuno, 84; el San-Augustin, 74; la Santissima Trinidad, 120; el Argonauta, 80; la Santa-Anna, 110; el San-Justa, 74; el San-Leandro, 64; el Principe-de-Asturias, 110; el Montanez, 74.

Escadre Anglaise :

Le Victory, de 120 canons; le Téméraire, 110; le Conqueror, 74; le Leviathan, 74; Ajax, 74; Orion, 74; Agamemnon, 64; le Minotaure, 74; le Spartiate, 74; Britannia, 100; Africa, 74; Royal Sovereign,

avait lancé son cri de guerre : « La victoire ou
« Vestminster ! »

De son côté, l'amiral Villeneuve avait proclamé
cet ordre du jour : « Tout capitaine qui ne serait
« pas dans le feu, ne serait pas à son poste,
« et un signal pour l'y rappeler serait une tache
« déshonorante pour lui. »

Les vents passèrent du nord-est au sud-est, et
la journée du 20 octobre fut remplie par de
grandes manœuvres.

Nos amiraux obéissaient aux signaux de la tour
de Cadix; leurs flottes aperçurent des feux au
lointain, et par intervalles l'airain, par ses volées,
indiquait chaque position des bâtimens anglais.

C'était une combinaison neuve, que celle d'éclairer ainsi la marche d'une bataille, elle devait
décider du sort de deux grandes puissances.

On était en vue des États barbaresques, c'était devant eux que des États civilisés venaient
jouer leur destinée de guerre. On touchait à
Trafalgar; c'est dans ce détroit mémorable que
toutes les célébrités navales se heurtèrent, c'est
sur les confins de l'Europe et de l'Afrique qu'elles
laissèrent de la gloire et des morts.

Les dispositions maritimes de l'amiral Ville-

120; le Mars, 74; le Belle-Ile, 74; le Tonnant, 90; Bellérophon, 74;
Colossus, 80; Polyphemus, 74; Revenge, 74; Swiftsure, 74; Defence,
74; Thunder, 74; Défiance, 74; Prince, 100; Dragnought, 100.

Plus les frégates : l'Euryalus, 40; le Sirius, 40; Phœbé, 36; Naïade,
40; Pickle, 36; Entreprenante, 36.

neuve parurent incertaines ; elles étaient écrites, il ne les changea pas. Elles ne devaient être ouvertes qu'au moment de l'action, selon la position et les manœuvres de l'ennemi : on aurait dit que l'amiral français craignait de rien prendre sur lui, et qu'il avait reçu à l'avance des notes et des instructions qui couvraient sa responsabilité; néanmoins il n'en parla pas.

Les escadres étaient guidées par des officiers de marine de haut renom ; nous étions appuyés et par l'argent et par les forces maritimes de l'Espagne ; le signal du combat allait être donné. Déjà les vice-amiraux Magon et Dumanoir s'étaient portés en avant, tandis que les contre-amiraux Escano et Gisneros avaient pris un poste intermédiaire entre l'avant-garde et la réserve.

L'amiral Gravina donna l'ordre au vice-amiral Alava de fermer la marche.

Nelson observa la flotte franco-espagnole ; cette flotte étendait ses bras pour envelopper les colonnes ennemies. Nelson disposa ses escadres en deux grandes divisions, qui se repliaient en forme de croissant : telle était l'attitude des deux armées.

L'amiral Villeneuve avait déployé sur un front de bataille dix-huit vaisseaux de ligne français et quinze espagnols ; les Anglais comptaient alors vingt-neuf vaisseaux de ligne, parmi lesquels figuraient sept vaisseaux à trois ponts, plus sept frégates ; en tout trente-cinq voiles.

L'amiral français se croyait supérieur en forces ;

il avait laissé dans le port de Cadix une réserve chargée de manœuvrer sur les derrières de l'escadre anglaise, afin de mettre la ligne britannique entre deux feux.

L'amiral Gravina commandait la division qui était restée sur ses ancres; il avait à bord deux bataillons de Français et de Castillans commandés par le général La Condamine; ses ordres étaient de se porter avec des brandons et des matières inflammables sur la flotte anglaise aussitôt qu'elle serait entamée, afin de l'incendier.

Cependant aux premières bordées de l'ennemi, Villeneuve changea ses dispositions : il vit à la lueur de l'airain qu'il avait fait une faute; alors il donna, à bord du *Bucentaure*, des signaux de détresse; ils étaient sans réalité, il n'avait pas même combattu. Gravina accourt, il serre la ligne française, entremêle les flottes et les courages : ainsi se forma un bastion d'honneur, en face des grands mâts britanniques.

Nelson divisa alors son armée de quatre vaisseaux de front en quatre vaisseaux de front; c'étaient des carrés qui avaient la consigne d'attaquer chacun sur leurs points correspondans, puis de se rallier au vaisseau amiral le *Victory*, qui devait soutenir le centre de l'armée navale.

L'action est engagée; les escadres foudroient, se replient, et reviennent grandir au feu; puis elles disparaissent encore pour revenir encore : c'est le jeu du combat, c'est la manœuvre des fortunes de guerre, c'est l'oscillation de la mer; ce sont les cris d'abordage, c'est la cloche des navires qui sonne le glas des trépassés; c'est le canon qui amortit tous les coups, qui appelle au trépas, qui rançonne la gloire; et toujours les escadres flottent entre les revers et le triomphe, et toujours on s'aborde et on résiste. Des milliers de bras sont engagés, des milliers de bras se lèvent, frappent et abattent : le sang, les cris, la mort, tout imprime à l'âme des combattans le désir de se surpasser et le regret d'une chute.

Quelques vaisseaux se doublent et laissent des vides dans les escadres de France; ces vides sont remplis par les vaisseaux ennemis. La bataille devient générale; notre flotte a jeté l'ancre d'honneur, elle se pose où le danger est le plus éminent; le vice-amiral Alava est grièvement blessé, c'est un appel à l'intrépidité, le combat est à outrance.

Le *Bucentaure* est démâté, il résiste toujours. Le *Redoutable* brave le feu de trois vaisseaux anglais et aborde le *Victory*, dont les bordées viennent d'écraser l'équipage du *Héros*.

Les crampons sont jetés, les haches d'armes sapent les cordages et les poignets des marins qui se hissent sur les vergues. Cent vingt hommes de mer sont tués; le commandant Lucas fait jouer les grandes manœuvres, dix aspirans succombent.

L'*Achille* se présente au combat, il ne peut résister, il met le feu à ses gréemens, alors un tableau affreux se dessine : à la lueur de l'embrasement, on voit des marins palpitans, immobiles au milieu des flammes ; ils s'embrassent et élèvent vers le ciel leurs bras à moitié consumés, puis ils se précipitent dans l'Océan tout meurtris par la poudre, les balles et l'incendie.

La France frémit au milieu des morts qui remplissent les gaillards et les passavans. Les bâtimens sont percés à jour, quatre vaisseaux sont démâtés et se rendent, trois se font sauter, trois sont coulés bas, dix échouent, et le reste vient tenter une dernière fortune... Les proues se heurtent contre les proues, les manœuvres s'entrelacent, les marins luttent et se déchirent, des feux croisés partent des haubans et des dunettes. Sir Bardy fait remarquer à Nelson que les ordres dont sa poitrine est décorée servent de point de mire, il le supplie de les cacher. « A la garde de Dieu, » répond l'amiral, « c'est dans les combats que j'ai gagné ces décorations, je vivrai et mourrai avec elles. »

Alors les officiers de son état-major se décorent pour donner le change et être pointés par les matelots français.

Tous les hommes d'action, de génie et d'intrépidité étaient à bord dans toutes les escadres ; on aurait dit qu'il n'y avait qu'une même patrie pour le courage. La réserve anglaise donne : le *Royal-Sovereign*, monté par Collingwood, trouve sur sa marche la *Santa-Anna*. Cette rencontre coûte à ce vaisseau la perte de quatre cents hommes. Le *Fougueux* accourt, mais il ne peut résister long-temps, l'escadre anglaise balaye les mers; ses forces se portent à l'avant du *Pluton;* c'est Cosmao qui commande ce vaisseau, et devant son habileté et la bravoure de son équipage, sur ce point il n'y a point de passage possible; l'ennemi se replie, et va chercher dans une autre direction une chance plus heureuse.

Ce sont des vaisseaux de quatre-vingts bouches à feu qui reculent devant le *Pluton :* ce bâtiment de soixante-quatorze devient le roi de la mer, il circule pavoisé de banderolles ennemies, c'est le tribut de son engagement; il est salué par des salves d'honneur.

L'émulation est à bord, elle se communique : on entend de l'*Algésiras* le cri à l'abordage!... à l'abordage!... c'est la voix du contre-amiral Magon; il arrive, toutes voiles dehors, sur le *Tonnant* qui coupe ses bonnettes et ses drisses, et cherche sur des monceaux de cadavres à enclouer ses pièces.

Les voiles se pressent, on se touche de vergue à vergue. L'intrépide Magon est blessé au bras; il bande sa plaie sur le pont et combat toujours. Une balle lui traverse la cuisse, il ne veut point quitter le tillac. « Vous voulez m'emporter d'ici, » s'écrie-t-il, « cette tâche n'appartient qu'à un « biscaïen. »

Son vœu fut rempli : il mourut frappé par un biscaïen.

Le feu redouble, il semble qu'il va tourner au profit de nos voiles. Nelson se montre sur le pont, il applaudit les équipages qui combattent sans fléchir; tout-à coup Scott qui était à côté de lui tombe, il applaudit toujours au courage. Huit matelots sont renversés à ses pieds, et le capitaine Bardy est gravement blessé; Nelson s'écrie : « Mes « amis, l'action est trop chaude pour durer ainsi « long-temps : l'Angleterre compte que chacun « fera son devoir! »

L'amiral Nelson avait fait le sien ; à peine avait-il proféré cette courte harangue qu'il fut frappé. Deux marins le relèvent; Nelson avait encore assez de vie pour donner un ordre : « Qu'on jette « un voile sur mon visage et sur mes décorations, « que les Français ne s'aperçoivent pas que j'ai « reçu une balle à la poitrine... Adieu, mes amis, « tous vos soins sont inutiles, je sens que ma « blessure est mortelle. Cachez, cachez ma mort... « qu'elle ne soit mise au jour que lorsque vous « aurez vaincu. »

Cette chute d'un homme de mer tel que Nelson était immense... elle retentit au-dessus de la mitraille, elle redonna vie au courage français et imposa un serment de vengeance à bord de l'escadre anglaise : c'est l'amiral Collingwood qui reçoit ce serment de représailles. Alors le combat redouble, tous les vaisseaux s'entrechoquent : le *Téméraire* aborde le *Neptune;* le *Tonnant,* l'*Algésiras.* Le *Colosse* est une sépulture, l'*Indomptable*

un bastion; le *Mars* n'a pu abaisser l'*Aigle*, ni le *Bellérophon* le *Duguay-Trouin*. Tous les vaisseaux se soulèvent, craquent, et manœuvrent dans une fournaise de salpêtre et d'éclairs. L'action dure cinq heures; l'amiral Gravina est mis hors de combat, mais la flotte anglaise paie cher cet avantage : seize vaisseaux ne sont plus en état de tenir la mer, ils vont disparaître. « Un incendie incom-
« mensurable dresse au sein des mers ses pyra-
« mides de feu : le canon tonne à outrance; des
« milliers de projectiles rugissent, brûlent et tuent.
« Par eux les équipages sont dévorés, les voiles
« mises en lambeaux, les mâts et les murailles
« des navires fracassés. Tantôt les vaisseaux s'ef-
« facent derrière les plus épais tourbillons de
« fumée; tantôt ils reparaissent sortant de leur
« nuage, comme ces belliqueuses déités de la
« fable qui intervenaient aux combats homé-
« riques. Ils semblent se contempler dans l'Océan,
« fiers de leurs blessures et de leur drapeau na-
« tional!... (1). »

Cette fierté était imposante, elle pâlit sous la violence de la pression : le vaisseau amiral, le *Bucentaure*, et le *Redoutable* plièrent leurs voiles; Villeneuve et Lucas amenèrent leur pavillon...

Les Anglais firent à Nelson un sarcophage de nos mâtures, et nos hommes de mer eurent des pontons pour prisons.

(1) A. de Serviez. (*France maritime*.)

Le cortége océanique de la Grande-Bretagne mit nos revers en vue : les débris de notre escadre marchaient à la suite des grands mâts de triomphe, mais ces grands mâts avaient un mort... et avec ce mort, le triomphe n'était pas visible... Nelson valait plus pour l'Angleterre qu'une bataille gagnée...

Les pertes de la France et de l'Espagne furent immenses, et la journée de Trafalgar eut encore un lendemain.

Le *Scipion*, le *Mont-Blanc* et le *Formidable* furent capturés par la flotte anglaise, et le contre-amiral Dumanoir fut fait prisonnier.

Devant tant de désastres, que dire à Napoléon?... La dépêche fut adressée au maréchal Berthier, afin qu'il préparât l'homme des triomphes à un si rude échec.

Le maréchal n'osa lire le rapport de Trafalgar ; il était à déjeuner avec l'Empereur, il poussa tout doucement la missive près de l'assiette de Napoléon et garda le silence.

L'Empereur s'empare du message avec anxiété, il lit : aussitôt ses yeux deviennent hagards ;... il lit encore, ses lèvres écument ;... il lit toujours, ses dents se resserrent ;.. on entend des mots saccadés : « Villeneuve !.. oh! le lâche ! en trois heures il a « perdu la marine française et la marine espagnole, « sauvé l'Angleterre !.. Il paiera de sa tête cette « catastrophe !.. » Puis le front de l'Empereur accablé par la méditation retombe sur sa poitrine, et il ne dit plus rien!..

Cependant l'amiral Villeneuve est emmené captif en Angleterre : là il a toujours le supplice des souvenirs ; Trafalgar revient sans cesse torturer sa vie.

Villeneuve se trouva aux funérailles de Nelson ; le corps de cet amiral reçut l'ovation tombale de Westminster : le cercueil du héros de l'Angleterre fut creusé dans le bloc d'un grand mât conquis sur la France. Ce suaire d'honneur côtoye toutes les célébrités des siècles, il semble avoir agrandi la mort en empruntant un trophée de notre défaite.

La bataille de Trafalgar était restée comme un cauchemar sur le cœur de l'amiral français. Son courage était mis en doute, ses dispositions avaient été peu habiles, et on lui avait jusqu'alors reconnu plus de talent qu'il n'en avait montré. On eut des suspicions, on ne put croire que l'amiral eût agi par sa propre impulsion ; tous les mouvemens de la flotte combinée n'avaient point révélé l'action d'un homme de mer : on pensa qu'il pouvait y avoir un haut secret dans la déception de cette bataille. L'amiral avait-il reçu des instructions qu'il ne voulait pas avouer ; cette question intriguait les États. Villeneuve était l'ami de Decrès, et ce ministre de la marine travaillait confidentiellement avec Napoléon.

Il y eut toujours du danger à mettre au jour le motif d'un revers et les erreurs d'un empereur tel que Napoléon; c'était plus qu'une hardiesse, c'était une hostilité. On savait que l'Empereur avait voilé devant le Corps Législatif la défaite de Trafalgar; « les tempêtes, dit-il, nous ont fait « perdre quelques vaisseaux après un combat « imprudemment engagé. » Quelle mystification!...

Cependant l'amiral Villeneuve ne voulut point garder l'affront de la défaite de Trafalgar. Il avait été jugé et condamné par défaut. Il y a une fierté qui domine tout et qui relève l'abaissement; cette fierté, l'amiral français l'eut sur la terre étrangère. Il réclama la faculté de rentrer en France et d'aller purger sa contumace. Il aborde, la patrie attendait les débats d'une grande révélation,... elle attendait..., mais on apprit que l'amiral Villeneuve était mort!... Cette mort parut extraordinaire. On prétendit qu'elle était le résultat d'un suicide;... on n'y crut pas. Le procès-verbal officiel parut suspect; toutes les vérités qui passaient par la diplomatie ne trouvèrent pas toujours créance ; voici un extrait de la notification de ce trépas :

« Le 22 avril 1806, Villeneuve arrivé à Rennes, « à l'*Hôtel de la Patrie*, se retira dans sa chambre « immédiatement après son dîner, et dit à son « nègre qu'il pouvait sortir. A neuf heures du soir « le nègre revint, se présenta à la porte de son « maître, qu'il trouva fermée; il y frappa, et per- « sonne ne répondit. Inquiet de ce silence, il

« descend chez le maître de l'hôtel pour lui com-
« muniquer ses craintes : celui-ci envoie chercher
« le commissaire de police. La porte était fermée
« par derrière, on l'enfonce. On trouve l'amiral
« tombé près de son lit, le corps percé de cinq
« coups de couteau ; l'arme meurtrière est en-
« core dans l'une des plaies ; près de lui est une
« lettre cachetée adressée à sa femme. Un chi-
« rurgien nommé Noblet constate la mort et re-
« tire le couteau. »

Cette version parut apocryphe aux uns, véritable aux autres : de ce choc des opinions il n'a
jailli que des doutes. Quand l'esprit de parti s'empare des événemens, on ne peut suivre toutes ses
ramifications. L'amiral Villeneuve avait juré qu'il
se justifierait à ciel ouvert. Il était en France, les
débats allaient commencer, et un poignard venait
de figer au cœur tous les secrets que la patrie voulait avoir. La raison semblait confondue en présence de cette catastrophe...

Le sablier du temps couvre bien des taches. On
avait douté... on avait oublié... Vingt ans s'étaient
passés, lorsque le trépas de l'amiral Villeneuve
surgit avec une accusation historique.

Un homme qui se dit secrétaire de cet amiral,
prend la plume. Le sergent Guillemart écrit :
« Nous arrivâmes à Morlaix et à Rennes le 10.
« J'étais logé dans le même hôtel que l'amiral
« Villeneuve. Deux jours se passèrent sans ame-
« ner aucun incident remarquable ; le général

« était triste et sortait peu. Il écrivit le 11 au con-
« tre-amiral Lucas, qui avait combattu vaillam-
« ment à Trafalgar, pour lui annoncer sa prochaine
« arrivée à Paris. Effectivement, il achète une
« chaise de poste, et se prépare à partir le 13 à
« la pointe du jour.

« Le soir même du 12 arrivent à son hôtel qua-
« tre individus à moustaches, proprement habillés
« en bourgeois, et dont l'accent, les manières et
« le teint cuivré ne permettaient pas de les croire
« Français. L'un d'eux m'aborde, me fait une foule
« de questions sur le vice-amiral, et paraît frappé
« de surprise en apprenant que son départ était
« fixé au lendemain matin. Il me quitte brusque-
« ment avec un petit homme qui avait les manières
« dures, la tête blanche et poudrée, des traits
« ignobles et un extérieur repoussant. Tous les
« deux s'approchent de moi, et le petit homme
« m'interroge avec un air de supériorité; toutes
« ses questions ont trait au général. Bientôt ils
« sont rejoints par les trois autres moustaches, et
« me quittent pour monter dans les appartemens
« de l'hôtel.

« L'amiral se couche sur les dix heures; je
« l'aide à se déshabiller, et le quitte presque im-
« médiatement, en tirant la porte sur lui. Retiré
« dans un cabinet de l'étage supérieur, dix minu-
« tes après j'étais profondément endormi; tout-à-
« coup des cris de douleur partis de l'appartement
« du général me réveillent en sursaut. Je me pré-

« cipite sur mon sabre, je me saisis de la lumière
« laissée sur la table de nuit, et descends préci-
« pitamment les degrés qui me séparent de l'étage
« inférieur. J'aperçois le petit homme qui m'avait
« accosté la veille se glisser et descendre rapide-
« ment au rez-de-chaussée. Quelque chose me
« disait de le poursuivre; mais ma première pen-
« sée m'entraîna vers la chambre de l'amiral,
« dont je trouvai la porte ouverte. Je vis l'infor-
« tuné amiral, que les boulets de Trafalgar avaient
« respecté, étendu, pâle et sanglant sur son lit, dont
« les couvertures étaient éparses sur le parquet.
« Palpitant et livide, il se débattait contre les
« douleurs au dernier moment; il me reconnut,
« mais je ne pus distinguer que les mots de *com-*
« *missaire, secrétaire...* dans les paroles interrom-
« pues prononcées par le guerrier expirant, qui
« rendit le dernier soupir dans mes bras, sans
« qu'il fût en mon pouvoir de le secourir. »

Le narrateur ajoute « que le corps de l'amiral était traversé de cinq blessures, sans qu'on aperçût aucune arme dans l'appartement (1). » Les cris de la victime, s'écrie Guillemart, attirèrent un instant le maître de l'hôtel et les voyageurs qui s'y trouvaient : personne ne douta que l'amiral n'eût été assassiné, et l'on apposa les scellés sur ses papiers. On se rappela que lors du suicide de

(1) Cette supposition, qui renversait le procès-verbal du 22 avril 1806, ne fut point démentie par le chirurgien Noblet, qui avait constaté la mort officielle et qui vivait encore en 1826.

Pichegru, on avait vu circuler autour de la prison des mamelucks déguisés en citadins. Le lendemain de la mort du vice-amiral Villeneuve, il fut enjoint à tous les officiers qui habitaient Rennes de quitter sur-le-champ cette ville : cette mesure parut dictée pour éloigner Guillemart, qui en savait trop.

La rectitude de l'esprit public rendit nulle cette prévision; la contre-partie du procès-verbal officiel circula à bas bruit, et plus tard, les récits traditionnels des foyers donnèrent force dans l'opinion à la relation de l'ex-secrétaire de l'amiral. Cette révélation déchira une grande renommée.

Les triomphes maritimes manquaient au cadre des victoires de Napoléon, et ces triomphes il les poursuivait avec passion. Mais la mer engloutissait les hommes et les navires, elle ne renvoyait au rivage de France que la dépouille des braves marins dans les plis de leur pavillon en lambeaux.

Une lutte gigantesque restait ouverte entre Napoléon et l'Océan. L'Empereur traçait des plans, forgeait des armes, pavoisait des flottes; la mer brisait tout en un jour. C'était le champ clos où l'Angleterre et la France lançaient les champions de leurs disputes armées. Le combat de Trafalgar livra à la postérité la grandeur d'une déception qui ne fut pas sans honneur pour notre marine.

Napoléon, dans sa persévérance à combiner des

expéditions navales, laissait deviner qu'une envie secrète minait son âme conquérante. Le levain de la vieille France avait fermenté en lui : abaisser l'Angleterre, c'était arrher l'union de tous les partis à sa couronne; mais cette force nationale devait manquer à sa puissance.

Il y eut deux destinées de fortunes dans la vie de Napoléon, l'une bonne, l'autre mauvaise : la terre lui donna la gloire, la mer lui apporta la défaite!...

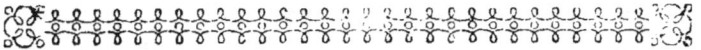

CHAPITRE VI.

L'Écriteau.

Napoléon avait créé son armée; il y avait entre elle et lui plus qu'un lien de victoire. L'enthousiasme des soldats était de la tendresse; l'affection de l'Empereur pour ses grenadiers était paternelle. Il connaissait les cadres de ses bataillons et la figure des soldats d'Italie; et eux, ils l'appelaient : « *Notre empereur.* » Il disait à l'un : « Te souviens-tu du bivouac devant Ar-« cole? Là, plus de prisonniers que de grains de « poudre dans ta cartouche. » A l'autre : « C'est à « Marengo que tu as reçu cette balafre : voilà la « croix. » Et les vieilles moustaches avaient double élan pour la victoire du lendemain.

Pendant la courte trêve de la France avec l'Angleterre, Napoléon faisait venir successivement à Paris tous les régimens; des revues fréquentes, de grandes manœuvres tenaient en haleine le soldat; l'armée était toujours prête à marcher au feu.

Les colonels avaient entre eux une émulation qui tournait au profit de l'armée; ils savaient que dans ces revues, Napoléon faisait des choix de vaillance; son regard parcourait les rangs des régimens comme la carte d'une campagne : il les retenait en sa mémoire et leur destinait l'enlèvement d'une redoute ou la prise d'une capitale. Les soldats, non moins fiers que leurs chefs, disaient entre eux : « Au premier rang les balafrés, « c'est la parure du régiment. » Et ils s'alignaient avec orgueil devant l'Empereur qui les avait vus combattre.

Le peuple de Paris, insoucieux du lendemain, quittait ses ateliers et se pressait en foule aux grilles du Champ-de-Mars ou du Carrousel, pour voir défiler les soldats qui avaient inscrit à la baïonnette les feuillets des Bulletins de la grande armée. Sans penser que la conscription allait aussi les enlever à leurs foyers, les masses s'éblouissaient en regardant amonceler les trophées.

La France, déjà si grande par ses conquêtes, devenait forte par ses institutions. L'Angleterre médita de relever encore le drapeau de la coalition; l'Autriche et la Prusse se concertèrent pour regagner leurs citadelles. Napoléon se dressa de tout son génie, et ses phalanges, avides de gloire, crièrent : « Vive l'Empereur!... » avec un élan nouveau.

Cependant le conquérant était soucieux; il aurait fallu quelques années de paix pour consolider ses inspirations administratives. Son humeur présageait ordinairement des victoires; mais, pour cette fois, il aurait voulu rester plus longtemps l'arme au bras; et souvent, en se promenant avec Duroc dans le parc de Saint-Cloud, ou, étendu sur un divan, la tête appuyée sur les genoux de l'impératrice Joséphine, il répétait à demi-voix : « Il faut que cette Prusse soit folle; « vouloir me faire la guerre!... c'est d'une bê- « tise!... et se mettre toujours à la remorque de « l'Angleterre!... » A ce nom, la figure de Napoléon devenait sombre; c'était son écueil, son fantôme, rien alors ne pouvait le distraire. Joséphine seule savait déplisser son front; pour lui, elle retrouvait toutes ses minauderies de jolie femme : ses saillies, sa gracieuse coquetterie, son ingénieuse tendresse luttaient contre les papillons noirs de la diplomatie, et finissaient toujours par en triompher.

Un soir, par un beau soleil couchant, la calèche de l'impératrice sillonnait les bords de la Seine. Joséphine était parvenue à grand'peine à décider Napoléon à cette excursion d'une heure; mais cette heure fut si bien employée que le sourire revint à ses lèvres. Peu à peu, il s'égaya de l'anecdote du jour, et s'amusa à agacer le petit chien favori, ordinairement si choyé, et ayant souvent pour couche une pile de schals de cachemire.

En ce moment, la calèche passait devant la caserne de Courbevoie; tout-à-coup l'impératrice s'écria en riant : « Bonaparte, tu ferais bien mieux « de regarder un peu à tes affaires, que de taqui- « ner mon chien; tiens, vois donc, on a mis à « louer une de tes casernes. »

Napoléon leva vivement la tête, et fit signe d'arrêter. Un énorme écriteau, suspendu à une ficelle, battait, en effet, les murs de la caserne des grenadiers; mais on voyait que son ballottement n'était pas celui du vent. Une main tenait la corde et faisait descendre et remonter la pancarte.

Tandis qu'un aide-de-camp allait s'enquérir du motif de cet incident, Joséphine plaisantait sur la location de la caserne impériale. « Eh bien ! » lui dit Napoléon, « pour te punir, tu ne sauras rien ; « ta curiosité en sera pour ses peines. » — « Par- « lez-moi bas, » dit-il à l'officier aussitôt qu'il revint; « ce sont *mes affaires*, et cela ne re- « garde pas l'impératrice. » En vain Joséphine supplia et bouda, elle ne put entendre que ces mots : « Qu'on me l'amène demain à la parade. »

L'anecdote de la promenade fut bientôt la nouvelle du château, et le lendemain, à la revue du matin, toutes les dames se pressaient sur les balcons.

Au premier rang des grenadiers de la garde, un soldat à genoux attirait tous les regards. Son front était traversé par une large cicatrice, la croix d'honneur était sur son uniforme, son teint basané disait que le soleil des batailles avait dardé sur son front.

L'Empereur, dans les méditations d'une nuit, avait oublié l'aventure de la veille. « Qu'est-ce « que cela? » dit-il en s'arrêtant; « un grenadier « à genoux!..., et qui pleure comme une recrue « au premier bivouac! Conte tes peines, vieille « moustache!... Eh bien! est-ce que tu ne veux « pas me parler, dis donc?... »

Pour toute réponse, le soldat sanglota, la tête dans ses mains. Alors l'Empereur interrogea le colonel, et se souvint du motif qui avait décidé le grenadier à suspendre à la fenêtre de la chambre des arrêts l'écriteau où était écrit en gros caractères le mot : « Grâce! »

« Comment, c'est toi, un ancien de la garde, « qui t'avises d'avoir le vin mauvais, de manquer « à la discipline, d'insulter un de tes supérieurs! « toi qui portes le signe de l'honneur!... Cela t'ar- « rive-t-il souvent de te griser? »

— « Non, Sire; » répondit le colonel.

— « Tu vas passer aujourd'hui devant le conseil de guerre, et tu dois savoir ce qui t'attend... Où as-tu gagné la croix?... allons, réponds, où l'as-tu gagnée? » — « A Austerlitz! » — « Ah! c'est à Austerlitz... Si j'étais sûr que tu sois un bon camarade... Est-il bon camarade ? » demanda l'Empereur en se tournant vers le régiment. — « Oui, Sire, » s'écria-t-on de toutes parts.

Alors Napoléon, prenant le grenadier par ses deux moustaches, ajouta : « Comment, mon « brave, tu étais avec moi à Austerlitz, tu y as « reçu la croix d'honneur, et tu fais le conscrit « mauvaise tête! Que serais-tu devenu si ma « femme n'avait pas eu de bons yeux, ou si je « n'avais pas passé par là pour lire ton écriteau?... « Allons, va à ton rang... mais si jamais il t'arrive « encore de te griser, gare à toi!...» — « C'est fini, « mon empereur, » dit le soldat d'Austerlitz, en se plaçant au port d'armes.

Les cris de : « Vive l'Empereur !...» éclatèrent, et on entendit le grenadier gracié répéter : « En « voici une sévère;... et qu'ils y viennent les « Prussiens et les autres ! »

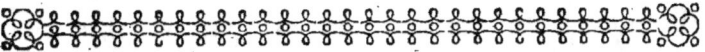

CHAPITRE VII.

Campagne de Prusse.

QUATRIÈME COALITION.

1806.

La paix, ce calme de la gloire, était passée. Napoléon parcourut d'un regard le continent; puis il résuma ainsi les destinées de la France :

« L'Autriche est abattue, elle ne saurait se relever d'un demi-siècle du coup que je lui ai porté. La supériorité de mes armées sur celles de la Russie n'est plus un problème. La Prusse, réduite à ses propres forces, ne peut se soutenir qu'en cédant à toutes mes volontés. L'Espagne, asservie depuis long-temps, me fournit ses soldats et ses trésors pour affermir mon pouvoir et coopérer avec moi à la chute des princes de sa propre maison. Rome n'a plus de souveraineté que celle que je lui laisse. Le Portugal tremble au bruit de mes canons, et n'ose avouer ses relations avec l'Angleterre. Cette île superbe est exilée du reste de l'Europe ; j'achèverai sa ruine en continuant à fermer à ses vaisseaux tous les ports du continent. La Suède est impuissante dans sa colère. Le Danemarck, trop faible pour rien entreprendre, se repose dans une sage neutralité. Les souverains d'Allemagne, voisins de mes frontières, ont besoin de ma protection pour braver les ressentimens des puissances dont ils ont abandonné les intérêts. Les conspirations de l'intérieur sont éteintes ; les Vendéens servent sous mes enseignes. C'est de moi maintenant que l'Europe attend ses destinées, et tant que les Français me resteront dévoués, tant qu'ils me donneront leurs enfans pour grossir mes armées, tant que mes généraux ne songeront point à me disputer l'empire, que leurs épées formeront autour de mon trône une enceinte inexpugnable, je puis régler tout à mon gré. »

Ce manifeste faisait connaître toutes les pensées de Napoléon ; il se plaça ainsi sur un piédestal pour contempler les nations à ses pieds.

L'existence du corps germanique fut dissoute. Napoléon prit le titre de *Protecteur de la Confédération du Rhin*. Toute la lignée des Bonaparte occupa des trônes ; et les institutions, en France, de nouveau protégées, avancèrent la civilisation.

Comme chez les peuples antiques, le temple de la guerre s'ouvrit avec un nouveau fracas. L'épée de l'empereur Alexandre et celle du roi de Prusse venaient de faire alliance sur le tombeau du grand Frédéric. La diplomatie donna accès aux mécomptes, et les griefs politiques furent mis en relief. L'Angleterre écoutait aux portes et soufflait des trahisons secrètes. Les régimens de la garde se rendaient en poste sur le Rhin; de leur côté les Russes s'avançaient à marche forcée sur Berlin : là le duc de Brunswick, dont le panache avait paru à la première coalition sur les terres de France, releva encore son épée pour l'abaisser devant nos drapeaux.

Napoléon fit un appel aux Saxons, et brisa leurs liens avec la Prusse; puis se retournant vers son armée, il l'anima par ces paroles :

« Le même esprit de vertige qui précipita autrefois les Prussiens en Champagne les agite encore. Depuis deux mois ils ne cessent de provoquer l'armée française. Les insensés ! ils osent exiger de moi que vous repassiez le Rhin sans délai, sans vous arrêter !

« Soldats ! il n'est aucun de vous qui veuille retourner en France par un autre chemin que celui de l'honneur; nous ne devons y rentrer que sous des arcs de triomphe. Marchons, puisque la modération ne peut rien sur notre aveugle ennemi; allons lui rappeler la Champagne, sa défaite et sa honte. »

Napoléon rassembla son armée en face de la colonne de Rosbach, où la France avait replié son étendard. L'affront de 1757 fut lavé par la journée du 14 octobre 1806. Ce jour compta deux batailles, et ces deux batailles continrent deux victoires : l'une à *Iéna*, fut marquée par la présence de Napoléon ; l'autre à *Auërstaedt*, fut marquée par la fuite du roi de Prusse.

Napoléon était partout; il visita les lignes avancées, et dans l'action il faillit être tué. Voici ce qu'écrivait un de ses officiers d'état-major :

« C'était la nuit du 13 au 14 octobre ; il y eut une gelée blanche accompagnée d'un brouillard semblable à celui d'Austerlitz ; mais il nous fut plus favorable, en ce que notre armée était sur un plateau extrêmement resserré, ce qui avait obligé de former les troupes en grosses masses qui se touchaient presque, afin d'être plus facilement employées le lendemain matin.

« Ce plateau n'était pas à plus de deux cents toises de la position qu'occupait la gauche des Prussiens. Sans ce brouillard, nos feux leur auraient servi de direction, et leur artillerie n'eût pas manqué de nous faire beaucoup de mal, car alors tous les coups auraient porté. La nuit était donc très noire, et les sentinelles du camp ne voyaient pas à dix pas autour d'elles. La première, entendant quelqu'un marcher dans l'ombre et s'approcher des lignes, crie deux fois : « Qui vive ! » et se tient prête à faire feu après la troisième interrogation. L'Empereur, qu'une profonde préoccupation absorbe, ainsi qu'il l'a dit lui-même plus tard, n'entend pas la voix de la sentinelle, et ne fait aucune réponse : c'est une balle sifflant à son oreille qui le tire de sa rêverie. Aussitôt il s'aperçoit du danger qu'il court, il se jette le ventre à terre. La précaution était des plus sages, car à peine s'était-il tenu quelques secondes dans cette position, que d'autres balles passèrent au-dessus de sa tête ; la décharge de la première sentinelle se répéta sur toute la longueur de la ligne. Ce premier feu essuyé, Napoléon se relève, appelle à lui, se dirige vers le poste le plus rapproché, et s'y fait connaître. Il était encore dans ce poste, lorsque le soldat qui avait tiré le premier sur lui y rentra, après avoir été relevé de faction : c'était un jeune voltigeur du 12e d'infanterie de ligne, nommé Martin. L'Empereur lui ordonne d'approcher, et lui pinçant fortement la joue, il lui dit :

« Comment, gaillard, tu m'as donc pris pour un Prussien ? »

Puis, s'adressant aux soldats qui l'entourent, il ajoute en souriant :

« Ce coquin-là ne jette pas sa poudre aux moineaux, il ne tire qu'aux empereurs. »

Le pauvre voltigeur était si troublée de l'idée qu'il aurait pu tuer Napoléon, que ce ne fut qu'avec peine qu'il put articuler ces paroles en balbutiant :

« Mon empereur... faites excuse... c'était l'ordre... Si vous ne répondez pas, ce n'est pas ma faute.... il fallait mettre dans la consigne que vous ne vouliez pas répondre... »

Le brouillard se prolongea entre les deux armées ; lorsqu'il fut dissipé, des rangs de morts furent aperçus à une demi-portée de canon. Les deux combats de Iéna et de Auërstaedt furent simultanés. A Iéna, Lannes abattit le duc de Brunswick, et Ney abattit le lieutenant-général Ruschel ; à Auërstaedt, Davoust abattit le maréchal Moellendorff, et Gudin abattit le lieutenant-général Schemettau.

Dans les deux camps, Murat poursuivit le prince Henri de Prusse, et finit par l'abattre aussi. Soult, à Iéna, fit défiler devant lui deux cent soixante pièces d'artillerie, et Treillard dix mille prisonniers ; Morand, à Auërstaedt, fit défiler devant lui les bagages ennemis, et Friand l'état-major prussien. A Iéna, la charge d'Augereau produisit vingt mille morts dans les rangs étrangers ; à Auërstaedt, la charge de Davoust en fit nombrer autant. A Iéna et à Auërstaedt, il y eut pour nos armes égalité de bravoure, il y eut égalité de trophées ; nos deux camps se partagèrent soixante étendards.

Tous ces faisceaux étaient rangés dans une communauté de gloire ; ils appartenaient à la France, et on les lui rapportait. C'était l'appareil de ses blessures ; les familles s'attachaient à ces banderolles, comme à un legs de leurs fils emportés dans les batailles.

Pour la patrie, c'était toujours gloire et douleur! La conscription arrachait au sol les bras qui lui donnent la vie, aux foyers, les soutiens des vieux ans. Chaque année le frère partait, comme le frère de l'autre an, pour ne plus revenir...; et pour couvrir toutes ces jeunes cendres, il ne restait que des drapeaux!

Tandis qu'on recueillait les tributs du champ d'honneur, nos généraux en amoncelaient d'autres au pas de course. Ils allaient à la quête des actions d'éclat, comme on va à la découverte d'une terre promise.

Chaque place forte fut une offrande à nos conquêtes. A Lubeck, Bernadotte somme Blücher de mettre bas les armes, et Blücher met bas les armes avec quatre mille Prussiens. « Bas les armes! » s'écrient, à Rotkau, Soult et Murat; et là le duc de Brunswick-Oels, dix généraux et treize mille soldats mettent bas les armes.... A Magdebourg, la ville forte, la cité des vieilles armes, le boulevard de la monarchie prussienne, la voix de guerre de Ney se fit entendre : « Bas les armes! » vingt généraux rendirent leur épée, et vingt mille Prussiens amenèrent sept cents pièces de canon et mirent bas les armes!

On entend la répercussion de la même sommation guerrière sur tous les champs de combat et sous tous les bastions; elle s'harmonie au pas de charge de nos grenadiers. « Bas les armes! » s'écrie à Prentzlow un bataillon de Français à seize mille soldats de la garde royale prussienne ; ici deux bordées de canon furent la réponse. Mais par trois fois le cri de « bas les armes ! » retentit, et par trois fois il fut soutenu par une charge de Murat; alors trois princes et les seize mille soldats d'élite mirent bas les armes, et furent ramenés au quartier-général de l'Empereur. Dans cette escorte de vaincus, le prince Auguste de Prusse, le prince de Mecklembourg-Schwerin et le prince de Hohenlohe portaient les blessures des camps; ils marchaient, encore fiers d'avoir ébréché leurs armes avant de les rendre.

C'étaient toujours les mêmes guerriers qui criaient « bas les armes! » c'étaient toujours les mêmes Prussiens qui déposaient leurs mousquets et abaissaient leurs étendards.

Stettin, Anklam, Hesse-Cassel, étaient encore debout; leurs remparts avaient abrité les vieilles lances, le choc devait être terrible. Alors on voit accourir sur les rives de l'Oder douze cents hussards commandés par le général Lasalle : on entend douze cents voix crier encore « bas les armes! » et Stettin capitule, et les douze cents hommes ramènent cinq mille Prussiens battus et sans défense. « Bas les armes! » c'est le signal de la prise d'Anklam par le général Becker. « Bas les armes! » c'est le cri de victoire du maréchal Mortier dans l'électorat de Hesse-Cassel. « Bas les armes! bas les armes! » répète Napoléon sur toute la ligne de l'armée; à ce cri de gloire, Custrin, Virtemberg, Erfurth se soumettent; cent cinquante mille hommes sont défaits, Berlin ouvre ses portes, et cent cinquante millions de contributions soldent l'armée qui proclame le houra de conquête.

Napoléon relève tous ses faiseaux, et distribue sur le champ de bataille des grades et des couronnes. Alors Frédéric-Guillaume, courbé par la fortune de l'Empereur, adressa à cinq millions de sujets, foulés par nos trophées, de pénibles adieux :

« Fidèles et chers habitans de mes provinces, de mes villes, de mes campagnes (hélas! elles ne sont plus à moi), mes armes ont été malheureuses, la fortune a refusé de couronner les efforts de mon armée. Rejeté jusqu'aux dernières limites de mon royaume, la destinée l'a voulu. Comme père, je partage les douleurs de mes enfans. Je vous délie donc de tous les devoirs qui vous unissaient à moi. Dans mon éloignement, je ferai les vœux les plus ardens pour que vous soyez heureux sous votre nouveau souverain. Soyez pour lui ce que vous étiez pour moi. Jamais rien n'effacera votre souvenir de mon cœur. »

C'était un spectacle nouveau dans les fastes des empires, que le droit mettant « bas les armes » et sanctionnant la conquête. Ce monarque, allant de ville en ville crier à ses sujets : « Je ne suis plus votre roi! » donnait à l'invasion le grandiose d'un avénement. Aussi, au cœur de cette nation abandonnée, il ne resta pas une étincelle du feu sacré qui brûlait encore sous le ciel de l'Italie, de la Suisse et de la Pologne.

L'héritier du grand Frédéric, en pleurant sur une épée, laissa effacer l'écusson de la Prusse; et à chaque secousse qui le détachait du fronton de ses citadelles, il répétait : « Je ne suis plus votre roi! » Ces mots s'enfonçaient comme un stigmate dans les pages de son règne.

Cependant un bruit sourd se fait entendre; c'est le pas des grenadiers, Oudinot est à leur tête. Ils avaient croisé la baïonnette, ils renversaient en marchant, sur toutes les lignes ils avaient vaincu : les accens d'un monarque se perdirent dans le tumulte de son peuple repliant son drapeau.

Après les regrets et le dernier salut d'un roi, l'armée française, pressée de placer son aigle sur tous les bastions, cria toujours : « Bas les armes! bas les armes! » Et comme un seul homme la Prusse entière mit bas les armes...

Alors les tambours de France battirent « aux « champs. »

CHAPITRE VIII.

Le Gouverneur de Berlin.

La conquête de la Prusse était consommée. Napoléon, en sortant du bivouac, se rendit dans ses rondes de victoire au palais du comte de Schulembourg-Kehnert. Ce manoir était occupé par l'état-major du général Hullin, qui venait de prendre le commandement militaire de Berlin. Là, Napoléon reçut le serment du prince d'Hatzfeld, qui s'était détaché de la cause du roi de Prusse pour venir lui offrir ses services.

Confiant dans la loyauté de cette soumission, l'Empereur nomma le prince d'Hatzfeld gouverneur civil de la capitale de la Prusse, poste qu'avait rempli le comte de Schulembourg, son beau-père.

Bientôt le gouverneur fut initié à tous les plans

politiques, à toutes les vues administratives de Napoléon. Ce nouveau conseiller donna au vainqueur tous les renseignemens que lui dictait son expérience sur la situation du pays.

L'Empereur se livra à lui : le prince avait mis à part une page de trahison. Sa soumission était feinte; il manœuvrait en secret contre le conquérant de sa patrie.

Napoléon avait acheté trop de consciences et trop de bras pour ne pas savoir étudier les hommes; quelque ambiguité dans les rapports du prince d'Hatzfeld le décidèrent à le faire surveiller. La police particulière de l'Empereur fut mise en mouvement, et bientôt on sut que, sous le cachet de la diplomatie, le gouverneur entretenait une correspondance avec le prince de Hohenlohe, qui était au quartier-général du roi de Prusse. L'ordre d'intercepter ses envois fut immédiatement donné. Mais pendant quelques jours aucun fil de la trame ne parut à la surface, et la preuve matérielle ne put être saisie. La prudence se lassa enfin; la police ne se lassait pas. Une lettre fut interceptée et remise à l'Empereur.

L'arrestation du prince fut immédiate; une commission militaire fut nommée. Il dut être traduit devant elle sous le poids du crime de haute trahison; la peine capitale planait sur sa tête.

Cependant la princesse d'Hatzfeld, avertie du coup qui menaçait son mari, se rendit en toute hâte auprès de l'Empereur.

L'aspect de cette femme, éperdue de douleur et d'effroi, émut les officiers de service, et malgré la rigueur des ordres qui garantissaient Napoléon de l'introduction de toute personne étrangère, la princesse d'Hatzfeld fut annoncée. A ce nom, l'empereur pâlit de colère, ses lèvres se contractèrent, et les aides-de-camp répétèrent entre eux : « Pauvre femme!... tomber sous le regard courroucé de Napoléon, dans une telle occurrence, c'est venir chercher son voile de veuve! »

La porte du cabinet s'ouvre, la princesse chancelante n'a de force que pour se jeter aux genoux de l'Empereur, en prononçant, à travers des sanglots, ces mots : « Grâce, oh! grâce pour mon mari; il est innocent!... »

— « Relevez-vous, madame, » dit Napoléon, « c'est vous-même que je fais juge : voyez cette lettre, reconnaissez-vous l'écriture du prince d'Hatzfeld?... dites, la reconnaissez-vous?... » A ces mots, il lui remit la lettre interceptée. La princesse d'Hatzfeld, à la vue de cette pièce accablante, hors d'état de prononcer un mot, fit un signe affirmatif. — « Lisez (1). »

A la lecture de cette preuve irrécusable, elle tombe évanouie. Son état de grossesse avancée la rendait digne de pitié. Napoléon la plaça sur un fauteuil, et lui donna des secours. En reve-

(1) Cet événement a été reproduit sur la toile, et le poète Esménard y a puisé le dénouement de son opéra de Trajan.

nant à elle, toute l'horreur de sa position lui apparut; elle étreignait convulsivement le fatal message, et le fixait d'un œil égaré. Mais l'Empereur s'empressa de la rendre à la vie par ces paroles : « Eh bien! madame, vous tenez la lettre « de votre mari; cette pièce est la seule qui l'ac- « cuse, jetez-la au feu; une fois anéantie, je n'au- « rai plus de preuve contre lui. » C'est ainsi que Napoléon jeta à l'histoire un feuillet de clémence pour rançon dans le jugement de l'avenir.

CHAPITRE IX.

Campagne de Pologne.

SUITE DE LA QUATRIÈME COALITION.

La Prusse était abattue ; les Russes approchaient ; Napoléon marqua du doigt le terrain de deux batailles, Eylau et Friedland ; ce furent deux anneaux de victoire.

La Pologne se leva ; le mot « indépendance ! » était inscrit sur les vieilles lances de Kosciusko ; ce chef porta la parole au nom des souvenirs :

« Braves concitoyens, le bruit des armes qui retentit à vos frontières avertit Kosciusko de se joindre à vous. Ce ne sont pas des barbares avides de pillage qui s'avancent dans vos plaines. Ils ne ressemblent point à ces ennemis féroces qui sont venus verser votre sang et se partager vos dépouilles.

« Le bruit de leurs victoires a retenti dans les quatre parties du monde. L'aigle qui les précède porte le tonnerre ; celui qui les commande élève et détruit les trônes à son gré ; ils tombent en poussière à ses pieds. En huit jours, il a réduit en poudre celui que le grand Frédéric avait décoré de ses lauriers. Déjà des milliers de braves, sortis de votre patrie, se sont illustrés sous ses enseignes. Napoléon vient à vous ; il mène au sein de vos provinces ces Français chez lesquels vous avez trouvé une seconde patrie, qui ont recueilli dans leurs camps les débris de nos légions, qui nous ont traités comme des frères, qui ont partagé avec nous les palmes de la victoire.

« Braves concitoyens, vous n'avez jamais cessé d'être Polonais, ni sur les terres étrangères, quand un farouche ennemi vous a bannis de votre patrie, ni dans votre patrie, quand vous y avez été traités comme des étrangers. Levez-vous, le jour de votre délivrance est arrivé ! Napoléon vous regarde ! Kosciusko vous appelle ! »

Napoléon put dire devant Varsovie : « Je suis « venu, j'ai vu, j'ai vaincu ! » Cette ville devint le quartier-général de l'armée française. Bientôt il passa le Narrew, et alla au-devant de l'ennemi. Le général Kamenskoi fit le premier face à l'attaque ; elle fut vaine et fatale à sa renommée ; il combattit, fut repoussé et ne reparut plus.

Benigsen prit charge du champ de bataille, il

le laissa envahir. Lestocq garda la Vistule, Buxhowden le passage de la Wkra; Napoléon y porta ses aigles, et ses aigles planèrent sur les deux rivages.

Le prince de Ponte-Corvo et le maréchal duc de Castiglione étendirent un horizon de gloire. Alors se déployèrent les combats de Czarnovo, de Putusk et de Golymin, et bientôt toutes les dépouilles des vaincus apparurent devant le palais de la république de Varsovie.

Un pas de géant était fait; Napoléon vint camper au petit village de Schlitt, en vue d'Eylau : là, sa tente fut une chaumière. Sur la terre battue qui formait le sol de cette cabane, la carte de Prusse fut étendue, et l'Empereur, agenouillé, marqua avec des épingles tous les lieux où il voulait un combat : « Je les battrai là.... ici.... encore là.... »

Le jour de la bataille d'Eylau se leva : la neige tombait avec abondance, elle se glaçait avant de toucher la terre, tout était couvert de verglas; ce givre avait raidi les uniformes, il était appendu aux moustaches des grenadiers. Trois cents pièces de canon tonnaient; la chaleur de la poudre faisait fondre les glaçons. L'Empereur était partout; chaque position fut prise et reprise, l'incertitude était dans la victoire. Trois régimens russes occupaient un plateau, trois régimens français les attaquent; le ciel s'obscurcit par la quantité de neige qui couvrait les deux armées. On se battait à vingt pas, et on ne distinguait pas les drapeaux.

La cavalerie ennemie s'entre-choqua; une église était le point où les Russes avaient blotti leurs forces; elle devint le but d'une fureur martiale, le sang coula à grand flots. Napoléon met pied à terre; il dirige les manœuvres d'une batterie qu'il a pointée sur la muraille d'hommes qui défend cette tente d'honneur. « Quoi! s'écrie-t-il, une poignée de Russes ferait reculer les soldats de la grande armée! A moi, mes braves! Il me faut l'église, il me la faut! » — « Vive l'Empereur!... en avant! il lui faut l'église, en avant! » Le pas de charge, l'artillerie, la baïonnette, tout avance, tout frappe.

A deux pas de Napoléon passe un vieux sergent; sa figure est noircie, sa moustache brûlée; il n'a plus qu'un bras, son uniforme est couvert de sang, et il court à son bataillon. « Va donc à l'ambulance, » lui crie l'Empereur. — « Quand vous *r'aurez* l'église. » A dix heures du soir, l'église était à nous. Ce poste devint une trace de conquête : pendant douze heures, les corps de Davoust, Soult, Ney, Augereau, Lannes et Murat vomirent la mort, et toutes les positions d'Eylau furent emportées.

Le quartier-général fut établi au milieu des bivouacs de l'ennemi. Le lendemain, le champ de bataille offrait un aspect terrifiant; le sang était congelé sur la neige; des houras délirans se mêlaient aux cris des blessés; près des batteries russes abandonnées étaient des monceaux de cadavres. Le 24ᵉ régiment de ligne était tombé comme un seul homme. Sur ce champ de mort, une croix de bois porta ces mots : « Ci-gît le valeureux! » Son épitaphe fut son nom de gloire.

Toutes les bannières eurent des fleurons ; l'attaque et la résistance furent héroïques. Un champ d'une lieue carrée portait quinze mille hommes abattus ; des faisceaux d'armes brisées, trente pièces de canon enclouées. Pendant quarante-huit heures, on fut occupé à relever les blessés ; les hôpitaux de Thorn regorgeaient, et, sur ces trophées sanglans, les voix fortes et les voix mourantes jetaient le même cri : « Vive l'Empereur! »

Entre Eylau et Friedland, il y avait un fait d'armes à placer. Comme une pyramide d'honneur, les bastions de Dantzick s'élevaient. A leurs pieds campait le maréchal Lefebvre. La tranchée était ouverte depuis cinquante-un jours ; le général Kalkreuth gardait cette place forte avec neuf mille hommes et huit cents pièces de canon.

Napoléon n'expédia pour tout renfort au maréchal Lefebvre que le titre de *duc de Dantzick*, et ce fleuron fut inscrit sur les cartouches des grenadiers : ils montèrent à l'assaut, et couronnèrent les murailles de leur aigle. L'Empereur, dans ces lettres patentes, imposa aux descendans du maréchal l'obligation de payer, par leurs services, l'hérédité du titre de duc de Dantzick. « Il
« ne faut qu'aucun de ses fils termine sa carrière

« sans avoir versé son sang pour la gloire et l'hon-
« neur de notre belle France. »

La mort vint marquer des proies dans les cohortes des maréchaux de l'empire. Partout elle
moissonna.

Cependant la journée du 14 juin 1807 s'approchait : le soleil de Friedland allait se lever
comme celui d'Austerlitz. C'étaient toujours les
mêmes Russes à combattre, c'étaient toujours les
mêmes Français qui allaient vaincre.

La légende des batailles était tenue sur le premier plan par Berthier, Lannes, Mortier et Ney;
ils devinrent les parrains de la gloire de Victor,
qui vint y chercher son bâton de maréchal. « Ce
« jour est heureux! s'écrie Napoléon, c'est l'an-
« niversaire de la bataille de Marengo! » En un
instant, les Russes sont rejetés sur l'Alla; ils
perdent Heilsberg, ils perdent Friedland : c'est
à coups d'hommes que la victoire est assurée,
c'est à la baïonnette que la lutte s'était engagée,
c'est à la baïonnette qu'elle se termine. Les Français ont reçu de pied ferme le choc des troupes
du czar, ils s'avancent à leur tour : partout ils
marchent dans le sang ennemi; c'est une campagne de dix jours qui va atteindre dix siècles de
renommée. Friedland ouvrit les portes de Langs-
bourg. Cette bataille mémorable refoula l'armée moscovite dans ses déserts. Le général en
chef, Benigsen, repassa le Niémen, et ne fit
plus ondoyer son panache devant nos hommes de

guerre. Les bulletins de la grande armée furent publiés sur le champ de bataille. On lut ce récit :

« En dix jours, l'ennemi a perdu soixante mille hommes tués, blessés, faits prisonniers, ou mis hors de combat, une partie de son artillerie, presque toutes ses munitions et la totalité de ses magasins, sur une ligne de plus de quarante lieues. Les Français ont rarement obtenu de si grands avantages avec si peu de pertes. »

Ces pertes furent de vingt mille hommes tués ou blessés : ce tribut de sang avait poussé la gloire au loin, elle s'arrêta à Tilsit, mais pour s'orner de la couronne de la paix dictée par Napoléon.

Jamais spectacle plus imposant ne para nos annales : les nations crièrent halte et se mêlèrent pour fêter ce repos d'armes. Napoléon et Alexandre, après avoir abaissé leurs étendards, s'embrassèrent sous la tente; la vieille garde oubliait, en trinquant avec la garde impériale de Russie, la fureur des attaques; la main des braves porta la santé « au courage malheureux; » puis des scènes de gaîté succédèrent à l'effusion militaire : officiers et soldats échangèrent leurs armes et leurs uniformes, et figurèrent une même famille. Les rues de Tilsit étaient couvertes de Français en uniforme russe, et de Russes en uniforme français. La vaillance se fait un jeu des souvenirs du danger; l'allégresse de la paix est pour le soldat le récit des combats.

Au milieu du joyeux tumulte de la concorde,

la politique tressait son réseau; elle enveloppait les États et les rapetissait au gré du vainqueur.

La dynastie napoléonienne prit sous le sceau de la Russie une forme monarchique; les provinces de Westphalie furent érigées en royaume pour Jérôme Bonaparte; le sceptre de la Hollande fut reconnu bien acquis à la lignée de Louis, et celui de Naples à celle de Joseph.

La Prusse avait fait les frais de la paix : la reine, plus énergique, avait présenté au conseil du roi des plans de guerre; elle pleura, car Napoléon avait dit : « Je veux qu'elle pleure. »

Comme une grâce, on octroya à la Prusse quelques parcelles de sa puissance héréditaire, mais la couronne resta effeuillée. Le grand duché de Varsovie fut formé de ses débris, la maison de Saxe vit transformer en diadème sa couronne ducale.

Napoléon écrivait au sénat : « Si la maison de « Brandebourg règne encore, elle le doit à ma « sincère amitié pour le grand empereur du Nord. » L'humiliation s'épancha sur une monarchie démembrée; Napoléon fut pour le roi de Prusse Tamerlan insultant Bajazet.

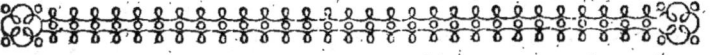

CHAPITRE X.

Prisons d'État.

« L'organisation des prisons d'État ne fit point
« fortune, et l'on cria aux nouvelles Bastilles! »
Ces mots de Napoléon, après sa chute, révèlent
que sa politique d'oppression fut en défaut. Les
châteaux d'If, de Ham, de Saumur, de Pierre-
Châtel, de Fenestrelles, de Campiano, de Joux,
de Vincennes, reçurent tous les suspects, toutes
les victimes de la haute police.

Le sénatus-consulte qui créa les prisons d'État
fut discuté dans le for intérieur de Napoléon. Il
ne voulait point de lettres de cachet, et pourtant il créait des geôles pour inaugurer les arrestations arbitraires. Il cherchait à pallier le despotisme, et disait : « Que l'emprisonnement étant
« appliqué à la place des lois positives qui con-

« damnent à la mort ou aux galères, il n'y avait
« aucun doute que si l'on donnait le choix au
« coupable, il ne préférât la prison d'État à sa
« mise en jugement. » C'est ainsi qu'il motiva ces
mesures et qu'il attribua à sa volonté le droit de
capturer la liberté individuelle, le plus bel apanage des nations libres. Par ces considérations
il voila les réclusions politiques du nom de « prisons d'exécution pour les individus soumis à la
surveillance générale. »

Il y avait, il est vrai, un conseil de révision
composé de seize personnes que leur position de
fortune ne devait point rendre accessibles aux
intrigues; mais ce conseil avait à examiner les
récriminations de deux cent cinquante prisonniers; c'était là un travail au-dessus de la philanthropie. Ces examinateurs avaient à décider toutes
les années si le détenu devait ou non continuer
d'être privé de la liberté. L'encombrement des
dossiers voilait les plaintes et la justice, et la prolongation était toujours accordée sur le rapport
des agens du pouvoir. Or le sénatus-consulte qui
déclarait en principe que la détention n'aurait
qu'un an de durée, était illusoire dans son application allégeante; c'était une main de fer qui se
fermait, il fallait des tenailles pour l'ouvrir.

Pourtant Napoléon avait eu des exemples que
l'extension des rigueurs amène l'impunité. La démence arrive par l'effet d'une incarcération trop

longue : en pénalité, plus qu'en tout autre excès, qui dépasse le but le manque.

On avait trouvé à Dantzick, dans la tour de Weischelmunde, un vieillard détenu depuis cinquante ans. Il avait entièrement perdu la mémoire, et il devint impossible de connaître ni qui il était, ni les raisons qui l'avaient fait mettre en prison. Ce fait frappa Napoléon; il comprit que l'inhumanité s'arrête quand la force physique ne peut plus fournir aux ressentimens des peines; alors la torture morale n'a plus de puissance; il le comprit, et pourtant que de victimes passèrent des cachots des prisons d'État aux cabanons de Charenton et de Bicêtre! La philanthropie fut étouffée, le régime des mesures inquisitoriales se maintint, on broya des existences pour murer des voix qui auraient pu retentir haut.

Les prisons d'État restèrent l'œuvre de l'ombrageuse diplomatie de Napoléon; ce fut la voie de police, ce fut la tache d'un gouvernement fort. Toutes les misères publiques ne furent rien à côté de cet odieux trafic des gênes. L'action des geôles obscurcit les gloires les plus pures; la souffrance des patiens est le cauchemar des renommées, le râle des séquestrés se pose devant la grandeur des fastes de l'empire et rend le cri des hérauts d'armes moins sonore.

Les prisons d'État furent les prostituées de la police; elles recélaient les rapines de la corruption : quand la police n'avait plus de conspirations réelles à poursuivre, elle mettait en jeu des complots factices. Toujours bien payée dans ses manœuvres dubitatives, elle organisait à froid le crime, elle y poussait les mécontens; elle échangeait les larmes des crédules qui avaient été pris à ses piéges contre la solde de ses infamies. Bacon a comparé la police aux chauves-souris, « qui ne « volent qu'à la chute du jour et ne se plaisent « que dans les ténèbres. » C'est le modèle, c'est l'image de toutes les polices, mais plus particulièrement encore de celle qui était organisée sous l'empire. Plus ses moyens étaient cachés, plus sa prépondérance était étendue. Fouché et Rovigo, ces deux grands maîtres dans l'art de terrifier les peuples, avaient leurs lieutenans-généraux dans les provinces et leurs bandes secrètes autour d'eux. Les espions se glissaient dans les cabinets étrangers comme au foyer du prolétaire. Napoléon lui-même était surveillé, et ses pensées intimes passaient à la police pour prouver la perfection de l'œuvre.

Saint-Simon a fait de d'Argenson, lieutenant de police de Paris, un portrait type. « Il avait, » dit-il, « une figure effrayante qui retraçait celle des trois juges de l'enfer. Il avait mis un tel ordre dans cette multitude innombrable de Paris, qu'il n'y avait nul habitant dont, par jour, il ne sût la conduite et les habitudes, avec un discernement exquis pour appesantir ou alléger sa main à chaque affaire qui se présentait; penchant toujours aux partis les plus doux, avec l'art de faire trembler les plus innocens devant lui, courageux, hardi, audacieux dans les émeutes, et maître du peuple.. » N'est-ce pas là le portrait de tous ces grands geôliers de l'empire qui disaient, comme ce courtisan, en se courbant devant la reine de France : « Si cela est possible, c'est fait; si cela « est impossible, cela se fera. » C'est là la magie de la police : rompre les obstacles, créer par voies répressives, étudier le vice, en suivre la pente, l'arrêter, s'en faire un moyen d'action, l'envoyer dans les prisons d'État pour épier des secrets d'opinion et de conscience, travailler l'esprit public, en suivre l'ébullition et se parer d'une défaite qu'on a préparée et dont on faisait mouvoir les fils, voilà la marche, l'œuvre et l'apogée de la police. On crie haro sur elle! elle se cache; car elle a peur du ressentiment; les insurrections qui grandissent trop sont broyées par elle, quand elle craint d'être blessée dans leurs secousses.

Les écrous des prisons d'État étaient mis à huis clos en regard des arrestations; un mot, une pensée, un signe, tout alimentait les préventions, et la prévention remplissait les geôles : on cherche un coupable, on l'a créé!... Dessoles de Grisolles fut retenu pour avoir formé des vœux pour l'ancien ordre de choses; l'abbé d'Astros pour avoir conspiré dans la bulle d'excommunication de l'Empereur; Franchet et Bertault Ducoin pour avoir lu cette bulle. Les soupirs et la foi étaient réprimés. Il était permis d'avoir de l'enthousiasme, mais non de la haine pour tous les actes et pour toutes les créations de l'empire. Le blâme était censuré par la prison : Hyde de Neuville et son frère Paul, tous deux mandataires des princes français, étaient devenus de bonne prise; leur incarcération était convoitée par la police. L'un avait osé, dans une conférence intime, conseiller à Napoléon une abdication volontaire en faveur des Bourbons; l'autre avait osé relever la vieille bannière de France dans les champs vendéens, quand les partis la laissaient au repos. La police avait visé ces deux têtes, elle n'en atteignit qu'une. Paul de Neuville occupa les noirs cachots du château d'If; son frère usa toutes les démarches inquisitoriales de la police sans succomber.

Mais l'arbitraire n'était jamais abattu; quand il ne pouvait atteindre les personnes, le séquestre était mis sur leurs biens, et la ruine était l'avant-coureur de l'emprisonnement. Ce fut la voie de reddition qu'on employa contre Hyde de Neuville. Alors une femme se dévoua : elle se rendit sur le champ de bataille où Napoléon relevait des palmes; c'était madame Hyde de Neuville. Elle avait fait trois cents lieues pour venir transiger de la vie de son mari avec l'Empereur; elle éloigna la prison d'État, et obtint l'exil pour commutation de peine. On opprimait sans jugemens rendus, on opprimait sur les suspicions de la police : d'une main insatiable elle tendit toujours son filet à mailles de fer.

Les citadelles étaient les grands dépôts des victimes des cours spéciales, car on avait organisé des tribunaux d'exception, pour peupler les prisons de victimes d'exception : sous l'empire, les comtes de Suzannet, de Bourmont, de Saint-Maur furent plongés au fort de Joux, dans les cachots basse-fosse créés par Louis XI.

Aucunes rigueurs des temps n'étaient démenties ; toutes les polices s'alignaient pour montrer leurs écrous. La police générale, la police du préfet, la police militaire, la police du château, ces quatre vedettes du trône impérial se regardaient, se devinaient, et, comme les furies, elles se donnaient la main sans pouvoir s'unir.

C'est la police qui a engendré le despotisme de l'empire ; ses sbires en prenaient le masque.

Les institutions, voilà sa gêne ; les lois pour elle semblaient être abolies, elle se mettait hors les constitutions ; sa direction la plus efficace planait dans l'absolutisme. En cela, elle se rapprochait de la volonté impériale ; souvent même, elle se trouva face à face avec ses pensées gouvernementales et les domina. Elle savait tout, elle voulait tout. L'Empereur la redoutait ; elle préoccupait ses instans par des caquetages ; il créa une contre-police secrète. Il y avait lutte entre ces deux oppressions pour sonder plus avant dans la politique. Napoléon voulait tout savoir, tout en redoutant qu'on lui dît tout. C'était un des secrets que la police avait surpris; elle fit mouvoir habilement ce ressort; elle fascinait le maître pour faire valoir son utilité, elle surveillait pour gouverner.

Lorsqu'il n'y eut plus de police tenue sur ce pied, les prisons d'État se déchargèrent. Alors son tribunal secret pointa les couronnes étrangères. Elle se plaça dans les manifestes de guerre; elle alla arrher les étapes des invasions. Les prisons d'État placées sur les frontières reçurent les nouveaux incarcérés de sa nouvelle ligue : ce furent souvent des étrangers de haute distinction qui gémirent dans les fers, en violation du droit des nations. Le réseau de la police plana donc d'abord sur les États ennemis, puis la France ouvrit sur ses propres enfans les geôles politiques, et, en dépit de ses institutions, ses cachots ne restèrent jamais vides.

Veut-on des exemples, en voici!...

On lit dans les Mémoires de Salgues :

« Napoléon, par ses violences, par ses mépris pour le droit des gens, servait mieux l'Angleterre que tous les négociateurs.

« Sir Georges Rumboldt était ministre de la Grande-Bretagne à Hambourg. Napoléon se figure tout-à-coup qu'il entretient des intelligences avec les émigrés, qu'il conspire contre lui, qu'il renouvelle le rôle de sir Spencer Smith et de Drake. Maître du nord de l'Allemagne, dominateur impatient et superbe des villes anséatiques, il donne ordre de l'enlever. Il était à sa maison de campagne, lorsqu'au milieu de la nuit, vers une heure et demie, on frappe à sa porte, en lui annonçant un courrier. Sur le refus qu'il fait d'ouvrir, l'aide-de-camp du général français qui cernait la maison avec trente grenadiers, monte sur les épaules de l'un d'eux, atteint une fenêtre et l'enfonce. Au même instant, les soldats enfoncent la porte, et sir Georges se trouve au milieu d'eux. On le somme de livrer ses papiers.

« Puisque vous avez forcé ma maison, » dit-il, « vous pouvez bien crocheter mon secrétaire... »

« On l'ouvre, en effet, on s'empare de tous les papiers de la légation, on le jette dans une chaise de poste, pour être conduit à Paris. Arrivé à sa destination, il est déposé au Temple, et Napoléon s'apprête à le faire fusiller, lorsque ses ministres, et Fouché surtout, effrayés des conséquences d'une pareille frénésie, se hâtent de faire intervenir la légation prussienne.

« Elle oublia cette fois sa faiblesse, parla avec énergie, et fit partir sur-le-champ un courrier pour Berlin.

« Le roi, indigné de cette violation de tous les droits publics, écrivit aussitôt de sa propre main à Napoléon pour lui demander la délivrance de sir Georges Rumboldt, et fit immédiatement expédier un courrier au général Knobelsdorft, qui venait de partir pour remplir une mission, avec ordre de revenir à Berlin s'il n'avait pas encore touché le territoire français, et défense de paraître à la cour de Napoléon s'il était arrivé à Paris.

« De son côté, le gouvernement anglais adressa à toutes les cours une protestation officielle contre ce mépris inouï du droit des gens, et réclama surtout l'intervention du roi de Prusse, comme garans de la constitution germanique. Cette résistance à laquelle Buonaparte n'était pas accoutumé, tempéra la fougue de ses passions. Il avait annoncé dans ses journaux que l'examen des papiers de sir Georges contenait la preuve évidente de ses complots contre la France. La vérité était qu'on n'y trouva pas une ligne dont Buonaparte pût s'offenser. Sir Georges se conduisit avec beaucoup de résolution. Il demanda à être entendu, et n'ayant pu obtenir cette justice, il laissa, avant de partir, une protestation pleine d'énergie. Il fut conduit à Boulogne, de là à Cherbourg, d'où il arriva à Portsmouth le 18 octobre, et après s'être engagé à ne point retourner à Hambourg et à se tenir désormais à cinquante lieues des frontières de France. Cet événement excita une indignation générale dans toutes les cours, et prépara contre la France une nouvelle coalition; son ministre des affaires étrangères s'efforça de le justifier dans une circulaire à tous les cabinets de l'Europe, où l'on imputait à l'ambassadeur anglais des machinations évidemment démenties par les faits. »

On peut dire devant de telles circonstances, que l'arbitraire était la vie du dominateur, qui n'avait rien désappris de l'enseignement révolutionnaire.

« A peine cette affaire était-elle terminée, » continue l'auteur des Mémoires sur l'empire, « que Buonaparte en suscita une nouvelle : on arrêta sur les bords du Rhin un particulier nommé Thum, accusé d'avoir, plus d'un an auparavant, entretenu avec Taylor, ambassadeur anglais auprès de l'électeur de Hessè-Cassel, une correspondance de la nature de celle de Drake et de sir Spencer Smith. On employa, pour obtenir des aveux, un moyen digne de la police de ce temps ; on corrompit le frère de ce Thum, on l'engagea à se mêler lui-même de cette correspondance ; et quand on eut des lettres de l'ambassadeur anglais, le frère livra son frère. Les journaux de Paris se firent un jeu cruel de révéler cette perfidie, et de livrer le traître à l'opprobre qu'il méritait. Cette affaire fut moins sérieuse que la précédente : Taylor ne fut point enlevé, mais le cabinet français exigea de l'électeur de Hesse qu'il le renvoyât.

« Elliot, ambassadeur de Saxe, fut de même expulsé de Dresde, et Buonaparte se flatta de chasser bientôt de toute l'Allemagne, excepté de

Berlin et de Vienne, les agens diplomatiques de l'Angleterre. »

L'arrestation du duc d'Enghien avait déjà révélé toutes les violations du droit des gens ; sa mort fut l'apprentissage des crimes d'État. La police est le bras qui s'étend dans l'ombre et qui frappe dans l'ombre; que de victimes ont défilé mystérieusement de leur cachot dans la tombe! combien sont tombées nuitamment dans la plaine de Grenelle!... Un nom cher à la gloire et à la fidélité fut inscrit sur la liste des fusillades de police qui entachèrent l'ère napoléonienne : un Chateaubriand expira, sans jugement, dans ce champ d'exécution secrète; et quand le chef de cette branche, l'illustre écrivain, accourut pour relever le corps de son neveu, là, il le trouva étendu... là un chien de boucher avait flairé le sang et lui mangeait la cervelle.....

Ainsi l'espionnage était le grand ressort de la politique extérieure, c'était l'âme des résolutions de Napoléon; c'était l'action d'un gouvernement ombrageux, qui dévie de la pente du bien pour chuter dans un abîme profond.

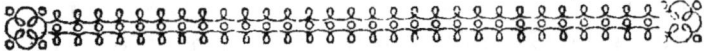

CHAPITRE IX.

Campagne d'Espagne.

1808.

Les peuples semblaient se taire devant les pas de Napoléon ; les fleuves n'étaient plus hors frontière. Les Pyrénées, ces bastions de la nature, devaient être franchies; elles ne devaient plus jalonner les limites de la France. L'Europe abattue avait été enchaînée par des traités dictés sur les champs de bataille. L'heure de l'humiliation des potentats avait sonné; la vieille monarchie de Louis XIV était arrachée par lambeaux. Naples avait été conquis pour Joseph Bonaparte, mais il allait devenir le poste de Murat, d'un soldat heureux, et les destinées du roi de Naples allaient grandir. Napoléon était le grand arbre qui couvrait sa famille de ses rameaux, en attendant que la coignée du Nord vînt frapper sur son tronc.

Les armes avaient tracé la voie, la ruse élargit sa puissance. La Péninsule était convoitée pour les trophées de l'empire; un traité secret eut lieu à Fontainebleau pour faire tomber le diadème de Charles-Quint.

Les Bourbons d'Espagne avaient perdu le cachet de leur trempe chevaleresque; la servilité les compromit. La pourpre de l'Empereur ne blessait point leurs yeux; ils cherchèrent à s'y abriter, elle devint leur linceul dynastique.

Charles IV régnait en coudoyant un abîme; Godoï, né et placé dans la plus humble sphère, fut tout-à-coup élevé, par le regard d'une reine, au titre de prince de la Paix. Ce favori avait atteint à l'apogée de la puissance des maires du palais; la souveraineté de Charles IV s'était rapetissée pour le laisser grandir. Godoï souffla à l'oreille de Napoléon, et la trahison organisa la chute de ses maîtres.

Don Izquierdo, émissaire de Godoï, vint combiner en France les moyens d'asservir sa patrie; il triompha. La perfidie avance vite (1).

Murat, alors grand duc de Berg, fut mis dans la confidence, et partit pour l'Espagne. Il fut aidé par le général Savary, qui avait les secrets de police; une expédition sur le Portugal motiva l'ap-

---

(1) Les mémoires de Godoï ont mis à nu l'intrigue dans laquelle il avait pris une part active.

Il est venu à la fin de sa carrière chercher en France un asile et des lecteurs crédules pour des souvenirs qui ont fait tache.

proche de quarante mille hommes sur les frontières d'Espagne. Le but avoué n'était pas celui que les vues de Napoléon avaient jeté dans ses combinaisons de famille : Joseph Bonaparte devait porter un sceptre plus grand que celui de Naples.

Une mésintelligence combinée éclata entre le roi d'Espagne et le prince des Asturies (Ferdinand VII). Cette mésintelligence mit en relief le dessein de l'Infant, de détrôner son père. Bientôt les prisons d'État s'ouvrirent, et il fut retenu captif avec plusieurs grands d'Espagne.

Sous les verroux, une déclaration de repentir fut arrachée au prince; Charles IV pardonna; mais ce monarque livra au conseil de Castille tous ceux qui avaient pris part au complot. Le Conseil instruisit; il vit plutôt une intrigue du prince de la Paix qu'une conspiration, et il proclama l'innocence de tous les accusés.

Les artifices de Napoléon fomentèrent : dès le 24 mars 1808, il jeta la désunion dans les branches de la famille royale; sa politique était d'agrandir sa puissance sur le midi de l'Europe, ainsi qu'il l'avait étendue sur le nord.

Il fallut abattre un tronc antique du sol castillan; ce tronc avait pris racine dans l'affection et le devoir des peuples. La dynastie des Bourbons, bien que froissée à coups d'émeute, régnait en Espagne avec la prépondérance que Louis XIV lui avait donnée.

Le souverain affaibli était soutenu par la monarchie. Napoléon, en visant à une couronne, ne regarda point l'attitude de la nation; il s'avança à bas bruit pour prendre le diadème.

Sous l'appareil de la protection de la France et du rôle de médiateur, il offrit son intervention pacifique dans les dissensions de famille; mais le cortége du médiateur était une armée, et en envoyant au roi les grands insignes de la Légion-d'Honneur, Napoléon, sans coup férir, prit possession des citadelles de Pampelune, de Barcelonne, de Figuières et de Saint-Sébastien.

L'Angleterre avait fait un mouvement sur les côtes d'Espagne; le Portugal était courbé sous le même joug que la Péninsule; ces États avaient été envahis par le pavillon français, et le trône était resté désert. Les voiles de la Grande-Bretagne avaient abrité la lignée héréditaire. Junot avait retenu le diadème avec son épée, et la vieille dynastie de Portugal fut renversée sous le pas de charge des grenadiers de France.

Cet exemple était mis en regard des trônes; l'Europe eut peur, l'Espagne boucla son armure.

Murat avança ses postes, Somo-Sierra fut occupé, et l'armée d'observation, campée au pied des Pyrénées, n'attendait qu'un signal pour réunir ses forces aux aigles qui flottaient sur la Vieille-Castille.

Aranjuez devint un lieu de conciliabules; c'était la résidence du prince de la Paix. Son élévation avait soulevé le voile des impudiques mystères de la cour; elle était devenue un sujet de honte qui blessait le sceptre et la fierté espagnole. Godoï était accusé d'avoir tressé, de concert avec la reine, un réseau sur les pas du prince des Asturies, pour ravaler son avenir et le mettre en butte à l'animadversion des Castillans. L'infant avait courbé son front, et la diplomatie s'était avancée pour lui suggérer la pensée de faire une demande d'union à la lignée des Bonaparte. La fille de Lucien, dont la mère avait tenu auberge à Saint-Maximin, était présentée à l'un des descendants de Louis-le-Grand comme une alliance devenue sortable sous la gloire de Napoléon; mais Napoléon n'avait aucune prédilection pour le frère qui avait aidé à ses destinées; cette tentative échoua : il n'en resta que l'humiliation.

Tout se rapetissait sous les vieux sceptres; tout grandissait sous les jeunes renommées. La demande fut faite, et le secret devait être gardé : mystère de cour est bientôt trahi. Les Espagnols ne virent que déception, que machiavélisme; ils crièrent haro sur le prince de la Paix, ils demandèrent sa tête, envahirent son palais, brûlèrent, saccagèrent, et s'armèrent pour faire face à l'invasion.

Cependant Godoï, blotti dans une retraite, gardé à vue, allait expirer de besoin; il se jeta aux genoux de la sentinelle la plus proche de son réduit, il demanda la vie et offrit de l'or pour s'évader : mais l'or ne lui rendit point la liberté ; il fut reconnu par la multitude, il fut frappé, et allait être mis en pièces, lorsque Ferdinand, jetant un regard de générosité sur ce fourbe politique, parvint à faire commuer un châtiment de mort en une détention.

Ces événemens avaient dévoilé toute l'énergie espagnole ; tous les voiles furent déchirés, la vérité apparut, et les Espagnols se comptèrent devant les embûches de la France.

Bientôt on annonça que la santé du roi exigeait une température plus douce que celle de Madrid, et qu'il allait se rendre à Séville. Dix mille ouvriers furent convoqués pour les préparatifs de ce voyage, personne ne fut dupe : on vit que c'était une pompeuse fuite. Les Espagnols se rapprochèrent du prince des Asturies et de son conseil, où les ducs de l'Infantado, d'Ayerbe et le chanoine Escoïquiz figuraient avec prépondérance. Tous les vœux étaient fixés ; les cris de : *Vive le prince des Asturies !* les mirent au jour ; car on n'avait pas cru à son humiliation volontaire.

Devant cet enthousiasme, le roi et la reine reculèrent d'effroi. La violence allait briser le sceptre dans leurs mains. Ils avaient entendu les cris proférés contre Godoï ; ils se sentaient trop faibles pour supporter le fardeau de la royauté sans en être allégés par le prince de la Paix ; en le voyant dépouiller, ils se crurent dépouillés. L'éclat du trône ne leur parut que misère, et, au milieu de tant de revers, la couronne leur échappa. Ils abdiquèrent en faveur de Ferdinand, qui quelque temps auparavant avait été livré à la justice, sous la prévention d'un régicide; c'est le même prince qu'on salue du nom de roi, c'est le même fils qu'on avait rendu odieux, et qui va monter, tête haute, les marches du trône. Mais il y avait déjà sur ces marches des grenadiers de France qui en défendaient l'abord.

Murat avait hâté sa marche sur Madrid, et cent cinquante mille hommes étaient répartis dans la Péninsule pour attendre les ordres de Napoléon.

La haine se réveilla contre le prince de la Paix : il avait été, le jour de l'avènement de Ferdinand VII, dépossédé de tous ses titres; il était redevenu don Manuel Godoï, et sa mise en jugement avait été réclamée avec instance. Mais l'envahissement de l'Espagne par l'armée française préoccupait encore plus les esprits; mille conjectures étaient faites. L'avenir de l'Espagne était un coup de dé; Napoléon fit une guerre de diplomatie, elle fut avilissante.

Charles IV avait établi sa sécurité sur les promesses de l'Empereur; le monarque déchu avait fait afficher ces lignes :

« Mes amés sujets, tranquillisez vos esprits. Sachez que l'armée de *mon cher allié*, l'empereur des Français, traverse mes États *avec des sentiments de paix et d'amitié;* elle a pour but de se porter sur tous les points menacés d'un débarquement de l'ennemi. La réunion de ma garde n'a pour objet ni de défendre ma personne, ni de m'accompagner dans un voyage que la malignité vous a fait supposer nécessaire. »

Ferdinand VII, de son côté, était plein de confiance dans la protection et dans les vues de Napoléon. Il ne voyait dans Murat qu'un ami; comme tel, il fit rejaillir toute la prépondérance royale sur le mandataire de son puissant allié. Voulant unir son gantelet à celui d'un guerrier de France aussi renommé, il lui donna le pas; Murat le prit sans se courber. Il réclama, au nom de l'Empereur, l'épée de François Ier; cette épée lui fut accordée. Ainsi le gage de la défaite de Pavie fut caché sous la pourpre impériale. L'armée française pouvait tout voir, tout imposer; elle en profita.

Ferdinand VII à Madrid ne semblait être qu'un aide-de-camp de Murat. Il n'avait que le titre d'altesse, et non celui de roi. La France ne s'était point prononcée, elle observait pour elle; ses conseillers étaient aux écoutes, on soufflait toujours la désunion à Charles IV : on mit en avant la nullité de son abdication, tandis qu'on félicitait Ferdinand VII de son avènement.

Napoléon était attendu; des préparatifs de fête furent ordonnés. Le général Savary vint confirmer la nouvelle de l'arrivée de l'Empereur; une **voiture de la cour aux armes impériales** précédait l'entrée du général. Don Carlos et plusieurs grands d'Espagne furent députés pour aller au-devant de Napoléon. Au milieu de ces apprêts l'anxiété errait ; quelques pressentimens se firent jour, ils étaient funestes. Murat avait jeté un coup d'œil sur la position militaire de Casa-di-Campo, et s'était emparé de ce château-fort. Cela dessilla les yeux de la population, mais non ceux de la famille royale.

Ferdinand VII résolut d'aller au-devant de Napoléon jusqu'à Vittoria ; cette déférence n'était point dans l'étiquette de la vieille monarchie ; mais le pouvoir royal était tombé aux genoux de « l'homme du destin. » De chute en chute, Ferdinand arriva jusqu'à Bayonne : là, l'intrigue impériale se déploya ; elle devint hideuse. Les ministres des deux cours entrèrent en négociations en présence du maître des couronnes. Le chanoine Escoïquiz, qui avait veillé sur les jeunes ans de Ferdinand, était là. On mit en jeu l'abdication de Charles IV à la suite d'émeutes ; Escoïquiz réfuta la violence supposée pour perdre le jeune roi, et arracha le masque du prince de la Paix : c'est alors que Napoléon lui dit en riant : « On m'a-
« vait parlé de vous ; je vois, chanoine, que vous
« en *savez long.* — Vous en savez *plus long que moi*, répondit Escoïquiz. »

Napoléon peu à peu se découvrit ; l'abdication de Ferdinand fut mise en avant : on lui offrait en compensation du trône d'Espagne la petite royauté d'Étrurie, avec la main de la fille de Lucien, et on croyait encore parer ses destinées. A ces mots, il demanda s'il était libre de passer la frontière; on lui dit que oui, mais sauf à en référer à l'Empereur : c'était la déception qu'on mettait à côté de la liberté.

Ferdinand VII grandit dans le malheur, il jugea ses fautes par sa confiance; bientôt il apprit que la volonté de l'Empereur faisait seule loi sur le trône d'Espagne.

Le but était manqué; Napoléon changea de tactique. Charles IV et sa compagne avaient été moins touchés de la perte de l'apanage royal, que de la captivité du prince de la Paix. Ils avaient imploré de Murat sa mise en liberté; Murat attendait un signal de délivrance, ce signal arriva. Napoléon avait besoin d'organiser de nouvelles perfidies, il sentit la nécessité d'entrer en conférence avec Godoï; il avait dit : « Ce misérable n'a « discuté que sur la pension de sa trahison; il « nous faut des hommes qui, comme lui, ne dis- « cutent que sur le tarif, pour livrer leurs maî- « tres. » Il y avait encore de l'or dans les caisses de la police, et le traître alla se réunir à Charles IV et à la reine déchue.

Bientôt une nouvelle ruse attira à Bayonne toute la famille royale. Il y eut conseil, comparution et décevance. Charles IV intima l'ordre à son fils de lui remettre la couronne, et la reine, couvrant Ferdinand d'invectives, se tourna vers l'Empereur, et le supplia de l'envoyer à l'échafaud.. « Quelle mère ! » s'écria Napoléon. Le jeune roi consentit à rendre à son père le sceptre, mais à condition que ce prince retournerait à Madrid.

Ce n'était point là ce que l'Empereur voulait ; il allait tenir sous sa main tout une dynastie, il lui manquait encore le dernier rejeton de la branche d'Espagne : Don Antonio et le jeune François de Paule n'étaient pas encore arrivés à Bayonne. Godoï se chargea de préparer et les geôles et l'arrivée des prisonniers. On traita par tête d'Infant.

Toutes ces manœuvres étaient colorées de rapports que Napoléon dictait dans le secret de son cabinet : il fallait motiver par les sophismes une mauvaise action, les sophismes élargirent les voies de la duplicité. « Il faut qu'un prince ami de la « France règne en Espagne ; c'est l'ouvrage de « Louis XIV qu'il faut recommencer ; ce que la « politique conseille, la justice l'autorise. » Ainsi l'adulation mit en relief les œuvres de Louis-le-Grand pour tracer une voie à la lignée des Bonaparte.

Les événemens se pressaient : Madrid la fidèle venait de se prononcer hautement contre le départ des princes. La junte reçut des ordres de Ferdinand, qui protestait, comme prisonnier, contre toutes les mesures imposées par la force. La multitude s'arma, un combat s'engagea, le sang espagnol coula ; il criait vengeance. Ce cri eut de la répercussion : Murat fit charger les groupes, il resta vainqueur. Le conseil de Castille intervint pour implorer une amnistie, elle fut accordée. Mais le calme n'était qu'à la surface : près de deux cents prisonniers devaient être rendus à leurs familles; la nuit, ils furent conduits au Prado; ils allèrent s'agenouiller sur une terre de supplice. Ils demandèrent, avant de mourir, les consolations de la religion; la balle meurtrière fut la réponse : tous furent fusillés, sans jugement et sans secours spirituels. L'indignation resta au cœur; sur ces cadavres à peine refroidis on vint jurer haine à la France, et ce serment de haine fut légué aux générations.

Toutes ces têtes, couronnées dans les jours de trouble, méditaient de nouvelles perfidies et de nouvelles faiblesses. Charles IV, qui venait de recueillir l'abdication de son fils et de rentrer dans ses droits, en profita pour s'abaisser. Il résigna le sceptre dans les mains de Napoléon, et lui concéda le droit de l'adjuger à celui qu'il trouverait le plus digne de le porter. Ferdinand et les Infans ratifièrent ce traité, car Napoléon avait fait entendre : « Qu'il fallait opter entre la cession ou « la mort; » et il y a des princes qui ne savent pas mourir. Heure par heure la monarchie Espagnole changea de phases; le rapt politique avait grandi, il n'était plus mesuré que par une seule main.

Jamais l'histoire n'a présenté un exemple plus frappant des misères dynastiques; jamais elle n'a rapproché plus de noirceurs, plus de trames, plus de promesses machiavéliques.

Le sacrifice était consommé : Napoléon avait embrassé ses victimes; le prince de la Paix, comme Judas, avait touché les deniers de la vente : tout était soldé, il ne restait plus qu'à partir. Napoléon, après avoir déposé les princes déchus sur les derrières de son armée, fit un appel aux grands d'Espagne pour faire reconnaître son mandat.

L'association de la fraude était dissoute : Godoï fut renvoyé en exil avec Charles IV et la reine d'Etrurie. Cette royauté avilie arriva au château de Compiègne; un Montmorency en devint le geôlier. Ferdinand et ses frères furent relégués au château de Valençay; le ministre Talleyrand reçut l'ordre de veiller sur ces princes.

Il n'y avait pas assez d'affronts; on exigea de Ferdinand l'adhésion au traité de Bayonne, avec une exhortation à tous les Espagnols de s'y conformer de cœur et d'esprit. Munie de ces ordres, une junte suprême fut organisée; elle était présidée par Murat. On consulta la junte sur le choix du prince auquel on devait donner la couronne. Le nom convenu circula, et la junte déclara « qu'on « ne pouvait faire mieux que d'offrir le trône au « roi de Naples, Joseph Bonaparte. » Le conseil de Castille et la municipalité de Madrid firent écho; ce fut la même soumission, ce fut le même abaissement. Alors Napoléon se hissant sur un pavois de famille, adressa au peuple espagnol ces mots :

« Votre nation périssait. J'ai vu vos maux, je vais y porter remède. Votre grandeur et votre puissance font partie de la mienne. Votre monarchie est vieille, ma mission est de la rajeunir. Je veux que vos derniers neveux conservent mon souvenir, et disent : « Il fut le régénérateur de notre patrie. »

Le même jour on vit sceller par un sénatus-consulte la réunion à l'empire français des duchés de Parme, de Plaisance et de Toscane. On avait pris à tâche de frapper sur les Bourbons, et partout où leur vieille gloire avait élevé des sceptres, l'aigle impérial se posa.

Un congrès espagnol fut improvisé à Bayonne : cent cinquante députés du clergé, de la noblesse, de la bourgeoisie, se présentèrent pour formuler une constitution sous la médiation de la France. L'acte fut octroyé par Joseph, roi d'Espagne; les membres de ce consistoire politique furent envoyés par Murat; ils furent classés dans les dignitaires de la cour de Joseph. Cette constitutionnalité ne rendit pas plus fort le gouvernement imposé par les baïonnettes et par la fraude.

La fête de Saint-Ferdinand était arrivée : la ferveur du devoir gagna le cœur des Castillans. Un mouvement insurrectionnel éclata sur divers points de la vieille Ibérie; l'étincelle partit de Cadix : elle a sillonné la terre. La nation était sortie de l'assoupissement ; un océan de sang allait gagner les âges.

L'Espagne est debout, des juntes sont formées ; elles donnent le mot d'ordre, elles protestent contre l'usurpation, et frappent l'usurpation. Tous les glaives étincellent, et le peuple qui a combattu sous Isabelle-la-Catholique, le peuple qui a subjugué le Nouveau-Monde, vient faire face aux légions les plus belliqueuses de l'Europe. Partout il y a coïncidence de bataille ; ce n'est point un soulèvement éphémère, une explosion d'enthousiasme, c'est une insurrection à froid, qui calcule la gravité du danger, qui marche à son but avec patience. Ce courage de circonspection assure l'infaillibilité au triomphe ; il est terrible. La justice de la cause commune donne de la gloire, et mène à fin une entreprise gigantesque. Ce n'est point par les masses qu'ils vont écraser leur ennemi, c'est en éparpillant ses forces, c'est en le menant pas à pas au dernier degré de lassitude. Alors le colosse énervé tombe, et la population opprimée bat des mains.

Le rideau était levé, la scène des combats commença. Napoléon avait dit : « J'ai deux cent mille « hommes à dépenser pour triompher. » Il en perdit cinq cent mille et ne triompha pas.

La junte provinciale de Séville se constitua en permanence, et déclara ne relever que de Ferdinand VII ; elle proclama la guerre contre la France. Le premier combat fut le prélude d'une capitulation, elle fut mémorable en Europe. Le nom de Baylen fut inscrit dans nos défaites; depuis 1792 jusqu'en l'an XII, on n'avait pas vu une telle déception de notre gloire militaire. Les généraux Dupont et Vedel mirent bas les armes devant quarante-cinq mille hommes qui avaient surgi tout-à-coup; ils se séparèrent de la victoire par leurs faux calculs de guerre : l'un replia trop vite son drapeau, et l'autre ne tira pas assez vite son épée du fourreau. Treize mille Français entrèrent captifs sur les pontons de Cadix, dans ces prisons flottantes, où la gêne fut inaugurée au milieu des privations de tout genre.

Cependant Joseph Bonaparte avait fait son entrée à Madrid, et Murat avait quitté son titre de grand duc de Berg pour prendre celui de roi de Naples.

Le silence morne de la population espagnole avait indiqué qu'il n'y avait en elle aucune sympathie pour l'étranger : les murs de Madrid formèrent les seules frontières des États de Joseph; au-delà, son drapeau n'était tenu que par l'armée française. Il vit venir l'orage qui allait l'envelopper, et en côtoyant les rangs français, il se rapprocha des Pyrénées. Il établit sa résidence à Vittoria, et pour couvrir ce pas rétrograde, il annonça « que l'armée française avait aussi établi sous cette ville ses cantonnemens, afin de respirer un air plus doux et de boire de meilleures eaux. »

L'élan du patriotisme espagnol fut porté haut;

il atteignit tous les rivages : vers la Baltique, vingt-deux mille Castillans avaient été dirigés, d'après des ordres arrachés au roi d'Espagne par le prince de la Paix, pour servir la France; ils unirent leurs armes à la marche triomphante de Bernadotte sur les îles de Lionie et de Langeland. Ils étaient à huit cents lieues de la Péninsule, mais le cri de la patrie en danger effaça la distance.

Ces troupes étaient commandées par la Romana; ce chef sut endormir la surveillance : il s'embarqua avec les siens sur des bâtimens anglais, et fit voile pour l'Espagne; bientôt cette phalange grossit les rangs espagnols, et le cri de « vive Ferdinand VII ! » fut porté jusqu'à Madrid par ces guerriers d'outre-mer.

Les Anglais fortifièrent les Castillans de troupes et d'approvisionnemens; tous les ennemis de la France étaient debout sur le sol que Napoléon avait voulu humilier. A défaut d'armes et de munitions, les Espagnols avaient saisi des haches, des piques, des couteaux; c'était une guerre d'extermination.

Le violateur s'était présenté en étendant une main pacificatrice, il avait pris une couronne sans la conquérir; il n'y avait plus de loyauté dans les combats; les égorgemens se faisaient les armes posées.

Napoléon crut vaincre à coups d'hommes : il rappela de la Pologne quatre-vingt mille vieux soldats, et leur montra ses aigles au-delà des Pyrénées : « C'est aux colonnes d'Hercule qu'il vous faut porter la gloire, » s'écrie-t-il. Il se met à leur tête et la reddition de Madrid est accomplie. Il annonce que l'Espagne sera traitée en pays conquis, si on persiste à ne pas reconnaître le roi Joseph : « Je mettrai alors, » dit-il, « la couronne d'Espagne sur ma tête et je saurai la faire respecter : Dieu m'a donné la force et la volonté nécessaires pour surmonter tous les obstacles. »

Il parlait comme un inspiré ; mais dans le royaume catholique, on se rappela qu'il avait porté le turban, et sa voix fut perdue.

Un catéchisme fut composé pour la circonstance ; la génération qui s'élevait était loin de s'identifier à la monarchie napoléonienne ; ses instructions du berceau portaient :

« Dis-moi, mon enfant, qui es-tu ? — Espagnol
« par la grâce de Dieu. — Que veux-tu dire par
« là ? — Homme de bien. — Quel est l'ennemi de
« notre félicité ? — L'empereur des Français. —
« — Combien y a-t-il de natures en lui ? — Deux :
« la nature humaine et la nature diabolique. —
« Combien y a-t-il d'empereurs des Français ? —
« Un en trois personnes trompeuses : Napoléon,
« Joseph et Emmanuel Godoï. — Lequel des
« trois est le plus méchant ? — Ils le sont tous
« trois également. — De qui dérive Napoléon ?
« — Du péché. — Joseph ? — De Napoléon. —
« Godoï ? — De la fornication des deux. — Quel

« est l'esprit du premier ? — Le despotisme. —
« — Du second ? — La cupidité. — Du troisième ?
« — La trahison. — Quelle punition mérite l'Es-
« pagnol qui manque à ses devoirs ? — La mort.
« Qui nous délivrera de nos ennemis ? — La
« confiance en nous et en nos armes. »

Les Espagnols tinrent parole : le serment des drapeaux releva du catéchisme de l'enfance.

Partout la domination française était proclamée dans le sang des Castillans : à Burgos, les maréchaux Soult et Bessières laissèrent sur le champ de bataille trois mille cadavres espagnols ; Napoléon confisqua trente millions de marchandises aux négocians, et la bataille d'Espinosa, gagnée par le maréchal Victor, coûta à la Castille vingt mille soldats et dix généraux tués.

A Tudela, le maréchal Lannes avait déjà refoulé dans les flots de l'Èbre quatre mille hommes, et Gouvion-Saint-Cyr, au combat de Cardeden, fit passer à la baïonnette tout ce qui lui avait fait résistance.

Napoléon avait assisté à une soumission dans le carnage ; il remit la conduite des armées au roi Joseph, et partit : il crut avoir fait un grand capitaine en déposant son épée dans ses mains.

Soutenu des hommes de guerre les plus habiles, Joseph, couronné sous les drapeaux, se maintint encore quelque temps dans la Péninsule.

Cependant les Anglais se présentèrent devant

Soult, dans les champs de la Corogne; et sous les murs du Ferrol, le commandant Moore périt sur la brèche; les frégates anglaises furent capturées comme les batteries des remparts.

Dans l'Arragon, la tranchée fut ouverte pendant vingt-huit jours devant Saragosse; là, une population de quarante mille âmes combattait et priait avec héroïsme. Citadins et soldats s'étaient proclamés frères; la lutte fut à outrance : tant qu'il y eut un débris de bastion à défendre, on lutta. Quand l'artillerie française eut tout ébranlé, les habitans de Saragosse entonnèrent l'hymne de leurs funérailles, et s'ensevelirent dans un linceul de feu; les murailles embrasées s'écroulèrent, les Français n'eurent pour conquête que des cadavres et des ruines fumantes.

Bientôt les rives du Tage firent redire le nom de Wellington : la bataille de Talaveyra-la-Reina coûta à l'Angleterre six mille hommes, mais le champ du combat lui resta. Le roi Joseph, en divisant les corps des maréchaux Soult, Ney et Mortier, commit une faute dont l'échec fit prévoir sa chute. L'or de la Grande-Bretagne ouvrit aussi quelques villes aux Anglais; la reddition de Flessingue ne fut jamais expliquée : cette ville fut rendue par le général Monnet, lorsque les Anglais se trouvaient encore à la distance de quatre cents toises de cette place. Ce général fut traduit devant un conseil de guerre « pour rendre compte « de la mollesse de sa défense. »

Cependant le pas de charge de l'armée française signala dans la vieille Ibérie de nouveaux succès. A Alba-de-Tormès, le général Kellerman avait soutenu sa renommée, et à la prise de Gironne, Augereau avait agrandi la sienne.

Mortier était aux frontières de l'Andalousie; il balaya le champ de bataille d'Ocana : là, l'armée espagnole, forte de cent cinquante mille hommes, fut détruite ou mise en fuite.

Tortose s'était rendue à discrétion à Suchet, et les champs de Gébora ne voyaient plus flotter que les aigles guidées par le maréchal Soult. Les forteresses furent emportées et se pavoisèrent du drapeau tricolore. Wellington énuméra les défaites de la Péninsule, il écrivait :

« La nation espagnole a perdu en deux mois
« les forteresses de Tortose, d'Olivienza, de Ba-
« dajoz, sans cause suffisante. Pendant ce temps,
« le maréchal Soult avec un corps de troupes
« qu'on n'a jamais supposé au-dessus de vingt
« mille hommes, outre la prise de ces deux der-
« nières places, a pris et tué plus de vingt-deux
« mille hommes de troupes espagnoles. »

Il y eut continuité d'action, il y eut continuité de bravoure. Suchet gagna son bâton de maréchal à la prise de Tarragone; il honora ses états de service par des blessures qui achetèrent la victoire de Sagonte, cette forteresse de rocher qui joint la mer et que les fortifications mauresques avaient jusqu'alors rendue inexpugnable.

Puis Valence fut ajoutée aux vieux chevrons du maréchal Suchet ; sur les remparts de cette ville, son nom fut agrandi du titre de *duc d'Albuféra*.

La chance tourna et revint ; c'est le flux et reflux des destinées ; les phases des batailles sont : « Victoires et revers. »

Les Anglo-Espagnols reprirent l'offensive dans les plaines d'Alboerra, ils s'emparèrent de Badajoz. Peu après, la bataille des Arapiles coûta aux Français huit mille hommes, mis hors de combat, et cinq mille prisonniers ; Marmont, blessé, fut refoulé derrière le Duero. Mais ces pertes furent passagères ; les savantes manœuvres de Soult et de Suchet forcèrent Wellington à couvrir son armée par des retranchemens sur le Tage. Là il abrita son camp d'une armure d'acier, et sur les frontières du Portugal il fit tête de colonne.

Les événemens de l'Europe avaient entraîné sur les plages du Nord une partie des troupes qui combattaient en Espagne. Ce sol dégarni fit naître de l'espoir parmi les insurgés d'Espagne, et la bataille de Vittoria signala un désastre pour nos drapeaux. Devant le front des phalanges de Wellington, l'armée française battit en retraite ; elle emmenait son roi. Sa marche vers la frontière était à chaque instant interrompue par les guérillas, et le sang coula encore.

C'est en vain que, dans la Biscaye, le général Foy, à la tête de vingt mille hommes, arrêta un instant la marche conquérante des Espagnols ;

c'est en vain que le maréchal Soult renouvela à Roncevaux les vieux prodiges de guerre, l'ennemi avança toujours.... Il passa la frontière, il abattit la dynastie napoléonienne, il vint demander compte des jours de captivité de Ferdinand VII. Alors il fallut capituler devant l'envahissement du territoire; il fallut rendre une couronne qu'on avait dérobée. Le traité de Valençay allait satisfaire au vœu armé des Espagnols. Napoléon attendait encore la chance de la bataille d'Orthez, pour rendre Ferdinand à son peuple. Cette bataille fut livrée et perdue; pour guerdon de merci, Ferdinand fut présenté aux avant-postes par le duc d'Albuféra et rendu à l'Espagne.

Le tableau d'un monarque rétabli sur son trône par l'attitude énergique de son peuple, était un de ces événemens qui attestent le grandiose de la nationalité : cette force est la vie des Etats et la sécurité du droit. Avec la nationalité tout est imposant; sans elle, il n'y a pas de terrain solide pour poser ni une base, ni même un jalon.

Ainsi se termina une lutte qui avait amoncelé des ruines dans la Péninsule et infiltré dans ses champs le sang des générations. Le dernier salut de guerre fut rendu à Toulouse par l'épée du maréchal Soult : c'était le salut des vieilles renommées, c'était le salut des tombes; la pourpre impériale en fut le linceul.

L'étoile de Napoléon avait pâli dans les déserts glacés du Nord; elle s'était aussi obscurcie dans les brûlantes régions de Pélage; les deux hémisphères comptèrent ses revers : la gloire ne reste grande que lorsque le bien des peuples la consolide.

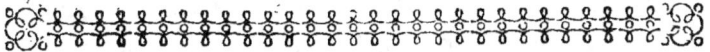

CHAPITRE XII.

La Contrebande.

L'Angleterre marchait à la tête de la ligue européenne formée contre la France : affaiblir sa puissance en minant sa richesse commerciale, tel était le but de Napoléon. Entre lui et le cabinet de Saint-James, c'était une guerre à mort. Bientôt cette animosité s'étendit à l'Autriche, et les aigles furent encore déployées. La politique des rois s'en prenait à la misère des peuples.

Un décret impérial sur les douanes avait tenu en permanence les auto-da-fé des tributs de l'industrie. Les villes frontières voyaient arriver des fourgons chargés de marchandises anglaises et allemandes; la saisie était devenue pour les employés le seul moyen d'avancement, pour les chefs une certitude de faveur.

A la tête de l'administration active des douanes, était le directeur Soyris. C'était le douanier type; il faisait à la contrebande une guerre de nationalité : la saisie pour lui, c'était l'existence. Il s'animait à la vue du bûcher qui consumait des masses de tissus aux estampilles étrangères ; il faisait absorber dans les flammes toute la charge des fourgons ; il était sourd aux gémissemens des pauvres qui, les jambes nues et le corps à demi caché par des lambeaux de chemises, voyaient entasser sur des brasiers des monceaux de pièces de percale et des milliers de paires de bas. Il n'avait pas un sourire d'exception pour les larmes des jeunes femmes qui, soupirant en vain pour un cachemire ou pour des dentelles, voyaient incendier les riches schals des Indes et les légers réseaux de Valenciennes.

Ce chef des douanes était le reflet palpable de la pensée impériale. Napoléon avait ordonné la saisie sans distinction de propriété ; parfois cette politique avait atteint jusqu'à la toilette de l'impératrice. Joséphine, jolie femme et créole, n'avait pu se résigner à renoncer aux fins tissus du harem. Elle trompait la crédulité privée de Napoléon, et la vigilance de la douane. A chaque saison, l'Empereur la questionnait sur la source où elle faisait ses commandes : « Lyon et St-Quentin fournissent à ma parure, » répondait-elle ; et l'Empereur satisfait exaltait la supériorité de l'industrie nationale.

Joséphine, inquiète sur le sort de ses commandes, demandait chaque jour, « s'il n'y avait « pas d'envois pour elle. » L'Empereur voyant son agitation, lui dit dans l'intimité d'un déjeuner:
« Le plus grand dépit qu'un mari puisse causer
« à sa femme, est de confisquer ses chiffons :
« pour cette fois donc, je veux bien te faire
« grâce en te laissant rendre quelques unes des
« caisses échappées à l'auto-da-fé des douanes;
« mais, ajouta Napoléon d'un ton sévère, à la con-
« dition expresse que si, à l'avenir, l'Impératrice
« donne l'exemple de la rébellion à mes décrets,
« je te donne ma parole que tout impératrice que
« tu es, tes commissionnaires frauduleux seront
« jugés et fusillés. »

Néanmoins, les contrebandiers ne s'arrêtèrent pas aux menaces de l'Empereur; ils ne refusèrent point les commandes de Joséphine, et en cas de saisie, ils espéraient toujours en elle pour adoucir les pénalités; pourtant ils étaient devenus plus prudens, ou plutôt ils mettaient en pratique dans la fraude de plus ingénieuses supercheries.

Une diligence était au moment de franchir la frontière; une jolie voyageuse eut l'indiscrétion d'avouer qu'elle espérait soustraire à l'œil profane de la douane un beau voile de dentelle. Elle le plaça comme une fleur sur son sein, et dit: « Je « pense qu'ils n'iront pas le saisir jusque-là. » Chacun félicita la dame; la galanterie française rendit muets les voyageurs, et le triomphe de la

jolie contrebandière touchait à son comble, lorsqu'un gros monsieur qui avait paru à moitié endormi pendant cette conversation, lève la tête comme sortant d'un songe, et s'écrie: « Je crois
« que nous sommes à la frontière, et moi qui ai
« une tante à embrasser, je m'oublie. » Il fait arrêter la voiture, et descend. Peu après, les douaniers font leur recherche: arrivés à la dame, on l'invite à descendre pour passer dans le bureau de la visite, où on allait mettre à sa disposition un cabinet de toilette *impromptu*. La rougeur est à son front; les voyageurs ne disent mot, lorsque le chef dit tout bas à la voyageuse : « Madame,
« mes commis ont deviné que vous portez un
« voile sur vous; d'après les réglemens, il ne
« peut vous accompagner plus loin. » La dame se soumit à cette loi rigoureuse, et avec un long soupir elle remit le voile que son corsage recélait. Remontée dans la voiture, son dépit l'animait; elle jetait par-ci par-là des demi-mots blessans sur les *observateurs*. C'était une accusation secrète qu'elle lançait sur le voyageur qui était sorti de la voiture avant l'inspection. Il y eut concert de murmures, lorsque le flegmatique suspect, regardant sans répondre la distance qui le séparait de la frontière, s'écria: « M'y voici, je suis sauvé. » Puis se retournant vers l'aimable plaignante, il lui dit avec sang-froid : « Vous ne
« vous trompez point, Madame, je suis le cou-
« pable. Mais faites-moi le plaisir de me dire quel

« était le prix du voile que vous regrettez. —
« Il valait près de cent louis. — Eh bien! Ma-
« dame, séchez vos larmes, et veuillez bien en
« accepter un de mille écus que je vais vous offrir
« au premier relai. — Est-il possible? — Encore
« ce n'est point un remords de conscience; c'est
« le prix d'un service que vous m'avez rendu.
« — Moi?... — Oui, vous; je viens d'introduire
« pour plus de deux cent mille francs de dentelles,
« dont une partie est destinée à l'impératrice. Ma
« dénonciation a détourné tous les soupçons qui
« auraient pu s'élever contre moi : c'est donc moi
« qui vous dois des remercîmens. »

Les princes de la famille impériale eurent aussi leur tour dans les exigences de la douane. Une caisse de tableaux arriva d'Italie à l'adresse du prince Borghèse. La sœur de Napoléon les avait demandés pour orner la galerie de son palais parisien; mais grande fut l'anxiété des douaniers, pour ranger dans la catégorie de la taxe d'entrée les chefs-d'œuvre de l'école italienne. On soumit le cas à l'Empereur; il établit ainsi le droit de frontière : « Faites payer au prince Borghèse tout
« ce que vous jugerez convenable. »

Le directeur Soyris était à son poste: dans sa bascule il frappa d'un droit de quinze pour cent les inspirations du génie. En conséquence, la lettre de voiture qui transporta à Paris les trésors artistiques, portait : « Pour un quintal et demi de
« tableaux des sieurs Raphaël, Albane, Corrége,

« il vous plaira payer la somme de....., selon le
« tarif. »

Il est vrai que, parfois, on accordait des diplômes sous le titre de *licence des mers;* mais ces diplômes étaient rares. Ils avaient pour but de faciliter l'introduction des marchandises qui n'avaient point de rivalité en France, qui étaient classées comme matières premières, et qui devaient vivifier nos ateliers. Cette tolérance finit par devenir abusive, et par couvrir bien des méfaits. C'était le gage de l'impunité; c'était le voile des fraudeurs de haut parage.

Sous cette enveloppe on plaça l'or de la corruption, et bien des mains vinrent en recevoir la solde. Cette contrebande légale, cette dîme de la faveur, était octroyée par Napoléon, comme un majorat, au profit de ceux dont les grandes fortunes avaient été ébréchées, et qu'il voulait rattacher à sa cause. Ainsi l'on vit plus d'un noble contrebandier passer tête levée la ligne des douanes.

L'Empereur se donnait le privilége de braver la nationalité; il empruntait son nom, tout en l'appauvrissant et en blessant sa dignité. Selon ses intérêts personnels, il captura les dépouilles de l'industrie, du génie, de la gloire et tous les débris du temps. Il se plaça en regard de toutes les mesures qu'il adopta, et dans aucune de ces mesures il n'y avait de mélanges : la fraude à pleine voile ou l'oppression sans apitoyance.

L'exception des licences accordées commandait

une plus grande sollicitude pour la défense de la chose commune. Le personnel des douanes fut augmenté et les pénalités s'accrurent.

Des compagnies secrètes d'assurance contre la douane furent créées ; le commerce clandestin des marchandises anglaises vint faire concurrence à l'industrie française, et tandis que la portion forte de la nation combattait pour la suprématie de la France, la portion futile accueillait la spéculation étrangère, laissait exporter les deniers publics, et frappait d'inaction nos manufactures pour la frivole jouissance de briller dans une fête, ou obtenir la satisfaction politique de braver les décrets impériaux.

Une lutte d'opposition et de dépit s'était établie entre la douane et la société aristocratique ; les robes et les schalls de l'Inde, les percales anglaises furent adoptés dans les salons ; cette opposition muette fut combattue par une vengeance clandestine ; la police devint l'auxiliaire des douaniers, elle solda des agens secrets, et bientôt les cachemires et les mousselines prohibés furent attaqués avec des aspersions vitrioliques, puis ceux qui avaient à produire des états de service contre les marchandises anglaises, étaient certains d'obtenir un enrôlement dans les douaniers des frontières et de l'avancement sous les ordres de Soyris.

Princes, souverains mêmes, s'inclinaient avec une obéissance passive devant la loi des décrets impériaux. Mais une occurrence advint où ils trouvèrent résistance. Les grenadiers de la vieille garde, chargés de trophées et de butin, furent ramenés par le général Soulès, après la paix de Tilsitt. Arrivés à Mayence, officiers et soldats marchèrent au pas de course pour fouler plutôt le sol de la patrie; les hommes du train animaient de la voix les chevaux de leurs fourgons. Un cri de « halte! » arrêta la marche. C'étaient les douaniers.

Les bagages de l'armée devaient être visités sans exception. Cependant le chef de la milice du contrôle se rendit auprès du général Soulès, et le prévint de l'obligation où il était de procéder à cette mesure : une réponse toute militaire paya sa politesse. « Si un seul de vos gabelous met le « bout du doigt sur les caissons de mes vieux la- « pins, je les fais tous jeter dans le Rhin comme « des petits chats. »

Les soldats d'élite de l'armée, venant de fouler un sol conquis, ne comprenaient que les discussions à la baïonnette, et les grognards de la garde se tinrent prêts à exécuter les ordres de leur chef. En un instant toute la population se porta sur le lieu de la scène; la sympathie populaire était acquise à la résistance contre les agens de la taxe; des groupes se formaient, et quelques voix hardies laissaient entrevoir la possibilité d'une collision. Cependant le chef du fisc sentait l'importance de garder sa position légale.

Le directeur fait un signe à ses douaniers;

ceux-ci serrent leurs rangs, et se disposent à procéder à l'investigation. Le général élève la voix, et commande lui-même la manœuvre. Le carré se forme; les fourgons sont mis au milieu; la baïonnette est croisée. La prudence du directeur fit prévaloir la fraude armée: les douaniers se retirèrent, et un rapport fut adressé à Paris.

Il fallait rire ou sévir. Napoléon réprima sa colère, en faveur des vieux soldats d'Eylau et de leur chef. Le lendemain, le général Soulès est mandé au petit lever. « Dis donc, Soulès, tu en as
« fait de belles à Mayence; jeter mes douaniers
« dans le Rhin...! Tu ne l'aurais pas fait? — Pa-
« role d'honneur, Sire, je l'aurais fait. C'était in-
« sulter mes grenadiers. — Je vois ce que c'est, »
dit l'Empereur en riant; « Tu as fait la contre-
« bande de toile de Hollande pour monter ta
« maison; tu avais prévu que je te ferais séna-
« teur!... — Sire!... — Tu as deviné juste. Va
« commander ton habit brodé: mais une autre
« fois, ne recommence pas, car je te donne aussi
« ma parole d'honneur que je te ferais fusiller! »

Soulès vit au regard de Napoléon qu'il devait garder souvenance de la réprimande, et de la faveur octroyée à ses vieux services.

Parfois l'esprit d'à-propos jetait aussi quelques sourires dans les mesures politiques. Dans une des promenades de l'Empereur aux environs de Fontainebleau, il s'arrêta près d'un presbytère. Une fumée odoriférante en sortait: « Voilà le curé en contravention, » dit Napoléon; « il y a ici un café de contrebande. » Il entre; l'humble pasteur quitte son moulin aromatique pour recevoir son hôte. — « Que diable faites-vous donc là, monsieur l'abbé ? — Ma foi, sire, vous le voyez, je fais comme Votre Majesté, je brûle les denrées coloniales. »

Ce trait rappela à Napoléon la réponse de Suchet à son retour de la Péninsule. Le maréchal fit faire un procès-verbal de destruction des marchandises anglaises, mais il ne détruisit rien. Il fit confectionner, pour chacun de ses fantassins, un trousseau des tissus prohibés, en disant: « Pour ceux-là, nous les ferons brûler en Autriche au feu du canon.

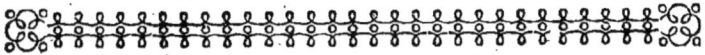

CHAPITRE XIII.

Campagne d'Autriche.

CINQUIÈME COALITION.

1809.

L'Allemagne, courbée sous le poids de l'empire français, n'avait point secoué son joug. Elle avait perdu cette fierté qui lui donnait l'Europe pour vassale. Chez elle l'héritage de Charles-Quint avait été limé et ne s'était point relevé. L'Autriche n'avait plus aucun écho de puissance. La grandeur de Louis XIV avait attiré à lui ses possessions au-delà du Rhin : la France les gardait.

Napoléon était venu rapetisser encore son territoire; l'Italie était jalonnée par ses aigles. Plus d'alliés, plus d'auxiliaires; la victoire avait sapé les vieilles conquêtes de l'Allemagne, une fortune nouvelle s'était élevée. L'Autriche dissimula son ressentiment, sa politique devint artificieuse. Ses armées avaient été dévorées; moins forte, elle chercha à être plus adroite, et les trophées qui la blesssaient, ne furent écartés que par une main furtive. Elle proclama, à Erfurth, des sentimens pacifiques pour la France; mais en même temps elle serrait la main en secret aux envoyés du cabinet de Londres, et promettait une intervention armée pour secouer la domination improvisée sur les baïonnettes françaises.

Eckmühl, Esling et Wagram, ces trois noms ouvrent trois feuillets de gloire pour la France. Napoléon a frayé, dans leurs plaines sanglantes, une nouvelle route à la renommée.

L'archiduc Charles entre en campagne; d'un seul bond il est renversé, et Napoléon proclame à Eckmühl que la maison de Lorraine a cessé de régner.

La Suède, contenue par le bouillant courage de Gustave-Adolphe IV, ne veut point fléchir devant le cordon de victoire qui entoure ses États; le sang ne veut point transiger avec la fortune. La couronne de la dynastie d'Holstein ne consent point à être abaissée par des mains étrangères; le front qui la porte abdique plutôt que de se soumettre, et ce front, sans rougir, laisse tomber le diadême.

Le Danube, divisé en trois bras au-dessous de Vienne, forme des retranchemens que deux armées viennent occuper. Esling couvre les baïonnettes autrichiennes; cinquante mille coups de canon partent en un jour de deux cent quatre-vingt-huit bouches à feu; cette fournaise, d'où les boulets et la mitraille viennent frapper nos bataillons, enlève à l'armée cinq cents officiers et dix-huit mille soldats. Sur ce monceau de morts, l'intrépide maréchal Lannes est atteint et expire. La crue du Danube, entraînant la rupture de trois ponts, fait crouler les étendards et les guerriers. Esling devint un grand mausolée où il y eut place pour toutes les gloires.

Napoléon et l'archiduc Charles se regardèrent en face, et se donnèrent un nouveau rendez-vous à Wagram. Là, dans une plaine cultivée et découverte, les phalanges ennemies se développèrent et tracèrent une circonférence de plus de deux lieues sur chaque aile. L'action s'engage avec une vaillance digne des temps antiques; jamais bastions plus formidables ne s'étaient présentés à la vue des Français. Cent vingt mille hommes nourrissaient un feu croisé; cinq cents canons appuyaient les étendards ennemis. Masséna, Bernadotte et Eugène Beauharnais endurèrent pendant douze heures la canonnade, et ripostèrent par des charges brillantes. Berthier répartit les phalanges d'attaque; Marmont, Oudinot et Davoust s'ébranlèrent; leurs colonnes se firent jour au milieu des tourbillons de fumée qui s'élevaient des moissons ou des villages enflammés par le maléfice des batailles. Dans la chaleur du combat, les Bavarois et les Saxons, alliés à nos armes, hésitaient. Leur corps d'armée était ravagé par la mitraille, il n'y avait plus d'élan pour mourir. Le colonel des Saxons, jeune et bouillant, arrache l'étendard de son régiment, et vient le placer dans les rangs de la garde. « Mon régiment, dit-il, est « celui où mon drapeau fait face à l'ennemi. » Ces mots vont battre au cœur de ses soldats; il n'y a plus d'hésitation parmi eux; ils se rallient à la garde, et la garde se porte en avant pour vaincre.

L'archiduc Jean, l'archiduc Charles couvrent la retraite avec leur épée; les pertes débordent la victoire, et on put dire devant les rangs de nos guerriers abattus ce mot d'un Romain : « Quand cesserons-nous de vaincre! »

Le champ de Wagram offrit un aspect hideux: vingt mille blessés avaient été laissés gisant au milieu des moissons incendiées; ces malheureux, haletant sur un sol brûlé, assaillis par des myriades d'insectes, restaient sans nourriture, sans rafraîchissement, sans pansement. Le soleil du 6 juillet 1809 était venu s'abattre, comme une tourbe malfaisante, sur le dernier souffle vital de ces guerriers moribonds.

Le relevé des corps renversés à Wagram était le revers de la fortune napoléonienne, le contrepoids des bulletins éblouissans de la grande armée : cette page de douleur tombait au milieu des fleurs, des illuminations, des harangues et des solemnités; le lendemain des milliers de familles en deuil sillonnaient les cités; les cloches des campagnes sonnaient des glas, et dans les nefs des cathédrales les catafalques remplaçaient les tentures dorées des Te Deum : chacun allait prier pour ses morts. Puis le tambour battait, et l'appel de la conscription allait encore fournir des soldats aux champs de batailles, et des hymnes de regrets à la patrie.

La diplomatie acheva d'abattre ce que la guerre avait laissé debout ; elle frappa à froid, et ce fut au cœur qu'elle visa. L'Europe étonnée vit en silence le roi d'un jour plaçant sur les vieux trônes l'écusson qu'il s'était créé : des traités furent conclus, des fêtes furent servies aux rois déchus, et ces rois sans énergie eurent des sourires pour l'ovation qui avait brisé leur couronne.

Wagram révéla un trépas qui surprit et attrista l'armée. Le colonel Oudet fut trouvé atteint d'une blessure reçue en tournant le dos à l'ennemi. Cette blessure était suspecte; la bravoure d'Oudet était connue ; on procéda à un examen scrupuleux : son sang avait taché une touffe épineuse, et dans ce buisson on découvrit une arme ensanglantée; ce n'était pas une arme de guerre, c'était un stylet. L'armée, en pleurant ce brave, conserva des suspicions. Oudet faisait partie des philadelphes, cette société secrète abattait dans l'ombre; et à l'ombre d'une bataille, le crime s'était caché.

Le sol du combat restait encombré. Vienne ouvrit ses portes pour secourir les blessés ; deux cent soixante mille habitans sympathisèrent avec le malheur des camps. Vingt-trois hôpitaux furent improvisés ; le linge, et jusqu'aux étoupes, furent livrés pour suppléer à la charpie.

Le trépas était partout, depuis Vienne jusqu'à Znaïm. Les plaines de la Moravie étaient ravagées. Cent quatre-vingt-seize millions de francs furent capturés dans les États d'Autriche. Cette campagne mit aux abois hommes, argent et matériel de guerre.

Frappé des misères de ses sujets, l'empereur d'Autriche chercha à arrêter le cours de tant de désastres. Un armistice fut conclu, mais il fit saigner l'Allemagne au cœur. Toutes les places convoitées par la France devinrent les joyaux des batailles. Le Tyrol et le Woralberg, qui s'étaient levés pour reconquérir leur prépondérance, expièrent leur bravoure en tombant sous le joug.

Napoléon voulait donner à l'envahissement l'apparence d'une concession volontaire, et quand la conquête de l'Autriche fut consommée, il ouvrit des conférences où les princes du cercle germanique arrivèrent pour plier le genou.

Trois mois s'écoulèrent en échange de notes ; ce fut à cette époque que Napoléon vit pour la première fois la jeune archiduchesse Marie-Louise. Il adoucit, dans une pensée de cœur, l'humiliation qui venait de peser sur François II, et la paix fut signée à Vienne le 14 octobre.

Wagram avait révélé que la guerre d'empereur à empereur devait cesser pour une guerre de peuple à peuple. L'armée française était harassée de victoires, et l'armée autrichienne harassée de défaites. Toutes deux murmurèrent et se comprirent. Napoléon vit qu'en ouvrant de nouvelles chances, elles pouvaient être périlleuses pour sa fortune : ses aigles étaient affaissés sous des lauriers ; c'était toujours un poids qui pesait sur la France. Nos contrées étaient décimées par des sénatus-consultes, qui sapaient par coupes réglées les générations, et les générations étaient épuisées. Les conquêtes faisaient naître de nouveaux besoins : dans la moisson de Wagram, la part fut large pour les frontières, mais le sang la paya cher. Cette part s'étendit sur toute la droite de la Save, elle nous donna Goritz, Montefalcone, Trieste et le cercle de Willach en Carinthie ; elle agrandit la confédération du Rhin de Salzbourg. Par ce traité, l'Autriche adhérait aux possessions que nous avions en Italie, aux changemens survenus en Espagne, en Portugal, et le gouvernement germanique était obligé de se soumettre au système prohibitif qui devait frapper l'Angleterre.

A peine Napoléon eut-il reçu le tribut de ses trophées, qu'il réunit, sous le nom de *Provinces Illyriennes*, la Dalmatie et les pays limitrophes qui venaient de lui échoir : les institutions françaises y régénéraient les mœurs, et l'aigle était là pour broyer dans ses serres tout ce qui voulait faire échec aux vues, aux plans et à la domination du vainqueur.

Ainsi, les peuples se façonnèrent sous la pression des batailles.

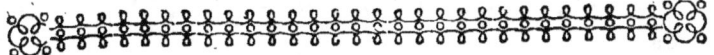

CHAPITRE XIV.

Événemens Intérieurs.

1809—1811.

Divorce. — Mariage. — Naissance.

Les phases commençaient à compter dans le règne de Napoléon ; le cinquième anniversaire du couronnement approchait. Il choisit cette époque pour quitter le palais de Schœnbrunn, d'où il dominait sur les sceptres de l'Allemagne, et revint au sein de sa capitale. Il voulut éblouir Paris par la splendeur de la fête annuelle du couronnement : à la voix du dictateur, tous les rois sillonnèrent l'Europe, et se réunirent aux Tuileries pour faire cortége à sa puissance.

En vain les écrivains retournaient les feuillets de l'histoire pour retrouver un tel tableau ; ni

Charlemagne ni Louis XIV ne l'avaient légué aux âges.

L'Empereur, entouré de tous les princes de l'ère contemporaine, ouvrit la session du Corps-Législatif; là, il but à longs traits à la coupe de l'adulation, et, tout enivré d'encens, il lança l'insulte et le sarcasme à la face des vieilles monarchies. Puis, énumérant ses victoires à travers le siècle, il s'écria :

« Le trône d'Étrurie a disparu ; la Toscane, par
« l'aménité de ses mœurs, méritait d'appartenir
« à la France ; Rome tenait sa grandeur de Char-
« lemagne, elle a contribué à nourrir l'insurrec-
« tion de l'Espagne ; elle a mérité de perdre le
« territoire qu'elle tenait de la munificence des
« rois carlovingiens. La Hollande, placée entre
« l'Angleterre et la France, mais formant pour la
« dernière comme l'épanouissement de ses ar-
« tères, subira quelques changemens nécessaires
« à la sûreté de l'empire.

« Quant à l'Angleterre, lorsque je reparaîtrai
« au-delà des Pyrénées, le léopard épouvanté
« cherchera l'Océan pour éviter la honte, la dé-
« faite ou la mort. »

Aux côtés de Napoléon était placée l'étoile première de sa fortune ; Joséphine atténuait, par la bonté et la bienfaisance, le poids du joug impérial. Elle jouissait en femme frivole du luxe d'une couronne ; elle aimait avec dévouement celui qui l'avait placée sur son front.

L'impératrice souriait au présent, et foulait d'un pied léger le précipice ouvert sous ses pas par la politique.

La mort avait enlevé le jeune prince Louis, fils d'Hortense, reine de Hollande, adopté par Napoléon et désigné comme successeur à l'empire.

Cette perte avait frappé Joséphine au cœur : cependant la mobilité d'une tête créole avait emporté l'impression d'un jour, et elle reporta les yeux avec confiance sur l'époux qu'elle chérissait, et sur le prince Eugène, qui tenait haut l'aigle impériale.

Tandis que l'impératrice souriait à l'avenir, la diplomatie tendait un réseau sur sa vie.

La raison d'État, discutée par Fouché et par Cambacérès, fut mise en avant pour demander un divorce. Napoléon, près de briser le premier échelon de sa fortune, hésita; il se sentit faiblir. Le sentiment et la superstition luttaient contre la politique.

L'image d'une dynastie née de lui, assise par une hérédité imposée sur son trône, flattait son ambition. L'orgueil domina tout, et Napoléon prit à lui seul la tâche de briser le cœur d'une femme dévouée.

Dans l'intimité d'un dîner tête à tête, il annonça à Joséphine le sacrifice qu'il exigeait d'elle : un cri déchirant, un évanouissement profond furent sa réponse. En revenant à elle, Joséphine ne rencontra pas le seul regard qui aurait pu offrir une compensation à sa douleur. Napoléon, après avoir porté le coup, avait cédé la place à Cambacérès et au prince Eugène. L'impératrice écouta avec une profonde surprise son fils lui demander l'abandon d'une couronne qu'elle s'était flattée de voir poser sur sa tête.

Joséphine ne pouvait que pleurer et obéir : bientôt le sénat reçut la communication de la demande d'un divorce, et dans sa servile adulation, il trouva des louanges pour le parjure.

L'Europe vit avec étonnement Eugène Beauharnais porteur du message politique qui détrônait sa mère; on put voir alors que ce prince visait à s'assurer la couronne d'Italie.

L'Empereur, tenant en main l'adhésion du sénat, convoqua la famille impériale et présenta sous le voile d'un sacrifice la rupture d'un nœud solennel. Joséphine se grandit par l'abnégation; sa voix redevint ferme pour ratifier l'abandon d'un diadême. L'isolement des courtisans laissait à nu le néant des splendeurs : l'ovation populaire mit en relief la réalité des liens de pure affection.

L'impératrice était aimée; ses bienfaits allaient chercher le malheur, et la délicatesse en atténuait le poids pour l'infortune dont la source remontait au torrent d'une révolution. Joséphine ne repoussait pas les souvenirs; elle était humble de cœur, quoique fastueuse par nature.

La nouvelle de sa déchéance fut ressentie comme un malheur public : dans les salons, dans les mansardes, au seuil des comptoirs, au sein des ateliers, on pleurait, on se redisait ces paroles prononcées par elle au faîte de la puissance :
« Le hasard m'a placée sur le trône, le hasard
« peut m'en faire descendre ; je veux au moins
« faire un peu de bien. »

Les hommes éclairés prévirent, dans une alliance avec une vieille monarchie, un pas vers la cime d'où Napoléon devait être précipité. Le peuple, dans sa croyance au sort, s'écria : « L'é-
« toile du petit caporal file. »

Cependant Napoléon jetait à la nation du luxe pour l'éblouir : le port de Cherbourg achevé, des routes inaugurées par le commerce à travers les Alpes et les Pyrénées, la France sillonnée en tous sens par des canaux, donnèrent à la patrie l'espérance d'une paix fondée sur un hymen politique.

Le nom d'une archiduchesse d'Autriche réveilla de tristes souvenirs ; ils s'effacèrent au bruit de mille bras tissant des étoffes, ciselant l'or et le marbre pour embellir les palais.

La destinée de Napoléon avait été jusqu'alors en dehors de celle des rois héréditaires ; par la puissance des armes, il se grandissait à la hauteur de leurs écussons. Le partage du trône impérial offert à une archiduchesse, marquait la formation d'une ligue européenne. L'Autriche, éblouie par une prépondérance née d'elle-même, tendit la main au gantelet de fer de Napoléon; les autres souverains d'Europe jugèrent la force du colosse à deux têtes qui se formait; ils jurèrent de l'abattre quand il serait debout.

Tout prit un aspect monarchique, dans les négociations du mariage projeté. La mission diplomatique qui devait en fixer les bases avait été confiée à un représentant de l'ancienne cour : le comte de Narbonne avait ouvert les conférences secrètes de l'alliance; les bases en étaient les mêmes que celles adoptées pour le mariage de Louis XVI et de Marie-Antoinette.

Le duc de Cadore représenta la France à l'accord solennel signé par le prince de Schartzemberg.

Après les concessions à l'étiquette, Napoléon dut en faire une à son armée : le maréchal Berthier, prince de Neufchâtel, fut chargé d'aller recevoir à Vienne la jeune impératrice de France.

L'archiduchesse Marie-Louise quitta la cour de Vienne, entourée d'une brillante escorte. Son passage à travers les États de la Confédération germanique fut une suite d'ovations. Les rois échelonnés venaient recevoir la nouvelle impératrice aux confins des États que la main du conquérant leur avait octroyés.

Marie-Louise trouva la frontière de France couverte d'arceaux et de fleurs; de Strasbourg à Soissons, ce fut une marche triomphale.

L'entrevue solennelle des deux époux avait été fixée dans cette vieille cité monarchique, mais Napoléon alla au-devant de la princesse; il quitta sans cérémonie sa voiture pour monter dans la sienne, et, brisant les liens de la morale comme ceux de l'étiquette, il amena Marie-Louise à Compiègne et partagea son appartement avant la consécration du mariage.

L'union civile fut ratifiée à Saint-Cloud; l'entrée du couple impérial à Paris fut splendide. Le peuple, toujours avide de spectacles, se pressait à froid sur le passage du cortége. La nef de Notre-Dame vit consacrer la bénédiction nuptiale par le cardinal Fesch. Tout ce que l'adulation peut épuiser de louanges fut prodigué dans les harangues et reproduit par la presse à gages.

L'alliance de la pourpre des camps avec l'hermine d'un vieux trône était fastueuse sans grandeur. Debout sur son pavois militaire, Napoléon dominait les rois; assis sur un simple trône, il était vu en raccourci. L'or de sa jeune couronne ne pouvait s'assortir à l'or que les siècles avaient bruni: en voulant se grandir, il avait posé son pied à faux.

Napoléon désirait un fils pour asseoir sa dynastie. Il comptait sur sa fortune; elle lui tint sa dernière promesse.

Marie-Louise était sur le point de donner un rejeton au trône impérial. Vingt-et-un coups de canon devaient annoncer la naissance d'une fille;

une salve de cent coups était le signal convenu des joies de l'empire. Les partis faisaient galerie dans cet enjeu du sort.

Le jour venu, le célèbre chirurgien Dubois fut appelé; l'état de l'impératrice annonçait un travail long et pénible. Napoléon voulut connaître la vérité; il témoigna une vive anxiété, et Dubois ayant pris ses ordres, dans le cas où il serait forcé d'opter entre deux existences, l'Empereur répondit avec un élan de cœur : « Sauvez la mère. »

Une opération douloureuse amena un enfant mâle; mais il ne donnait aucun signe de vie. Le canon fut tiré : par un hasard singulier, il y eut un intervalle entre le vingt-et-unième et le vingt-deuxième coup; cependant l'enfant était ranimé, la salve des Invalides fit retentir au loin la proclamation de l'héritier de l'empire. Il était né sous l'aile d'un aigle, il fut appelé *roi de Rome*.

La flatterie eut sa recrudescence; Napoléon saisit cette coupe embaumée et s'y enivra pour la dernière fois.

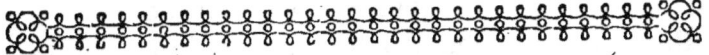

CHAPITRE XV.

Campagne de Russie.

SUITE DE LA QUATRIÈME COALITION.

1812.

C'est sur une mappemonde que l'histoire burine la vie de Napoléon; l'avenir a ouvert ses feuillets pour inscrire ses triomphes; ils se ferment au déclin de son règne.

Ses ordres s'exécutaient dans un espace que ses drapeaux avaient mesuré; cet espace, divisé en royaumes, comprenait dix-neuf degrés de latitude et trente de longitude. Un milliard soixante-douze millions d'habitans ont obéi à sa voix; c'est presque la moitié de la population de la chrétienté.

L'Italie, l'Espagne, le Portugal, la Suisse, la

Pologne et tous les peuples de la confédération du Rhin, ont été les attributs de sa gloire envahissante. Ses mains brisaient les sceptres, ses pieds foulaient les nations; il n'entrait pas dans ses desseins que ses frères et sœurs vécussent dans les conditions de leur naissance, il leur distribua des trônes; leur puissance épuisa les peuples. Napoléon extermina hommes, femmes et enfans pour consolider sur la tête des siens des diadêmes improvisés; le soldat de fortune dont les jeunes ans avaient été abrités par la munificence des rois de France, s'empara de leur sceptre et le posa comme un joug sur le monde.

D'un bras il atteignit aux colonnes d'Hercule; de l'autre il secoua son étendard sur le golfe de Finlande. Le temps regarde sa marche; il passe.

Le Nord s'est tenu debout devant l'accroissement de ses victoires : sa politique, la domination de sa tactique ont éveillé l'honneur national des peuples. La Russie, qui s'estimait inexpugnable, vint présenter son colosse de guerre; cette puissance, qui hait l'étranger, qui méprise, comme les Scythes, les empires où elle ne trouve point d'esclaves, avait centralisé les hordes de ses déserts; elles avaient aiguisé leur gloire et fait un apprentissage de combats sur les peuples asiatiques, elles arrivaient au pas de course, pour exterminer les aigles qui planaient au-dessus des leurs. Ces nuées de Moscovites avaient faim de combats; le fanatisme avait imprimé aux cohortes du Don un élan furieux.

Moscou est salué du nom de nouvelle Jérusalem; c'est la *race élue* qui s'avance; le czar en est le pontife. Le *tribut saint* est porté sur les armes; le métropolitain Platow, chargée de cent dix ans, élève la voix devant l'autocrate, il est nommé « la *bouche d'or russe,* » il lui remet l'image de *Saint-Serge;* elle est l'oriflamme de l'Eglise grecque, il la présente comme la fronde de David.

Deux empereurs font ondoyer leur panache, et vont fondre l'un sur l'autre; ils passent la revue des batailles. Alexandre s'agenouille avec ses phalanges, et il recommande à ses peuples esclaves de défendre « la patrie et la liberté. » Napoléon s'écrie, comme Mahomet : « La fatalité entraîne « les Russes; que les destins s'accomplissent! » Et pour accomplir ces destins, il lance la plus formidable armée que la France ait jamais mis debout.

Cinq cent mille combattans, soutenus par douze cents bouches à feu, pèsent sur la terre et vont s'entrechoquer; l'élite des guerriers pavoise les tentes françaises. Sur les rives du Niémen, Kowno est le quartier-général de toutes nos illustrations; le terrain des combats est réparti.

L'appel se fait : 1er corps, Davoust; 2e corps, Oudinot; 3e, Ney; 4e, Eugène Beauharnais; 5e, Poniatowski; 6e, Gouvion-Saint-Cyr; 7e, Régnier; 8e, Junot; 9e, Victor; 10e, Macdonald.

Réserve de la vieille garde, Lefebvre; jeune garde, Mortier. Puis, vient la cavalerie : elle forme quatre corps, sous les ordres de Murat. Elle est conduite par Nansouty, Montbrun, Grouchy et Latour-Maubourg.

Tel est l'appareil de la guerre à mort qui va sillonner les régions du Nord. Les phalanges russes sont divisées en première et seconde armée d'Occident. On voit à leur tête Barclay-de-Tolli et Bagration; Tormazof commande la réserve; trois cent soixante mille Russes ont juré de faire rempart au « territoire sacré. »

Napoléon développe à son armée ses desseins : « Soldats! » s'écrie-t-il, « la seconde guerre de la « Pologne est commencée; la première s'est ter-« minée à Tilsitt. La Russie a juré éternelle « alliance à la France et guerre à l'Angleterre : « elle viole aujourd'hui ses sermens; nous croi-« rait-elle dégénérés?... Marchons en avant, por-« tons la guerre au sein de son territoire. La « seconde guerre de la Pologne sera glorieuse « aux armes françaises, comme la première!... »

A ces paroles, l'enthousiasme éclate : « Vive l'Empereur! » c'est le houra de l'armée. Elle marche, elle attaque. Obaïarzina et les rives de la Drissa retentissent du même cri : « Vive l'Empe-« reur! » Ce sont les acclamations de toute la ligne; c'est le salut d'un premier triomphe.

Napoléon fraie route à son drapeau. Bientôt il établit son bivouac sous les murs de Smolensk :

c'est le boulevard de l'empire russe sur la frontière de Pologne, c'est un rendez-vous d'honneur. Barclay-de-Tolli y attend l'aigle de France; l'aigle passe, il y laisse vingt-deux mille hommes, et rejette sur les derrières dix-huit mille prisonniers.

La grande armée s'avance en colonne serrée; cette masse compacte renverse tous les bastions qui lui font face. Elle rompt les rangs ennemis; elle foule, elle brise, elle abat.

Au nord-ouest de Witepsk, l'armée russe de Wittgenstein veut livrer une bataille à Polotsk : la grande armée sape, écrase; elle avance toujours. Déjà elle aperçoit Moscou, et Napoléon dit : « Vous vous reposerez là. »

La gloire a pour attraction le désir de vaincre : ce désir fait sa force. L'armée française était bouillante d'ardeur; dominer les Russes était son vœu, cette pensée la dévorait. Surpasser ces hommes de guerre, qui sur le champ de bataille sont des murs au ciment romain, tel était son but; son impatience lui faisait hâter le pas.

Napoléon arrivait à marche forcée; il avait franchi les quatre-vingts lieues qui séparent Smolensk de la Moscowa, et pris possession de Dorogoboui et de Mojaïsk. Les Russes, après avoir fait replier la population sur Viasma, dirent adieu à cette ville en y mettant le feu. C'étaient de tristes augures. La grande armée avait balayé les Cosaques, elle se trouvait en présence des fortifications russes; les bords de la Kaluga abritaient les grandes manœuvres de l'aile gauche ennemie. L'aile droite s'étendait vers la Moscowa; des forêts en défendaient l'approche, des bastions avaient été improvisés : c'étaient les redoutes avancées de Moscou. Dans ces retranchemens était le célèbre Kutusoff, le frère d'armes de Suwarow. Il avait fait plier le croissant; il avait juré d'abaisser les aigles qui lui faisaient ombre.

Deux cent soixante mille Russes allaient entrer en lice. Le gant était jeté devant deux armées d'égale force. Napoléon parcourut le front de ses légions, et s'écria :

« Soldats ! voici la bataille que vous avez tant
« désirée ! Désormais, la victoire dépend de vous :
« elle vous est nécessaire. Elle vous donnera l'abon-
« dance, de bons quartiers d'hiver et un prompt
« retour dans la patrie. Conduisez-vous comme à
« Austerlitz, à Friedland, à Witepsk, à Smolensk,
« et que la postérité la plus reculée cite avec
« orgueil votre conduite dans cette journée; que
« l'on dise de vous : Ils étaient à cette grande
« bataille sous les murs de Moscou ! »

De son côté, Kutusoff, pour enflammer ses légions, avaient élevé à la hâte un autel, et avait fait agenouiller, en présence des pontifes, ses soldats devant l'image des saints les plus vénérés en Russie; dans des hymnes, on avait imploré la chute du *Goliath français*.

Le courage était au cœur de tous : la foi le faisait vibrer; elle était une sentinelle de conscience. Ces préparatifs étaient solennels. L'ange exterminateur semblait avoir pris les rênes des deux empires, pour les faire mouvoir dans une fanfare d'airain, sur la tête de Napoléon et sur celle d'Alexandre.

Les Russes attendaient « le soleil d'Austerlitz » pour prouver, par leurs bras, que parfois le ciel s'obscurcit. Il se leva chargé de nuages : un vent violent cinglait une pluie glaciale au visage de nos soldats. Les anciens auraient vu dans cette journée bien des présages de revers. Napoléon mit dans son épée toutes les prévisions des batailles, et la bataille commença.

L'aile droite de l'armée française, formée du premier corps, appuyée du prince Poniatowki, tourne l'ennemi, tandis que le prince Eugène, à la tête de l'aile gauche, s'empare du village de Borodino, point important pour dominer la position des Russes. Cette manœuvre savante est secondée par les colonnes de l'armée du centre; elles s'avancent sous le commandement du maréchal Davoust. L'action est générale.

Devant cet engagement de renommées, les Russes sont impassibles; ils foudroient nos rangs du haut de leurs redoutes, hérissées d'artillerie.

L'intrépidité française agit en silence. L'infanterie marche sans tirer un coup de fusil : c'est à la baïonnette qu'elle veut emporter la position. La mitraille éclaircit les combattans; ils serrent leurs rangs, ils tombent encore, et toujours ils se reforment et avancent.

Tant de cyprès n'ont point lassé la fortune de France : il y a toujours des hommes à dévorer. Une légion hors ligne est conduite par Compans : ce sont les tirailleurs, qui, dans un jour de charge, se jettent partout pour harceler l'ennemi. Le général brûle, au premier rang, la cartouche du soldat; gravement blessé, il tombe!.... Rapp et Morand veulent encore tenter une fortune d'honneur; ils l'obtiennent et tombent!... Ce n'est pas assez : Friand réclame sa part; il tombe.

L'expérience de guerre commande à la témérité. Latour-Maubourg et La Houssaie s'avancent, frappent, et épuisent leur tactique ; ils tombent!.... Nansouty et Grouchy avaient toujours été heureux au feu ; ils tombent!...

Devant cet élan, où tout est broyé et où la gloire seule se tient debout, le maréchal Davoust revendique, par un nouvel enthousiasme, l'honneur de verser encore quelques gouttes de sang pour la France; il tombe!...

Tous ces braves, tombés sous les coups de l'étranger, ont été blessés sans rendre leurs armes. Les cicatrices sèchent vite sur le champ de bataille, et le retour de ces guerriers sous leurs drapeaux devait être terrible. Le général Montbrun les devance : il grandit au feu, il meurt.

Une seconde colonne se présente : c'est le gé-

néral Compère qui la mène au combat; il meurt!...
Alors les aigles apparaissent serrées : c'est le général Romeuf, qui vient au pas de course venger le sang français; il meurt.

On ne voit plus revenir l'avant-garde. Le général Caulaincourt vole à son secours; il meurt!... Devant cette fournaise d'airain, un brave de plus apparaît : c'est Lanabère; il meurt!...

Toujours l'armée française donne; toujours les Russes envoient la mort.

Cependant un nouveau corps d'élite vient, comme une muraille, s'abattre sur l'ennemi. Ce corps s'aligne au pas de charge. Ney le commande. Il élève, pour drapeau, le bâton de maréchal qu'il a conquis à force de gloire. A ce signe, tout se rallie; les blessés reprennent leurs armes, les légions mutilées se reforment, tout marche de front. Trois divisions croisent la baïonnette et abordent le centre et la réserve des Russes. C'est une trombe : elle frappe, renverse et tue. La plaine se jonche de morts, les retranchemens sont enlevés, et Compans, surnommé le *Preneur de Redoutes*, bande ses blessures sur des bastions reconquis.

Napoléon voit le mouvement ascendant de son armée : il fait un signe, un roi s'avance, c'est Murat, le *Foudre de Guerre*. Il fend la mitraille, et d'un bond fait route sur les hauteurs où domine l'ennemi. Son élan donne vigueur à tous les bras; mais les Westphaliens, trompés par la mêlée, ne voient pas les aigles françaises; ils fondent sur leurs alliés. Cette méprise interrompt la victoire; les Russes, qui commençaient à plier, reviennent au combat. Alors Murat se jette au milieu de l'ennemi; on l'entoure, on convoite son épée; il ne la rend pas. D'une main il se bat à outrance, de l'autre il agite son panache; c'est un appel d'honneur, tout s'élance. Il est délivré, et l'aigle de France flotte sur les retranchemens des guerriers du Nord.

Latour-Maubourg est engagé sur l'aigle gauche des Russes; Murat, Ney, Brayère, Nansouty, Friand et Dufour font des pas de géant pour l'atteindre. Bientôt ils ne forment plus qu'une colonne qui enlève toutes les positions attaquées. Ils achèvent sur ce point la tâche du triomphe, tandis que Morand, à force de gloire, emporte la droite de l'ennemi.

L'armée française, de victoire en victoire, avait refoulé les Russes sur deux cents lieues de terrain, couvert de frimas et de sang. Les jeunes soldats se sentent étreints par un climat meurtrier; alors la vieille garde commence à mesurer l'horizon.

Les Russes hument l'aspérité de leur bise; ils font halte, se resserrent et ne reculent plus. La lutte recommence; mais les forces du roi de Naples, et celles des maréchaux Davoust et Ney, sont épuisées; ils demandent à l'Empereur sa jeune garde, fraîche d'ardeur et aspirante de

périls. « La vieille garde n'avait reculé sur la
« terre du combat que de sa chute... » Il hésite...
En vain Murat, Ney et Davoust envoient encore
demander des renforts. C'était le cri de détresse :
« Des renforts! des renforts! » Napoléon sent
pâlir son étoile ; il s'enveloppe dans des bataillons entiers ; il craint de les livrer au carnage :
c'est sa vie de laurier, c'est son dernier drapeau.
Il avait compté sa dépense d'hommes de sa
route ; il avait dit : « Il me faut quatre-vingt
« mille hommes pour prendre Smolensk ; j'en
« laisserai là vingt mille ; il m'en restera soixante
« mille pour entrer à Moscou. » Mais il n'avait
pas compté avec le climat et la nationalité des
Russes.

La lutte augmente de furie; le sol serait devenu
une mare, si le sang n'était devenu glace autour
des piles de cadavres. L'Empereur, haletant et
morne, regarde tomber les rangs et refuse toujours la jeune garde. Il envoie ces mots à ses
maréchaux : « Vous me demandez la jeune garde !
« mais vous comptez pour elle au champ de ba-
« taille ; » et ses généraux suppléent par la vaillance à la force d'une volonté amortie. L'artillerie
balaie les positions de l'ennemi. A leur tour, les
Russes voient frapper à mort le prince Bagration,
le général Koutaïsoff, les deux frères Toutchkoff;
c'étaient les quatre drapeaux du Nord ; un crêpe
rouge fut arboré, et le sang appela encore le
sang. Le prince Corsodroff et Charles de Mec-

klenbourg se présentent pour laver l'affront d'un échec ; mais l'armure dont ils veulent se servir est trop pesante pour leurs bras ; ils tombent sous le mousquet de nos grenadiers, et sont gisans à l'ambulance.

Les heures de cette journée passèrent comme des glas sur la vie des combattans ; l'honneur en resta aux Français. Les Russes refoulés repassèrent la Moscowa, et rallièrent leurs rangs brisés autour de la ville des czars. Moscou était leur sanctuaire national. Le triomphe fut morne, quand on compta les morts : ils étaient pêle-mêle et par monceaux. Sur ces débris, Napoléon distribua des rubans, des honneurs : Ney ajouta à son nom plébéien le titre de « prince de la Moscowa. »

On trouva sur le champ du carnage trente mille blessés russes ; on y enfouit quinze mille cadavres. La perte des Français fut encore plus grande. Tel fut le grand mausolée de cette bataille.

Napoléon monta à cheval, et alla contempler le déclin de sa fortune. Il n'était pas l'homme des prévisions ; le malheur tomba sur lui de tout son poids : des bivouacs sans tentes, des fourgons sans pain, des ambulances sans charpies, livraient les soldats amputés aux horreurs d'une agonie sans espoir ; les cris de douleur d'une armée découragée donnèrent à Napoléon la crispation d'un vouloir sans avenir. Il tourna ses regards vers Moscou, et dit : « Avançons. » Les blessés retombèrent; on les dissémina dans les chaumières abandonnéss des environs de Mojaïsk; puis, l'armée fit un dernier effort et se remit encore en devoir de combattre.

Napoléon semblait avoir hâte de la chute de son aigle : il avait envoyé au duc de Bellune l'ordre de venir à marche forcée le rejoindre, pour ravitailler ses cohortes et marcher sur l'ancienne capitale de la Russie. Bientôt la grande armée s'échelonna toute mutilée sous les murs de Moscou; c'était le sang des braves qui venaient encore une fois affronter, pour la patrie, et le froid du climat et le froid de la mort.

Napoléon attendit en vain le signal d'une nouvelle bataille; Moscou était désert : cette cité, depuis quinze jours, était silencieuse; les prêtres emportant les saintes images, avaient mené le cortége de deuil d'une population qui abandonnait ses foyers. Quelques régimens russes, commandés par le général Kutusoff, étaient les dernières sentinelles de la vieille métropole.

Le roi de Naples s'apprêtait à renverser l'ennemi; mais Kutusoff offrit de livrer la ville, et se retira sous la sauvegarde d'une trève. Napoléon alla faire une station sur la montagne « du Salut, » qui domine Moscou. Là, il se posa en vainqueur, regardant défiler la garnison et attendant la députation qui devait, pensait-il, « venir à lui » : mais tout était immobile.

Sept jours après le succès désastreux de la Moscowa, Napoléon fit son entrée dans la ville des czars. Le conquérant de tant de trônes aspirait avec passion à la prise des capitales; il laissa éclater la joie de ses beaux jours : « La voilà donc, cette ville tant désirée ! » s'écria-t-il en faisant piaffer son cheval sur le pavé de la cité russe.

Mais l'entrée triomphale de Moscou ne ressemblait à aucune autre : là, point de population enthousiaste ou terrifiée, point de murmures menaçans : tout était muet. Les mille coupoles dorées des temples s'élevaient sans sonnerie et sans tocsin d'alarme; les caisses avaient été sauvées, mais la ville avait encore dans ses palais un riche butin : elle semblait une reine de l'Inde abandonnant ses joyaux, et prête à monter sur son bûcher de veuve.

Les troupes s'avançaient à pas lents dans cette solitaire cité; un lugubre pressentiment étreignait les cœurs, et refoulait la joie de la victoire. Les chefs de l'armée, redoutant un piége, firent eux-mêmes l'inspection rigoureuse des casernes, des édifices et même des demeures abandonnées; tout était vide. Les prisons seules n'avaient pas été évacuées; l'heure était marquée pour ouvrir les geôles. La sécurité paraissait assurée; les soldats furent dispersés dans les différens quartiers; l'Empereur et son état-major s'établirent au château de Peterskoï; et là, on forma des plans : les uns voulaient fortifier Moscou et y prendre des quartiers d'hiver ; Napoléon, impatient de bataille ou d'une paix imposée, méditait les conditions d'un traité.

Cependant les généraux n'étaient pas tranquilles : la seule richesse publique, laissée en arrière par les Russes, était le magasin de poudre de l'arsenal.

Napoléon, habitué à vaincre, avait un voile sur les yeux : il écrivit à l'empereur Alexandre, et ne douta pas qu'une pacification ne fût accueillie ; il se réveilla sur une tombe de feu... Le prince Rostopchin, gouverneur de Moscou, diplomate sauvage, avait résolu d'ensevelir sous les décombres d'un incendie la ville russe et l'armée française.

Toutes les pompes avaient été enlevées. Des matières combustibles, laissées à dessein, devaient rendre la flamme inextinguible.

Tout-à-coup les sentinelles signalent une épaisse fumée ; elle sort de quelques rues isolées. On croit d'abord n'avoir à combattre qu'un foyer partiel, allumé dans le désordre d'une installation militaire ; mais bientôt les colonnes de flammes s'élèvent de toutes parts. Le palais du gouverneur russe se consume le premier : Rostopchin avait lui-même allumé le feu. La générale bat ; de tous les quartiers les soldats accourent, mais ils cherchent en vain des moyens de secours. Toute l'horreur d'un désastre combiné apparaît à Napoléon... De moment en moment le tourbillon s'empourpre et embrase; tout s'écroule. Les hommes de guerre mutilés sont mourans dans les rues; les malfaiteurs, rendus à la liberté, parcourent la ville des torches à la main, ceux qu'on peut saisir sont fusillés; mais les incendiaires se recrutent, et, comme les brandons des furies, leurs ravages sont incessans. Pour la première fois, un cri d'effroi part des rangs de la grande armée.

Napoléon, tour à tour furieux et morne, voyait au-delà du foyer un maléfice plus horrible encore : il pouvait en mesurer l'étendue, en nombrant les sacrifices faits par la politique de Rostopchin : vingt mille blessés russes expiraient sous les débris de Moscou.

Le désordre était à son comble; généraux et soldats cherchaient leur salut hors de cet immense bûcher; les régimens sortaient chargés du butin arraché aux flammes des palais détruits.

Ce spectacle infernal se déroula pendant six jours entiers! Napoléon, le regard fixe, le front baissé, rongeait un frein déchirant. Pour la première fois, il pliait devant le danger; il s'écriait d'une voix saccadée : « Brûler une capitale!... quelle fureur! quel peuple!... »

Une pluie abondante arrêta enfin le fléau; l'armée rentra et posa ses tentes sur les cendres de Moscou. Napoléon s'établit au Kremlin, resté debout. Il voulait envoyer aux archives de France un décret qui pût donner à l'histoire une date de son passage à travers l'empire des czars. Dans ce cadre flamboyant, l'homme-bataille se posa, et jouant avec les revers, il signa au Kremlin un décret « sur la police des théâtres de Paris. »

Le tableau de ces phalanges venant camper sur des ruines fumantes était étrange et terrifiant. Cette halte forcée ne ressemblait à aucune autre : une inquiétude vague remplaçait l'abandon des causeries qui égayaient ordinairement les heures du bivouac; on sommeillait sans se dessaisir de ses armes, dans cette ville qui avait étreint tout une armée dans ses murailles de feu.

Des vedettes étaient placées sur toutes les hauteurs environnant Moscou, et d'heure en heure des patrouilles de sûreté allaient contrôler la surveillance des sentinelles. Dans les cantonnemens, les officiers s'entretenaient à voix basse, les soldats tordaient leurs vieilles moustaches et disaient : « La chance tourne!... » Sous les tentes de l'état-major, les généraux étaient assemblés en permanence, car plusieurs fois par jour Napoléon faisait appeler ses anciens compagnons, pour combiner avec eux de nouveaux plans de campagne, ou pour leur parler des conditions de paix qu'il prétendait imposer. Mais l'expérience répondait par des soupirs d'anxiété aux fausses prévisions du conquérant.

Partout il régnait une stupeur ou une agitation mystérieuse; partout des paroles de doute étaient échangées, nulle part on ne prononçait le mot « espérance !... »

Napoléon attendait avec impatience la réponse de l'empereur Alexandre; il faisait déblayer les décombres et réparer les quartiers. Sa sécurité apparente rendit quelque temps confiance à l'armée. Cependant, l'activité des courriers diplomatiques n'amenait pas la solution d'une paix. L'automne du Nord amoncelait les frimas; les troupes, campées hors de la ville, souffraient du dénuement de vivres et de fourrages. Des corps détachés de Cosaques inquiétaient l'armée. Une anxiété générale se répandit parmi les soldats; un morne silence avait succédé au tumulte des combats. Tout-à-coup il fut rompu par un cri de mort.

Alexandre répondit par une proclamation de guerre à outrance à l'appel de paix de Napoléon... Dès lors la grande armée put faire son legs de victoire; l'heure des fléaux avait sonné.

Pour la première fois, Napoléon n'osa regarder le destin en face; tous les désastres se dressaient entre lui et l'avenir d'un jour. « Eh bien ! » s'écria-t-il, « marchons sur Saint-Pétersbourg; « prenons deux capitales en une campagne. »

Les généraux montrèrent, d'un geste énergique, les restes calcinés de Moscou; leur expérience de guerre recula devant les malheurs d'une nouvelle imprévoyance. Napoléon se replia sur lui-même ; il délibéra avec sa pensée, et le mouvement rétrograde sur Smolensk fut ordonné... Les vieux guerriers se serrèrent la main, les soldats de Friedland replièrent leurs drapeaux ; on se prépara au départ comme on se prépare au trépas.

Napoléon, du haut du Kremlin, voulut passer la revue de l'armée. La patrie la lui avait confiée brillante ; les aigles étaient rapprochées, les rangs éclaircis. Une seule colonne de cent mille hommes sortit de Moscou, le 15 octobre ; c'était encore une force imposante.

Après deux jours de marche, les pluies rendirent le chemin difficile. Le canon des Russes se fit entendre, la tête de l'armée fut attaquée, on n'avança plus qu'à travers la mitraille. Des milliers d'hommes étaient encore tombés quand on entra à Malojaroslavetz.

L'hiver soufflait son givre ; nos cohortes repassaient sur un terrain ravagé, à travers des villes incendiées ; elles retrouvaient leur route de victoire à la trace des bataillons renversés. La mort avait établi son camp, elle étreignait tout. Les troupes se traînaient sur les pas de Napoléon, et chaque fois qu'il faisait halte, il voyait la décadence de sa fortune écrite sur les fronts pâles de ses soldats exténués.

Vivres, vêtemens, repos, tout résidait pour l'armée dans sa rentrée à Smolensk : en espérant, on trouvait encore la force de combattre les nuées des peuplades du Don, qui bondissaient sur les traces des Français.

On marchait, et la route se jonchait de cadavres et de blessés ; la valeur seule n'était pas épuisée. Bientôt les coupoles d'une cité se dessinèrent sur un ciel gris ; un seul cri remplit l'air : « Smolensk !... Smolensk !... » c'était la fin de toute espérance !...

La ville était dénuée de munitions ; on n'y attendait pas Napoléon, jamais il n'avait repassé dans une ville conquise que pour y rapporter le butin du retour. L'aspect des revers fut pour tous le signal du découragement ; au loin, on entendait le pas de l'armée russe.

Une décevance complète vint s'abattre sur nos légions : Smolensk fut incendié ; les blessés abandonnés eurent encore là des flammes pour linceul. Des monceaux d'ossemens furent laissés en arrière, la retraite fut décidée ; on ne put l'effectuer sans lutte. L'ennemi avait attendu le jour de la souffrance pour reprendre l'offensive. Les Français nus, exténués, couverts de glaçons, tombaient ; ils ne se relevaient plus. « Du feu !... du pain !... » c'était le cri des jeunes soldats. La vieille garde expirait en silence : des bataillons entiers se ruaient dans la neige, frappés par le climat.

Un parlementaire russe se présente ; il vient offrir « la vie pour mettre bas les armes. » Un cri d'indignation s'élève ; les bras retrouvent force pour soulever les drapeaux, les vainqueurs d'Iéna se dressent, Napoléon s'écrie : « J'ai assez fait « l'empereur, faisons le général, il en est temps! » Il lève son épée et fait tête de colonne; la jeune garde marche pendant trois heures sous la mitraille, combat et se fait jour. Napoléon faisait encore face aux désastres; mais son foudre de bataille avait grondé depuis trop long-temps sur le monde; il s'éteignait, il bondissait sans détruire...

De grands débris d'armée sont rassemblés autour de Napoléon : Davoust, Ney, le prince Eugène étaient entrés en campagne avec cent vingt mille hommes, ils en ramenaient six mille!... La bouche de ces vainqueurs de rois cherchait un morceau de pain! elle ne trouvait que le râle de la mort.

Bientôt l'armée ne vit plus devant elle qu'un immense tombeau de glace; le mot : « fuite! » fut inauguré dans les rangs français; Napoléon l'entendit, il resta muet; c'était dire : « l'aigle est abattu! »

Dès lors le désespoir amena le chaos : empereur, généraux, soldats, marchaient dans la même misère. Plus de vivres, plus d'abri, plus de repos; pour établir un bivouac, des cendres froides,... et des cadavres de chevaux pour pâture...; cette chair, on se la disputait palpitante, et on buvait le sang.

L'agonie devint frénétique : pour faire scintiller un peu de flamme, on amoncelait le butin, les vêtemens des morts, les équipages, le linge, les fourgons. A chacune de ces haltes, Napoléon jetait dans les brasiers tout ce qui pouvait faire trophée à l'étranger; il y jeta jusqu'à ses notes de campagne. A cet auto-da-fé d'une grande gloire, l'histoire disputa quelques fragmens, emportés par la brise du nord.

Le pas de fuite des Français, rapide comme leur course de victoire, conduisit promptement le reste des grandes phalanges sur les bords de la Bérésina. Là, comme sur toute la route, l'imprévoyance du chef, habitué à monter toujours, avait enlevé toute communication avec l'autre rive; plus de ponts sur ce fleuve... et pourtant il faisait barrière au chemin de la patrie!

Là, toutes les misères et tout l'héroïsme des siècles semblèrent s'accumuler. Les restes mutilés d'une armée qui avait foulé les peuples, se pressaient comme des âmes au seuil de l'éternité. Le fleuve béant n'avait pas assez de glace pour offrir une surface solide, et trop pour laisser voie aux travaux du génie.

Cependant, officiers et soldats de tous les corps d'élite s'unissent aux marins de la garde, tous se dévouent pour le salut de leurs frères; ils entrent dans la Bérésina, et, dans ce tombeau glacial, un pont s'élève sur leurs cadavres.

Ney, Oudinot et Mortier passèrent les premiers; Napoléon resta pour combiner l'issue de la retraite; la multitude des camps, attachée à sa fortune, ne voulut pas le perdre de vue; la volonté des mourants avait remplacé l'obéissance. En vain l'Empereur voulut désencombrer l'arrière-garde d'une foule inutile, on se pressa autour de lui; au jour d'une fuite forcée, la mort eut mille formes pour saisir toutes ses proies.

Quand Napoléon fut sur l'autre rive, tout se précipita pour se cramponner à l'aile traînante de son aigle; alors un horrible tableau se déroula.

Le duc de Bellune, se défendant contre une armée, est acculé sur le fleuve. Un combat désespéré s'engage, le désordre est à son comble : soldats, femmes, enfants, équipages, encombrent le pont; il est comblé, il déborde. L'air est rempli de cris déchirans; mille bras se lèvent au-dessus des eaux, puis retombent, abattus par la mitraille russe, ou raidis par la mort.

Une colonne de l'arrière-garde se fraie un passage, le sabre à la main, à travers la foule entassée; le sang coule, il n'y a plus de frères qu'au foyer; les Français méconnaissent les cris de grâce des Français, c'est le sauve qui peut de la tombe. Tous les hommes de guerre qui restent en arrière périssent; la mort lève et abaisse sa faux de glace, elle tranche les têtes qui se hissent au-dessus des flots, et qui empêchent ceux qui se jettent à la nage de se sauver. Le pont plie sous son fardeau d'hommes; le bruit de la mitraille, les cris des blessés tombés sous les roues des fourgons, appellent de nouvelles hordes assaillantes. A la vue du drapeau russe qui se rapproche, l'égarement s'unit au désespoir : on allume des torches, on amasse des cartouches; la flamme dévore ce pont qui portait tout le poids des batailles et toutes les malédictions des revers. La Bérésina engloutit tout ce qui gardait vie; ses roseaux devinrent un des suaires de la grande armée.

La campagne de Russie sema les débris et les ruines; les aigles de l'empire n'avaient plus d'horizon, leur dernier cri de victoire avait vibré dans les murs déserts de Moscou. L'illusion, qui faisait une portion de la gloire de Napoléon, était perdue; il menait à sa suite la famine et le dénûment : c'était le résumé de ses dernières phases. Chaque jour ajoutait un désastre au désastre de la veille; des lambeaux d'uniformes couvraient les membres mutilés et glacés des soldats qui avaient eu foi à ses entreprises, et qui avaient cru maîtriser le climat comme les bastions.

Les mourans dévoraient les morts, les femmes cherchaient dans les entrailles des chevaux une parcelle de chaleur. Des bataillons entiers restaient debout, raidis par le trépas, et attendant une sépulture de givre.

Tant que Napoléon put conserver l'espérance, il ordonna de jeter un voile sur l'infortune des camps, et ses ordres firent loi. Des bulletins mensongers laissèrent à la France des lueurs de puissance. Sous l'arbitraire d'une police hardie, les lettres privées qui auraient dessillé les yeux furent soustraites aux familles.

Mais le jour était venu où, entre Napoléon et la patrie, le mystère n'était plus possible. L'Empereur, qui tenait le sceptre de son armée, ne voulut pas mourir avec elle. Il se décida à publier le seul bulletin vrai de la campagne de Russie : ce récit fut sans voile, il avoua la défaite... Ce langage de vérité fut un tocsin funèbre ; toute la France poussa un cri d'alarme, mais la terreur comprima la douleur publique.

Napoléon parut au sein de la capitale ; on resta froid. Jusqu'alors l'empereur de fortune et son armée avaient été inhérens : il avait grandi par elle ; elle avait été glorieuse par lui. L'abandon où il la laissait dans le grand sépulcre de Russie fit taire ses plus ardens apologistes.

Avant de partir, il avait harangué à huis clos les chefs de l'armée : « Je vous quitte, mais pour « vous rejoindre bientôt avec trois cent mille « hommes, puisque pour la première fois une « campagne n'a pas achevé la guerre. »

Pour la première fois aussi, les grenadiers d'Austerlitz ne voyaient plus à leur tête l'étoile polaire de leur énergie. L'indignation fut proportionnée aux souffrances ; le soldat se trouva dégagé de tous liens, l'indiscipline suscita les clameurs, elle augmenta les maux. Toutes les tribulations, toutes les misères atteignirent à leur apogée.

Cependant, au sein de cette anarchie, l'ordre renaissait quelquefois. Quand le pas de l'ennemi faisait craquer le sol, la garde impériale sortait des rangs où elle s'était mêlée, les bataillons se reformaient, l'habitude de vaincre amortissait les attaques, et grandissait la résistance; les mains défaillantes retrouvaient vie pour faire flotter les aigles, la charge battait; il y avait gloire sans triomphe dans la décadence de la grande armée.

Il n'y avait plus de halte pour les mourans : l'ennemi poursuivait les Français avec rage.

Des cadavres amoncelés, des débris épars marquaient partout que le génie des batailles avait replié nos drapeaux. Mais la patrie entendit le pas de l'étranger, elle cria encore une fois : « Aux armes! aux armes! » et la France fut debout.

CHAPITRE XVI.

Papier Fausse-Monnaie.

La félonie dans la politique est comme une ruse de guerre. Quand les glaives sont tirés et que l'ennemi menace les frontières, la duplicité est l'arme que la diplomatie met en avant pour terrasser les États. C'est le dernier rempart de honte, il est bientôt franchi. On se joue des restes de la fortune publique que les batailles ont mis aux abois; alors les représailles deviennent la vengeance des potentats; ces représailles s'unissent aux récriminations, les sujets courbent la tête et subissent l'oppression.

L'arbitraire, dans les invasions, est mis à la place de la loi, les circonstances improvisent des délits qui sont palliés par la force, on porte la ruine partout, on encourage les mesures iniques.

La décevance a le pas dans toutes les entreprises ; elle abat en ruinant le crédit, c'est une arme qui blesse toujours à mort.

La France et l'Angleterre, après la rupture du traité d'Amiens, s'étaient mesurées en face ; elles avaient compté leurs fautes et repris leur attitude belligérante. L'Autriche et la Russie avaient pactisé avec la fière Albion, et comme une reine qui tient en laisse un lion couché sur des fourmis, la France, qui avait remis l'épée à Napoléon, était au port d'armes, orgueilleuse de ses exploits.

Parmi les considérations les plus graves qui avaient entraîné la guerre, était une atteinte portée à la loyauté des peuples. Dans les griefs présentés par le cabinet français, le blocus continental ne figurait plus en première ligne ; on énuméra d'abord la masse de faux assignats que l'Angleterre, appuyée des puissances civilisées, avait fait répandre sur nos frontières et dans le centre de nos villes manufacturières. La France avait été pressurée par cette déception ; elle avait, pendant la révolution de 1793, supporté, sans plier, les faisceaux d'armes de l'étranger ; mais elle ne put résister à la contrefaçon de son papier-monnaie. Il y eut ligue pour lancer sur le territoire français de fausses valeurs ; et, pour rendre le mal plus grave et plus incessant, ces valeurs étaient multipliées et réparties par petites sommes, afin d'en dissimuler la source.

L'Autriche et la Russie avaient reçu des ministres de la Grande-Bretagne, Drake, Spencer et Smith, des subsides en faux assignats. Ces puissances devaient les livrer à la circulation, au fur et à mesure des places prises et de l'entrée de leurs troupes sur la terre de France; ainsi, non seulement l'étranger ravageait les contrées envahies, mais encore, sous ce leurre, il attirait à lui tous les tributs commerciaux qu'on voulait lui livrer. S'il achetait des propriétés, il les payait avec des assignats controuvés; c'était là sa monnaie. Dans l'invasion de Suwarow, le faux papier arriva par le département du Mont-Blanc, et, lors de l'expédition de Quiberon, par celui du Morbihan; la guerre à bras d'hommes était établie, la guerre de papier faux à papier faux allait l'être.

Napoléon avait apprécié tout le mal qu'avaient fait en France les fausses valeurs. Il toléra les représailles dans les mesures de fraude, et donna son assentiment tacite aux menées qui avaient pour but d'abattre le crédit et la prospérité des royaumes où planaient ses manifestes de guerre.

Trois ateliers furent établis au sein de la capitale, pour mettre à exécution le projet de fabriquer de faux papier-monnaie. Cette administration tint son siége au Mont-Parnasse. Elle avait ses directeurs, ses artistes graveurs, ses polisseurs, ses papetiers, ses imprimeurs; tous agissaient dans un demi-secret. S'il fallait un moule, un poinçon à lettres, on appelait des ouvriers expérimentés; on leur donnait des dessins, sans leur indiquer l'ensemble du travail; tout se faisait séparément, c'était l'aveugle qui agit sans voir la trame qu'il façonne. Tout était organisé pour faire vite et pour cacher le foyer de l'œuvre.

Les banknotes de Saint-Pétersbourg, de Vienne, de Londres furent imitées. Les machines furent mises en état de produire avec profusion; c'était ainsi qu'on comptait relever le système continental.

Le czar avait adhéré, dans les conférences d'Erfurt, à la coalition européenne; dès cet instant, la guerre du papier fausse-monnaie fut sourdement promulguée, et avant celle des armes.

Le traité de Tilsitt avait rapproché trois souverains sur le Niémen; le duc de Vicence avait été nommé ambassadeur à Saint-Pétersbourg, et le duc de Rovigo avait été envoyé pour connaître les dispositions de la Russie. Les espions à sa solde étaient de faux monnayeurs; il leur fut facile de se procurer toutes les empreintes, toutes les matrices qui pouvaient encourager leurs vues. Le gouvernement russe était sans défiance, et on eut bientôt tous les instrumens qui pouvaient parachever l'œuvre d'imitation.

La façon coûtait peu; les billets de la banque russe étaient confectionnés sans soins. Le travail n'offrait point les mêmes difficultés qu'on avait rencontrées dans la contrefaçon des billets des autres puissances; aussi fut-il plus expéditif, plus abondant et moins rétribué.

Lorsqu'on eut par masse ces faux billets, il fallut une voie d'émission; celle du commerce n'était point assez étendue. Ces valeurs devaient être répandues dans l'empire russe, sans prendre la voie des opérations de banque. Alors l'envahissement du sol moscovite fut résolu, alors trente-quatre fourgons furent chargés de papier fausse-monnaie. Ce bagage d'infamie suivit l'armée jusqu'à Moscou: il était destiné à l'acquittement de la solde des troupes, et aux achats que les besoins du soldat pourraient réclamer. Ces fourgons de représailles sautèrent avec le Kremlin, mais le dépôt n'était pas atteint. La place de Torgau avait été choisie pour alimenter la fraude; c'est là où le service devait être réglé, c'est là où la circulation du faux numéraire devait avoir cours et gagner toutes les villes, tous les bourgs, tous les villages de la Russie.

Cependant le cabinet de Saint-Pétersbourg montrait une résistance armée, qui devint conquérante et qui fit avorter toutes ces mesures. Cette résistance tendait à faire évacuer sur les derrières les populations, et à détruire les cités et jusqu'aux cabanes qui devaient tomber au pouvoir des Français. L'isolement fut l'échec que nos armées trouvèrent sur leurs pas. Il ne resta personne pour négocier avec l'infamie, et l'infamie resta nue et visible. L'émission des faux billets n'eut pas lieu;

les fourgons chargés du trésor de contrebande suivirent la déroute de l'armée, ils furent refoulés avec nos soldats et brûlés; les derniers ballots étaient restés cachés dans les bastions de Torgau.

Lorsque la Russie reprit possession de cette cité, elle préféra changer son système monétaire, plutôt que de faire la recherche de son faux papier, et par cette mesure, elle continua ses opérations avec sécurité. Les autres puissances furent moins prévoyantes et souffrirent davantage.

L'atelier du papier autrichien qui était mis en mouvement au Mont-Parnasse ne se ralentit pas. Les villes les plus commerçantes de l'Allemagne en furent inondées. Augsbourg, Leipsick, Ratisbonne, Venise, Trieste reçurent une telle émission de faux papier, qu'elle fit tomber subitement le crédit de la banque de Vienne; il y eut pour quarante-quatre millions d'effets répandus. Le cabinet aulique en fut atterré; cela compliqua ses embarras. La dépréciation et la baisse de son papier perdit l'Autriche; l'invasion secondée par ces manœuvres avait été appelée conquête. La gloire en souffrit; de telles hostilités firent rougir la loyauté des camps.

L'audace encouragée s'accrut; le troisième atelier qui avait fait des efforts incroyables pour parvenir à la contrefaçon des banknotes anglaises, et qui avait toujours échoué, se raviva.

La banque de Londres redoubla de surveillance, et prit des mesures extraordinaires pour empêcher la fraude; elle donna un numéro d'ordre à tous ses billets, elle n'en émit qu'un certain nombre chaque jour, elle les inscrivit sur ses registres, elle les marqua, en les appuyant sur une forme carrée en bois, garnie d'aiguilles dont les pointes pénétraient par la pression : chaque boîte fut consacrée au contrôle d'un jour. Quand le billet revenait, on le soumettait à l'application; s'il était faux, les pointes ne s'y emboîtaient pas. Alors on conservait la pièce controuvée, les investigations arrivaient, et on cherchait ensuite à remonter, de porteur en porteur, jusqu'au falsificateur.

L'usage de la banque d'Angleterre est de ne jamais laisser sortir deux fois de ses mains le même billet, sans le vérifier; cet inconvénient déconcerta long-temps les fabricateurs du Mont-Parnasse; mais le génie du mal est inventif : il fut arrêté que la distribution du faux papier-monnaie se ferait loin de Londres, en Écosse et en Irlande.

Des marchandises anglaises furent achetées en fraude et payées par la fraude. La Grande-Bretagne n'avait pas l'écoulement de ses tissus; elle fut peu difficile dans l'examen des banknotes qu'elle recevait; on payait, on enlevait les cargaisons. Souvent elles devenaient la capture des navires français : alors, déclarées de bonne prise, elles étaient amarrées dans un port de France et brûlées. Le gouvernement n'avait perdu que quelques fausses banknotes, les négocians de Londres avaient perdu leurs produits; tout était fait à dessein, tout était calculé dans une hiérarchie de fraude, tout était piége, déception et vol : voilà comment on faisait la guerre diplomatique.

Un sénatus-consulte ayant réuni à l'empire français les rives du Rhin et les plages de la Baltique, toutes les villes Anséatiques conservèrent des rapports avec l'Angleterre. Ce fut là où l'on émit avec impunité les fausses banknotes. La Grande-Bretagne avait des possessions à Héligoland et à Anholt, et par l'Elbe elle pouvait lancer ses produits jusque sur nos frontières ; ils étaient payés avec de faux papier.

Les Etats de Mecklembourg-Schwerin et de Hambourg étaient de grands entrepôts où le trafic des marchandises anglaises se faisait sans voile. Ce fut là où les émissaires de tous les ateliers de fausse monnaie vinrent établir leur siége. Bernard et Tamisir, munis de lettres de recommandation, ouvrirent des maisons de jeu. Ils étaient étayés par la police de Rovigo, qui avait intérêt à fermer les yeux avec tolérance ; ces hommes furent arrêtés par les ordres du prince d'Ekmülh. Ils étaient au moment d'être renvoyés à Paris sous escorte, et traînés de cachot en cachot, lorsqu'une puissance à demi occulte les tira d'embarras. Le duc de Rovigo se rendit leur caution ; ils furent renvoyés sur parole, et à leur arrivée dans la capitale ils furent gratifiés de la ferme opulente des jeux de Paris, où tous deux s'enrichirent en peu de temps.

La même protection environna un autre émissaire des ateliers du Mont-Parnasse. Le sieur Blanc eut la témérité d'aller explorer Londres; il fut surveillé et obligé de fuir, pendant que Malchus, l'un de ses plus habiles affidés, était serré de près par la police anglaise. Blanc, après avoir émis une masse de fausses banknotes, trouva le moyen d'échapper aux poursuites. Il eut le bonheur de regagner les côtes de France; il fut pendu en effigie à Londres. Les douaniers de Boulogne le surprirent en fraude et le firent arrêter; ils crurent faire une capture importante, et l'administration donna connaissance de son arrestation par le télégraphe; elle révélait que « si Blanc n'était « pas un agent politique dangereux, c'était du « moins un contrebandier des plus redoutables. » Quel ne fut pas l'étonnement des administrateurs de Calais et celui des magistrats qui avaient déjà procédé à son interrogatoire, lorsque des ordres furent transmis de Paris aux autorités de Boulogne de traiter cet aventurier « avec les plus grands égards! » Le directeur des douanes, pour réhabiliter le prisonnier auprès de la population, prodigua les repas et les fêtes, et fut jusqu'à lui prêter sa propre voiture pour se rendre à Paris.

Cette palinodie en action donna libre carrière aux conjectures, mille bruits divers circulèrent. Dans chaque opinion on fit des commentaires : d'après les uns, le mystérieux étranger était un agent diplomatique, ou un émissaire des Bourbons, envoyé prisonnier à Paris, sous l'apparence d'une escorte honorifique ; d'après les autres, c'était un prince de la famille impériale, inspectant incognito les côtes.

Cependant Malchus, son complice en fausse émission, avait fait la demande de nouveaux envois de banknotes, et, selon ses expressions, « son « petit commerce allait assez bien. » Cet intrépide faux-monnayeur avait trouvé chez les Israélites, ses coreligionnaires, tous les moyens furtifs d'explorer les grandes villes de l'Angleterre et du Nord. La Saxe, qui allait être le théâtre de la guerre, se couvrit de juifs ; c'étaient les vedettes de la fraude.

Malchus, des États Britanniques où il résidait, dirigeait ses agens d'Allemagne. Mais au comble de sa prospérité, il fut tout-à-coup saisi, jugé, convaincu et pendu... L'œuvre emporta l'homme.

CHAPITRE XVII.

Campagne de Saxe.

SIXIÈME COALITION.

1813.

La fortune guerrière de l'Empereur s'éteignait; la diplomatie minait le trône posé sur une épée. Un à un ses alliés se détachaient de lui, la ligue européenne se grossit des phalanges suédoises. Bernadotte était roi, il oublia ses premiers liens : « En politique, sire, » écrivit-il à Napoléon, « il n'y « a ni amitié, ni haine; les leçons de l'histoire « rejettent à jamais l'idée d'une monarchie uni- « verselle. »

L'empereur d'Autriche avait glissé en secret son enjeu pour saper le trône où il avait assis sa fille; ses offres de médiation étaient fictives, tout était illusion ou décevance : plus de terrain ami, plus de nation neutre.

La défection des rois vint arracher le dernier voile de l'illusion; la Prusse leva ouvertement son étendard contre l'aigle de France; son alliance avec la Russie, à Kalisch, fut proclamée. Les propositions de paix furent déchirées; Napoléon courut se placer à la tête d'une nouvelle armée; mais il allait encore la dépenser. La Haute-Saxe était devenue le centre de la guerre : la vieille armée fit sa jonction près de Leipsick avec celle que Napoléon amenait; une nouvelle campagne allait s'ouvrir.

Entre ces deux cortéges, le contraste était grand. Le prince Eugène conduisait avec orgueil l'armée mutilée dont il avait rallié et conservé les restes.

C'était en soldat que Napoléon aurait dû se montrer aux soldats qui avaient souffert sans lui; il apparut escorté d'une cour. Des chambellans, un maître de la garde-robe, un préfet du palais, deux secrétaires, onze aides-de-camp étalaient leurs broderies au milieu de l'état-major. Napoléon ne se sentait plus grand de sa seule gloire.

La guerre avait pris l'aspect d'une lutte à mort. La nationalité de la Saxe était représentée par des corps de volontaires, la jeunesse des universités avait pris place dans les rangs de l'armée prussienne. L'Europe s'était réveillée au bruit des chaînes qu'une main despotique allait river; le courage civique était au camp. Napoléon se présentait encore une fois devant ces Russes qui avaient formé les palissades de Moscou, de Smolensk et de Wilna. Il comptait encore deux cent cinquante mille hommes; il allait à Erfurt, et les Russes occupaient les avenues de Weissenfels. Ney et Bessières, à la tête des divisions commandées par les généraux Souham, Géraud et Marchand, lancèrent le cri de bataille; il fut rendu par les généraux Wintzingerode et Lauskoi; là, Bessières fut tué. Weissenfels fut pris au cri de : « vive l'Empereur! » les soldats élevèrent leurs schakos au bout de leurs fusils et vinrent se chauffer au bivouac de l'ennemi! »

Lutzen se dessinait aux avant-postes de l'armée française; dans cette plaine, Gustave-Adolphe était mort. Les phalanges de France venaient réveiller les siècles et prendre leur part d'avenir : cette part fut grande à Lutzen; mais rien ne fut comparable à leurs prouesses devant Bautzen et Wurtschen. Deux potentats du Nord étaient là pour compter les pas de nos grenadiers; ils étaient encore assez formidables pour faire voler à leurs yeux la poussière des champs de bataille.

Napoléon avait retrouvé son énergie; l'habileté de sa marche déconcerta les calculs de l'ennemi. Une action sanglante rappela ses beaux jours; la victoire redonna vie à l'armée française. C'était toujours au cri de « vive l'Empereur! » que l'airain tonnait, que les baïonnettes frappaient, que les briquets étaient ébréchés. Ce cri retentit sur toute la ligne; il dit qu'Alexandre et le roi de Prusse s'étaient mesurés avec le génie de Napoléon. Mais ce parallèle de souverain à souverain coûta dix-huit mille hommes aux puissances et mille à la France, et, selon l'expression de Napoléon, « pour une querelle qui ne valait pas un « coup de canon. »

Wittgenstein, qui avait soutenu tout le choc de l'armée française, rentra à Dresde. Nos bataillons marchèrent sur cette ville, ils furent bientôt en vue des remparts. Les alliés évacuèrent la cité, et les cohortes françaises couronnèrent les hauteurs qui la dominent. Là, le vainqueur des rois retrouva sa prépondérance; il parla en conquérant irrité à la municipalité qui vint se courber devant lui: après l'avoir semoncée d'avoir lancé des pelotons contre ses aigles pour défendre son territoire, il octroya grâce.

Napoléon avait ressaisi la fortune; encore une fois il eut des trophées à distribuer aux généraux de l'empire. Sous sa tente de triomphe, son imagination reprit son élan. Il revit l'Europe sous sa domination, il se posa une dernière fois pour la postérité; il exhala les secrets de son âme dans ce décret gigantesque de conception:

« Il sera élevé sur le Mont-Cenis un monument:
« sur la face qui regardera Paris, seront inscrits
« les noms de tous nos cantons des départemens
« en deçà des Alpes. Sur la face qui regardera Mi-

« lan, seront inscrits les noms de tous nos can-
« tons des départemens d'au-delà des Alpes et de
« notre royaume d'Italie. A l'endroit le plus ap-
« parent du monument, l'inscription suivante sera
« gravée :

« L'empereur Napoléon, sur le champ de ba-
« taille de Wurtschen, a ordonné l'érection de ce
« monument, comme un témoignage de sa re-
« connaissance envers ses peuples de France et
« d'Italie, pour transmettre à la postérité la plus
« reculée le souvenir de cette époque célèbre,
« où, en trois mois, *douze cent mille hommes* ont
« couru aux armes pour assurer l'intégrité du
« territoire de l'empire et de ses alliés. »

Tandis que Napoléon s'éblouissait du souvenir d'un jour, des chariots chargés de blessés encombraient les ambulances et les rues de Dresde; dix mille mutilés de toutes les nations étaient restés sur le terrain du combat; ils n'eurent pour asile que les débris fumans des chaumières, pour civière que les bras de la population allemande.

Cependant les alliés voulant attirer Napoléon sur l'Oder, se retirent en échelonnant leurs combats. L'Empereur, exalté par un retour de victoire, ne calcule plus rien; il se précipite avec emportement à la poursuite de l'ennemi et l'atteint à Reichenbach. Malgré l'avis de ses généraux, il se jette en avant : une attaque sanglante a lieu, l'artillerie ennemie ravage des rangs entiers. Le premier boulet vient frapper l'arbre sur lequel l'Empereur était appuyé; le ricochet tua le général Kirgener et abattit le maréchal Duroc. Ce coup retentit au cœur de Napoléon; une corde sensible vibra en lui, il resta morne, et répondit au général Drouot, qui lui demandait des ordres : « Tout à demain. »

Près du lit d'agonie de Duroc, on vit pleurer Napoléon; il se rappelait ces mots prononcés par son compagnon d'armes, peu de jours auparavant : « Nous y périrons tous! » Pas un prisonnier, tout était mort!

Les souverains coalisés voulurent profiter de leur position pour assurer la paix, des conférences furent entamées. Le congrès de Prague s'ouvrit; dans cet aréopage diplomatique la préséance n'était plus à la France : l'Autriche, représentée par Metternich, mit à haut prix la rançon d'une pacification. Chaque puissance voulut réédifier sa frontière; une à une, les conquêtes de l'empire furent redemandées. Napoléon rejetant avec fureur l'ultimatum européen, s'écria : « L'ennemi fût-il « sur les hauteurs de Montmartre, je ne céderais « pas un pouce de terrain! »

En vain les hommes d'État lui représentèrent la France épuisée d'hommes et de finances; Napoléon aurait pu recomposer une puissance assise sur des traités; mais il voyait flotter ses aigles et il ne comprenait pas la monarchie sans conquêtes. Il s'obstina et fit sonner la charge. La bataille de Dresde présenta la lutte de soixante-quinze mille

Français contre deux cent mille hommes qui arrivaient de tous les points pour refouler les destinées de Napoléon ; et encore, dans cette ligue, aparurent tous les panaches de France qui avaient déserté les frontières. Le général Jomini, chef d'état-major du corps d'armée du maréchal Ney, venait de passer à l'ennemi en lui apportant les plans de la campagne ; mais nos bataillons avaient une tactique qu'on ne pouvait porter à l'étranger, c'était la bravoure ; elle fit encore les frais de la victoire de Dresde. Napoléon soutint dans les murs de cette ville trois assauts. Las de couvrir ses hommes d'armes par des retranchemens, il ordonna une sortie : Béranger, Cambronne, Tyndal et Dumoustier se firent jour et allèrent de près présenter leur poitrine à l'ennemi. L'action s'engagea dans la plaine : Béranger fut tué, mais ses compagnons culbutèrent l'armée qui leur faisait face. Murat, Bellune et Gouvion-Saint-Cyr donnèrent ; c'est dire que le champ de bataille fut à nous.

Napoléon fit envelopper le corps d'armée du général Klénau ; il combattit au premier rang de l'aile gauche, et parfois il se porta hors des lignes pour rallier les étendards. Au milieu de cet engagement, un incident vint révéler sous les tentes une catastrophe de guerre. Un chien errant vint se donner à Napoléon, il cherchait son maître. C'était un lévrier d'une haute taille, il portait un collier sur lequel était écrit : « J'appartiens au général Moreau. »

Son maître venait d'être frappé par un boulet ; le chien hurlait, et Napoléon interpréta l'augure avant que ses estafettes fussent arrivées pour confirmer le présage de mort.

Alors il y eut fête sous les tentes ; Moreau, un moment le Coriolan de la France, avait blessé la patrie en se jetant dans les bras d'une ligue étrangère. Le sang qui allait couler lui défendait d'assister aux funérailles de la grande armée ; la neutralité était une loi d'honneur, elle était commandée à ses services. Entre l'empereur de Russie et l'empereur Napoléon, sa main ne devait déployer qu'une bannière de médiation : il erra dans le choix de sa mission.

Tous les pas de l'armée laissaient des regrets ; les succès de Dresde furent arrêtés à Tœplitz. Là, le général russe Otterman, avec une colonne de la vieille garde du Nord, sauva sa patrie. Dans un défilé, quoique inférieur en nombre, il entrava la marche du général Vandame ; un combat sanglant eut lieu, tous les soldats périrent ; Vandame eut un bras emporté dans l'action, il fut fait prisonnier. Les généraux Guyot et Haxo tombèrent aussi au pouvoir des Russes.

Vandame, cet incendiaire des champs vendéens, attendait en France le bâton de maréchal ; il fut promené dans les rangs de l'armée de la coalition, et livré à la dérision des troupes. Cette expiation de souvenirs le frappa : en voyant les honneurs militaires rendus à ses compagnons d'infortune, il comprit qu'il y avait exception dans le jugement des contemporains.

Cependant le camp de Napoléon se para d'un espoir qui ressemblait à ses beaux jours de bataille. La journée du 16 octobre allait, sur les mamelons de Vachau, produire un de ces engagemens où trente mille hommes couchés sur le champ du combat laissent incertaine la victoire. Napoléon, avant d'ordonner le feu, fit chanter un *Te Deum* dans les villages mêmes où campait l'armée ennemie, et bientôt les baïonnettes de France vinrent bivouaquer sur le terrain marqué par les aigles de Russie.

C'est à Vachau où les Polonais se firent tuer en engageant pour la France une lutte de géans; ce fut là où le brave Poniatowski alla chercher son bâton de maréchal ; ce fut là encore où le prince de Hesse-Hombourg et le général Rajeuski furent blessés; ce fut là enfin où le fameux Meerfeld déposa les armes.

Les morts d'élite, portés sur les civières, firent leur entrée à Leipsick; ils précédaient les cohortes de Napoléon, c'était un présage de deuil. La chance des batailles allait se rouvrir et indiquer la main qui devait tenir le coin du linceul.

Napoléon chargea son prisonnier, le général Meerfeld, d'offrir la paix en son nom aux puis

21*

sances belligérantes. Il était trop tard; ses propositions furent rejetées, et Meerfeld ne revint pas rendre réponse...; il ne revint pas, comme Régulus, reprendre ses chaînes....

L'écusson de la dynastie Napoléonienne venait d'être rayé du blason européen. L'Autriche pencha insensiblement pour la guerre, la Bavière entra dans la coalition; les Saxons se disposaient à trahir le drapeau de France au moment du danger.

Toutes les voix sages furent étouffées par Napoléon : il parlait de paix en présentant la guerre; il ne voulut voir ni la levée en masse des nations, ni la lassitude de la France désabusée. Il tira son épée, et chaque jour y fit jaillir du sang.

L'armée française, réduite à sa seule force, était glorieuse, mais décimée. La voix du chef ne faisait plus loi, car il n'y avait plus de voile sur ses fautes. Les succès, comme la déroute, avaient consommé des hommes; de perte en perte on arriva jusqu'à la bataille de Leipsick. Cette journée devait être décisive; Napoléon sentait qu'il allait dans cette plaine jeter son dernier enjeu au sort des batailles. Toutes les renommées de l'Europe faisaient face aux renommées de France.

Les généraux Benigsen, Schwartzemberg, Blücher, combattaient sous les yeux de leurs souverains; Ney, Lauriston, Victor, Mortier, Oudinot,

Sébastiani et Poniatowski soutenaient les aigles de Napoléon.

Tous les corps d'armée avaient fait leur jonction; toutes les recrues avaient pris pose sous les drapeaux; c'était le dernier laisser-aller des peuples; toutes les fortunes militaires, tous les royaumes allaient se jouer à ce coup de guerre.

Jamais l'histoire n'enregistra plus de grands faits d'armes; les masses d'hommes étaient compactes, et seize cents bouches à feu allaient vomir la mort.

Leipsick a été la Babylone des mêlées : là, toutes les langues étaient confondues, tous les peuples étaient présens; là, toutes les armures se sont entrechoquées, tous les cadavres ont été couchés sur le sol; il a pompé tous les sangs.

Cent mille hommes furent dépensés; quatre-vingt-dix mille bordées de canon consommèrent le sacrifice de cette journée. Dans ce chaos envahissant, on entendait la voix de l'Empereur qui criait : « En avant! » Cette voix commandait à Ney, il marche, il est blessé. « En avant! Une autre division approche, c'est le brave Delmas, il est tué.

Partout l'ennemi occupe les hauteurs; les Français tirent de bas en haut. « En avant !... » C'est le mot sacramentel qui fait marcher Maison; il est blessé. « En avant! » Cet ordre enflamme Rochambeau; il est tué. « En avant !... » On voit s'élancer un guerrier qui veut frapper le premier :

c'est Latour-Maubourg; il est blessé. « En avant! »
Le sang français sera vengé : c'est le général Vial
qui aborde, il n'a jamais compté de pas rétrogrades ; il est tué!...

L'aigle gauche plie ; mais, comme un bastion
qui se dresse derrière des rangs de combattans,
apparaissent les bravés des braves, les soldats
chevronnés, la vieille garde; à la voix de guerre
qui a crié « En avant! » elle enlève l'ennemi; la
défaite est devant son aigle.

Cependant les faisceaux de France s'éclairci-
rent, la gloire resta dans les débris. La bataille
de Leipsick reproduisit le souvenir du désastre
de la Moskowa : sur l'arrière-garde, deux divisions entières tombées aux mains de l'ennemi
laissèrent Ney avec vingt-cinq mille hommes,
contre soixante mille Prussiens. Pendant cinq
heures, le terrain fut disputé et acheté cher par
nos armes; les marins de la garde y furent mutilés. Leipsick demeura aux Français, mais le pavé
ruisselait du sang des blessés.

Le lendemain, le feu de l'ennemi annonça la
continuation du carnage. Des deux côtés, la fureur était égale ; les rois héréditaires ne mesu-
raient pas plus le sang des peuples que l'Empereur
du bivouac; de toute part il coulait à flots. Napoléon, voyant sa perte inévitable, donna l'ordre
d'évacuer la ville. Le prince Poniatowski avait
été blessé sous les murs de Leipsick ; il banda ses

plaies, rallia une faible colonne de Polonais, et se chargea de protéger la retraite.

Bientôt les portes de la cité sont assaillies par l'ennemi : trois ponts avaient été jetés sur l'Elster, ils fléchirent, et le vieux pont resta la seule voie de délivrance. Alors se renouvela l'horreur du passage de la Bérésina. Au plus fort de l'encombrement, un ordre secret, la trahison, ou un zèle mal entendu, mit le comble au désastre ; le pont sauta ! Le maréchal Macdonald, le prince Poniatowski, les généraux Reynier et Lauriston restaient encore sur l'autre rive ; ils cherchèrent leur salut en se jetant à la nage. Poniatowski, affaibli par les blessures, trouva la mort dans le fleuve.

Tous les désastres de Russie vinrent assaillir l'armée française; la famine, le dénûment s'unirent aux maux des combats. L'armée, seule contre toute l'Europe, n'eut plus le temps d'établir un camp, à peine même un bivouac.

A marche forcée, à travers tous les dangers d'une route hérissée de Cosaques, Napoléon atteignit enfin Erfurt : là, des munitions, un arsenal bien garni, garantissaient à l'armée quelque repos. Mais la défection des alliés de la France vint compliquer sa position. Les Bavarois, dominés par la coalition, fermèrent à Napoléon le chemin de la patrie; il fallut rompre des rangs ennemis pour repasser nos frontières.

Napoléon rassembla autour de lui les débris de

ses bataillons : les places de Dresde, Stettin, Dantzick, Custrin, Magdebourg et Hambourg avaient été laissées avec de faibles garnisons sous la garde des maréchaux Davoust et Gouvion-Saint-Cyr et du général Rapp. Napoléon voulut rappeler ces généraux, mais ses courriers n'arrivèrent pas jusqu'à eux.

Le maréchal Marmont et le général Bertrand eurent seuls les honneurs de cette retraite : tous deux payèrent de leur sang les exploits du malheur, mais ils eurent des compensations glorieuses : ils laissèrent dans les champs de Hanau le prince d'OEtingen tué, mirent vingt-cinq mille hommes hors de combat, et décidèrent la fuite du général Wrède.

Cette affaire aurait pu être décorée du nom de la grande bataille de Hanau; mais l'habitude de la gloire avait tellement grandi, qu'elle ne fut inscrite que comme une brillante charge de la grande armée.

Napoléon vint camper dans les bois des hauteurs de Mayence; un obus vint s'amortir à ses pieds et ajourna sa destinée. Il tira encore une fois son épée; ce fut pour voir défiler devant ses drapeaux la défection.

La Westphalie, que Napoléon avait fait un terrain de famille, ne put rester un abri pour ses armes; les alliés envahirent Cassel, et le trône de Jérôme Bonaparte fut renversé.

Encore une fois, Napoléon se sépara de son

armée ; elle se traînait haletante, et lui, courait à force de traits vers Paris.

Dans chaque ville, les Français laissaient pour trace de leur passage des hôpitaux encombrés; bientôt ils ne suffirent plus, et la charité seule fournit quelques ambulances.

Cependant la défection de Murat vint combler la mesure de la décadence de Napoléon; des partis se formèrent au sein de l'armée, la désunion vint ajouter au malheur.

Napoléon était arrivé à Saint-Cloud ; il put lire le néant de son avenir dans le morne silence des provinces et de la capitale. La France portait le deuil de douze cent mille hommes consommés en moins d'une année sur les champs de bataille, et le pas de l'étranger retentissait près de la frontière.

Le sénat fut assemblé; la voix de l'Empereur s'éleva. Pour la première fois, il ne pallia pas la demande d'un impôt de vies par des tributs de victoire ; ces mots retentirent et soulevèrent sa couronne :

« Il y a un an, toute l'Europe marchait avec « nous; aujourd'hui, toute l'Europe marche con- « tre nous. »

Trois cent mille hommes furent demandés et accordés; trois mois avant, le même nombre de conscrits avaient été enlevés à leurs foyers.

Tandis que le colosse du siècle était brisé dans son armure, son pouvoir était sourdement miné à l'intérieur. La France, lasse de sacrifices, tournait ses regards vers le passé qu'elle avait renversé; elle sentait le besoin d'une base. La restauration fermentait, l'oppression européenne de dix années de conquêtes retomba de tout son poids sur la tête de Napoléon : quand sa chute devint visible, tous les tissus tramés par ses armes furent déchirés. La confédération du Rhin se rompit; les garnisons françaises furent contraintes à capituler. La Hollande leva l'étendard de la coalition : Murat entama dans le Midi la puissance de Napoléon.

L'excès de la souffrance redonna vie à la fierté nationale; le sénat resta aux pieds de l'Empereur, mais le Corps Législatif se leva. Au nom de la patrie, il demanda la paix, comme un blessé demande un appareil pour ses plaies.

Un rapport raisonné fut voté; la rédaction en fut confiée à M. Lainé. Sa plume indépendante fit voir la position sans prisme; elle se dressa contre les aigles. Napoléon, exaspéré par l'énergie des remontrances législatives, fit enlever les épreuves de ce rapport, et, n'osant pas briser la chambre élective, il l'ajourna, fit fermer les portes de la salle des séances et les entoura de gendarmes; puis, par une apostrophe violente, il renvoya les législateurs dans leurs provinces.

La violence ne fait pas le droit, et le droit se montre haut quand on veut l'abaisser.

CHAPITRE XVIII.

Le Cheval Ambulance.

La France retentissait du tumulte des combats qu'elle avait si souvent portés au sein des États européens. Dans les chemins creux de la Lorraine, les débris de la grande armée, harcelés par l'ennemi, se retiraient vers Trois-Fontaines-l'Abbaye. La soirée était sombre; hommes et chevaux, embourbés dans une route marécageuse, n'avançaient qu'avec peine; enfin, on atteignit quelques toits de chaume, où l'on devait prendre du repos.

Quand les soldats eurent fait une pause de bivouac, le boute-selle sonna, et les escadrons s'alignèrent. On vit sur le front de cette troupe l'aide-major Mansut chercher, les larmes aux yeux, le compagnon de ses dangers; ce compagnon, c'était son cheval, qui avait été sur tous les sols l'ambulance vivante des blessés. Sur la terre brûlante de l'Espagne, le cheval hospitalier découvrait les sources; il y conduisait les soldats, et plus d'un blessé, en le suivant, y avait retrouvé la vie.

Le docteur Mansut racontait comment ce fier animal, après le désastre de la Bérésina, avait porté sur la rive des charges d'hommes, et avait par trois fois traversé le fleuve à la nage, traînant après lui le fardeau des mutilés.

Cet auxiliaire de la charité des camps, alors que l'armée fut refoulée en France, avait suivi un convoi dirigé sur un village en avant de Saint-Dizier.

Mansut, blessé, avait été hors d'état de remonter à cheval. Dans le désordre de la retraite, un jeune chirurgien de la garde s'étant trouvé sur ce point pour le remplacer, avait voulu poser des appareils, mais point de charpie, point de bandes, rien! Des gémissemens succèdent à l'espoir d'un allégement. Tout-à-coup un hennissement se fait entendre, un cheval sans cavalier s'approche. Il passait au milieu des soldats gisans, sans en froisser aucun. Seulement, il s'arrêtait près des blessés, baissait la tête, piaffait et semblait flairer la douleur : c'était le cheval-ambulance; il cherchait son maître, et semblait l'attendre pour laisser déboucler la valise du chirurgien-major, qui était une pharmacie portative. Il trouva son suppléant, il fit halte, la charpie fut retirée de la valise, et les blessés furent pansés. Depuis ce jour, le nom d'*Ambulance* fut donné au cheval, et l'armée le laissa marcher seul devant elle.

Le docteur, qui n'avait pas encore retrouvé son fidèle compagnon, ne pouvait se consoler de l'avoir perdu, et chacun, en l'écoutant, le regrettait avec lui. Le lendemain, l'aide-major Mansut reçut une autre monture, et ayant réparé le désordre de la route, il suivit son régiment, qui se porta au-devant de l'ennemi.

De revers en revers, les Français se replièrent sur Brienne. Là, Napoléon vit dérouler à sa pensée les phases de sa vie ; là, sur les bancs de l'école militaire, il avait rêvé l'illustration, et la réalité avait dépassé ses plus brillantes fictions. Après vingt ans, il se retrouvait dans ces murs, poursuivi par l'Europe, qu'il avait vaincue tout entière ! Dans cette atmosphère de son jeune âge, il se sentit fort ; il releva son épée, et voulut passer en revue les soldats encore debout sous son drapeau.

Le sol de la France était un vaste champ de bataille ; à chaque halte, le sang avait ruisselé : près des foyers, il y avait des tombes, et des blessés étaient abandonnés. Napoléon parcourut la ligne de Vitry : dans tous les rangs, il remarqua des bras en écharpe, mais tous ceux qui avaient force conservaient leurs armes : c'était l'hôpital au bivouac. Là, on retrouva le cheval-ambulance à son poste, auprès des soldats amputés. Il avait suivi depuis Sainte-Menehould l'escadron des guides. L'Empereur l'avait reconnu; il s'écria : « Gardes, ramenez ce cheval, je lui donne les in- « valides dans les écuries de la ferme impériale « de Rambouillet. » Le cheval-ambulance y eut une prairie à lui; il y fut soigné par un palefrenier qui avait perdu un bras dans la campagne de Russie ; ce cheval le reconnaissait, il avait sauvé le vieux mutilé dans la mêlée des morts. Aussi le gardien disait : « Va, mon vieil ami, l'Empereur « l'a ordonné, je serai avec toi ;... et pour ton ser- « vice, tu ne t'apercevras pas que je suis man- « chot ! »

CHAPITRE XIX.

Campagne de France.

SUITE DE LA SIXIÈME COALITION.

Février 1814.—Avril 1814.

L'amour du camp était devenu un culte pour les anciens officiers de l'empire; leurs enfants, aussitôt qu'ils pouvaient lier deux idées, apprenaient de leurs pères à aimer Napoléon; le cri de joie était : « Vive l'Empereur ! » Parfois ces petits rejetons des souches de l'armée étaient portés en offrande à l'avenir guerrier.

Ainsi fut introduit sur la scène militaire le *dragon de cinq ans*.

Il était six heures du matin; le boute-selle sonnait sur la place d'armes de Troyes, et le 15ᵉ de dragons attendait l'ordre du départ; ce régiment allait passer la revue de l'Empereur. Quand les dragons s'alignèrent, on vit un petit garçon blond et beau, revêtu de l'uniforme vert à revers rose, monté sur un petit cheval; il se pavanait aux côtés du colonel, c'était son fils; il voulait le présenter à Napoléon avant son départ pour l'armée.

« Tiens-toi bien, petit, le sabre sur l'épaule, « la main aux guides... tu vas voir l'Empereur!... » Bientôt on bat aux champs, Napoléon paraît. Il venait contempler les débris de cette grande armée, l'effroi du monde, et presque anéantie dans les sépulcres du Nord. La belle tenue du 15e dragons fit étinceler ses yeux; c'était un souvenir de ses jours de conquêtes.

« Garde à vous! » retentit, les rangs s'ouvrent, l'Empereur les parcourt, adressant aux cavaliers des paroles électriques, et le cri de « vive l'Empereur! » éclate comme toujours. Parmi ces voix mâles, un son argentin se fait entendre; Napoléon se retourne et aperçoit le petit dragon :
« Ah! ah! un nouveau soldat! d'où nous vient-il?

« — Sire, c'est mon fils : il a voulu venir vous
« remercier de la fortune de son père.

« — Vive l'Empereur! » crie le petit conscrit;
« mort aux Prussiens, aux Russes, aux Anglais,
« à tout le monde! vive l'Empereur et le 15e dra-
« gons! »

« — Dix ans de plus, il aurait fait la campa-
« gne, » dit Napoléon; « mais nous l'attendrons
« à quinze ans. Colonel, envoyez votre petit sous-

« lieutenant à Saint-Cyr; Berthier va vous adres-
« ser son brevet. »

Le lendemain, l'enfant embrassa sa mère et partit joyeux pour l'école-militaire. Il reçut et conserva le nom de *dragon de cinq ans*.

La pépinière de l'armée se formait, mais les vieilles phalanges tombaient.

Un million de soldats de toutes les nations européennes s'avançaient au sein du pays. En vain l'armée française, puisant courage et force dans l'enthousiasme, s'épuisait en prodiges de vaillance, il ne restait plus que cent cinquante mille hommes pour repousser l'invasion, et encore Napoléon, dans sa fièvre de combat, avait ses bataillons épars : les uns gardaient les places d'Italie, les autres soutenaient sur le sol espagnol la loi de la force contre celle du droit.

La stupeur et l'indignation saisissaient tour à tour la France; chaque jour, une de nos villes était enlevée. Le sol était défendu pied à pied ; mais le dévouement, le génie, la bravoure, tout se brisait contre la masse de l'airain étranger.

Le système des bulletins de déception concentrait les alarmes sur le terrain de la lutte; de province à province on était réduit aux conjectures. Mais bientôt le feu de l'ennemi venait briser le dernier prisme de la patrie.

Chaque bataille de la campagne de France porta des trophées pavoisés de deuil. Les armées coalisées avaient envahi tous les départemens du Nord;

elles étaient à Saint-Dizier, quand Napoléon rejoignit son armée; là il se replaça à la tête de ses soldats. L'énergie revivait dans ses troupes, il y eut des combats brillans et désespérés, mais l'élan de la nation n'était plus avec lui.

L'aspect de Paris était celui des temps d'orage : la garde nationale se reforma, chaque citoyen s'arma pour son foyer.

De toute part le sang français inondait le sol, et l'étranger avançait toujours. La campagne de France consolida la gloire, tout fut perdu « fors l'honneur! »

Le congrès de Châtillon s'ouvrit le 5 février 1814 : Napoléon, pliant sous le faix des revers, demanda un armistice; il lui fut refusé. Dès lors l'écroulement du trône guerrier fut visible à tous les regards.

Cependant Napoléon luttait contre l'adversité, de toute la force de son génie; il faisait jaillir des éclairs de victoire au sein de son noir horizon. Sur les murs des villes prises et reprises étaient inscrites les phases incertaines des derniers jours de l'empire; on les lisait à la lueur de l'incendie des cités, des arsenaux, des ponts. Tout le tumulte de l'Europe naguère envahie, était concentré sur la France, et la France se montrait toujours grande d'honneur et de vaillance. Sa lutte était héroïque; l'armée et les populations pouvaient se regarder en face.

Napoléon, au bord du précipice, était redevenu grand, comme le mourant à sa dernière heure. Des victoires parèrent encore son drapeau; des colonnes de prisonniers sillonnèrent les boulevards de Paris; un moment les armées coalisées regardèrent avec effroi autour d'elles.

Un nouveau congrès continuait à délibérer : les comtes de Stadion et Razumowski y représentaient l'Autriche et la Russie; le baron de Humboldt et lord Castlereagh siégeaient pour la Prusse et l'Angleterre; le duc de Vicence était le représentant de la France.

Napoléon, les yeux dessillés par les rapports qui lui arrivaient de tous les points de l'empire sur l'état hostile de l'opinion, donna pleins pouvoirs au duc de Vicence pour conclure un traité de paix. Une destinée de puissance semblait encore ouverte devant lui; une journée de succès lui fit hâter le pas vers le précipice.

La bataille de Champ-Aubert prit rang dans nos annales guerrières; elle eut lieu le 11 février 1814.

Un mouvement rétrograde du corps d'armée du duc de Raguse avait rehaussé l'orgueil des alliés. Dans leur sécurité, ils allaient poser leurs tentes pour s'abriter contre l'intempérie de la saison : le mauvais état des routes, coupées sur quelques points par le débordement des rivières, rendait les marches lentes et pénibles; mais Napoléon mesura d'un coup d'œil la position, il combina un plan, cria : « Aux armes! » et renvoya le maréchal Marmont à l'attaque.

L'ennemi étourdi rassembla ses bataillons. A l'appel des généraux Alsufieff et Sacken, les Russes reprennent leurs lances. A la voix de Blücher, les Prussiens serrent leurs rangs; mais leurs forces combinées ne peuvent résister à l'élan de l'élite de la vieille garde. Les alliés se replient, une retraite s'organise. Napoléon, par une manœuvre inattendue, tourne la position, la cavalerie française prend l'ennemi en flanc; le duc de Raguse franchit le défilé bourbeux de Saint-Gaud, surprend l'ennemi et entre en triomphe dans les murs de Champ-Aubert. Ce fait d'armes jeta l'effroi dans les rangs étrangers; les troupes alliées se retirèrent en désordre à travers les bois et les ravins; un seul carré de quatre mille hommes resta sur le terrain pour protéger la retraite. Deux mille prisonniers mirent bas les armes, le reste se dispersa.

La victoire de Champ-Aubert couvrit l'armée de gloire. L'étranger, au cœur de la France, aurait encore accepté des conditions de paix; le pays attendait de Napoléon la maturité de l'expérience, l'armée croyait avoir acheté le droit de sceller le repos avec honneur... Napoléon trompa le pays et l'armée. Repoussant les conseils de ses généraux, s'exaltant par des trophées enlevés à force d'héroïsme, il révoqua l'adhésion qu'il avait enfin donnée aux propositions diplomatiques. Il écrivit au duc de Vicence : « Je n'avais consenti un traité « que pour sauver la France, et elle est sauvée ; « que pour éviter une bataille, et la bataille est « donnée ; je retire mes dernières instructions. »

Tout fut rompu. Napoléon, enivré par le succès, était redevenu foudroyant de génie et d'activité. Il cria encore : « Aux armes! » et battit les Prussiens à Montmirail. Là, le maréchal Ney lutta contre le général Sacken. Le village de Marchais, pris et repris trois fois, ouvrit aux Français la ville de Montmirail. Alors, pour ranimer la confiance des Parisiens, un courrier couronné de lauriers précéda une colonne de prisonniers et proclama un bulletin brillant. Mais la population resta froide, et le germe de mécontentement qu'elle nourrissait poussa des racines.

Cependant la guerre s'étendait sur les bords de l'Yonne et de la Seine. L'ennemi s'aligna sous les murs de Sens : « Aux armes! aux armes! » c'est le cri qui remplit la ville. Cette place était confiée à la garde du général Alix, l'un des héros de la grande armée. Huit cents hommes seulement formaient la garnison; mais les murailles avaient soutenu des siéges, elles étaient à l'épreuve d'une attaque à camp volant. L'hetman Platow vint y briser les lances de ses Cosaques; il se rejeta sur Montargis. Tous les efforts des alliés visaient à l'envahissement de Paris : le prince royal de Wurtemberg, à la tête de six mille hommes, vint à son tour attaquer Sens. A la sommation de se rendre, le général Alix répondit par le feu des remparts. L'étranger allait se retirer, quand la trahison lui livra la ville.

Un paysan indiqua à l'ennemi une petite poterne, qui communiquait par un passage secret au lycée. Au pas de l'étranger, la cité entière prit les armes; sa reddition coûta aux alliés deux mille hommes. Le général Alix sortit par la porte menant à l'Yonne, passa sur l'autre rive et rompit le pont. Montereau fut bientôt occupé par le prince de Wurtemberg. Pendant ce temps, le général Bourmont défendait Nogent et arrêtait la marche de l'ennemi. La présence de Napoléon vint ranimer l'ardeur de l'armée de la Seine. Sous ses yeux, le général Gérard et le maréchal Kellermann tournèrent la position des Russes, campés au village de Normant. Cette position fut emportée; quatre mille prisonniers et quatorze pièces de canon furent le prix de cette journée.

La valeur française semblait se multiplier; le drapeau de Napoléon flottait à la fois sur tous les points qui abritaient la capitale. Les maréchaux Oudinot, Macdonald et Victor, marchaient sur Provins, Donemarie et Montereau.

Le duc de Bellune avait reçu de l'Empereur l'ordre de s'emparer à jour fixe de Montereau. Un combat entrava sa marche à Villeneuve-le-Comte, il prit une nuit de repos à Salins.

Napoléon, furieux de ce retard, se porte avec

impétuosité sur cette ville; la vaillance éprouvée du duc de Bellune et du général Lhéritier ne les mit pas à l'abri de ses reproches. Il ordonna l'attaque de Montereau pour le lendemain.

« Aux armes! aux armes! » tout s'anime, tous les courages luttent; le jeune général Château s'élance trois fois à l'attaque, il tombe blessé mortellement. Le général Gérard prend sa place.

Du haut des ouvrages avancés, quarante bouches à feu vomissent la mort dans les rangs français. Enfin, Napoléon conduit lui-même l'artillerie à l'attaque : il s'élance avec rage, il se jette dans un tourbillon de feu. Les Russes, enfoncés de toute part, se replient; Napoléon tient la foudre en sa main. « Prenez donc garde, not' empereur! » lui crient les artilleurs, « ne voyez-vous pas qu'ils pointent sur vos batteries? — Soyez tranquilles, mes enfans, le boulet qui doit me tuer n'est pas encore fondu. » Cette confiance gagne l'armée, Montereau est emporté. Quand on compta les morts, sept cents français gisaient parmi cinq mille ennemis.

Le courroux de Napoléon ne s'était pas éteint dans le houra d'une victoire : il retira au duc de Bellune le commandement de son corps d'armée, et le donna au général Gérard. Le maréchal se présenta pour se justifier; l'Empereur lui coupa la parole par ces mots : « Vous n'aimez pas les « bivouacs? eh bien! allez dormir dans votre lit. « Je vous donne la permission de quitter l'armée;

« il ne me faut pas de généraux dont la prudence
« croisse avec la fortune. »

Cependant l'injustice de l'accusation fit place à la vérité. Napoléon donna, en réparation, au duc de Bellune le commandement de deux divisions de sa garde.

Une autre récrimination amena les éclats d'une nouvelle colère : les munitions avaient manqué à l'artillerie pendant l'attaque de Montereau ; l'Empereur en avait gardé mémoire contre le général Digeon ; il lui fit écrire : « Un général d'artillerie
« qui n'a pas de poudre dans ses caissons mérite
« la mort ! Je vais vous livrer à une commission
« militaire ; vous êtes indigne de ma confiance. »
Avant d'envoyer cette lettre, il manda le général en chef Sorbier : « Vous me faites, » lui dit-il en le voyant, « des réputations à la diable : la poudre manquait hier dans les caissons, et votre général Digeon mérite d'être fusillé. » — Sire, répondit le général Sorbier, sans s'émouvoir, « le
« général Digeon est un brave officier ; je doute
« que le reproche qu'on lui a fait soit fondé. Vous
« pouvez lui retirer votre confiance ; mais celle
« de l'armée lui restera. » La noble fermeté du général abattit le courroux de l'Empereur.

Une proposition d'armistice est faite par les alliés épouvantés ; Napoléon la rejette. « En avant ! » c'est son cri, c'est sa devise funèbre. Les propositions du congrès de Châtillon renouvelées, sont déchirées avec fureur, et dans sa confiance

il s'écrie : « Je ne reçois point la loi de mes pri-
« sonniers. »

L'Empereur marche, l'armée le suit... la lutte était toujours à outrance, l'armée couvrait toujours de trophées son drapeau déchiré, toujours le cri : « Aux armes! » retentissait.

Les généraux Sacken et Blücher, voyant détruire leurs forces dans des combats détachés, rassemblèrent cinquante mille hommes et s'avancèrent sur Troyes; Napoléon ordonna au général Boyer de se porter sur ce point.

L'ennemi occupait Méry-sur-Seine, à sept lieues de Troyes et à cinq d'Arcis-sur-Aube. Napoléon voulait établir dans cette petite ville son quartier-général. La position, attaquée et défendue avec acharnement, allait rester aux Français, lorsqu'un incendie, allumé par la malveillance ou l'imprudence, réduisit Méry en cendres.

L'étranger vint camper dans les plaines de Laon. Là, le grand Condé avait vaincu ; là, Napoléon cria : « Aux armes! aux armes! » Le général Blücher avait réuni cent mille hommes sur les bords de l'Aisne ; l'armée française n'en comptait pas soixante mille. Les positions sur la Marne étaient défendues par dix-neuf mille hommes, sous le commandement des ducs de Trévise et de Raguse. Les maréchaux Macdonald et Oudinot, à la tête de douze mille hommes, faisaient face au prince de Schwartzemberg. Napoléon, comme un chef de partisans, avait avec lui huit mille hommes d'élite; il se portait partout où le danger réclamait sa présence.

Le duc de Bellune et le maréchal Ney harcelaient sur toutes ses faces le corps d'armée de Blücher.

L'ardeur et l'habileté de nos généraux croissaient devant le danger : le duc de Reggio et le général Gérard, avec un corps de quinze mille hommes, attaquèrent l'ennemi à Bar-sur-Aube, et firent évacuer cette place; mais elle fut reprise après un nouveau combat.

La retraite des maréchaux Oudinot et Macdonald fut le résultat de cette journée : l'infériorité numérique des forces de Napoléon fut dévoilée, l'ennemi s'avança à pas de géant.

La valeur de l'armée et les manœuvres de Napoléon rétablissaient parfois l'équilibre. La route de Reims fut coupée à l'ennemi, et Blücher attaqué sans relâche fut acculé sur Soissons. La face de la campagne semblait près de changer; la retraite des Prussiens allait s'opérer sur ce point, lorsque la faiblesse ou les combinaisons secrètes de la politique mirent cette ville au pouvoir de l'ennemi. Le gouverneur capitula; la fortune de l'Empereur et celle de l'armée furent à merci. Cependant Napoléon, luttant contre le torrent, fit rentrer ses aigles à Reims et marcha sur Laon.

Le plateau de cette ville est gravi au pas de course par les Français; ils dominent la plaine, ils font tonner l'artillerie, dirigée par le général

Drouot. Des deux côtés, l'acharnement est égal; la ville est tournée. La perte de l'ennemi fut grande, mais elle eut pour compensation de guerre la mort de huit mille Français.

L'attaque de Laon et la conservation de Reims décimèrent l'armée française, et l'appauvrirent d'artillerie et de munitions. Cinquante chariots du train restèrent aux mains de l'ennemi. Napoléon abattu, découragé, se débattait dans son suaire de gloire.

Cependant la prise de Reims avait rendu un rayon à l'étoile de l'homme-combat. Les alliés, éblouis par une lutte si prodigieuse, étaient près de renouveler des propositions de paix; mais la politique, par trois fois, vint s'unir aux combinaisons guerrières. Le plan des alliés fut changé, le drapeau de la coalition fut poussé en avant.

Une dernière lutte, terrible et sanglante, est engagée; le combat d'Arcis-sur-Aube remet en relief la valeur de Napoléon : sa voix vibre plus forte; son cri : « Aux armes! » est répété de bataillon en bataillon, toutes les baïonnettes jettent leur reflet sur l'étranger; c'est le cri de l'aigle : il plane avant d'ouvrir sa serre. Là, l'Empereur se montre général et soldat; il trace un plan et l'exécute avec son épée. L'arme au poing, il fait tête de colonne; il se jette dans la mêlée, comme un officier qui va conquérir un bouillon pour ses épaulettes.

L'armée combinée des alliés formait un cercle

autour des Français; de tous côtés il fallait faire brèche à des murailles de soldats. L'héroïsme de nos troupes, la grandeur de Napoléon sont dans une brillante lumière. L'Empereur, tour à tour emporté par le torrent qu'il roule, et caché par la fumée des batteries, se multiplie, combat, commande; un obus tombe à ses pieds, il lui sourit avec amertume et ne recule pas. Il fait flairer l'obus à son cheval, et dit à son état-major effrayé : « Depuis quand des soldats éprouvés « ont-ils peur de pareils accidens ? » Puis son cheval et lui disparaissent dans le nuage du champ de bataille. On crut qu'il voulait mourir, et qu'il choisissait sa sépulture; mais il reparut et s'écria : « La mort ne veut point de moi! »

Un pont est jeté sur l'Aube, il est attaqué avec fureur. Le combat s'engage corps à corps, les Français effectuent leur retraite; elle est glorieuse comme une victoire.

Cette évacuation para le courage et ne fit point souffrir l'honneur; mais elle imprima une tache sur les administrateurs militaires. Jamais on ne vit plus d'encombrement, plus d'imprévoyance : ce fut un tableau où l'humanité se couvrit les yeux. Au sein de la France, la guerre prit un caractère farouche.

Les maux de la patrie, les plaies, les gémissemens, les cris, la mitraille, tout était terrifiant. Le désespoir avait atteint les vieux hommes de guerre; le pays était souillé... Les houras des cohortes étrangères remplissaient les échos des vallons français ; partout on rencontrait des files de prisonniers gagnant les citadelles, et des files de blessés gagnant les ambulances, et partout ces convois étaient traqués. On voyait passer sur la Marne et sur la Seine des bateaux chargés de soldats mutilés, et les eaux charriaient des cadavres. Un blessé était un fardeau ; las d'enterrer les morts, on les jetait dans les flots! A Provins, à Nangis, à Melun, à Corbeil, à Meaux, il y eut des scènes qui firent tressaillir l'humanité : des trains flottans étaient encombrés de moribonds, et, quelquefois, ils étaient sans rameurs pour les conduire !

Aux ponts de la haute Seine, les cadavres s'arrêtaient, puis reprenaient leur course sur l'onde. Un pêcheur d'Essone avait trois fils sous les drapeaux : un noyé vint heurter son petit batelet ; le corps était couché sur le dos, il reconnaît un de ses enfans... Il amarre sa barque, et va inhumer les restes informes de son malheureux fils. Sa tâche finie, la vie lui échappe : peu de jours après la même tombe reçut deux dépouilles. Sur le tertre du rivage, près d'une barque abandonnée, apparurent deux croix qui se touchaient ; ces mots étaient inscrits : « C'est le père, c'est le fils. »

Sur la route de Troyes à Nogent, on voyait de petits pelotons de blessés qu'on déversait dans chaque village, « afin, » disait-on, « de hâter « leur convalescence. » Mais les villages étaient dévastés : l'égoïsme les laissait périr. Des voituriers étaient requis; mais toutes les charretées du champ de bataille venaient en vain heurter aux hôpitaux; il n'y avait rien, le désordre était à son comble dans ces hôtelleries de la mort. Là, les grandes méprises des tombeaux se consommèrent : on n'attendait pas toujours vingt-quatre heures pour faire les inhumations, les infirmiers se pressaient, et les linceuls étaient étendus avant que les corps fussent froids!... Un malheureux soldat fut cousu dans son suaire; il respirait encore. La maladresse de l'infirmier fut un gage de salut : en piquant le linceul, il piqua la chair de l'enseveli : tout-à-coup un gémissement surgit, l'effroi règne autour de sa couche, le pauvre soldat se remue, on le délivre. Le moribond revient à lui; il est porté dans la salle des opérations; il est pansé, il reprend vie, et, peu après, il gagne son régiment et se retrouve à l'appel dans la compagnie qui l'avait vu tomber : il fut nommé. « *le Ressuscité.* »

Toutes les fermes des environs de La Fère et de Bar-sur-Aube avaient été converties en ambulances; dans l'une d'elles on avait déchargé des fourgons de malades, puis on avait fui. Ce fut là où l'on vit un des vieux chevronnés, ayant un pied emporté, nouer sa cravate, la passer autour de son cou, et la tendre sous son genou pour soutenir sa jambe; puis improviser deux béquilles, et se remettre en marche. C'est dans cet état que ce malheureux soldat alla chercher à trois quarts de lieue apitoyance; il ne voulut pas qu'aucun appareil fût mis sur ses blessures, sans qu'on eût préalablement porté secours à ses compagnons. Un millier de blessés durent la vie à son énergie.

Ces grands restes des champs d'honneur peignaient les fléaux de la gloire : c'était un *sauve qui peut* qui avait laissé en arrière tous les malheurs d'une guerre défensive.

Tandis que Napoléon marchait au pas de course, et visitait la tête de ses colonnes, l'attirail de sa maison, composé de soixante fourgons, traversait, ventre à terre, les monceaux de morts. Ces bagages, menés par l'artillerie volante, passaient et revenaient; ils étaient toujours à la recherche des pas de l'Empereur et sillonnaient les routes.

Napoléon avait tourné ses regards vers la capitale; il attachait à l'inviolabilité de son territoire le sort de sa couronne. Attirer l'ennemi dans une autre direction lui parut le moyen le plus sûr d'assurer le salut de Paris. Mais le plan de la diplomatie européenne était tracé : les armées coalisées continuèrent leur marche, et tandis que Napoléon se retirait sur Fontainebleau, les alliés se dirigèrent avec plus de chance vers la capitale, où allait se décider la question du repos de l'Europe.

Dans la crise qui menaçait le trône impérial, Marie-Louise avait été instituée régente : Joseph, roi détrôné d'Espagne, présidait le conseil. Il n'y avait dans cette autorité ni force ni confiance. La décadence d'un pouvoir né des révolutions, cherchait à flatter les masses : chaque jour, l'impératrice montrait au peuple son fils revêtu de l'uniforme de la garde nationale, et l'enfant répétait : « Vous aurez la paix. » Le peuple souriait avec ironie, car le canon retentissait de toutes parts.

L'étranger s'avançait toujours vers Paris. La cité dominatrice du siècle se souleva contre le pouvoir qu'elle avait encensé tant qu'il l'avait parée de trophées : le décret où Napoléon ordonnait une guerre d'extermination fut accueilli par les clameurs d'un peuple las de combattre.

La France se montrait assez grande à l'Europe pour avouer qu'elle désirait le repos. Les vieux généraux étendaient leur renommée par une défense plus glorieuse que leurs conquêtes.

Le midi était en feu; Lyon était bloqué par l'armée alliée du sud. Quatre-vingt-dix mille hommes avaient été placés sous les ordres du prince de Hesse-Hombourg, l'un des généraux les plus intrépides de la coalition. Les forces de l'empire étaient tellement affaiblies dans les murs de cette cité, qu'on décréta des levées en masse. Chaptal, ancien ministre, fut nommé commissaire extraordinaire près de l'armée; mais il n'y avait pas d'armée : quelques débris de régimens, quelques dépôts de vieux soldats qui évacuaient l'Espagne, formaient, sur ce point, tout le personnel de guerre. Force proclamations furent affichées pour produire quelques faisceaux. Augereau arrive, il s'écrie : « Ce n'est pas avec du « papier collé sur les murailles qu'on les défend. » Ces mots d'aigreur jetèrent de la suspicion dans l'esprit de Napoléon, qui l'accusa de trahison : pourtant ces mots étaient la vérité des camps. Augereau fait battre la charge devant l'ennemi; neuf mille hommes firent face aux quatre-vingt-dix mille hommes des cohortes étrangères : c'était un soldat contre dix ! Le même nombre fut mis en relief par la gloire au champ de mort : sur dix mille soldats tués au combat de la *Maison-Blanche*, on ne comptait que trois cents Français.

Jamais on ne vit plus d'ardeur sur un champ de bataille. On nombra surtout les salves d'artillerie : cinq bordées par minute ripostaient au feu de l'ennemi. Pour enflammer le courage, l'étranger avait promis vingt-quatre heures de pillage, si Lyon était emporté à la première attaque : pendant trois jours, devant une ville sans remparts, la défense fut héroïque. Lorsqu'il fallut céder, Augereau fit connaître au prince de Hesse-Hombourg que, « s'il ne capitulait pas, et ne « promettait de laisser la ville sauve, son armée « allait dépaver Lyon, prendre position dans les « habitations, et qu'à son entrée, l'ennemi serait « écrasé. » La trêve fut consentie; la nuit protégea la retraite, et les Autrichiens attendirent le jour pour occuper la vieille cité des Gaules: elle venait de se montrer toute jeune de prouesses.

La reddition de Lyon n'imposa point aux petites villes environnantes; elles se rappelèrent leur ancienne grandeur, et se liguèrent pour résister. Roanne, Cluny, Anse, Feurs étaient parcourus par les partisans de Gustave de Damas; ils harcelaient l'ennemi, et venaient narguer les escadrons autrichiens à bout portant.

Les puissances alliées, troublées dans leurs positions, ordonnèrent de pousser quelques reconnaissances. Le corps volant du major Fack protégeait ces excursions. Dans l'une d'elles l'état-major de l'armée alliée du sud s'avançant de Feurs sur Roanne, fut fait prisonnier au chemin de *La Revoute*, et ne dut la vie et le droit de reprendre ses armes, qu'à l'échange de son étendard contre le drapeau blanc. Alors disparurent les inscriptions qui flagellaient l'honneur de la patrie; on ne vit plus sur les murs : « Villes de l'empereur d'Autriche. » Les cités envahies restèrent « villes françaises. »

Les Pyrénées résonnaient aussi du tumulte de la guerre; les maréchaux Soult et Suchet avaient apporté à la France leur gloire d'Espagne. Ils étaient seuls avec leurs soldats pour lutter contre l'invasion et contre le vœu des populations du Midi; leurs efforts furent héroïques.

L'armée d'Espagne n'était pas appelée à une lutte aussi sanglante que celle du Nord; les événemens politiques marchaient à pas de victoire, le drapeau de la vieille monarchie ouvrait aux cités la voie des capitulations.

Le jour du jugement national approchait : au cri de guerre de l'Europe se mêlait la voix conservatrice de la restauration, de toute part la France l'écoutait.

Paris, réveillé par le canon d'alarme, se leva tout entier; un mouvement immense se fit dans ses murs, un grand cri retentit : « Aux armes! « aux armes! » Ce fut un tocsin de détresse. La grande cité rappela ses vieux souvenirs; devant le pas de l'étranger elle mesura le pas des siècles : son sol avait été souvent rougi par la guerre des factions; mais depuis la mission miraculeuse de Jeanne d'Arc, le drapeau de la patrie avait seul flotté sur ses édifices.

Paris répudia la main du conquérant dont l'avidité avait amené l'ennemi à ses portes.

Les faubouriens ouvrirent leurs demeures aux populations de la campagne, qui venaient chercher refuge contre les ravages de l'invasion. La garde nationale s'était levée comme un seul homme; les écoles de droit et de médecine avaient grossi les rangs des soldats civiques, les élèves de l'École polytechnique dirigeaient les travaux de la défense sur toutes les hauteurs qui environnent la cité. Les familles s'approvisionnaient comme pour un long siége. Le sénat et le conseil de régence étaient en permanence. Une princesse nulle d'énergie, et un enfant, portaient seuls l'étendard de la dynastie napoléonienne; il fut abandonné à la tempête qui le déchirait.

La défense de la capitale était confiée au duc de Raguse. L'issue de la lutte n'était plus douteuse, mais l'honneur national devait à l'histoire une protestation armée contre la reddition de la capitale. Toutes les animosités s'effacèrent, chacun courut aux armes, et l'aube du 30 mars 1814 vit les buttes de Chaumont, de Montmartre, de Montrouge et de Belleville, couronnées des bataillons de la jeune France; de tous les points, les généraux s'étaient hâtés d'accourir pour couvrir Paris; mais les coalisés avaient resserré leur marche vers le même but, l'élite de leur armée cernait les redoutes des Parisiens.

Les premières batteries étaient desservies par les artilleurs des Invalides.

La droite de l'armée française s'étendait de Belleville à Chaumont et s'appuyait sur Vincennes; la gauche s'alignait entre Monceau et Neuilly; le centre avait pris position sur les bords du canal de l'Ourcq.

Joseph Bonaparte avait passé, la veille, les troupes en revue; il avait juré de mourir à leur tête. Il établit son quartier-général à Montmartre. Il croyait n'avoir à lutter que contre une fraction de l'armée ennemie; un parlementaire autrichien se présenta, on refusa de l'entendre, et le combat s'engagea avec acharnement.

Le village de Pantin fut pris et repris; partout l'héroïsme remplaçait le nombre.

Cependant l'ex-roi Joseph, voyant qu'il fallait faire face à l'armée entière de la coalition, autorisa le duc de Raguse à capituler, et ne songea qu'à la fuite.

Les Parisiens, livrés à eux-mêmes, se confièrent à la sollicitude de leurs magistrats. Le corps municipal entama les premières négociations avec les souverains étrangers, la capitulation fut signée, les troupes françaises se retirèrent avec armes et bagages sur la Loire.

L'impératrice, oubliant qu'elle était du sang de Marie-Thérèse, avait abandonné son poste de régente : dans la nuit du 30, elle avait emmené son fils, âgé de trois ans.

Rien n'entravait plus le mouvement monarchique de la France. Déjà Bordeaux avait arboré au grand jour le drapeau de la royauté séculaire; le duc d'Angoulême était dans ses murs. Il promit, au nom de Louis XVIII, prospérité au pays. Tout le Midi suivit l'impulsion bordelaise : Paris ébranlé regarda le mouvement, et le vœu de la Rome moderne provoqua la chute du soldat qu'elle s'était donné pour maître. Le sénat prononça la déchéance de Napoléon et de sa dynastie., et bientôt les fleurs de lis reparurent sur l'écusson de la ville de Paris.

Le tumulte de la guerre cessa sans transition; la restauration apparut, elle rallia les partis. Son cri fut : « Paix aux souvenirs! »

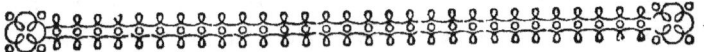

CHAPITRE XX.

Les Adieux à l'Armée.

20 avril 1814. — 3 mai 1814.

Napoléon était en présence de sa chute; tandis que la coalition étrangère occupait Paris, la proclamation de sa déchéance arrêta sa marcha sur la capitale.

Cependant sa fierté voulut faire enregistrer à l'histoire une abdication sous le drapeau, qu'il pouvait encore déployer grand. Entouré à Fontainebleau de l'élite de sa garde, et des maréchaux qui avaient pris possession de la renommée, il attendait le duc de Vicence; il accourut pour lui rendre compte de son échec diplomatique : les puissances s'étaient montrées sourdes aux propositions de paix,

Couvert des palmes de la campagne de France, encore tout poudreux de la poussière des champs de bataille de Champ-Aubert, de Montmirail et d'Arcis-sur-Aube, Napoléon avait dédaigné, quelques jours auparavant, qu'on limitât les lauriers de l'empire à ceux des conquêtes de la république ; il n'était plus temps de présenter des lois à la pointe de l'épée. Alors il s'était écrié : « Ah ! « c'est par trop exiger. Les alliés oublient que je « suis bien plus près de Munich qu'ils ne le sont « de Paris. » Aujourd'hui le même refus de dédain était porté par les souverains qui avaient fléchi le genou sous sa tente.

Jadis la fortune avait tout fait pour augmenter son triomphe, elle avait dit : « Commande à ces « pierres et elles se lèveront! » A l'heure qui sonnait, la couronne qu'il avait gagnée et celles distribuées par lui allaient tomber. Il ne lui restait plus qu'un hochet de ses grandeurs : l'aigle qui avait lancé la foudre planait sur sa téte, les bras qui avaient vaincu tenaient encore ses étendards ; mais c'était pour lui rendre un dernier salut de gloire. Là, en présence de ces fiers bataillons qui avaient assisté aux funérailles de tant de monarchies, Napoléon ouvrit son cœur et fit sa dernière proclamation. Trente mille hommes firent silence pour l'écouter : « Soldats, j'abdique devant les aigles encore debout. » Après ces mots, il descendit de son pavois guerrier.

Paris était occupé ; les phalanges étrangères

avaient recueilli le vœu d'honorer le sang de Louis XVI. Lyon laissait flotter dans ses murs le panache autrichien. Toulouse avait reçu les premières vedettes de l'armée de Wellington.

La défection de Murat comprimait l'Italie, le sénat venait de briser l'idole qu'il avait adulée ; les revers étaient sans masque. Napoléon, repliant un instant sa pensée dans son âme, présenta son fils couronné, et une régence pour soutenir son faible bras. Le duc de Vicence retourna vers les souverains alliés : ils exigèrent une abdication pure et simple, et mirent en regard de celui qui avait brandi tant de sceptres la souveraineté de l'île d'Elbe. La gloire rabaissée fit un dernier effort pour se soutenir : « Eh bien ! dit « Napoléon, puisqu'il faut renoncer à défendre « plus long-temps la France, l'Italie ne m'offre-« t-elle pas encore une retraite digne de moi ? « veut-on m'y suivre encore une fois ? marchons « vers les Alpes ! » Il s'adressait à l'état-major d'Arcole, des Pyramides, de Marengo, d'Austerlitz, de Friedland. Berthier, Moncey, Lefebvre, Ney, Macdonald, Mortier, Oudinot étaient là ; mais tous ces vieux compagnons des camps n'avaient plus d'honneurs à conquérir : ils avaient des lambris dorés à conserver, ils restèrent froids. Il n'y eut que les vieux soldats qui se sentirent retrempés au creuset du malheur ; ils répondirent à l'appel de Napoléon par les cris de « Vive l'Empereur ! » Cet élan dissipa l'anxiété du conquérant déchu ; il imprima la rougeur au front des grandeurs militaires.

Les lieutenans de la république avaient trouvé un bâton de maréchal dans le hâvre-sac du grenadier. Ils étaient alors de hauts fonctionnaires de l'empire ; ils attendaient la déchéance de l'Empereur pour l'enregistrer sur la cartouche étrangère. Napoléon, relevé par eux sur le faisceau des baïonnettes françaises, prit la plume et trouva moyen de se hisser sur les ruines pour se montrer grand dans ses revers ; il écrivit :

« Les puissances alliées ayant proclamé que
« l'empereur Napoléon était le seul obstacle au
« rétablissement de la paix en Europe, l'empe-
« reur, fidèle à son serment, déclare qu'il renonce
« pour lui et les siens au trône de France et d'I-
« talie, et qu'il n'est aucun sacrifice, même celui
« de la vie, qu'il ne soit prêt à faire aux intérêts
« de la France. »

Alors Napoléon n'était plus ébloui par l'ovation ; il jugeait à froid son isolement. Comme Socrate, il but la ciguë ; il voulut sortir à la manière antique de la scène du monde : le dénouement de mort manqua. Etonné de se sentir vivre sans puissance, il crut reconnaître dans le destin un ordre qui lui disait d'attendre ; il obéit. En regardant le terrain d'avenir, il entendit tout le bruit de la promulgation d'une constitution nouvelle. Un gouvernement provisoire avait mis en relief Talleyrand, Fouché, Beurnonville, Jaucourt, Dalberg et l'abbé de Montesquiou. Tous ces coryphées de France avaient serré la main à la royauté : Louis XVIII avait été proclamé; mais la royauté, avec de tels appuis, n'était pas bien assise. Ce gouvernement improvisé masqua sa vieille adulation, et, comme expression de repentir, il flagella ainsi le maître abattu :

« Soldats! vous n'êtes plus à Napoléon, mais
« vous êtes toujours à la patrie. Votre premier
« serment de fidélité fut pour elle; ce serment
« est irrévocable et sacré. La constitution nou-
« velle vous assure vos honneurs, vos grades,
« vos pensions; la paix vous garantit le prix de
« vos travaux. Quelle était votre destinée sous le
« gouvernement qui n'est plus? Traînés des bords
« du Tage à ceux du Danube, des bords du Nil
« à ceux du Niéper; tour à tour brûlés par les
« chaleurs du désert, ou glacés par les frimas du
« Nord, vous éleviez, sans intérêt pour la France,
« une grandeur monstrueuse, dont tout le poids
« retombait sur vous, comme sur le reste du
« monde. Tant de milliers de braves n'ont été
« que les instrumens et les victimes d'une force
« sans prudence, qui voulait fonder un empire
« sans proportions. Combien sont morts incon-
« nus pour augmenter la renommée d'un seul
« homme! » Cette page traçait la fluctuation de la fortune.

Napoléon s'aligna au pas de sa destinée : il s'était précipité sur le triomphe, il marcha tête levée sur la voie de l'adversité. Après avoir salué ses aigles de son épée, il donna ordre au général Petit, commandant la garde, de faire former le cercle. Il dit :

« Officiers, sous-officiers et soldats de la vieille
« garde, je vous fais mes adieux. Depuis vingt
« ans que je vous commande, je suis content de
« vous, je vous ai toujours trouvés sur le chemin
« de la gloire. Les puissances alliées ont armé
« toute l'Europe contre moi ; une partie de l'ar-
« mée a trahi ses devoirs, et la France a cédé à
« des intérêts particuliers. Avec vous et les braves
« qui me sont restés fidèles, j'aurais pu entre-
« tenir la guerre civile pendant trois ans ; mais la
« France eût été malheureuse, ce qui était con-
« traire au but que je m'étais proposé : je devais
« donc sacrifier mon intérêt personnel à son bon-
« heur ; ce que j'ai fait. Soyez fidèles au nouveau
« souverain que la France s'est choisie ; n'aban-
« donnez point cette chère patrie, trop long-
« temps malheureuse ! Ne plaignez point mon
« sort : je serai toujours heureux quand je pen-
« serai que vous l'êtes. J'aurais pu mourir, rien
« n'était plus facile ; mais non, je suivrai toujours
« le chemin de l'honneur. J'écrirai ce que nous
« avons fait. Je ne puis vous embrasser tous ;
« mais je vais embrasser votre chef : venez, gé-
« néral, et qu'on m'apporte l'aigle. Cher aigle !
« que ces baisers retentissent dans le cœur de

« tous les braves ! Adieu, mes enfans ! adieu, mes
« braves ! entourez-moi encore une fois ! »

L'étude du cœur n'a jamais révélé d'émotion plus profonde, de scène plus impressionnable que celle qui vibrait à Fontainebleau. Ce tableau était dramatisé par la chute d'un sceptre qui avait touché à toutes les gloires : c'était le lion muselé que la douleur n'avait pas encore abattu. Le roulement sourd des tambours annonça que l'ex-empereur venait de partir. Le hâle des vieux guerriers était sillonné de larmes. Sur les traits de quelques uns on voyait que la joie avait succédé aux sanglots : c'était le peloton d'élite qui avait été choisi par Napoléon dans sa garde pour l'accompagner à l'île d'Elbe. Au milieu d'eux, Bertrand, Cambrone et Drouot allaient consoler l'exil de celui qui avait honoré leurs services. Ceux qui restaient brûlèrent leurs drapeaux et en burent les cendres.

Le voyage de Fontainebleau à la mer fut un reflet de l'opinion de la France. Dans les départemens du centre, les regrets étaient peints sur toutes les figures. A Roanne, Napoléon s'exprima ainsi : « La trahison est débordée sur moi ; si je
« n'avais été trahi que quatorze fois par jour, je
« serais encore sur le trône. » Les cris de « Vive l'Empereur ! » honorèrent son bannissement. Lyon respecta le malheur courbé; mais en atteignant les champs de la Provence, le tableau changea, il devint hideux : dans le village de Donzère

les habitans s'étaient armés de pierres pour assaillir l'ex-empereur. Près d'Avignon, il entendit les vociférations d'une population en délire, il fut forcé de revêtir l'uniforme étranger pour garantir sa vie.

En stationnant dans un château, sur les rives du Var, il dit à une dame qui était accourue pour l'y voir, et qui s'était fait introduire auprès de lui par les commissaires des puissances alliées :

« Aujourd'hui que la fortune m'est contraire, « on dit que je suis un grand scélérat. Savez-vous, « madame, ce que cela veut dire? Que j'ai voulu « mettre la France au-dessus de l'Angleterre. »

Arrivé à Fréjus, il s'exprima ainsi devant le premier magistrat de cette ville : « Vous voyez, « monsieur le maire, ce Napoléon, ce maître du « monde; le voilà souverain de l'île d'Elbe! Qu'en « pense-t-on ici? — Sire, on croit que vous avez « été perdu par les droits-réunis et par la guerre. « — Dites aussi par la trahison. »

Les voiles de son embarquement étaient déployées à Saint-Rapheau. Le 28 avril, il monta sur une frégate anglaise, salua le rivage de France, et le 3 mai, il était dans la rade de Porto-Ferrajo. En voyant la poupe sillonner la mer, il plaça une pensée de retour sur les vagues troublées comme ses idées : cette pensée marqua un point et retint une arrhe.

La destinée des grands capitaines est dans les plis de leur drapeau.

CHAPITRE XXI.

Les Cent-Jours:

3 mai 1814. — 18 juin 1815.

La main pacifique de Louis XVIII s'était étendue; ce monarque était arrivé en présentant le testament de Louis XVI, et en offrant au pays une charte qui assurait ses vieilles franchises. C'était une transaction faite avec le passé; le ressentiment et les haines s'effacèrent, la confiance s'établit. Tous les hommes de cœur, tous les esprits élevés se rallièrent à une dynastie paternelle, et le cri de « Vive le roi! » fit drapeau.

Une nation de trente millions d'hommes salua la légitimité en présence de l'autocrate du Nord, qui était entré à Paris en disant hautement : « Il « faut à la France un gouvernement qui lui donne « le repos, qui le donne à l'Europe. C'est donc à

« vous, Français, à émettre votre vœu; vous me
« trouverez prêt à le seconder. » Alors ce vœu
national s'était formulé. Les Bourbons avaient été
reçus comme l'espérance; les hommes nouveaux
s'étaient rattachés à ce prince que Platon aurait
regardé comme le plus grand bienfait d'une nation : « un roi philosophe. »

C'est ainsi que Louis XVIII avait été présenté,
pour le nationaliser dans la France renouvelée;
ainsi vingt-sept années d'exil furent relevées devant une nation qui marchait toujours.

Talleyrand et l'abbé de Pradt avaient organisé
ce retour aux principes qu'ils avaient tous deux
immolés. Ce fut dans un conseil de régicides qu'on
alla chercher les zélateurs de la restauration.
Fouché avait été froissé par le despotisme impérial, il dit son mot; la trahison était aux écoutes
pour vendre Napoléon. Les sénateurs étaient pâles
et rampans; les vieilles épaulettes de l'empire
avaient perdu l'éclat des camps pour parader dans
les palais; l'urbanité fit place à la brusque franchise des tentes. Il y eut de la flatterie et peu de
dévouement. Les Bourbons ne pouvaient rallier
les partis que par le cœur, ils furent méconnus,
tout se chargea de soupirs et de nuages. Le fardeau de la royauté était lourd, il échappa aux
bras des princes légitimes.

Napoléon avait médité sur le rocher de l'île
d'Elbe; il entrevit encore de nouvelles destinées
à parcourir; il déploya ses aigles.

A l'école de l'adversité, il avait puisé une leçon; Bernadotte et Murat, ses deux lieutenans couronnés, commandaient en rois, et lui n'avait plus que quelques rochers pour diamans d'un grand diadême. Les fautes personnelles furent rejetées sur quelques taches militaires : Marmont à Paris, Augereau à Lyon, avaient été accusés; ils voilèrent bien des méfaits qui leur étaient étrangers. Tous les mécomptes, toutes les tribulations revenaient au souvenir de l'ex-empereur. Il sentait la force de son bras, il avait étudié de nouveau la France. L'exil avait été un creuset; il avait vu le mal et jugé l'ingratitude; en frappant du pied, il allait faire surgir des soldats.

Son plan fut tracé : son séjour à l'île d'Elbe fut consacré à détourner les regards des commissaires des puissances alliées; ils stationnaient près de lui, et cherchaient à lire sur son front plissé quelque révélation de la soumission du monde.

Napoléon s'était posé grand dans son petit État. Il se montrait à l'Europe sous l'aspect d'un de ces patriarches qui secouaient sur la terre les frimas de leur manteau, heureux de trouver un gîte au déclin d'une journée d'automne. Il s'écriait : « J'ai « commencé ma carrière avec un petit écu dans « ma poche, eh bien! il me reste cette île; je n'ai « donc rien perdu! » Tandis qu'il affectait la résignation d'un sage, son esprit voyait voler son aigle de clocher en clocher sur tous les points de la France.

L'homme d'État paraissait préoccupé de l'administration de son île; le guerrier avait au cœur l'affront qu'il avait ressenti devant les baïonnettes étrangères. Il y avait donc à l'île d'Elbe deux natures dans Napoléon : l'une s'attachait à améliorer son sol ferrugineux, l'autre renversait la prison que l'Océan lui avait faite.

Une circonférence de vingt lieues, douze mille habitans, tel était l'empire de l'ancien maître des empires; et pourtant dans ce royaume de monts arides, il avait fait chanter un *Te Deum* : c'était l'apparat de la résignation.

Vingt-deux coups de canon avaient salué l'arrivée du potentat qui venait de faire mugir douze cents bouches à feu sur les champs de bataille. Quelques vieux grognards résumaient tous les souvenirs de la patrie.

Le cortége de l'ex-empereur n'était point nombreux; sa renommée n'avait pas besoin de faste. Le major polonais Fersmanosky s'était joint aux généraux Bertrand, Cambrone et Drouot qui l'avaient suivi. On peut atteindre haut quand il reste de tels compagnons.

En s'installant dans son île souveraine, Napoléon avait dit aux magistrats : « La douceur de « votre climat, les sites romantiques de votre île, « m'ont décidé à la choisir entre tous mes vastes « États pour mon séjour. »

« J'espère que vous saurez apprécier cette pré-
« férence, et que vous m'aimerez comme des en-

« fans soumis. Vous me trouverez toujours disposé
« à avoir pour vous toute la sollicitude d'un père. »
Il oubliait qu'il avait été forcé d'arriver à cet amendement de puissance.

Pourtant il tint parole : sur cette plage âpre et déserte il déversa les conceptions de son génie administratif. Soixante mille francs furent consacrés à l'ouverture de nouvelles routes; un traité de commerce fut conclu avec Livourne et Gênes. Il y avait dans cette tête gouvernementale tous les projets d'amélioration et de prospérité.

Puis vint encore la préméditation de l'ambition : « Savez-vous », dit un jour le souverain sans trône au général étranger Koller, « que d'ici à vingt-quatre heures j'aurai trois ou quatre mille hommes à mes ordres? — Comment cela? — Parce que j'ai adressé à la garnison française une invitation de rester ici, en lui offrant de la prendre à ma solde. — Ce n'est pas le moyen de rassurer le gouvernement sur vos projets pacifiques. — Que m'importe! j'ai examiné les fortifications, et je défie qu'on puisse entraver ici ma volonté. » Le général lui fit concevoir que pour vaincre il fallait du mystère : Napoléon médita et ne fit plus connaître sa pensée.

Des émissaires de France arrivaient chaque jour, ils repartaient et revenaient encore. Napoléon allait remuer l'Europe; l'Italie envoyait aussi ses messagers en secret, les apprêts d'une évasion se faisaient à bas bruit.

Le sablier du temps avait marqué pour le prisonnier de l'île d'Elbe l'heure d'un avenir nouveau. Il se rend *incognito* sous la tente, ses compagnons chevronnés sont debout. Alors, prenant la baguette du tambour-maître, il frappe sur sa caisse et s'écrie : « Soldats! en France! »

A ces mots les vieux guerriers s'embrassent, ils courent à leurs armes et chargent le hâvre-sac : pour cette fois, il est léger, ils ne grognent plus. Le rivage s'anime, la joie se lit sur ces vieilles moustaches. Le souvenir de la patrie a réveillé le courage ; les invincibles ne parlent plus, la fierté est dans leur attitude ; ils ne marchent plus, ils courent à leur aigle. Napoléon les a grandis par ces mots : « Honneur et patrie! »

L'embarquement s'effectua sans obstacle le 26 février 1815 : pendant la nuit les voiles furent déployées ; huit cents hommes formaient l'équipage de campagne qui allait conquérir sans combattre, et sous les agrès de la défection. L'esquif sillonne l'escadre de surveillance ; on ne peut croire qu'il porte la fortune d'un drapeau. Napoléon entre dans le golfe de Don-Juan, il touche la plage française, son épée s'abaisse en vue de la rade de Cannes. Le 1er mars 1815, il aborde et marche en avant ; un houra de triomphe éclate : « Vive l'Empereur! » c'est une nouvelle ovation, c'est le cri des soldats qui l'entourent et qui lui fraient route. Ils abaissent leurs mousquets pour fraterniser d'enthousiasme ; le trône impérial est relevé l'arme au bras. L'ambition d'un conquérant amoncèle un nuage qui porte la foudre.

La trahison des souvenirs guerriers avait échelonné sur la route de Napoléon des régimens qui conservaient en secret la cocarde de l'empire.

« Soldats! » dit-il à l'armée, « nous n'avons pas
« été vaincus; deux hommes sortis de nos rangs
« ont trahi nos lauriers, leur pays, leur prince,
« leur bienfaiteur. Ceux que nous avons vus, pen-
« dant vingt-cinq ans, parcourir toute l'Europe
« pour nous susciter des ennemis, qui ont passé
« leur vie à combattre contre nous dans les rangs
« des armées étrangères en maudissant notre
« belle France, prétendraient-ils commander et
« enchaîner nos aigles, eux qui n'ont jamais pu
« en soutenir les regards? Souffririons-nous qu'ils
« héritent du fruit de nos glorieux travaux, qu'ils
« s'emparent de nos honneurs, de nos biens,
« qu'ils calomnient notre gloire? Si leur règne
« durait, tout serait perdu, même le souvenir de
« nos immortelles journées. Avec quel acharne-
« ment ils les dénaturent! ils cherchent à empoi-
« sonner ce que le monde admire, et s'il reste
« encore des défenseurs de notre gloire, c'est
« parmi ces mêmes ennemis que nous avons com-
« battus sur le champ de bataille. Soldats! dans
« mon exil j'ai entendu votre voix, je suis arrivé
« à travers tous les obstacles et tous les périls.
« Votre général, appelé au trône par le choix du

« peuple, et élevé sur vos pavois, vous est rendu :
« venez le joindre. Arrachez ces couleurs que la
« nation a proscrites, et qui, pendant vingt-cinq
« ans, servirent de ralliement à tous les ennemis
« de la France ; arborez cette cocarde tricolore,
« vous la portiez dans nos grandes journées !
« Nous devons oublier que nous avons été les
« maîtres des nations ; mais nous ne devons pas
« souffrir qu'aucune se mêle de nos affaires. Qui
« prétendrait être le maître chez nous ? qui en
« aurait le pouvoir ? Reprenez ces aigles que vous
« aviez à Ulm, à Austerlitz, à Iéna, à Eylau, à
« Friedland, à Tudela, à Eckmülh, à Esling, à
« Wagram, à Smolensk, à la Moscowa, à Lutzen,
« à Wurtchen, à Montmirail. Pensez-vous que
« cette poignée de Français, aujourd'hui si arro-
« gans, puissent en soutenir la vue ? Ils retour-
« neront d'où ils viennent, et là, s'ils le veulent,
« ils règneront comme ils prétendent avoir régné
« depuis dix-neuf ans. Vos biens, vos rangs, votre
« gloire, les biens, les rangs et la gloire de vos
« enfans, n'ont pas de plus grands ennemis que
« ces princes que les étrangers nous ont imposés.
« Ils sont les ennemis de notre gloire, puisque le
« récit de tant d'actions héroïques qui ont illus-
« tré le peuple français combattant contre eux
« pour se soustraire à leur joug, est leur condam-
« nation. Les vétérans des armées de Sambre-et-
« Meuse, du Rhin, d'Égypte, d'Italie, de l'Ouest,
« de la grande armée, sont humiliés ; leurs hono-

« rables cicatrices sont flétries, leurs succès se-
« raient des crimes, ces braves seraient des re-
« belles, si, comme le prétendent les ennemis du
« peuple, des souverains légitimes étaient au
« milieu des armées étrangères. Les honneurs,
« les récompenses, les affections, sont pour ceux
« qui les ont servis contre la patrie et contre
« nous. Soldats! venez vous ranger sous les dra-
« peaux de votre chef; son existence ne se com-
« pose que de la vôtre, ses droits ne sont que
« ceux du peuple et les vôtres; son intérêt, son
« honneur, sa gloire, ne sont autres que votre
« intérêt, votre honneur et votre gloire. La vic-
« toire marchera au pas de charge; l'aigle, avec
« les couleurs nationales, volera de clocher en
« clocher jusqu'aux tours de Notre-Dame! »

Cette prophétie armée atteignit son but; les pas de Napoléon eurent la rapidité de l'aigle.

Arrivé à Saint-Bonnet, sur les limites des Hautes-Alpes et de l'Isère, le tocsin sonna; mais les populations accoururent pour lui offrir de l'accompagner, et non pour le combattre. Les factions intérieures et l'or impérial avaient contourné l'opinion. « Soyez tranquille, » dit Napoléon, « ceux que je rencontrerai se rangeront de « mon côté; plus ils seront nombreux, plus mon « succès sera assuré. » Il révélait par ces mots les trames qui lui avaient rouvert la voie vers le trône.

Cambrone commandait l'avant-garde de ces

vieux grognards, dont l'humeur s'était changée en joie. Il s'empara du pont de Sisteron; ce point devait assurer les destinées de son expédition aventureuse. Il vint réclamer, près du maire de cette ville, des rations. « Mais, » lui dit ce magistrat, « nous avons un roi. — Je ne dis pas non; « ma mission n'est pas politique. Je viens seule- « ment pour prendre le pont et des vivres. » Et le pont fut pris, et chaque soldat mit des vivres dans son hâvre-sac.

Les obstacles un moment aplanis allaient surgir. Le 5ᵉ régiment de ligne croisa la baïonnette devant le bataillon de l'île d'Elbe, à quelque distance de Frête. A cette nouvelle, Napoléon sentit la nécessité de payer de sa personne, et de venir rompre l'obstacle. Il marche droit aux troupes qui lui font barricade, suivi de sa garde l'arme basse, et s'écrie : « S'il est parmi vous un soldat « qui veuille tuer son général, son empereur, il « le peut, me voilà ! » En un clin d'œil les exilés volontaires de l'île d'Elbe serrent sur leurs cœurs tous les guerriers qui venaient de leur faire face; le cri de « Vive l'Empereur » les fascine, il devient le salut de reconnaissance et le mot d'ordre qui unit les drapeaux.

Napoléon fit son entrée dans la petite ville de Vizille. Les phases de 1792 furent mises en relief pour célébrer son passage. Dans leur enthousiasme, les habitans disaient : « C'est ici qu'est « née la révolution ; c'est nous qui les premiers

« avons osé réclamer les priviléges des hommes
« libres; c'est encore ici que ressuscitera la li-
« berté, et que la France recouvrera son indépen-
« dance..., » l'indépendance sous la main de fer
de Napoléon!

Chaque limite de territoire était envahie à pas comptés. Napoléon devant le château des anciens Dauphins, passa la revue de sa petite troupe : à l'appel, un soldat de la garde manque, il fronce le sourcil; mais sur le bord d'un sentier, arrivaient deux hommes dont les traits ne lui étaient pas inconnus; c'était le grenadier dont l'absence avait été remarquée, il amenait son père, courbé sous le poids des ans et sous le poids des blessures, pour le présenter à l'Empereur; et le vieillard ému s'écria : « Tout à la fortune des aigles! »

Cependant Grenoble était dans la fermentation. L'homme qui était descendu de son piédestal allait y remonter; il allait frapper aux portes de la cité dauphinoise. Les remparts de la ville étaient hérissés de canons, les artilleurs étaient à leur poste; mais rien ne faisait bruit de guerre. Tout-à-coup on voit accourir, de la route de Chambéry, quelques vedettes du 7° régiment d'infanterie, commandées par le colonel Labédoyère; puis le silence, puis on entend le commandement de volte-face. Une caisse de tambour est brisée par Labédoyère, et de cette caisse il sort un drapeau et des cocardes tricolores. Alors ce colonel, élevant sur un tertre l'insigne impérial, dit à haute voix :

« Soldats, nous vous ramenons le héros que vous avez suivi dans tant de batailles; c'est à vous à le recevoir, et à répéter avec nous l'ancien cri de ralliement des vainqueurs de l'Europe : « Vive l'Empereur! »

Cependant les portes de Grenoble restaient toujours fermées; les soldats de l'intérieur et les soldats de l'extérieur se donnaient la main par les guichets. Les ouvriers du faubourg de Tré-Cloître survinrent, portant sur leur dos des poutres pour abattre les portes et faire passer Napoléon. L'élan fut si unanime que le péril jaillit. « Il n'est point de bataille, » nous dit Las-Cases, « où l'Empereur ait couru plus de dangers qu'en « entrant à Grenoble : les soldats se ruèrent sur « lui avec tous les gestes de la fureur et de la « rage. On frémit un instant, on eût pu croire « qu'il allait être mis en pièces; ce n'était que le « délire de l'amour et de la joie : il fut enlevé, lui « et son cheval. »

La population se resserra pour laisser passer le cortége enivré. Napoléon était vêtu de sa capote grise, et portait le vieux chapeau des camps. Devant sa marche, les sabres étaient tirés du fourreau pour le saluer; les baïonnettes, les schakos étaient agités dans l'air en signe de dévouement. Au milieu de ces manifestations militaires, Napoléon se retourna vers ses compagnons, et leur dit à voix basse : « Tout est décidé : ici, « nous sommes à Paris! »

Le 4e régiment d'artillerie faisait haie ; Napoléon s'avance sur le front des artilleurs et s'écrie : « C'est parmi vous que j'ai fait mes premières « armes, je vous aime tous comme d'anciens ca- « marades; je vous ai vus sur le champ de ba- « taille, et j'ai toujours été content de vous; mais « j'espère que nous n'aurons point besoin de vos « canons, il faut à la France de la modération et « du repos. L'armée jouira dans le sein de la paix « du bien que je lui ai déjà fait et que je lui ferai « encore. Les soldats ont retrouvé en moi leur « père ; ils peuvent compter sur les récompenses « qu'ils ont méritées. »

La part de l'armée était faite dans les éloges; Napoléon voulut ensuite attirer à lui les grands corps de l'État. La magistrature dauphinoise était restée impassible, elle reçut l'injonction de se présenter à l'audience de l'Empereur; elle se soumit, mais avec une réserve qui était presque hostile.

La politique était, sur les lèvres de l'ex-empereur, comme la légende de son drapeau, fière et menaçante. Les récriminations, le blâme sur les institutions et sur le caractère national qu'on avait retrouvés pendant quelques jours d'union, étaient stigmatisés et battus en brèche; mais les vieux remparts de la monarchie se redressèrent sur eux-mêmes; pour la seconde fois, ils devaient regarder défiler l'empire.

Sur les traces de Napoléon, tout fit arme pour son parti : l'ironie épuisa ses traits, elle passa en revue toutes les inspirations, toutes les scènes qui s'étaient groupées autour de la légitimité; mais l'ironie ne déracina point ce qui avait été fait pour rendre un sceptre fort. On entendit dire à l'Empereur ces mots, qui restèrent et montrèrent les écueils :

« J'ai trop aimé la guerre, je ne la ferai plus;
« je laisserai mes voisins en repos, je veux régner
« pour rendre notre belle France libre, heureuse
« et indépendante, et pour asseoir son bonheur
« sur des bases inébranlables; je veux être moins
« son souverain que le premier et le meilleur de
« ses citoyens. Oublions, encore une fois, oublions
« que nous avons été les maîtres du monde. »

La révolution vint fêter Napoléon, bien qu'elle eût été muselée par lui, parce qu'elle exaltait tout ce qui brisait les principes : les hymnes, les applaudissemens accompagnaient sa marche. Sa puissance était réhabilitée par des décrets. Il leur avait donné date à Grenoble; là les vœux du peuple s'étaient réveillés. Les Dauphinois étaient sous l'impression du radicalisme, l'Empereur aperçut le bonnet phrygien, et dit haut : « Si je
« les laissais faire, ils oublieraient bientôt que je
« dois être de la partie. »

Bientôt Napoléon se trouva en face de la vieille cité des Gaules, de Lyon, qui avait payé par tant de sang sa fidélité à la foi monarchique. La décevance venait d'ouvrir une page à l'histoire : un Bourbon était accouru pour en défendre les murs, le zèle avait d'abord formé une escorte; mais au jour des revers il n'y eut plus qu'un seul uniforme pour garantir les jours du frère du roi. Napoléon mit le pied dans la ville où Plancus avait convoqué les nations gauloises; la résistance avait fait défaut. Le seul garde national qui avait rempli un dernier devoir envers un prince qui était venu faire une faction en face des aigles, reçut de l'ex-empereur la décoration de la Légion-d'Honneur; Napoléon voulut ainsi honorer le dévoûment sous tous les drapeaux. Il dit aux habitans : « Lyonnais, je vous aime. » Ce fut sa seule réponse aux harangues; puis il continua sa route.

La Bourgogne était sous les armes pour lui faire cortége; à Lons-le-Saulnier une grande défection devait l'avancer de plusieurs postes : le maréchal Ney vint le saluer, et à Fontainebleau il reçut des émissaires qui lui apportaient les clefs de Paris. Mais ces clefs avaient été comme dérobées; aussi son entrée dans la capitale fut résolue dans une combinaison à huis clos; il prit le trône pendant la nuit; le palais des Tuileries était désert. Napoléon répéta une des pensées de sa puissance : « Qu'est-ce qu'un trône ? Quatre planches

« de sapin recouvertes d'un morceau de velours. »

Paris avait cru faire un rêve : les proclamations de Louis XVIII tapissaient les carrefours, et Napoléon avait remis la couronne sur sa tête.

Le temps marchait, il roulait un nuage noir; des mesures de prévision furent improvisées sur des baïonnettes. Les souvenirs du Champ-de-Mai, de ces grandes assemblées où se remuaient les destinées des rois, se reproduisirent. Napoléon ne dominait plus les partis, il était poussé par eux. Il y eut convocation de toutes les classes : dans cette assemblée on parla, on ne s'entendit pas. Napoléon, en flattant la souveraineté populaire, visait à l'abattre.

Peu après se formèrent ces sociétés fédératives, qui marquèrent trop leur origine. Une populace armée, couverte de haillons, se dessinait sur la place du Carrousel, aux jours des petites revues; c'était la révolution en déshabillé, c'était une représentation de jeunesse que les événemens venaient de remettre en scène : les fédérés crièrent : « Aux frontières; » mais aucun n'y parut; leur campagne ne s'étendit pas au-delà des barrières de Paris.

Tous les intérêts, toutes les prétentions surgirent; c'était une mêlée d'actes, d'ordres lancés, de proclamations, de félicitations; c'était une saturnale politique.

On s'agitait, et pourtant c'était la fête du silence. La contrainte régnait; les grands corps de l'État avaient perdu leur équilibre; ils avaient fait plusieurs fois fausse route, et les partis avaient trouvé qu'ils avaient le genou trop flexible pour en servir aucun.

Napoléon voyait de loin grandir une ligue : l'Europe avait encore une fois couru aux armes. Le midi de la France avait protesté sur l'épée d'un Bourbon contre l'envahissement du prisonnier de l'île d'Elbe; mais la défection militaire annula le zèle des populations. Le neveu de Louis XVI, après avoir combattu sur la Drôme, fut retenu captif au Pont-Saint-Esprit, peut-être un nouveau sacrifice allait tacher les fossés d'une citadelle; le dévoûment agit et se tut! La politique domina la haine, et une vie d'honneur fut garantie; le duc d'Angoulême fut sauvé et put se retirer en Espagne (1).

Cependant, au nord de la France, les étendards étrangers s'élevaient comme une forêt sur des masses de têtes. Toutes les régions avaient fourni leur contingent, tous les peuples étaient

---

(1) Les ordonnances et les rapports officiels ont fait connaître à cette époque les services de l'auteur, dans l'armée royale du midi : il combattit et fut blessé au passage de la Drôme; il leva un corps de volontaires et remplit jusqu'au retour des Bourbons les fonctions de mandataire du roi, au milieu des proscriptions et sous le coup des arrêts de mort. Voici les témoignages qu'il a reçus :

Lettre écrite au nom du Roi, par le duc de Duras, premier gentilhomme de service.

« Le roi a lu les pièces et a été vivement touché du dévouement personnel que M. Delandine a donné à Mgr le duc d'Angoulême;

26*

rassemblés; on allait faire à l'usurpation une sommation de mort. Napoléon la reçut, le lieu du rendez-vous fut le champ de Waterloo.

L'Europe allait venir sur le territoire de France sceller les traités et y ajouter de nombreux tributs : la ligue européenne jura de ne poser les armes qu'après avoir abattu l'homme qui menaçait le monde. Cent millions de subsides furent votés dans le congrès des rois, et l'engagement fut pris

Sa Majesté a été parfaitement satisfaite de la manière dont il a rempli sa mission. »

Ordonnance du Roi, du 18 juillet, relative aux pouvoirs des commissaires extraordinaires.

« Louis, par la grâce de Dieu, roi de France et de Navarre, à
« tous ceux qui ces présentes verront; salut.
« Les circonstances extraordinaires dans lesquelles se sont trouvés
« nos peuples depuis trois mois, et l'impossibilité de les faire gou-
« verner par les magistrats institués par nous, qui, presque tous,
« avaient été ou s'étaient éloignés de leurs fonctions, nous ont mis
« dans le cas de déléguer, soit par nous-même, soit par les princes
« de notre sang, soit par nos ministres, des pouvoirs extraordinaires
« à quelques sujets dévoués qui nous ont servi avec zèle et courage,
« et qui, presque toujours, ont agi avec succès pour faire reconnaître
« notre autorité légitime, etc. ;
« Vu les pièces qui prouvent le courage et le dévouement que le
« sieur Jérôme Delandine a montrés pendant l'usurpation,
« Notre conseil d'état entendu,
« Nous avons ordonné et ordonnons ce qui suit :
« Il est permis au sieur Jérôme Delandine d'ajouter à son nom
« celui de *Saint-Esprit*, sous lequel il a exercé pendant l'interrègne
« les fonctions de notre commissaire extraordinaire dans les départe-
« mens méridionaux de notre royaume.
« La présente ordonnance sera insérée dans le *Bulletin des Lois.* »
(13 septembre 1815.)

« Signé LOUIS. »

de ne plus traiter de la paix avec Napoléon ; cet engagement fut un lien solidaire entre l'Autriche, la Grande-Bretagne, la Prusse et la Russie.

La rançon en soldats fut évaluée à quinze cent mille hommes ; les puissances mirent cette cohorte en face de Napoléon. Cette levée en masse des peuples, pour combattre un soldat de fortune, était un événement qui allait remplir l'histoire d'un fait gigantesque. Il est vrai que ce soldat était Napoléon, et que Napoléon n'avait fait qu'une étape de l'île d'Elbe aux Tuileries. Appuyé de huit cents compagnons marchant la crosse du fusil haute, il avait traversé la France. Trente millions d'habitans étaient restés impassibles ; ils lui avaient laissé jeter le gant aux monarchies ; ce gant était relevé, il fallut vider la querelle des trônes. Le soleil du 16 juin 1815 se leva sur les tentes françaises, il darda ses rayons sur la forêt de Soignes : là, nos bataillons se pavoisèrent d'une conquête de plus ; nos armes vainquirent près des vieux murs de Fleurus ; elles laissèrent sur le champ de bataille de Ligny le duc de Brunswick-Oels et les corps de huit mille étrangers abattus.

Le 18, les plaines de Waterloo se couvrirent de combattans : cette journée ne fut pas seulement une bataille, mais une révolution de royaume et de puissance.

L'enthousiasme était au cœur et la force aux bras : soixante-neuf mille hommes et deux cent quarante bouches à feu allaient faire tête à la ligne commandée par Wellington et Blücher; cette ligne se déploya sous ces deux panaches. Wellington avait retranché quatre-vingt-dix mille Anglais, Hollandais, Belges, Hanovriens, à quatre lieues sud de Bruxelles; Blücher divisa soixante mille hommes en deux parts, le corps d'attaque et la réserve; Bulow se porta en avant avec trente mille hommes, et manœuvra sur le flanc droit de l'armée française.

Les rives de la Dyle furent hérissées de tentes; la voix des combats se fit de nouveau entendre, Napoléon fit relire à la tête de l'armée l'ordre du jour qui avait été proclamé à Avesnes à l'entrée de la campagne.

« Soldats, nous ne sommes pas loin des anni-
« versaires de Marengo et de Friedland, qui dé-
« cidèrent deux fois du destin de l'Europe. Alors,
« comme après Austerlitz, comme après Wa-
« gram, nous fûmes trop généreux: nous crûmes
« aux protestations et aux sermens des princes
« que nous laissâmes sur le trône. Aujourd'hui
« cependant, coalisés contre nous, ils en veulent
« à l'indépendance et aux droits les plus sacrés de
« la France. Ils ont commencé la plus injuste des
« agressions. Marchons donc à leur rencontre.
« Eux et nous, ne sommes-nous plus les mêmes
« hommes? Soldats, à Iéna, contre ces mêmes
« Prussiens, aujourd'hui si arrogans, vous étiez
« un contre deux, et à Montmirail, un contre

« trois... Pour tout Français qui a du cœur, le
« moment est arrivé de vaincre ou de périr.

« Hier encore l'armée française a donné cet
« exemple. Ces mêmes Prussiens, couchés dans
« la plaine des *Quatre-Bras*, indiquaient par
« couches de morts, qu'un Français vaut tou-
« jours trois ennemis. »

Il fallait lutter contre le nombre et contre la position.

Le défaut d'ensemble, l'irrésolution assailli-
rent les pensées et l'action des Français. Le génie de Napoléon se courba devant cette coalition
immuable, qui toujours frappait sans avancer.
L'impatience de vaincre bouillonnait dans l'âme
de nos guerriers; les Anglais se battaient à froid.
La vie des batailles fut souvent la hardiesse des
engagemens, cette hardiesse était l'étoile de Napoléon; il la suivit encore, mais cette fois elle
pâlit.

Waterloo se colora de sang; à onze heures la
ligne des deux armées était en feu, le combat
se prolongea jusqu'à huit heures du soir. Les
charges de cavalerie et les corps d'élite de l'infanterie pointent l'ennemi, pas un pouce de terrain n'est perdu. Les Français marchent en con-
version, se rallient en bataille; le feu croisé des
batteries éclaircit les rangs, toujours ils se resserrent, toujours ils avancent.

Le canon fait un appel à la division de Grouchy,
avant que les ordres de Napoléon lui parvien-

nent. Sa marche sur Wavres paraissait assurée, et la fortune attendait qu'en côtoyant la rive gauche de la Dyle sa jonction ferait pencher la victoire. Mais Grouchy savait que les inspirations guerrières entraînent souvent la chute des empires. Il ne voulut pas prendre la responsabilité de changer le plan de bataille; il attendit le laissez-aller du combat. Trente-cinq mille Français restèrent l'arme au bras. A côté de cette immobilité disciplinaire, le désordre et la déroute se firent jour; Napoléon fit échec à sa gloire, la décevance était dans ses idées. Il voit un tourbillon armé qui s'approche, il pense que Grouchy a pris sur lui de devancer l'heure, il se félicite de cette prévision. Ce renfort allait apporter une nouvelle palme aux aigles. Mais la poussière se dissipe et l'horizon s'éclaircit; ce ne sont point des uniformes de France : c'est l'armée de Bulow qui bondit; c'est l'armée de Blücher qui soutient ce mouvement; trente mille hommes débordent nos rangs, trente mille hommes encore surgissent. Puis la grande ligne de quatre-vingt mille hommes de Wellington s'ébranle; tout frappe, tout se confond. L'armée napoléonienne est démembrée, les eaux du Thuy sont rougies du sang de nos braves. Le champ du carnage est toujours disputé; les soldats se pressent, s'enfoncent les uns les autres; la nuit vient, on se bat à la lueur de l'artillerie et des feux de peloton. Nos munitions manquent, quarante bouches à feu destinées à protéger la dernière charge des Français, restent dépourvues de boulets et de poudre; le service d'une bataille doublée avait tout consommé. Il ne restait plus à la garde impériale que ses baïonnettes; devant cet immortel carré, les forces ennemies viennent chercher un brevet d'honneur, elles ne peuvent l'emporter à bras d'hommes : alors l'ennemi traîne sur le front de nos bataillons ses canons et lance ses bordées; un meurtre de renommée est consommé!... Le bastion de gloire résiste toujours; par trois fois le don de merci lui est offert, des feux croisés portent le refus des braves; les parlementaires des phalanges coalisées s'avancent encore vers nos guerriers : « Rendez-vous ! » c'est la voix de Wellington qui leur jette cette sommation; Cambrone, mutilé aux avant-postes, renvoie cette réponse : « La garde meurt et ne se rend pas ! »

L'armée est restée couchée sur un sol de combat; les compagnons d'armes à qui l'Empereur pouvait serrer la main comme à des frères, ne sont plus !... Le parvenu de la gloire, qui capturait les royaumes, qui commandait à un million de soldats, vient de tacher son ovation. Le trouble, l'invasion, la décomposition de la France, tout menace, tout fait débris... L'honneur seul du pays n'est pas resté au niveau des ruines, il a surgi !...

La patrie est au moment de rentrer dans ses droits, elle espère de meilleurs jours.

Napoléon a fui... des houras de triomphe se font entendre dans toutes les langues ; la France seule voile ses revers dans son drapeau : soixante-quatre mille hommes sont devenus la proie des champs de Waterloo. La perte numérique était égale dans les deux armées, mais les Français avaient perdu dans ce jour le passé et dévoré l'avenir.

Napoléon, comme cet esprit supérieur que Milton a dépeint hors proportion humaine, n'avouait jamais ses fautes, c'était le Satan des batailles. Il se représenta à la nation, encore fier de ses destinées, mais la nation le renia ; il tomba et ne se releva plus.

CHAPITRE XXII.

Dernières Phases.
20 juin 1815.—5 mai 1821.

Napoléon avait dit : « On verra ce que coûte la mort d'un grand homme! » Les champs de Waterloo venaient d'offrir une triste appréciation de cette pensée philosophique, et pourtant le grand homme n'était point mort. Le grand empire devait chuter avec celui qui avait jalonné ses frontières, celui dont l'épée brisée avait attiré sur la France le démembrement de ses conquêtes séculaires.

Les funérailles de la gloire de Napoléon coûtèrent à l'étranger des masses d'hommes; elles coûtèrent plus cher encore à la patrie. Sa réapparition sur le trône redonna vie à des partis abattus; une recrudescence de révolution surgit sous la voile qui ramena Napoléon sur la rive française.

Encore une fois son abdication fut quêtée; la chambre improvisée par ses ordres se déclara en permanence. L'ex-empereur offrit de nouveau le secours de son bras, il fut refusé. Les populations de quatre-vingt-six départemens ne purent suffire pour faire face à l'Europe conjurée : l'invasion s'avança. Napoléon, cédant à la force des choses, se démit de son pouvoir éphémère et fit ainsi ses adieux :

« En commençant la guerre pour soutenir l'in-
« dépendance nationale, je comptais sur la réu-
« nion de tous les efforts, de toutes les volontés,
« et sur le concours de toutes les autorités natio-
« nales. Les circonstances me paraissent chan-
« gées : ma vie politique est terminée, et je pro-
« clame mon fils, sous le titre de Napoléon II,
« empereur des Français. »

Sa restriction ne fut point acceptée. Son abdication réelle datait de Fontainebleau; elle fut reconnue absolue pour lui et pour son fils. Son mousquet érigé en sceptre avait coûté à la France, dans une durée de cent jours, soixante mille hommes, six cents millions, et l'occupation de près de onze cent mille étrangers.

Louis XVIII avait repassé la frontière; la patrie entendit sa voix, elle eut foi à son langage; sa proclamation, datée de Cambrai, le 28 juin, calma les esprits. Le même jour, Paris venait d'être mis en état de siége, ces paroles de paix furent écoutées.

« J'apprends qu'une porte de mon royaume est
« ouverte, et j'accours pour adoucir les maux
« que j'avais voulu prévenir, pour me placer une
« seconde fois entre les armées alliées et les
« Français, dans l'espoir que les égards dont je
« puis être l'objet tourneront à leur salut. C'est
« la seule manière dont j'ai voulu prendre part à
« la guerre. Je n'ai point permis qu'aucun prince
« de ma famille parût dans les rangs étrangers.
« Mon gouvernement devait faire des fautes;
« peut-être en a-t-il fait. Il est des temps où les
« intentions les plus pures ne suffisent pas pour
« diriger le bien, où quelquefois même elles
« égarent. L'expérience seule pouvait avertir,
« elle ne sera pas perdue; je veux tout ce qui
« sauvera la France. »

Ainsi la royauté se montrait front levé; elle apparaissait encore une fois comme un guerdon de merci.

Cependant Napoléon avait posé les armes comme empereur; il offrit de les reprendre comme citoyen. Il écrivit aux chambres assemblées :

« En abdiquant la souveraineté, je n'ai pas re-
« noncé au droit le plus noble d'un citoyen, celui
« de défendre mon pays. Je connais parfaitement
« l'état des choses, et je suis certain, si on ac-
« ceptait mes services, de battre l'ennemi de
« manière à donner ouverture à des négociations
« plus avantageuses, et même, dans l'hypothèse

« de la victoire, je n'en effectuerais pas moins
« mon voyage sans délai. »

Mais la France avait perdu le souvenir de ces temps où les hommes de guerre quittaient leurs insignes pour combattre sous l'airain d'une simple armure; elle était en défiance contre les nouveaux coups de lance de Napoléon. L'Europe frappait aux portes de ses cités, et Louis XVIII se rapprochait de la capitale.

Carnot, alors ministre de l'intérieur, se rendit à l'Élysée-Bourbon pour presser le départ de Napoléon. L'Amérique ou l'Angleterre devaient être son refuge; deux frégates étaient appareillées dans le port de Rochefort. Napoléon avait jeté ses vues sur les États de la Grande-Bretagne : son conseil penchait pour les États-Unis. « Les An-
« glais sont un peuple généreux, » s'écria Napo-
« léon. — « Ne vous fiez point à cette généro-
« sité, » répondit Carnot.

Pendant ce temps, Rochefort était bloqué par les Anglais; et Napoléon ne partit de l'Élysée-Bourbon que pour se rendre à la Malmaison. Là, ayant reçu une nouvelle sommation de la commission exécutrice pour presser son départ, on vint lui dire que le maréchal Davoust avait menacé de venir l'arrêter, s'il ne se mettait en route. « Qu'il vienne, » répondit Napoléon, « je suis
« prêt, s'il le veut, à lui tendre la gorge! »

Le souverain déchu, poussé hors de la France par les hommes qui l'avaient élevé au pavois, sentait fermenter dans son esprit la voie d'une réaction. Un nouveau 18 brumaire souriait à son ambition; mais c'était le vœu du moribond qui aspire à la vie. Le mot *impossible*, qui avait disparu de la langue napoléonienne, se retrouva sur les lèvres de ses ministres. Le duc de Bassano lui montra l'obstacle, et Napoléon prit ses passeports de voyage.

Le 29 juin 1815, l'ex-empereur se rendit à Rochefort, sous l'escorte du général Becker; Bertrand, Montholon, Lascases, Gourgaud, l'accompagnaient. Devant la rade, il dépêcha à un croiseur le comte de Lascases, pour savoir s'il pourrait passer sur un bâtiment neutre. Les Anglais veillaient; la réponse fut négative. Alors il voulut savoir qu'elles étaient les instructions du cabinet de Saint-James; il lui fut répondu : « Que « le gouvernement anglais avait donné l'autori- « sation de recevoir Napoléon et sa suite, et de « le conduire en Angleterre, s'il jugeait à propos « de s'y rendre. » Sa résolution fut prise, et, le 13 juillet, il écrivit au prince régent la lettre suivante :

« Altesse royale, en butte aux factions qui di- « visent ma patrie et aux hostilités des puissances « de l'Europe, j'ai dû terminer ma carrière poli- « tique. Je viens, comme Thémistocle, m'asseoir « au foyer du peuple britannique. Je me place « sous la protection de ses lois, et j'en réclame « la sauvegarde de votre Altesse royale, comme

« du plus puissant, du plus constant, du plus
« généreux de mes ennemis. »

Le pavillon anglais flotta sur les destinées de
Napoléon; il s'embarqua sur le *Bellérophon*. Il fut
reçu avec respect. « Le sort, dit-il, m'amène chez
« mon plus cruel antagoniste; mais je compte
« sur sa loyauté. » Il parut à bord avec l'habit de
colonel des chasseurs de la garde; il devait dé-
barquer en Angleterre sous l'incognito du colonel Duroc.

Arrivé, le 26, devant Plymouth, plusieurs navires entourèrent l'escadre de lord Keith. Le
Bellérophon s'avança comme une citadelle isolée;
toute communication de ce navire avec la côte
fut interdite : c'était une prison flottante que des
ordres secrets faisaient mouvoir.

Le fils du ministre de la guerre, Bathurst, est
introduit près de Napoléon, il fait connaître le
langage officiel : c'était l'intimation de reléguer
s le ciel des tropiques l'homme qui, sans
sceptre et sans armée, faisait encore trembler les
rois. L'île Sainte-Hélène allait devenir le lieu de
son bannissement. C'est alors que Napoléon ré-
digea ainsi sa protestation :

« En présence de Dieu et des hommes, je pro-
« teste ici solennellement contre la violence exer-
« cée envers moi, contre la violation de mes
« droits les plus sacrés. On a porté atteinte par
« la force à ma personne et à ma liberté; je suis
« venu volontairement à bord du *Bellérophon*. Je

« ne suis pas prisonnier de l'Angleterre, je suis
« son hôte, je suis venu sur l'invitation du capi-
« taine lui-même; il m'a dit qu'il avait l'ordre du
« gouvernement de me recevoir et de me trans-
« porter, ainsi que ma suite, en Angleterre, en
« cas que cela m'eût été agréable. Comptant sur
« cette assurance, j'acceptai cette offre, afin de
« me mettre sous la protection de la Grande-Bre-
« tagne. Du moment où je montais à bord du *Bel-*
« *lérophon*, j'avais droit à l'hospitalité anglaise. Si
« le gouvernement, en donnant au capitaine du
« *Bellérophon* des ordres pour me recevoir, moi
« et ma suite, n'a voulu que me faire tomber dans
« un piége, il a forfait à l'honneur et dégradé son
« pavillon. Si cet acte a lieu, les Anglais auront
« parlé en vain à l'Europe de leurs lois et de
« leurs libertés; la confiance dans la bonne foi
« de l'Angleterre est anéantie par l'hospitalité du
« *Bellérophon*; j'en appelle à l'histoire, elle dira:
« Un ennemi, qui, pendant vingt ans, a fait la
« guerre au peuple anglais, vint, dans son infor-
« tune, chercher un asile sous la protection de
« ses lois. Quelle plus forte preuve pouvait-il lui
« offrir de son estime et de sa confiance? Mais
« comment l'Angleterre a-t-elle payé une pareille
« maganimité?... »

Il y avait dans ces paroles une accusation que les temps devaient juger. Cette page était restée comme un cauchemar sur la conscience des membres du cabinet de Saint-James. Quelques Anglais voulurent invoquer, en faveur du grand captif, la légalité des chartes. A Ipswick, un *homme de loi* se présenta d'office chez le magistrat du lieu, et lui demanda un mandat d'*habeas-corpus* pour mettre en liberté Napoléon. Mais le modeste magistrat déclina son incompétence. Alors un statut d'Henri VII fut invoqué pour avoir un mandat, « *ne exeat regno*, » en vertu duquel Napoléon aurait eu le droit de séjourner dans la Grande-Bretagne. Cette requête échoua encore, et le magistrat d'Ipswick finit par être boxé par le pétitionnaire déçu.

Cependant la voile qui allait entraîner Napoléon à Sainte-Hélène s'enflait. C'était sir Georges Cockburn qui avait appareillé le *Northumberland*; c'était sur ce bâtiment qu'on avait relégué Napoléon et sa suite, pour cours lointain.

L'escadre ayant cinglé vers l'océan africain était en vue du cap de la Hogue: Napoléon ôta son chapeau, tira son épée, et s'écria d'une voix émue, en étendant la main vers les côtes de France: « Adieu, « terre des braves! quelques traîtres de moins, « et tu serais encore la maîtresse du monde! »

Bientôt le Northumberland toucha à l'île Sainte-Hélène. Le 18 octobre, au lever du soleil, le débarquement eut lieu. Cette terre aride était marquée pour recueillir les dernières phases de Napoléon. Il se rappela alors les paroles de Rousseau: « Heureux celui qui sait quitter l'état qui le quitte, « et rester homme en dépit du sort! »

CHAPITRE XXIII.

Mort de Napoléon.

Le jour où le banni des rois arrivait à Sainte-Hélène, Joachim Murat, ex-roi de Naples, débarquait dans la Calabre pour tenter un soulèvement. Mais la fortune de la race napoléonienne semblait engloutie avec celle du chef: Murat, enveloppé et fait prisonnier, fut fusillé à Pizzo. Celui qui forma le tribunal d'où sortit l'arrêt de mort du duc d'Enghien, meurt par l'arrêt d'un roi Bourbon! Celui dont la politique avait creusé la fosse de Vincennes, est relégué dans une île qui va devenir son tombeau! Celui qui n'avait pas trouvé assez grands les palais de Louis XIV, n'a pour demeure que la chaumière de Longwood. Là, ses derniers jours sont épiés par un mandataire d'un roi Bourbon, et pourtant Napo-

léon avait tiré cet horoscope : « Les Bourbons ne
« peuvent plus régner, » et sa diplomatie avait
jeté sur leurs pas un linceul pour réseau.

La captivité de l'ex-empereur sur le rocher de
Sainte-Hélène fut semée d'amertume; sa santé
et ses souvenirs éprouvaient d'affreux tiraille-
mens. Sir Hudson Lowe, commandant au nom
de l'Angleterre, était son gardien; sa dureté en
fit un geôlier.

Les derniers momens de l'exilé que les rois
avaient appelé leur frère, ne furent entourés
d'aucun allégement. Il avait réclamé sa transla-
tion dans un lieu plus sain; il avait demandé sa
famille et une surveillance moins oppressive; le
cabinet britannique resta sourd à son cri d'a-
gonie.

Le docteur Antomarchi et deux aumôniers
corses furent les seules personnes qui vinrent, de
son agrément, s'installer auprès de lui : c'était
le cortége du tombeau.

Napoléon avait conservé à Longwood, avec les
compagnons de son infortune, l'étiquette impériale qui avait marqué ses beaux jours aux Tuileries. Ses habitudes princières dissimulaient son
bannissement.

Au déclin de sa vie, il aimait à redire la gloire
qui l'avait parée, et les traditions qu'il avait recueillies des sciences. Il avait jugé son état; il
n'avait pas foi à la médecine, et souvent il dis-
courait avec Antomarchi sur le danger des médi-

camens que la faculté distribue en aveugle. «Vous
« le savez, mon cher docteur, » lui disait-il un
jour, « l'art de guérir n'est autre que celui d'endormir, de calmer l'imagination ; voilà pourquoi
les anciens s'étaient affublés de robes, de vêtemens qui frappent et qui imposent. Vous avez
abandonné le costume, c'est à tort : vous avez
mis à découvert l'imposture de Galien, vous n'agissez plus avec la même force sur les malades.
Qui sait? si vous-même m'apparaissiez tout-àcoup avec une perruque énorme, une toque,
une queue traînante, peut-être vous prendrais-je
pour le dieu de la santé, et pourtant vous n'êtes
que celui des remèdes. »

Après ce raisonnement, Napoléon s'écria :
« Docteur, pas de drogues ; je vous l'ai dit bien
des fois, nous sommes une machine à vivre,
nous sommes organisés pour cela ; c'est notre nature. N'entravez pas la vie, laissez-la à son aise,
qu'elle puisse se défendre ; elle fera mieux que
vos médicamens. Notre corps est une montre qui
doit aller un certain temps : l'horloger n'a pas la
faculté de l'ouvrir ; il ne peut la manier qu'à tâtons et les yeux bandés. Pour une fois qu'il l'aide
et la soulage, à force de la tourmenter avec ses
instrumens tortus, il l'endommage dix, et finit par
la détruire. »

Le balancier de l'horloge qui avait sonné tant
de conquêtes, allait s'arrêter. Napoléon était atteint d'une affection chronique à l'estomac ; son

mal était incurable, il le savait.... Il adressa à sir Hudson Lowe ses adieux en ces termes : « Je lègue l'opprobre de ma mort à la maison régnante d'Angleterre... » Puis il fit approcher son aumônier, il voulut mourir en chrétien... C'était quelque chose dans un tel homme, que le courage de la foi...

Son agonie fut longue et douloureuse. Il se fit apporter le buste de son fils, et ses yeux presque éteints se mouillèrent de pleurs. Ses larmes tombèrent sur l'avenir!... elles tombèrent aussi sur le cœur des dévoués serviteurs qui entouraient sa couche funèbre.

Des dons furent faits par Napoléon pour être jetés sur son cercueil : « C'est, disait-il, le denier de mes adieux. » Tous ceux qui lui étaient restés attachés recueillirent une offrande : la main qui avait fait trembler les rois et qui avait froissé tant de couronnes, se montra libérale avant de rester froide dans un sépulcre.

Tant que l'ex-empereur sentit son épée à son côté, il rêva qu'il possédait encore la puissance d'un sceptre. Cet insigne fut déposé, le 5 mai 1821, sur son lit de mort. Il expira en prononçant ces mots : « Tête... armée... France!... » ces mots devinrent la pensée de son trépas...; ces mots étaient l'analyse de sa vie.

Napoléon avait atteint son exil éternel...; le géant du monde s'était couché.... La modeste

lande de l'île des Peupliers recueillit sa cendre ; elle fut abritée sous la voûte du ciel. . . .
. . . .

Comme un héraut d'armes saluant les sépulcres, la renommée cria la vie de Napoléon.

Deux hommes se sont formés dans sa carrière : le consul et l'empereur. L'un rangea la gloire dans un parti militaire; l'autre tira d'un tronc de vaillance des palmes détachées. Le consul marcha avec des pieds d'airain, l'empereur avec des pieds d'argile; le consul ouvrit la voie des progrès, l'empereur vint la clore.

La patrie, sous le consul, eut un crime de nuit qui fit tache dans les fossés de Vincennes. La patrie, sous l'empire, en eut plusieurs à huis clos, qui rougirent la plaine de Grenelle. Le sang se confondit sur la pourpre consulaire et sur la pourpre impériale.

Sous le consulat, on acceptait ceux qui venaient se vendre; sous l'empire, on provoquait la prostitution de ceux qui ne se vendaient pas.

La police, sous le consulat, était un des rouages de l'ordre; la police, sous l'empire, devint désordre; elle fut hideuse en faisant mouvoir ses ressorts.

Les traités, sous le consul, n'enrichirent qu'un état-major; sous l'empire, ils enrichirent plusieurs cours. L'ascendance de la fortune du consul triompha pour la France; les prospérités de l'empereur ne servirent qu'à former des États ennemis.

La tête du consul fut un réservoir aux pensées, dont l'ambition fut mesurée; la tête de l'empereur fut un dépôt d'idées, dont la force n'eut point de régulateur.

Les bornes prescrites par la nature aux facultés humaines ne furent point envahies par l'imagination du consul; le manteau impérial, déchiré à force d'être tendu, fut l'emblême de l'intelligence qui déborda l'empereur.

Le consul montra la richesse du langage dans ses harangues militaires; l'empereur, la sécheresse dans ses discours d'apparat.

La France fut grande et patiente sous l'un, elle fut turbulente et souffrante sous l'autre. L'un répudia le scandale des trafics politiques, et la réserve retint l'achat de l'honneur; l'autre lança l'impudeur la bourse à la main pour marchander les consciences.

La paix, sous le consulat, se posa sur des lois fermes; les trêves, sous l'empire, furent élevées sur des bases mouvantes.

Sous le consul, le pape fut reconnu comme père des fidèles, devant régner sur le monde catholique; sous l'empereur, le chef de l'Église ne fut plus que l'évêque de Rome, qu'un commissaire de police pouvait mander à son audience. Celui qui frappait de sa verge les princes, au jour des grands pardons, offrit sa mule à baiser au consul; celui qui excommuniait les rois à l'heure des grandes fautes, fut flagellé par l'empereur, « son fils très chrétien ! »

La liberté parla haut pendant le règne du consul; elle eut des menottes sous celui de l'empereur. Sous l'un, le langage avait quelque chose de vrai et d'austère ; sous l'autre, des paroles d'adulation cachèrent le mensonge et la duplicité.

Sous le consulat, le code qui régissait le territoire n'avait point multiplié les délits contre la France; sous l'empire, ils s'accrurent, ainsi que ceux de lèse-majesté.

Le consul avait battu des mains en voyant raser les bastilles; l'empereur s'applaudit d'en élever sur tous les points de l'État.

Sous le consul, on rendait compte des arrestations; sous l'empereur, ni sénateur, ni législateur, n'osait demander la liste des détenus politiques. Le premier renvoya le mot de citoyen aux temps révolutionnaires ; le second classa comme de grands citoyens les régicides, sur les banquettes du pouvoir. L'un fut grand par les conceptions ; l'autre ne fut grand que par la force des baïonnettes. L'un eut des partisans ; l'autre des adulateurs. L'un fut aimé ; l'autre fut craint. L'un serra la main à des frères d'armes, et l'autre sonna des valets à grandes livrées.

Le consulat présenta le roi des camps; l'empire, le maître qui subjugua le monde. L'un montra sa force sur un pavois plein de sève; l'autre dissimula sa décadence morale sous le clinquant d'une couronne. Celui-là déploya sa voile pacifique sur les rives de la Tamise où avait abordé Guillaume-le-Conquérant; celui-ci, comme Xercès, battit la mer de verges, pour la punir d'avoir porté les flottes d'Albion.

L'étoile du consul brilla sans troubler l'Océan; l'étoile de l'empereur mit en combustion toutes les plages. L'un s'empara du présent et traça sa route; l'autre jeta dans l'espace son but et creusa le terrain de sa chute.

L'un était jeune d'expérience, et vit de haut; l'autre était vieux d'habitudes et regarda terre-à-terre. L'un fit des efforts pour mettre en lumière les principes, et se hâta d'y amarrer sa vie; l'autre mourut pour avoir mis en retard une sage destinée.

Celui-là contempla debout le passé; celui-ci fléchit devant l'avenir. Le premier s'avançait avec éclat; le second approchait avec un tonnerre.

Voilà le consul! Voilà l'empereur!

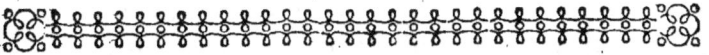

CHAPITRE XXIV.

Le Repos du Soldat.

La guerre avait cessé. La vie de Napoléon n'avait plus laissé que des souvenirs; ils étaient recueillis dans les chaumières. Chaque soldat de la grande armée avait rejoint son clocher; le tribut de l'exploration des empires était une modeste pension, la croix, et des blessures.

Les vallées étaient peuplées de travailleurs qui avaient rompu la cartouche devant l'ennemi, et qui aujourd'hui rompaient leur pain noir avec leurs enfans, dans les haltes du labeur.

Le feu du bivouac était éteint : celui qui rassemblait sur la montagne les soldats laboureurs était allumé.

C'était par une matinée d'automne que quelques uns de ces hommes des champs étaient réunis et assis sur les fûts renversés de la vieille tour de Montjay. Ils prenaient leur repas sur les débris d'un monument des Romains, sur les restes des bastions qu'Aurélien avait fait élever sur un mamelon contourné par la Marne, l'onde des vieux trophées et des nouveaux exploits.

Là, des artistes nomades venaient dessiner les ruines antiques, le cor-de-chasse se faisait entendre; il y avait rendez-vous d'inspirations, de travaux et de plaisirs. La capitale avait refoulé dans la plaine les citadins qui fuient pour quelques heures son tumulte, et vont goûter l'air pur de la campagne. Ils venaient, pour repos, prendre part au mouvement calme du villageois.

Sans se connaître, pour un jour on s'unit; on venait dans un même accord admirer le site, chacun se parla. Une vieille fraternité d'armes lia l'intérêt de tous : on rappela les prodiges du vieux drapeau, on chercha dans les souvenirs le salut qu'on s'était donné et qu'on s'était rendu sous les armes. On se plut à compter les bastions battus en brèche, les redoutes prises, et les champs de bataille qui avaient été un lit d'honneur pour tous. Ces rencontres fortuites, cette mêlée de compagnons de l'ancienne gloire étaient impressionnables. Tous avaient dormi au même bivouac, ils burent encore à la même gourde. Chacun se féta et se fit les honneurs du tertre où on était rassemblé.

Dans cette conformité d'actions et de souhaits

pour le bonheur du pays, il y eut des récits touchans mis en commun. L'empire, ses grandeurs et ses défaites furent passés en revue. Alors on pouvait juger sans prisme. La postérité avait commencé pour Napoléon, pour sa famille et pour ses généraux; des tombes étaient l'histoire de tout ce qui avait brillé naguère sur le monde.

Le peintre était le jeune Viotti, un lauréat du grand concours de peinture; il étala ses croquis: la maison où était né l'Empereur était dans son album. Dans ses excursions en Corse, il avait visité cette demeure; il allait en faire la description. Les cœurs battaient, on fit silence.

« Notre ère a changé l'aspect de tous les lieux: la capitale de la Corse s'est agrandie, Ajaccio civilisé, a été paré comme un berceau de roi. Autour de la maison où naquit Napoléon, les arts ont apporté des tributs; une belle avenue a remplacé la voie étroite qui conduisait du port dans l'intérieur de la ville.

« En 1768, il y avait, au bout d'une rue tortueuse, une maison à trois étages et à quatre croisées de façade; c'était la demeure de la famille Bonaparte: dans ce temps-là, c'était une noble demeure.

« L'appartement d'apparat était celui de Lætitia Bonaparte. Là, l'enfant qui devait porter pendant dix ans le sceptre de l'Europe, joua et grandit comme un autre enfant. Un peu plus loin, est une chambre où tous les voyageurs font une station et méditent : dans ce réduit, Napoléon rêva une destinée plus brillante que celle du foyer de famille; il s'élança avec joie du seuil de cette chambre, lorsque le comte de Marbeuf lui ouvrit une entrée à l'école militaire.

« Au temps des jeunes ans de Napoléon, l'ameublement de ce réduit était une table et un grand fauteuil en bois de noyer; les murs n'avaient d'autres ornemens que des feuilles de papier, où Napoléon esquissait des citadelles, des tours, des batteries et des régimens. Cette table fut le premier théâtre de ses études; dans ce fauteuil vermoulu il s'endormit plus d'une fois, dans les longues soirées d'hiver, pour rêver grandeur et bruit lointain.

« Cette table est devenue une des reliques de l'histoire; chaque voyageur y fait des entailles pour en recueillir une parcelle.

« Aujourd'hui, le manoir des Bonaparte est occupé par le frère aîné de Lætitia Ramolino : ce vieillard, stoïcien par nature, est resté dans sa retraite d'Ajaccio, quand tous les siens s'élançaient sur des trônes ou s'installaient dans des palais; il ne se montra sur la scène politique que lorsqu'il n'y eut plus pour lui d'échelons de grandeur; il fit partie de la députation de la Corse en 1818.

« Nous quittâmes cette demeure toute vibrante de souvenir, et quand notre navire fut au large, nous donnâmes un salut d'honneur à la modeste maison où sont nés tous les rois façonnés par l'empire, tous ces parvenus des conquêtes d'un seul. »

A ce récit, un jeune secrétaire de notre légation de Vienne retraça les phases d'un autre berceau :

« Vous avez contemplé la crèche impériale, » dit-il; « moi j'ai vu à Vienne le splendide berceau en vermeil, en forme de vaisseau, que la ville de Paris offrit au roi de Rome, à ce fils de l'Empereur, qui eut pour bourrelet une couronne, et qui ne commanda qu'à un guidon autrichien.

« Ce jeune prince semblait devoir réaliser cette pensée d'un poète (1) :

« Courage! enfant déchu d'une race divine,
« Tu portes sur ton front ta céleste origine!
« Tout homme, en te voyant, reconnaît dans tes yeux
« Un rayon éclipsé de la grandeur des cieux. »

« Cette majesté en bas âge avait laissé briller au milieu de ses jeux d'enfance une étincelle de cœur où le caractère perce et impressionne. On lui avait donné, à Saint-Cloud, pour ses délassemens, un compagnon nommé Albert : un jour, dans le jardin qui leur était réservé, le compagnon frappa, pour avoir une petite brouette, son royal camarade. Celui-ci se redressant, lui dit : « Si on te voyait!... mais je ne le dirai pas. »

(1) Lamartine.

« Lorsque Marie-Louise l'entraîna hors de France, on lui entendit dire : « Je resterai, je suis chez moi. » Ces mots peignaient la force de ses résolutions. Conduit à Parme, puis à Vienne, son éducation fut dirigée par le savant Dietrichstein ; mais la politique, qui fut le vrai gouverneur du fils de l'exilé de Sainte-Hélène, s'opposa à un enseignement de souvenir. On eut soin de lui cacher la vie et la gloire de son père. Parfois, il surprenait quelques traits qui se rattachaient à sa fortune d'avenir ; et, devant les théorèmes mathématiques qu'il ne pouvait expliquer, il disait : « Que veut-on faire de moi ? croit-on que j'aie la tête de mon père ? »

Sa santé lymphatique faisait redouter pour ses jours, ils se brisèrent dans la mollesse des palais : ils auraient grandi au bivouac. Le fils de Napoléon devait coucher sur la dure, pour bien porter le fardeau de la vie.

« J'ai vu ses obsèques, » ajouta le narrateur, « j'ai vu ce deuil d'une cour qui a combattu la France. Devant la jeune dépouille du duc de Reichstadt, le flegme allemand se faisait sentir : le canon avait remplacé les hérauts d'armes pour proclamer, dans la résidence de Louis XIV, la naissance du roi de Rome ; à peine quelques cloches ont-elles sonné à Vienne son glas d'éternité.

« Le duc de Reichstadt est mort le 22 juillet 1832, au palais de Schœnbrunn, dans la chambre même où avait couché Napoléon, lorsque, après la victoire de Wagram, il dicta les conditions de la paix.

« La vie la plus brillante se nivelle dans la nuit du sépulcre; au-delà, il n'y a rien pour les hommes : mais il reste encore des couronnes pour ceux qui ont souffert, et sous le chaume et dans la demeure des rois! »

« Et moi aussi, » dit un vieil officier de marine qui se trouvait dans le groupe des chasseurs de Montjay, « j'ai visité un lieu de souvenirs. Mais là il n'y avait pas eu pour Napoléon d'horizon d'avenir! Là, il reposait dans son passé de gloire. Là, on s'inclinait avec douleur et respect.... La tombe de l'île Sainte-Hélène a été ma station. J'ai vu tomber des escadrons et sombrer des navires; mon front porte des cicatrices, et les maux de la terre m'ont trouvé ferme et soldat; eh bien! au tombeau de Napoléon, j'ai pleuré!... Oui, j'ai pleuré... Là, ce maître du monde était couché sous quelques saules à longue chevelure; ils indiquaient seuls les dalles tumulaires. Douze pieds de longueur, six pieds de largeur, un treillage en fonte fermant l'enceinte, trois pierres jaunes, posées transversalement sur le sépulcre à fleur de terre, un géranium et quelques iris plantés à la tête et au pied de cette enceinte : voilà ce qui constituait le tombeau de celui qui avait jalonné le monde!.... Deux vétérans anglais y faisaient froidement sentinelle. Et sa dernière prison, Longwood, elle n'offre plus même la trace du souverain déchu. Dans la chambre où l'Empereur est mort, on fait mouvoir des hachoirs à paille pour les chevaux du gouverneur. Le cabinet et la bibliothèque où Napoléon exhala ses regrets, ont été livrés à la domesticité britannique!.. les appartemens qui étaient occupés par les grands officiers de sa suite sont transformés en granges ou en écuries.... Les riches habitans de l'île ont acheté son mobilier; tout, dans ce lieu, fait méditer avec amertume!... »

Il avait fini la narration, et on faisait encore silence... Le cor avait sonné, et aucun chasseur n'avait gagné le sentier de la clairière pour se blottir à l'affût; la cloche du village avait tinté et aucun travailleur n'avait entendu ce rappel au foyer... : tant il est vrai que les grands souvenirs impressionnent et captivent...

CHAPITRE XXV.

Ces Funérailles.

Jadis on disait : « Avez-vous assisté à cette grande bataille qui s'est donnée sous les murs de Moscou? » C'était là l'hécatombe des gloires d'un empire. Aujourd'hui on dit : « Avez-vous assisté aux grandes funérailles de Napoléon? »

Voyons ce que la France a fait, voyons ce que la France fera encore.

La patrie s'est drapée de noir; le vote des Chambres a enregistré les honneurs rendus aux dépouilles de Napoléon, l'Angleterre a octroyé le « laisser-passer » sur les mers des cendres du soldat-roi; une escadre a appareillé, la *Belle-Poule* a touché l'île Sainte-Hélène, elle a chargé les ossemens de l'exil, les restes de ce souverain qu'on proclame légitime, après avoir accueilli sa déchéance.

Celui qui porte son nom, qui est du sang des Bonaparte, regardait, du haut d'une prison d'État, du château de Ham, défiler le cortége qui honora les obsèques de Napoléon. Louis Bonaparte, condamné par la Cour des pairs à une détention perpétuelle, avait été reconnu sous les drapeaux héritier de l'empire; sous un drapeau il a cherché à ressaisir le butin de ses trophées de famille.

Jadis, pour les collatéraux de la lignée napoléonienne, on a voulu rajuster les tronçons du sceptre de saint Louis, rompus par une révolution. De berceau à berceau, de tombe à tombe, une faction a cherché à déverser sur ces collatéraux des diadêmes; elle n'a pu en saisir aucun : c'est qu'il manquait à l'ovation un principe, c'est que dans l'exil il y a une royauté sacrée, une jeune tête proscrite, dont le front seul peut ceindre, sans en être blessé, la couronne qui lui est échue par droit d'hérédité.

Voilà ce qui se déploie sur un tombeau qu'on ramène en France comme une conquête des souvenirs du temps : mais toutes ces grandes provocations à l'héroïsme, réveillent aussi la foi jurée au droit. En présence d'un pays qui a la nationalité des triomphes, on ne peut oublier long-temps que les fils de Henri IV sont malheureux.

L'homme qui a fait plier les Alpes par son génie, et contenu l'Océan par ses décrets, n'a eu pour dogme qu'une épée; cette épée, qu'il a traînée avec gloire sur tous les royaumes, avertit les peuples de la petitesse du temps présent.

Devant cette grande représentation des sépulcres, le cérémonial funèbre a été mené par les corps de l'État; il l'a été aussi par les vieux soldats dont la grenade a été conservée intacte dans leurs chaumières. A la fédération de deuil, les souvenirs ont parlé plus haut, en attendant le vaisseau de la mort.

L'hospitalité des sépultures est donnée par Louis XIV à Napoléon; le dôme des Invalides abrite le catafalque du héros des âges contemporains.

Pour recevoir le cercueil du conquérant, cette voûte superbe avait été décorée, depuis le sol jusqu'au premier ordre d'architecture, par une tenture en velours violet et or, parsemée d'abeilles et d'aigles brodés dans des couronnes; la soie et l'hermine rehaussaient, par des festons, l'éclat des draperies. Sous cette coupole, le sarcophage s'éleva; il était surmonté par quatre cercles formant une dentelle étincelante; des faisceaux le paraient. Le chiffre de Napoléon était l'insigne d'honneur; il se jouait sur des bannières séparées, en face des tombeaux de Vauban et de Turenne. Toutes ces renommées semblent unir les gloires de la France dans la même urne.

Les colonnes, de même que les tribunes, étaient garnies de lampes d'argent; des feux et des milliers de cierges jetaient une splendeur imposante sur cette cérémonie.

L'église était voilée de crêpes; la grande tour de l'édifice était tendue de noir dans toute sa circonférence; sur les médaillons qu'on y avait incrustés, on voyait les victoires et les fastes civils de Napoléon: c'était un *memento* qui surgissait au milieu des pompes qui proclamaient la mort.

Les étendards dont la moisson a été faite par les armes françaises, dans la lice des grandes batailles, flottent en permanence sur le monument funéraire, et, comme des épis dans un champ d'abondance, ils s'abaissent comme trop chargés de renommée pour l'ère qui rassemble leur gerbe.

Cet airain des combats, ces volées parties des flèches bénites, ces voix tumultueuses, cette foule flottante et pressée, ce quadrige sur un arc de triomphe reproduisant l'apothéose de l'Empereur, tout reflétait le siècle qui marche, tout montrait qu'il y a luxe dans les révolutions modernes.

Les statues des grands rois de la France avaient été posées sur la ligne du cortége; elles étaient là pour formuler le salut des temps sur un grand catafalque. Ainsi, pour honorer ce mort d'un jour, on abaissait les morts des siècles: Charlemagne, Philippe-Auguste, avaient été transformés en vassaux de Napoléon!

Les trépieds où fumait l'encens qui enivre et s'évapore, disaient la décevance d'une pourpre conquise.

Cent mille hommes ont défilé devant cette ombre! Les tambours voilés, leurs roulemens lugubres, tout indiquait que le pas de charge n'était plus la fanfare du champ d'honneur. Mais cette solennité apprenait aussi à l'étranger qu'une grande mémoire avait traversé l'Océan, et donnait force vitale à la France.

L'adieu des tombes n'a pas besoin de hérauts d'armes; ils gisent dans la mémoire. Tous les tributs des arts, toutes les intelligences se sont rencontrées venant au même but. La poésie a offert les premiers hommages; le langage des dieux pour parler aux cendres d'un soldat!... Voilà l'ovation... Mais ce soldat était Napoléon!...

> Viens, ton exil a cessé;
> Romps ta chaine ombre captive;
> Fends l'écume, avance, arrive:
> Le cri de guerre est poussé.
> Viens dans ton linceul de gloire,
> Toi qui nous a faits si grands!
> Viens, spectre que la victoire
> Reconnaîtra dans nos rangs.
> Contre nous que peut le nombre!
> Devant nous tu marcheras;
> Pour vaincre à ta voix, grande ombre,
> Nous t'attendons l'arme au bras!

Cette nouvelle Messénienne de Casimir Delavigne, l'auteur de *la Parisienne*, n'est qu'une déception. *Le soldat du drapeau tricolore*, que le poète a chanté, a laissé des affronts dans les plis de toutes les bannières.

> Troués par les boulets et broyés par les bombes,
> Ces bataillons de morts se lèvent de leurs tombes;

Ils marchent cependant... Où vont-ils, où vont-ils?
Quels rayonnants éclairs ont brillé sous leurs cils!

Ce sont des morts que la poésie évoque... aujourd'hui, rien n'est grand que dans la mort.

Ils viendront sur les flots et sur les grands nuages;
Ils viendront, ils viendront te porter leurs hommages!
Leurs ombres conduiront ton ombre au Panthéon!
Les voilà... l'éclair brille au loin sur leur passage...
Prends ton manteau des camps... et debout sur la plage,
Tends-leur les bras, Napoléon!

Puis vient tout l'idéal de l'enthousiasme; il se répand sur le vol des aigles. Les dithyrambes ossianiques laissent voir la troupe ailée tourbillonner au-dessus de l'Océan, et accompagner le navire funèbre; ces aigles, pendant vingt ans, sont allés s'exiler sur le rocher de Sainte-Hélène : là, battus par les tempêtes, ils n'en sont pas moins restés les gardiens de la tombe des peupliers. Mais, au bruit de l'airain que l'Europe a fait éclater sur les mers, le tombeau s'est entr'ouvert, et voilà les aigles qui partent. Ils volent dans le lointain, ils se perdent dans l'horizon; ils vont jeter un cri de patrie sur toutes les conquêtes de nos armes que l'étranger a revendiquées.

Salut! salut! vieux aigle de la France!
D'où venez-vous?
Du prisonnier est-ce la délivrance?
Répondez-nous (1)!

(1) A. Thevenot.

Alors l'aigle-roi emporte dans sa serre la terre de l'exil pour en imprimer la trace sur le front des potentats. Il fend l'air, il se place à la tête des cohortes ailées ; un chœur s'exhale et s'unit à l'accent des peuples, l'aigle s'élève aux cieux; il va chercher des foudres, et vient se poser sur la colonne de la grande armée.

« Qu'était-il devenu, France! ton empereur?
« Conduit sur le rocher où le flot monte et meurt,
« Ainsi qu'un nautonnier perdu dans le naufrage,
« Il te cherchait des yeux sur son lointain rivage.
« Et tombant à ses pieds, chaque flot mugissant,
« Lui mesurait la gloire en face du néant...
    « Oh! qu'elle dut être terrible
« Cette heure où fut vaincu le soldat invincible! »
. . . .
    Puis agitant les ailes,
Où le soleil semait d'ardentes étincelles
        Aux bruits sourds
        Des tambours
Et des canons d'airain, et des cloches des tours.
L'aigle immense abattit son vol sur la colonne...
Et ce fut un grand bruit, comme au ciel quand il tonne,
        Dans de funèbres jours!...

Au milieu de cet entraînement féerique et de tout le spectacle qui étonne, on aime à voir la fête des vrais regrets et des vieux souvenirs.

Deux sergens avaient aussi fait leurs apprêts pour dire un dernier adieu aux cendres de l'Empereur; ils avaient fourbi leurs armes sans détruire les vieilles brèches des luttes : ces deux sergens représentaient à eux seuls toutes les campagnes de Napoléon.

Les soldats de la vieille armée avaient un langage à eux, des statuts de convention qu'eux seuls comprenaient. Napoléon, sous les insignes de général en chef, était toujours pour eux le *petit caporal;* ils le voyaient plus grand sous le chevron que sous l'épaulette à graine d'épinards.

Nos deux sergens, se retrouvant après trente ans de batailles au foyer d'une chaumière, près de Saint-Ouen, se reconnurent à l'attouchement fraternel; ils se comprirent et crurent arrêter le temps par le récit de leurs souvenirs. C'était le lieu où allait faire halte le cercueil qu'ils venaient honorer.

« — C'est moi, » dit le plus ancien des conteurs, « qui ai donné à Napoléon-le-Grand son « chevron de sergent. » Il disait vrai : un des usages les plus curieux de la vieille armée, c'était d'établir le simulacre d'une délibération pour sanctionner ou rejeter les galons et les épaulettes d'un frère d'armes; ce simulacre s'appelait *la distribution des grades*, et il arrivait qu'un général était parfois fort peu avancé en grade dans ces élections, qui étaient le certificat des camps. Les grenadiers prenaient à leur point de départ les chefs qu'ils avaient vus dans leurs rangs, et tandis que le lendemain des batailles on distribuait les hauts grades aux illustrés du courage, la *chambrée des anciens soldats* attendait la fin de chaque campagne pour faire avancer d'un pas ceux qui les avaient guidés.

Le 9 août 1796, le soir de la bataille de Castiglione, le cercle des grenadiers se forma autour d'un feu de bivouac : le plus ancien récapitula les trophées de la campagne d'Italie : c'était le rapporteur de la fraternité des armes ; il allait soumettre son avis à l'aréopage qui siégeait sur les havre-sacs.

Dans son langage militaire, il énuméra les bulletins de victoire amoncelés par Bonaparte : les fleurons de Lodi, le sac de Pavie, l'incendie de Binasque, la charge de cavalerie de Borghetto, le blocus de Mantoue, les palmes de Lonato, Raveredo et Castiglione, tout fut mis en relief.

En traçant ce tableau, le vieux soldat se ranimait aux souvenirs d'Italie ; il se leva au foyer de la chaumière, comme il s'était levé au foyer du camp et dit : Pour lors *le conseil des anciens* était rangé en cercle, et chacun fut d'aplomb pour convenir que le *petit caporal* avait bien gagné son pas de campagne ; et moi, comme de juste, étant la plus vieille moustache, je levai mon briquet ; c'était battre au drapeau, et je dis : « Soldats de l'armée d'Italie, à compter du jour d'aujourd'hui, et entendu les opinions libres des camarades, et vu, avant tout, les fameux pas de course qu'il a défilés, vous reconnaîtrez pour votre sergent le citoyen Napoléon Bonaparte. »

« — J'en étais là du brevet, quand un petit

homme, en redingote grise, me frappa sur l'épaule, et dit : « Et quand le sergent peut-il espérer de passer sous-lieutenant? » Tout le monde se lève, car c'était le petit caporal... Et moi, je lui répondis : « Sans vous fâcher, général, nous verrons ça. »

Le vieux retraité montrait le briquet qui avait fait reconnaître Napoléon sergent à la parade du soldat.

L'un de ceux qui écoutaient était Thiébault, encore un ancien. Ce marinier de Bar-le-Duc avait été le camarade de lit d'un roi, de Bernadotte. Comme le vieux sergent d'Italie, il attendait sur les bords de la Seine pour rendre le salut militaire aux grandes dépouilles.

Le camarade de lit de Charles-Jean était resté Français ; il aimait le compagnon de ses premières campagnes, mais il n'en parlait jamais comme roi : avec sa couronne, Bernadotte n'était pour lui qu'un déserteur de l'aigle.

Le tocsin des quatre puissances sonna.

« — Cette menace-là me remua le cœur, » dit Thiébault ; « l'oiseau est changé, mais c'est toujours le drapeau de l'aigle.... et d'ailleurs, le coq avait mieux chanté sur l'arrière-ban de France que sur le toupet de l'Autrichien. V'là toutes mes campagnes qui défilent dans mon cerveau, et tout d'un coup il me pousse une idée : je la tourne... je la retourne... et finalement je me dis : « Oh ! elle est fameuse... l'idée ! ce camarade de lit qui a tourné casaque, aujourd'hui en doit être bien chiffonné... » si bien que je me décidai à lui aligner quelques syllabes, car l'occasion me paraissait bonne à saisir, en cas que Bernadotte n'eût pas oublié la manœuvre de l'étendard de la grande armée. Je quitte mes outils, je prends la plume... Mais quoi! pour ne pas choquer le camarade, il fallait le traiter de *majesté*, et c'était justement là le temps d'arrêt entre nous d'eux. Enfin, je me décide, et voilà ce que je lui défile:

« *Majesté*,

« Celle-ci est de la part de Thiébault, votre
« ancien camarade. Si je ne vous ai pas écrit plus
« tôt, vous comprenez pourquoi; c'est inutile de
« parler de ça. Mais voici une fameuse brèche
« pour repasser la frontière du pays, et quand on
« est Français, il me semble que c'est l'ordre de
« revenir à son rang, surtout dans un moment
« où il y a chance de coups de sabre avec les au-
« tres, qui, à ce qu'on dit, vont donner le mot
« d'ordre pour dégainer contre nous. Pour ma
« part, j'ai mon sabre de Lodi, et si vous avez
« gardé le vôtre, je serais bien aise de faire votre
« second contre les Autrichiens et compagnie, et
« cela comme nous en décousîmes plus d'une fois
« quand j'avais l'honneur d'être camarade de lit
« de votre majesté.

« THIÉBAULT. »

« Je mets ma lettre à la poste, et j'additionne

les étapes que nous avions faites pour aller prendre Stockholm, afin de savoir quand j'aurais la réponse. Elle me vint d'une drôle de manière!... mais je ne vous conterai pas ça; elle ne fait pas honneur à mon camarade de lit, et il faut taire ce qui blesse. »

Ce que Thiébault tait, on va le dire : le roi de Suède, en réponse à cette épître du brave Thiébault, fit adresser au maire de Bar-le-Duc *deux cents francs*, « pour être remis à un homme dont il n'avait pas oublié le nom. »

Thiébault, indigné, fit battre le rappel au tambour de sa commune; il fit rassembler, au sortir de la grand'messe, tous les habitans sur le bord de la Meuse. Là, il lut à haute voix la lettre qu'il avait adressée à Bernadotte, puis il lut la réponse du roi de Suède. Il montra à la foule les dix pièces d'or, et lança avec mépris cette somme dans les flots, en disant : « Ce n'était pas de l'argent que « je lui demandais... moi, je ne suis point roi... je « suis plus que ça, je suis Français! » A ce récit, qui fut constaté par un ancien artilleur, les deux sergens se serrèrent la main et crièrent : « Vive la France! »

Au rendez-vous de Saint-Ouen arrivèrent quatre invalides. On les connaissait sous le nom de guerre des *quatre Murillo*. Ils venaient d'adresser une pétition, afin de voir placer dans la grande salle des Invalides les quatre tableaux du célèbre peintre espagnol, dont l'Empereur avait enrichi le Musée. Leur réclamation avait été accueillie, puis ajournée.

Voici comment ces quatre soldats de l'empire se trouvaient liés à quatre chefs-d'œuvre de l'école espagnole.

En 1810, dans cette guerre patriotique où tout Castillan était soldat pour reconquérir le sol violé, dans cette lutte d'exaltation et de haine, les moines armés d'un des couvens de la vieille Ibérie surprirent quatre grenadiers français et les mirent à mort. « Ces traînards sacrifiés appartenaient au corps d'armée du général S***... (je tais son nom, dit l'un des chevronnés, il est du cortège des cendres... »), et après un repos, il continue son récit. On recueillit ces détails :

« A la nouvelle du massacre des quatre grenadiers, le général appela un aide-de-camp pour expédier l'ordre de marcher sur le couvent, et d'user de représailles : elles devaient être terribles. Mais, réprimant le premier mouvement de sa colère, il combina un genre d'expiation moins sanglant et plus profitable. L'aide-de-camp, à la tête d'un bataillon, se rendit maître du couvent, et amena à l'état-major le supérieur pieds et poings liés.

« A chacun la responsabilité de ses œuvres, » dit le général. « Vos moines m'ont tué quatre grenadiers ; je vais vous faire tous passer au fil de l'épée. »

« — Ne peut-on, » répliqua le moine, « racheter par des rançons la vie des serviteurs de Dieu ? »

« — Peut-être... si la rançon est convenable ; voyons. Vous me devez *quatre grenadiers ;* vous avez dans votre chapelle *quatre Murillo :* donnez-moi vos Murillo, et je vous donne décharge de mes soldats. »

Le troc s'effectua, et les quatre tableaux furent emballés en acquit des quatre morts.

Napoléon garda mémoire de ce bénéfice d'une campagne.

Au retour du général à Paris, l'Empereur lui dit : « Je sais que vous avez quatre chefs-d'œuvre de Murillo ; je désire les voir au Musée : cédez-les moi, vous n'y perdrez rien. »

Les Murillo furent dès le lendemain dans la galerie du Louvre, et le général attendit honneurs et fortune.

C'était la veille d'une grande revue ; il y avait cercle aux Tuileries, et le donataire des Murillo s'était placé au premier rang, afin de remémorer à l'Empereur sa dette.

« Je ne vous ai point oublié, général, » dit Napoléon ; « vos Murillo sont superbes, vos fourgons les ont ramenés sans dommage. Je vous ai dit que vous ne perdriez rien en les cédant au Musée, et je vous ai tenu parole. Berthier a choisi les quatre plus beaux grenadiers de ma garde, et les a fait, ce matin, incorporer dans l'un des régimens de votre division. Vous voyez que je vous paie vos *Murillo* au prix coûtant. » Ces grenadiers étaient les quatre invalides qui depuis étaient appelés les *quatre Murillo*.

Dans l'humble retraite de Saint-Ouen, à cette station des vieux guerriers, on voyait aussi deux soldats de l'empire mutilés par la mitraille. Ils se rencontraient partout où il y avait un hommage de l'âme à payer à leur empereur; ils s'étaient déjà vus le 5 mai au pied de la colonne de la place Vendôme. Ces deux braves marchaient chacun avec une jambe de bois, fiers d'avoir laissé sur le champ du combat la rançon du courage. Pour eux, le mausolée de la gloire d'un seul n'avait rien fait perdre à la gloire du mausolée de la grande armée. Jamais ils ne passaient devant la statue de l'Empereur sans porter la main droite au front.

A chaque anniversaire de la mort de Napoléon, le monument élevé avec les canons conquis sur l'étranger est toujours paré de couronnes.

C'est la grande commémoration des victoires. Là, au pied de cet obélisque des grandes batailles qui ont rempli le siècle, il y a aussi des soldats qui stationnent comme les souvenirs. Un sergent d'Austerlitz y fait faction; il sert de guide aux curieux qui gravissent l'escalier en spirale, conduisant à la plate-forme où domine l'image d'airain de Napoléon.

Au temps des grandes funérailles, cette pyramide n'est point restée veuve. On a vu les vétérans venir au monument de leurs frères poser des palmes fraîches ; et dans le nombre étaient nos deux mutilés, nos deux jambes de bois de Wagram et d'Eylau. A tous les souvenirs d'honneur, ces doyens répondaient : « Présens. » Ils s'étaient connus à l'un des anniversaires de la mort de Napoléon ; et voilà comment : l'un suivait le boulevard, en rêvant au temps qui n'était plus, quand une petite boutique ambulante, consistant en une corbeille remplie de fleurs rares, frappa ses regards. Il s'arrête pour acheter un bouquet. Celui qui vendait ces fleurs était aussi un des soldats de la vieille armée. Le militaire qui étalait ses tiges embaumées les avait cultivées avec soin ; elles étaient le produit d'un petit coin de terre de l'héritage paternel.

Les deux vétérans avaient servi sous le même drapeau. Ils cheminèrent quelques pas ensemble, et en causant de leurs campagnes leur connaissance fut bientôt faite.

« L'étape est changée, » dit le soldat fleuriste ; « aujourd'hui j'aligne des arbustes ; j'avais pourtant assez de balafres pour avoir les invalides ! » Et à ces mots il frappait avec sa canne sur sa jambe de bois.

« — Moi, j'ai ma chaumière aussi, et sur ses murs j'ai collé nos batailles ; au soir, quand la journée a été rude, je les vois là, et ça me refait de ma fatigue. »

Les deux grognards, s'animant aux récits de

leur passé de gloire, marchaient côte à côte ; ils faisaient résonner dans la foule insouciante les noms d'Iéna, de Friedland et de Moscou. Toujours devisant, ils arrivèrent sur la place Vendôme ; se découvrant, ils s'arrêtèrent et dirent en même temps : « Le voilà !... »

« Ce bouquet que je t'ai payé, c'est pour lui ! » s'écria le vétéran le plus rapproché de la colonne. « Je voudrais qu'il fût d'or, j'y mettrais ma sueur d'une année!... Pour lui, rien de trop... tout, tout pour notre Empereur ! »

— Oui, tout ! » reprit le soldat jardinier avec feu. « Ah ! tu crois que je vais te vendre mes fleurs ! tiens, voilà ton argent, et garde les camélias, et les dalhias, et les grenades... Et moi aussi, je veux lui en donner... tiens, mon Empereur, en voilà des bouquets ! » Et il prenait à pleines mains les fleurs, et jonchant l'estrade de la colonne, il répétait en vidant sa corbeille : « Tout, tout pour lui !... Et moi aussi, je voudrais qu'ils fussent d'or ! »

Ces honneurs du cœur en valent bien d'autres!...

On le voit, les vieux soldats restèrent toujours l'écusson de la France : c'est au pas de course que l'armée a vaincu. Les montagnes se sont abaissées, le col des falaises s'est élargi, les fleuves se sont enchâssés pour laisser la voie au triomphe. La chamade a battu sur le Rhin, il a été franchi à Urdingen, à Kehl, à Neuwied; c'est le fleuve guerrier, il a porté les premiers fleurons de la patrie. Le tambour a prolongé ses roulemens sur les plages de la Limath, du Splugen et de l'Inn. Il a résonné au passage du Tagliamento, de l'Adige et de la Salza.

C'est au bruit de la marche *la Favorite*, que l'armée a passé le Danube et la Traun. La fanfare du pas redoublé s'est fait entendre en côtoyant la Piave et le Guadalaviar. Puis le pas de charge a retenti sur les flots congelés du Niémen et de la Bérésina.

Sur toutes les rives, l'armée a battu au drapeau, et le drapeau a porté au loin la gloire.

Les houras sont passés du Nord au Midi; les rivages de l'Ambalire, du Tage et de la Bidassoa, comme ceux de la Newa et de la Moskowa, ont vibré des ordres de bataille de la grande armée.

Voyez les cartouches des vétérans, ces états de services des soldats de Napoléon disent que la carte de France a été agrandie. Chaque coup de baïonnette a repoussé la frontière; ces braves ont planté le jalon des lignes françaises en Savoie, en Belgique, en Suisse, aux îles Ioniennes. Ce n'était pas assez; le sang français a cimenté l'union des temps et des trophées. Cassel, Wesel, Flessingue, ont été anexées à notre territoire. Il en fallait encore; Parme et Plaisance, les villes anséatiques ont figuré sur le cadastre des sols réunis. Puis sont venues toutes les possessions du

Luxembourg, du Munster, et jusqu'à celles de la Catalogne ; toutes ont été centralisées dans le mot : FRANCE.

Voilà le salut des étendards, voilà le salut du port d'armes devant des cendres.

Souvent le faste des tombeaux éblouit sans rien dire à l'âme... Mais, pour le groupe réuni à Saint-Ouen, la pompe n'était pas dans les draperies d'un char funèbre... La patrie honore ce qu'elle ne pleure pas; les vieux soldats pleurent ce qu'ils honorent.

Napoléon avait conservé la gloire pour champ d'asile; le passé et l'actualité ne lui ont point enlevé ce refuge. Il apparut et cria « arrière » aux cohortes de la terreur, et la patrie ne reconnut plus pour sauveurs les hommes de l'échafaud. Bientôt les soldats qui suivirent les pas de conquête du soldat empereur, firent faction sur la frontière et en gardèrent l'intégrité. La France ne périt point; elle resta forte pour donner à ses morts une honorable sépulture ; la religion et la justice s'entendirent pour expliquer l'ordre moral; ceux qui étaient impies restèrent sur le parvis du temple, et les facultés du mal furent momentanément frappées d'interdiction.

Le roi des camps cacha ses plans d'envahissement pour préparer le succès de sa cause; il fit naître alors la nécessité de déposséder la révolution, pour assurer la paix de l'État; puis il se mit au droit de la famille légitime, et monta les degrés du trône. Les régicides avaient inventé le crime pour conspirer; Napoléon, sans crime, ôta toute puissance aux régicides; mais il conspira pour annuler l'action des héritiers de la couronne, et avec du sang il chercha à implanter les lis dans un désert.

Après vingt ans sans deuil, la France a voté à Napoléon des funérailles dignes d'elle, dignes de lui. Elle a placé son cercueil sous les drapeaux de ses victoires : le dôme des Invalides est le couvercle de sa tombe...

Celui qui a rempli tous les hémisphères de son nom, celui qui a fait entendre ses ordres, du mont Calpé à la mer Blanche, des Sporades grecques à l'ancienne Thubé, sommeille,... et le monde fait silence...

LES FEUX DU BIVOUAC.

ÉPISODE.

AVERTISSEMENT.

Le bivouac, cette halte du soldat, ce rendez-vous des batailles, cette veillée des camps, a été le poste où toutes les célébrités se sont agrandies; c'est le lieu des passes d'armes de l'ère contemporaine, c'est le parvis des gloires. C'est du bivouac que Napoléon a mesuré avec son épée le sceptre des rois; c'est au bivouac qu'il a été improvisé consul par les baïonnettes de ses grenadiers; c'est du bivouac qu'il a arrhé la pourpre impériale. C'est au son de la diane qu'il a aligné ses troupes sur tous les sols, qu'il a conquis et octroyé des royaumes ; c'est du bivouac qu'il a jeté à la France des piquets pour étendre ses frontières.

Les feux du bivouac ont éclairé nos victoires ; au bivouac, nos armes ont étincelé, nos bannières ont été déployées; la renommée a toujours pris place sur ce lit des braves. C'est aux feux du bivouac que les émotions du foyer paternel se sont ranimées, et que les cœurs ont battu à la pensée des vieux exploits ; là, chaque soldat, en vidant sa gourde, a quelque trait à raconter : dans ces récits, les anecdotes, les actes d'héroïsme retentissent tour à tour; c'est au bivouac que l'attrait de la patrie est puissant.

La fraternité du danger a quelque chose de solennel et de touchant qui se sent, et qui ne peut s'exprimer; la gloire est une extase où la bravoure voit l'avenir.

Sous le titre de *Feux du Bivouac*, on a réuni les faits, les épisodes, les reparties qui ont caractérisé les mœurs de l'empire. Sur ces tablettes, on trouve des actions que les historiens ont délaissées pour courir aux événemens politiques. C'est un *memento* qui rattache aux fastes de nos phalanges quelques feuillets oubliés.

Le caractère guerrier s'anime et se déploie au bivouac; c'est le péristyle de la victoire. Charlemagne y apparut avec sa chlamide de peau de loutre, Henri IV avec sa jaquette de bure, et Napoléon y dormit enveloppé dans son manteau de ratine.

Là, les houras, les clairons, le bruit de la mousqueterie proclament le feu du courage et l'amour de la patrie; c'est la fête des armes, c'est la solennité des tentes, les cœurs se retrempent au baptême des drapeaux; on se rallie sous les vieux trophées pour en rapporter d'autres. Les bulletins de la grande armée sont le catéchisme des combats; on recueille les fruits du passé, on jette des gages à l'avenir, et les traditions revivent dans l'actualité.

En surveillant l'ennemi, on parle au bivouac de tout ce qui a trait au pays : de son vieux père, de son village, de sa chaumière; on cite les exemples, chacun est attentif, chacun recueille, chacun profite, et si on médit, c'est contre l'ennemi qui se fait attendre... Là, tout est vivace, tout impressionne, et en fourbissant ses armes, en enlevant la rouille d'une nuit, on chante en chœur le refrain des montagnes; car le chant est le salut de la trève. Puis, quand il y a appel d'honneur, le tambour bat, tout est debout.

Voilà les passe-temps du bivouac : ainsi sur la dure, on chante, on dort, on veille ; c'est la soirée du combat qui électrise, rehausse l'âme et donne des palmes à la vie.

SOMMAIRE.

—

I
LES FAITS D'ARMES.

Le mois de Napoléon. — Les Armes conquises. — Le Peloton.

II
L'INCOGNITO.

La leçon d'Agriculture. — La Générosité. — La Reconnaissance. — Le Déjeuner. — L'Ouvrier. — La Messe de Minuit. — La Voix du maître. — L'Académicien. — Le Monologue.

III
LES SOIRÉES DE L'EMPIRE.

Le Programme. — Les Quadrilles. — Les deux Squelettes.

IV
LE DUEL DIPLOMATIQUE.

Le Musée improvisé. — Le Baise-Main. — L'Offense. — Le Gage du combat. — L'Échange des armes. — La Blessure. — L'Approbation des cours. — La Lutte européenne.

V
LA RANÇON DES SOUVENIRS.

La Revue des trophées. — Les Grenades d'or. — La Tabatière. — La Consigne. — Le Cheveu. — Le Titre du champ de bataille.

VI
LE GROGNARD.

Les Causeries du Bivouac. — L'Épithète de *grognard*. — La Redoute. — Le Décoré. — Le Balafré. — Les Flots, les Glaces et le Canon. — La Mutilation de guerre. — La Mort des Braves.

VII
LE DRAME.

La Réaction. — Les Philadelphes. — Les Mots de passe. — L'Action féerique. — La Proclamation. — La Parade de mort.

VIII
L'HOROSCOPE.

Les Bohémiens. — Les Prophéties de 1542. — Noël Olivarius. — La Sybille. — Les Révélations. — La Couronne.

IX
QUI EST-ELLE?

Le Procès énigmatique. — La Bûche enterrée. — Les Révélations.

X
LE REPAS.

Les Ovations bachiques. — La Police. — La Correction impériale.

XI.
LE DAIS IMPÉRIAL.

La Terre étrangère. — Le Sol du foyer. — La Rade de Boulogne. — L'Ovation. — La Fête au camp. — Les Jours de Revers.

XII.
LE VALLON SACRÉ.

L'Académie sous la tente. — Le Style *italico-français*. — L'Odyssée. — La Cyrnéide. — Les Chants élégiaques. — Le Ménestrel de l'Exil.

XIII.
LES BAÏONNETTES.

L'Action des camps. — Les Capitulations sous les armes. — Le Blason de la grande armée.

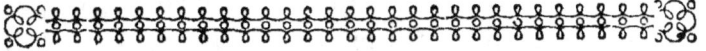

HALTE PREMIÈRE.

Les Faits d'Armes.

La charge battait sur tous les sols, l'armée poursuivait ses conquêtes : plusieurs de ses bataillons étaient campés à Cologne ; c'était le terrain que les Français avaient enlevé à la coalition, c'était là où le 3ᵉ de ligne avait fait des prodiges ; c'était le lieu où le colonel Bressand, à la tête de quatre cents hommes, avait tué quatre mille Autrichiens. Sur ce sol, nos tentes furent dressées et on alluma les feux du bivouac avec le papier des cartouches de l'ennemi ; le biscaïen qui avait mutilé le colonel du 3ᵉ, reposait près de l'aigle, comme un prisonnier de guerre.

Le plus jeune officier raconta la prise des redoutes de Lacile : « Quand notre colonel, dit-il, fut porté à l'ambulance de l'étranger, l'archi-

duc Jean l'aborda et lui dit : « Je ne vous vois pas
« avec votre épée ; un brave tel que vous ne doit
« pas rester désarmé ! je vais la faire chercher sur
« le champ de bataille, et si elle ne se retrouve
« pas, je vous donnerai la mienne. »

« Ce fut nous qui la trouvâmes, et cette arme, à la tête du régiment, nous conduisit deux fois à Vienne. »

Tous les bivouacs sur la ligne étaient pavoisés d'étendards ; et pendant que les soldats, après les rondes de nuit, prenaient du repos, les officiers du génie s'amusaient à jouer « au jeu de la guerre, » espèce d'échec à cases serrées, jeu inventé par Napoléon. Ils avaient tracé sur le sable, avec leur épée, des bastions et des forteresses ; les pions avaient été façonnés avec des balles fondues ; c'était la théorie que l'art des manœuvres allait mettre en pratique.

Au réveil du clairon, toutes les combinaisons du jeu de la guerre allaient se développer. L'étude était spéciale, et le lieu bien choisi : ces officiers jouaient *le mois de Napoléon;* c'est ainsi que se nommait l'augmentation de solde accordée à la garde impériale. Il était censé que l'armée avait treize mois de paie : douze étaient réglés par l'État, le treizième était payé sur la cassette de l'Empereur ; ce mois hors part, cette gratification hors budget pouvait se jouer, et surtout au jeu de la guerre, qui était le réflecteur de la stratégie des batailles.

Le foyer du bivouac pétillait, trois soldats s'avançaient pour voir l'échiquier du camp. « Que venez-vous voir là, vous autres? » dit un des joueurs, « vous n'avez pas eu besoin de théorie à la pente de la brèche de Ciudad-Rodrigo. » En effet, ces trois curieux étaient Thirion, caporal de grenadiers au 5ᵉ régiment; Bombois, carabinier, et Billeret, chasseur au 6ᵉ d'infanterie légère. Ces trois intrépides, à la voix du maréchal Ney, s'étaient présentés de bonne volonté pour franchir les premiers la brèche de cette forteresse. Arrivés sur le second rempart, ils firent feu sur l'ennemi. Cet acte d'audace fit prévoir à la garnison que la résistance serait inutile, et avant l'assaut le gouverneur offrit de rendre la place à discrétion. Les trois braves, par les ordres de l'Empereur, eurent depuis chacun un étendard à garder.

Au bivouac de Cologne, se trouvaient des prisonniers de toutes les nations; ils avaient allumé leurs feux à part. A la visite de Napoléon, un officier de la garde russe dit : « Sire, faites-moi fusiller; je viens de perdre mes pièces! »

« Jeune homme, » répondit l'Empereur, « j'apprécie vos regrets; mais on peut être battu par mon armée, et avoir encore des titres de gloire. »

Peu après le général Duhem s'approcha; il venait de faire une charge. En rentrant au quartier il dit : « Vous l'avez vu : trois de vos camarades

« viennent de périr; la mitraille n'a point voulu
« de moi. Eh bien! grenadiers, notre sort n'est-il
« pas écrit là-haut? »

A chaque instant, le bivouac était incidenté par des actions d'éclat, qui se mariaient aux sifflemens des balles. L'Empereur était entré à Postdam; là, il trouva l'épée du grand Frédéric, la ceinture que ce prince avait portée dans la guerre de sept ans, et le grand cordon de ses ordres : en s'emparant de ces trophées, en face de la colonne de Rosbach qui signalait une défaite de la vieille France, Napoléon dit : « J'aime
« mieux cela que les vingt millions que j'ai trou-
« vés dans les caisses : l'argent sera envoyé à mes
« vieux soldats des campagnes de Hanovre; mais
« pour les armes du grand Frédéric, j'en ferai
« présent à l'Hôtel-des-Invalides; là, on les gar-
« dera comme un témoignage des victoires de la
« grande armée, et de la seule vengeance qu'elle
« a tirée du désastre de Rosbach. »

C'était l'époque où Napoléon pouvait mettre en pratique les paroles du grand capitaine dont il venait de recueillir les dépouilles de guerre :
« Si j'avais l'honneur d'être roi de France, il ne
« se tirerait pas en Europe un seul coup de ca-
« non sans ma permission.

L'Empereur fit escorter son envoi couronné de drapeaux ennemis; et toutes les fois que ces insignes approchaient des bivouacs, les soldats regagnaient leurs rangs pour les voir défiler devant leur front, et pour leur rendre le salut des armes.

Cependant un autre salut est rendu sous la tente : une civière passe; elle porte le canonnier *Traule* (d'Abbeville). Le bivouac devint sa première ambulance; un boulet lui avait emporté une main, un coup de sabre l'avait privé de l'usage de l'autre. Le mutilé, aussitôt qu'il est pansé, dicte cette lettre pour sa mère :

« J'ai une main qui ne peut plus me servir; je
« ne vous parle pas de l'autre, elle est restée sur
« le champ de bataille; au malheur près, je me
« porte bien. Aimez toujours votre fils qui ne peut
« plus ni signer ni combattre. »

Tout près de Traule était un autre blessé; David, voltigeur au 10ᵉ de ligne, s'arrachait avec son couteau une balle du sein; il en chargea son fusil et la renvoya aux Autrichiens en s'écriant : « Je ne veux rien avoir aux ennemis. »

Puis, c'est un vieux soldat à qui l'on vint annoncer que le troisième fils d'un de ses compagnons d'armes venait d'être tué d'un coup de canon; il laisse échapper un soupir avec ce regret de gloire : « Ils sont tous heureux dans cette famille ! »

Sur la ligne des feux de bivouac, un détachement de cent hulans autrichiens avait attaqué un poste de Français, gardé par huit hommes commandés par le sergent Rousselot. Ce sous-officier fit aligner son peloton, et se plaçant en rang serré, il dit : « Si je recule, tuez-moi; si vous reculez, je vous tue ! » et en continuant de faire feu il battit lentement en retraite. Un de ses soldats se sentant blessé lui crie : « Mon sergent, j'ai la « cuisse cassée. — Marches-tu encore? — Oui. « — Vite, vite, recharge ton arme, et serre les « rangs. »

Les huit soldats furent blessés, mais tous parvinrent à se rallier au feu du bivouac, et à faire encore une décharge sur l'ennemi.

Toutes les actions d'intrépidité s'étaient donné rendez-vous sur ce sol. Guichard, caporal de grenadiers, se prit de fantaisie d'aller saisir un capitaine autrichien jusque dans son camp; il aborde, tue les sentinelles avancées, et s'empare du chef du poste. Les Autrichiens voulant délivrer leur officier, couchent en joue Guichard. Celui-ci ne veut point lâcher son prisonnier, il le place devant lui. On n'ose pas faire feu; alors il se retire, et effectue sa retraite à reculons. Il arrive sain et sauf à nos postes avec son captif, et vient bivouaquer sur le terrain marqué par les aigles pour une victoire.

Telles étaient les leçons de courage que l'armée donnait sous la tente. C'était la fortune du camp et la vie du bivouac.

HALTE II.

L'Incognito.

La vérité, cette raison du sage, est belle, sans fard et toute nue : l'aveuglement redoute sa nudité, l'erreur fuit à son approche, et il faut le mystère de l'incognito pour la montrer à la méditation des peuples. C'est aussi sous l'incognito qu'un souverain va chercher des exemples, et tâche de surprendre le vrai au milieu de ses sujets. La morale se place au sein de cet entraînement; sous un demi-jour, la vérité a plus d'attrait et de puissance; en explorant les mœurs elle laisse entrevoir une leçon.

Le Rhin, ce fleuve frontière gardien de la patrie, était, après la paix de Tilsitt, pavoisé de tentes. Les feux du bivouac de Schelestadt s'apercevaient au loin; chaque peloton avait pris son cantonnement sur la frontière. L'armée avait beaucoup à dire; elle gardait le silence sur ses actes, mais sur ceux de l'Empereur elle ne tarissait pas, et les récits du bivouac étaient des plus animés. Là, officiers et soldats racontèrent tour à tour les impressions et la fluctuation de la vie de Napoléon. Ses incognito furent surtout mis en relief; on en souleva le voile. Les souvenirs alors étaient un compte de bataille; on voulut le rendre.

Napoléon aimait à venir à la Malmaison se délasser de ses méditations, et goûter un repos passager sous ces voûtes feuillées, où il retrouvait tous les charmes d'un cercle intime.

Dans ses excursions du matin, endossant la redingote grise qui était l'uniforme de son incognito, il s'avançait souvent seul, parfois accompagné du grand maréchal du palais, qui avait aussi laissé ses cordons et sa broderie pour vêtir un humble frac.

Advint un jour qu'en marchant côte à côte avec un de ses grands officiers, sur le chemin de Marly, Napoléon s'arrête tout-à-coup pour regarder un laboureur tracer son sillon. « Dites-donc, mon « brave homme, vous ne savez pas votre métier; « votre sillon n'est pas droit. — Ce n'est toujours « pas vous qui me l'apprendrez..., mon métier. « — Peut-être! — Bah! si vous étiez à l'œuvre « vous seriez assez embarrassé pour en faire au- « tant. — Parbleu non! — Vous croyez! Eh bien! « essayez, voici la place libre. » A ces mots le laboureur fit deux pas en arrière; Napoléon s'approcha et prit le manche de la charrue. La leçon n'alla pas plus loin, le soc fit des circuits, pas un tracé ne fut fait en droite ligne, et l'officier du génie échoua devant l'expérience de l'homme des champs. « Allons, allons, vous vous y prenez mal, » dit le paysan en ressaisissant sa charrue ; « votre besogne ne vaut rien; faites votre métier « et laissez-moi faire le mien. »

L'Empereur paya sa vanité ; il remit au travailleur dix napoléons pour réparer le temps qu'il lui avait fait perdre, et pour payer la leçon qu'il avait reçue.

Frappé de cette générosité, le paysan va boire à la santé du promeneur, conte son aventure et apprend que c'était l'Empereur. Le bonhomme tout interdit n'osait plus retourner à ses champs, et le lendemain il prit la résolution de se rendre à la Malmaison pour voir s'il reconnaîtrait dans Napoléon celui qui s'était pris de fantaisie de labourer sa terre. Il se vêtit de ses plus beaux habits, et, selon son expression, « il avait pris son courage à deux mains » pour se préparer à cette entrevue, et aller remercier l'Empereur de ses largesses.

Napoléon, de sa fenêtre, vit arriver son maître laboureur ; il donna l'ordre qu'on le fît entrer. Bientôt le villageois s'approche ; arrivé dans le cabinet il salue Bourrienne qui écrivait, persuadé que c'était l'Empereur, et qu'on l'avait trompé.

2

Mais tout-à-coup il entend une voix qui lui dit : « Eh bien ! mon brave, la moisson sera-t-elle belle ? » Le paysan se retourne ; apercevant Napoléon, il s'incline derechef, et s'écrie : « Sauf votre respect, mon Empereur, elle aurait été mauvaise, si la terre n'avait pas été remuée par une poigne solide. — C'est vrai, les beaux messieurs ne valent rien pour cette besogne. — Sans vous offenser, les empereurs ont la main trop douce pour manier la charrue. » — « Je me le rappelle, » répliqua Napoléon en souriant; « mais, grand et fort comme tu l'es, un fusil de munition ou la poignée d'un bon sabre irait tout aussi bien à ta main que la charrue. » Le laboureur se redresse et dit : « J'ai fait comme les autres, j'ai endossé la giberne à la maison commune, et en avant, les Prussiens par terre ; à Landrecies, ils en ont vu de solides. Nous n'étions pas équipés comme ces grands gaillards flambergés qui sont à votre porte ; mais il y avait des coups de sabre pour tout le monde, et il m'en tomba un qui, après quelques semaines d'ambulance, me donna mon congé et me renvoya à mon labour. »

— « Fais-moi voir ton congé. » — « Juste, le voici. » Napoléon inscrivit une pension sur sa cassette, et renvoya le laboureur heureux d'avoir trouvé cette bonne fortune.

L'invalide bâtit sa chaumière tout près du champ de Marly où Napoléon avait tracé la ligne courbe d'un sillon, et, comme un souvenir qui devait toujours rester, la terre depuis n'en fut pas remuée.

C'était aussi sous les insignes de l'incognito que Napoléon se dérobait à l'étiquette des Tuileries, et allait faire ses inspections sous l'accoutrement d'un bourgeois. Il entrait dans les boutiques, marchandait, questionnait, et pour connaître l'esprit public décriait souvent l'Empereur. Dans ses promenades, l'incognito ne tourna pas toujours à son profit : il faillit être un jour chassé d'une boutique à coups de manche à balai, pour avoir mal parlé de lui-même. La menace lui fit grand plaisir ; cette humiliation le rendit fier, car il eut l'illusion de se croire aimé.

Ce fut aussi dans un incognito qu'il entra au café des Bains Chinois avec le maréchal Duroc : après avoir déjeuné, ni l'un ni l'autre n'avait sa bourse. Le garçon apporte la carte : « Paie, « dit Napoléon à Duroc. Tandis que l'écot devait se solder, il gagnait, les mains derrière le dos, la porte qui conduisait au boulevard. Duroc se fouille, point d'argent. Il s'avance vers la maîtresse du café, s'annonce comme un officier de la garde ; la dame sourit et refuse crédit. Il vit que l'épaulette n'était pas en renom au comptoir. Napoléon s'impatiente, « Duroc n'en finit pas ; » il ignore le débat, il s'approche et apprend le motif du retard ; la dépense n'est pas payée !..... Dans cette anxiété, le garçon du café s'écrie : « Vous me paraissez tous deux gens à ne pas vouloir faire perdre à un pauvre garçon son salaire, je vais payer pour vous. » Et aussitôt il détacha deux pièces de cinq francs sans demander l'adresse de ceux qu'il oblige, et l'embarras prit fin... Le lendemain le garçon reçut vingt-cinq napoléons et prit rang dans la livrée impériale.

Quelquefois c'était au milieu des ouvriers que l'Empereur se montrait sous l'habit d'un flâneur indiscret; toujours questionnant, toujours bref dans ses demandes, il arrivait parfois qu'il était reconnu; il payait alors l'enthousiasme.

Devant une maison en construction dans la rue de Charonne, il s'approche un jour, et reconnaît parmi les travailleurs un vieux soldat : celui-ci à sa vue reste les bras ballans et s'écrie : «Oh! « mon empereur! » — « C'est toi, Boilin? » reprend Napoléon; « il y a long-temps que nous nous connaissons; tu étais caporal dans le 2ᵉ régiment de chasseurs à pied de la garde; deux fois blessé à Esling, je t'ai décoré et j'ai approuvé ton admission à l'Hôtel-des-Invalides. Tu t'es fait mettre à la porte, car tu as le vin mauvais, et mauvais pour moi!... Tu te grises et tu cries: « Vive la république, » comme un conscrit de 1793. Et te voilà avec l'auge et le mortier pour réparer ta faute! Eh bien! et ta croix, où est-elle? elle est en réparation, c'est-à-dire en gage. Et tes enfans, ont-ils du pain? Et madame Boilin, que dit-elle de tout cela? Tiens, voilà pour te corriger; » et l'Empereur lui tend quinze napoléons en lui disant : « C'est encore pour boire, mais à ma santé et modérément; et s'il te prend encore envie de crier quelque chose, eh bien! crie : *Vive la France!* »

Toutes les excursions incognito de l'Empereur étaient incidentées; le jour, la nuit, il voulait tout inspecter, tout voir. On était à la veille de Noël; les dames d'atours de l'impératrice s'étaient rendues chez madame de Lavalette, l'une d'elles. Elles avaient assisté à un dîner d'apparat, et les causeries s'étaient prolongées tard. Lauriston, Corvisart, Marmont, le comte d'Arberg, le général Valhubert avaient fait, par une franche gaîté, les frais de la soirée. Tous ces convives étaient animés. « On propose une messe de minuit et un réveillon ; » les dames y adhèrent : on envahit le cabinet de toilette de madame de Lavalette, car on ne peut se présenter à l'église dans le costume d'un dîner prié. C'est une messe en musique qu'on va écouter : l'orgue de Saint-Eustache est répudié pour l'orchestre de Saint-Roch. Tant bien que mal, on s'affuble de robes, de chapeaux, de douillettes : rien ne va aux tailles ; les fleurs, les rubans offrent des bigarrures ; cette improvisation excite les rires. Toutes les toilettes sont grotesques ; on se met en marche, on arrive, on se pousse en avant dans l'église déjà encombrée. Lauriston, avec sa canne qui rebondit à chaque pas, dirige le cortége joyeux. On se heurte, on s'examine, on comprime à demi les éclats d'une gaîté de carnaval. Dans cet instant deux hommes en redingote brune entièrement boutonnée s'approchent du groupe, et le plus petit des deux inconnus fait entendre ces paroles d'une voix de maître : « Messieurs, ces rires sont inconvenans ! Vient qui veut à l'église ; mais quand on y vient, il ne faut pas s'y tenir avec moins de décence qu'aux Tuileries. » On se retourne, la foule circule, le petit homme disparaît ; mais la remontrance a fait impression : cette voix était celle de l'Empereur.

Si la religion fut relevée, si le culte fut honoré par Napoléon, jusque dans ses incognito, il en fut de même pour les sciences et les lettres.

L'Institut était assemblé pour l'une de ses séances extraordinaires : on écoutait la lecture d'un mémoire d'Ampère sur l'électricité dynamique. L'attention du docte auditoire était particulièrement captivée par le travail sur les théories des courans, que l'habile physicien développait à la tribune. Dans ce moment, une agitation se manifeste à l'arrivée d'un étranger vêtu d'un habit noir, et décoré de la Légion-d'Honneur. Cet étranger fait un geste, le silence s'établit. Il s'approche, trouve un fauteuil vide au bureau des académiciens et s'y place.

Cependant Ampère qui avait des distractions pour tout, excepté pour ses solutions algébriques, n'avait point remarqué le mouvement qui avait eu lieu ; préoccupé par le haut intérêt de sa lecture, il pensait en avoir communiqué l'effet à ses auditeurs. De son côté, l'arrivant avait pris soin de ne point interrompre le savant dans ses démonstrations.

Le mémoire lu, Ampère s'approcha du bureau pour déposer son travail. Il fut félicité de toute part; il allait regagner sa place..., mais elle était occupée par un inconnu; l'académicien en resta stupéfait. La rougeur lui monta au front; il tournait et retournait autour de son fauteuil avec une sorte d'anxiété qui faisait sourire ses collègues. Son embarras affecté avait pour but de faire deviner à l'étranger la nécessité de quitter un siége usurpé. Il ne fut pas compris, son dépit s'accrut; il commençait à murmurer assez distinctement pour que l'inconnu pût l'entendre. « Il est inconcevable, » disait-il à ses voisins, « qu'on s'empare ainsi d'une place sans autre forme. » Personne ne bougeait; son mécontentement éclate, et s'adressant à Geoffroy-Saint-Hilaire, qui présidait alors l'Académie des sciences, il dit à haute voix:

« Monsieur le président, je dois vous faire remarquer qu'une personne étrangère à l'Académie a pris place parmi nous et occupe un de nos siéges. » — « Vous êtes dans l'erreur, » répond Geoffroy-Saint-Hilaire, « cette personne à qui vous faites allusion est un membre de l'Académie des sciences. » — « Depuis quand? » dit Ampère, fort étonné. — « Depuis le 5 nivôse an VI, » répliqua l'étranger. — « Et dans quelle section, s'il vous plaît ? » — « Dans la section de mécanique, mon savant collègue. » — « C'est un peu fort, » ajouta Ampère. Et prenant un *Annuaire de l'Institut*, il l'ouvrit avec vivacité et y lut à cette date le nom de *Napoléon Bonaparte, membre de l'Académie des sciences, nommé dans la section de mécanique le 5 nivôse an VI*. C'était Napoléon Bonaparte, qui venait de la hauteur de son trône courber la tête sous le niveau de la science. Ampère, troublé, se confondait en excuses : il avait une vue très affaiblie, il n'avait pas reconnu l'Empereur. « Voilà l'inconvénient, monsieur, » lui dit Napoléon, « de ne pas visiter ses collègues ; je ne vous vois jamais aux Tuileries. »

En effet, Ampère était un savant modeste ; il ne courtisait point les grandeurs, mais les sciences. L'illustre mathématicien, tout ému de la bienveillance de son confrère l'académicien du 5 nivôse, alla s'asseoir dans un autre fauteuil vide, et ne réclama plus rien.

Le président demanda à l'Empereur s'il permettait de continuer la séance. « Sans doute, » dit Napoléon, « il n'y a rien de nouveau, l'assemblée est plus complète, voilà tout. »

Dans cette séance, Humphry-Davy, Cuvier et Laplace occupèrent tour à tour la tribune ; puis on écouta avec un vif intérêt une dissertation sur les ponts souterrains établis sous le lit des fleuves. C'était l'ingénieur Brunel qui venait faire le récit des travaux entamés par lui sous la Tamise. Après cette lecture, le président eut à nommer une commission pour faire un rapport sur les différens mémoires scientifiques qui venaient d'être lus. Geoffroy-Saint-Hilaire dit à haute voix : « Je nomme membre de la commission qui examinera les travaux de MM. Ampère et Brunel, Sa Majesté l'Empereur et MM. Monge et Poinson. » Napoléon, se levant, dit : « J'accepte cette mission avec plaisir. »

Cette séance mémorable fut close ; l'Empereur se mêla avec ses collègues, disserta sur les matières et les progrès des sciences transcendantes, et regagna son palais.

Dans l'intérieur des demeures impériales, Napoléon aimait aussi à épier, sous l'incognito, la discipline de sa garde.

Mais la franchise militaire en trahissait souvent le secret. Le contact du chef et des hommes qui l'environnaient ne pouvait avoir lieu à froid.

Parmi les officiers supérieurs dont les actions d'éclat avaient fait l'avancement, le colonel Gros était particulièrement accueilli de Napoléon ; c'était un militaire type pour l'exactitude et la discipline, on le nommait *l'horloge des camps*. Il avait une théorie de précision qui dérouta plus d'une fois les manœuvres de l'ennemi. En outre, Gros était un homme dont la tenue rehaussait les épaulettes, mais dont le langage semi-autrichien amusait l'Empereur.

Étant un jour de service aux Tuileries, à la tête

d'un des régimens de la garde, il attendait, dans l'un des salons des petits appartemens, que le mot d'ordre de la nuit fût donné par l'Empereur. Les aides-de-camp et les pages étaient dans la galerie voisine; les éclats de la gaîté arrivaient jusqu'au colonel, et il rêvait, dans son attente, aux causeries des salons et aux succès de ses campagnes. S'étendant nonchalamment sur une banquette, il se mit à siffler un pas redoublé; puis, devant une glace, se soulevant sur la pointe des pieds, redressant son hausse-col et satisfait de sa personne, on l'entendit établir ce monologue : « Dis donc, Gros, te voilà passable! si tu connaissais les *bachébatiques* (mathématiques), un homme comme toi, avec un cœur qui se ferait bûcher pour la patrie, devrait aller loin; l'Empereur ne pourrait rien faire de mieux que de te faire général! » Aussitôt il sent quelqu'un qui lui frappe sur l'épaule, et qui lui dit : « Tu l'es!.. » C'était Napoléon; et, comme général, Gros alla aussitôt passer la revue de la vieille garde.

Voilà les incognito qui honorent le courage et les souvenirs.

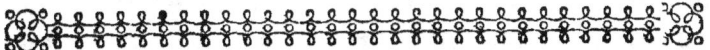

HALTE III.

Les Soirées.

Dans l'armée de Napoléon, tous les contrastes se rencontraient comme tous les courages; les haltes de guerre se transformaient tour en tour en salle de discipline, en salon, en arène lyrique. Les Français étaient devant Inspruck; tandis que la bise et les balles sifflaient, chacun payait, selon l'usage, son écot d'esprit ou de souvenirs; puis le clairon sonnait l'assaut et la musique militaire faisait entendre la marche tyrolienne, et nos grenadiers avançaient sous le feu, et, après un triomphe, ils revenaient au repos d'armes. Alors le bivouac reprenait sa gaîté, et toutes les historiettes interrompues par le combat étaient continuées comme une reprise d'armes; là, les officiers qui avaient eu pour étaie et les services de leurs pères et l'actualité des leurs, avaient la tête meublée des récits du camp, ils étaient sobres à les reproduire; mais ceux qui avaient changé l'aiguillette des pages contre l'épaulette, pour payer leur bienvenue à la chambrée des tentes, égayaient la fatigue par des anecdotes de cour. Le soldat connaissait bien les habitudes guerrières de Napoléon, il écoutait, comme l'enfant écoute un conte de fée, le récit de ses soirées d'empereur.

« Napoléon est partout le même, » disait un des élèves de l'hôtel des pages; « subtil en son « coup d'œil, sévère sur l'étiquette comme sur la « discipline. » Aussi, l'organisation d'une soirée aux Tuileries mettait en émoi directeur et employés des menus plaisirs. L'Empereur voulait luxe, variété et brièveté. Les concerts surtout étaient l'écueil des organisateurs des fêtes; le choix des morceaux, la crainte des allusions poétiques ou musicales, faisaient du programme d'harmonie une œuvre diplomatique; on se consultait, on soumettait la composition à l'expérience des courtisans, et parfois, après tant de soin, le front plissé de Napoléon, ou une interruption subite, faisait pâlir le secrétaire de sa musique, M. Grégoire, particulièrement responsable du destin de la soirée.

Dans une de ces solennités où le luxe de la cour impériale se déployait, les appartemens des Tuileries resplendissaient de lumières et de toilettes; les étoffes rivalisaient de fraîcheur, car l'Empereur voulait que les richesses répandues par lui avec profusion sur ses compagnons de gloire, fussent déversées par eux dans le commerce.

Le programme présenté à Napoléon annonçait un morceau de Paësiello, son compositeur favori; mais l'absence d'un des chanteurs rendait impossible de l'exécuter; on le remplaça par un air de *Generali*, que l'ordonnateur du concert para hardiment du nom du *maestro*.

La solennité commence; mais au milieu de l'*andante*, l'Empereur appelle Duroc à haute voix. Le grand maréchal du palais s'approche, Napoléon lui parle bas; il se dirige alors vers le secrétaire et lui dit : « Monsieur Grégoire, l'Empe-
« reur vous fait dire que vous ne fassiez plus,
« à l'avenir, d'esprit dans vos programmes. » Le pauvre ordonnateur, saisi de crainte, pâlit et baisse la tête. Cependant, le morceau se continuait; mais Napoléon élevant la voix, s'écrie :
« Monsieur Lesueur, ce morceau n'est pas de
« Paësiello! — Je demande pardon à Votre Ma-
« jesté, il est de lui; n'est-ce pas, monsieur Gré-
« goire? — Oui, sire! oui, sire!... — Il y a là
« dedans quelque erreur. Faites recommencer! » Les musiciens reprennent leur archet : nouvelle interruption. « Non, c'est impossible! cette ché-
« tive production n'est pas de Paësiello. — C'est
« sans doute une œuvre de sa jeunesse, sire, » dit Grégoire d'un air contrit. Mais l'Empereur

avait deviné la substitution; il reprit d'un ton sévère : « Messieurs, les coups d'essai d'un homme « de génie portent toujours un caractère qui leur « est propre. »

Toutes les supercheries irritaient Napoléon; il citait souvent l'air que l'Angleterre a naturalisé : « *God save the king*, » comme une inspiration qui n'appartenait point au célèbre Haendel. « C'est « une œuvre d'origine française, » disait-il, « c'est à Lully que nous la devons; les Anglais « n'ont été que des plagiaires. »

En effet, d'après les manuscrits de la duchesse de Perth, on voit que Haendel avait été accueilli à Saint-Cyr, lors du séjour de Jacques II à Saint-Germain, et que la supérieure avait remis au compositeur anglais ce chœur chanté dans l'église de la communauté, et dont les paroles : « Dieu conserve le roi! » étaient de madame de Briton.

Napoléon aimait à enregistrer toutes les fraudes artistiques et tous les ridicules étrangers, et près de lui, il n'apercevait pas les disparates de sa grandeur. Sa cour s'efforçait de paraître majestueuse, et parfois elle n'était que bouffonne. Les dignités étaient travesties; les fêtes, les jeux avaient dégénéré en mascarades.

L'Élysée-Bourbon était le séjour de la gaîté d'apparat; là, toute l'année, les plaisirs du carnaval tenaient cour plénière; là, par une belle soirée d'automne, on vit l'élite des jolies femmes, sous le costume des paysannes du Tyrol, former les groupes les plus attrayans.

Sous la présidence de la reine de Naples, les princesses de Neufchâtel, de Carignan, de Ponte-Corvo, donnaient le ton ; puis, venaient les suivantes de la pompe impériale, les comtesses de La Grange, Duchâtel et Renaud de Saint-Jean-d'Angely, toutes, dans les quadrilles tyroliens, luttaient de grâce et d'enjouement. Le jupon rouge et très court, brodé en laine de couleur; le corsage moitié bleu-de-roi et moitié écarlate; les bas rouges avec les coins à jour; un voile de mousseline de l'Inde négligemment rabattu sur l'épaule; les manches de la chemisette longues et gauffrées à petits plis; en un mot, toute la fidélité élégante du costume était déployée aux regards.

Madame de Curnieu faisait le rôle d'un bailly, et le prince Camille Borghèse celui d'une grosse montagnarde. Il était ficelé dans un corset, et gémissait sous l'étreinte du lacet, ce qui excitait le fou rire. Il était cité pour les saillies grotesques de son langage *italico-français*. C'est lui qui disait à Marie-Louise, quand elle galopait un peu trop vite pour une impératrice qui portait le diadème à double réseau : *Ma majesté, tou va tou casser le cou.* Cette majesté tenait à une sévère étiquette ; elle voulait un cérémonial sans joie, et à son approche les éclats d'une allégresse bruyante cessaient.

Sous le règne de Napoléon, la crainte était le pivot qui faisait tout mouvoir. Les futilités des passe-temps princiers étaient devenus des cilices pour tous les employés des Menus-Plaisirs. Parfois, l'Empereur prenait une jouissance cruelle à faire sentir à ses adulateurs le poids des faveurs de cour, et pour saisir ces faveurs il aimait à les voir ramper. Ainsi, à l'une des fêtes de Saint-Cloud, une salle de spectacle imitant le cirque de Rome, avait été établie dans le parc. De riches gradins découverts formaient l'enceinte; l'estrade impériale était seule fermée par une galerie et recouverte d'un dais. Dans cette arène du plaisir, les toilettes des femmes et les broderies des dignitaires rivalisaient de luxe et d'élégance.

L'opéra était terminé; le ballet venait de grouper ses gracieuses féeries, quand un orage éclata; la pluie tombait à flot. La foule se lève, les danseurs quittent la scène, les musiciens cherchent un refuge; un regard de l'Empereur arrête le *sauve qui peut* d'une fête... il ordonne la continuation du spectacle. Les courtisans regagnent leurs places, les danseuses tâchent de reprendre leur aplomb sur les planches glissantes; les musiciens cherchent en vain la mesure; les cordes des violons et des basses se détendent et se brisent; les instrumens à vent sont remplis d'eau et ne résonnent plus; les dames de la cour, pâles et grelottantes sous leurs gazes ruisselantes, attendent en silence la fin de leur supplice. En vain l'impératrice tourne sur Napoléon des yeux suppliants, il reste impassible, et ne fait pas grâce d'une scène. Appuyé sur le balcon de sa loge, l'Empereur souriait en voyant cette foule abaissée, qui lui représentait l'esclavage de l'ambition.

L'ambition apporta l'oubli de la soirée d'orage, et le lendemain, au cercle des Tuileries, les commensaux de l'empire se pressaient sous leur joug doré. Les femmes voltigeaient dans les valses; les artistes de la musique de l'Empereur étaient à leur poste, et les galeries retentissaient des refrains dont la flatterie avait consacré les allusions.

L'air de prédilection de Napoléon était : « Le « roi des preux, le fier Roland. » Ce chant fut entonné lorsqu'il parut avec l'impératrice au bal splendide donné par le prince de Schwartzemberg, ambassadeur d'Autriche. Là des quadrilles de reines s'organisent sur l'air de la *Monaco* : la reine de Naples, la reine de Wurtemberg, la reine de Westphalie, la reine de Hollande, la vice-reine d'Italie, la princesse Borghèse et la princesse de Piombino, toutes ces femmes à qui Napoléon avait distribué des couronnes pour guirlandes, passèrent de la joie la plus brillante à toute l'horreur de l'épouvante. Les cris « Au feu! » se font entendre; la draperie de l'orchestre était venue battre sur la flamme d'une bougie, les courans atmosphériques avaient accru le danger. Bientôt la salle fut embrasée, on se précipite vers les portes de sortie. Dans ce moment, on crie :

« L'Empereur ! » Pour lui faire place, on se resserre sur l'incendie, il passe ; l'épouvante redouble. Les parois, les planchers, tout brûle. Les lustres s'abattent, le feu était sur les têtes, sous les pieds, des torrens de flammes sillonnaient l'air ; la fumée sortait empourpée de cette fournaise.

La princesse de Schwartzemberg, éperdue, court au secours de sa fille, qu'elle ne voit plus près d'elle.

Le lendemain, lorsqu'on fit la recherche de tous les objets précieux qui étaient restés parmi les débris fumans, on trouva deux squelettes qui portaient des chaînes d'or au cou. C'était la mère ; c'était la fille !... Sur ces cendres princières on entonna un chant de mort : le *requiem* de Mozart. Ce chant funèbre résuma les joies du monde.

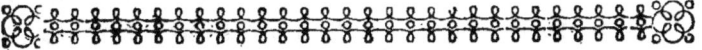

HALTE IV.

Le Duel diplomatique.

Le bivouac est une arène de vaillance : après les assauts des champs de bataille, viennent les assauts sous les tentes. Ce sont là les exercices du courage, les passes d'armes, les écoles de prouesses qu'on aime à maintenir en présence de l'ennemi. Le coup d'œil est plus sûr ; les bras pour frapper ont pris l'expérience de l'attaque et de la défense ; les fronts sont radieux, les lames étincellent ; c'est le tournois de l'époque.

L'empire, tout scintillant de gloire, avait une physionomie qui lui était propre. Ce type, imprimé par la main de Napoléon, a été enfoui sous des monceaux de trophées brisés ; on fouille en vain les archives pour en retrouver l'empreinte : elle n'est ni dans la solennité des vieilles monarchies, ni sur les écussons des siècles conquérans; il n'eut point de modèle, il ne peut avoir de copie. Des hommes de cette ère d'un règne apparurent à l'histoire comme ces jours sans crépuscule d'un autre hémisphère : elle les vit tout armés prendre leur rang pour l'avenir.

Cette période de dix années renferme des souvenirs pour les siècles. Napoléon tailla un sceptre à sa taille, et en détachant quelques parcelles, il fit éclore en riant sur des tombes de rois, des rameaux qu'il jeta çà et là sur les vieux trônes, pour y faire pousser des germes nouveaux.

Sur tous les points de l'Europe, la France de Napoléon était suzeraine, sur tous les sols elle avait des champions armés; c'était son droit de reine. Les hérauts d'armes de cette puissance gigantesque étaient des millions de soldats; ses historiographes, l'état-major des camps; ses archives nomades, les traditions du bivouac.

Dans les voyages conquérans de la grande armée, les haltes étaient les seuls semestres des officiers; aussi ces pauses rapides offraient une macédoine artistique : là, chacun mettait en commun ses inspirations et ses souvenirs pour les passe-temps des jours de trêves : ainsi, au bivouac de Friedrich-Stadt, le simulacre d'un musée fit fortune; chaque corps d'officiers dut apporter son tableau à un jury de chevronnés.

Une vaste galerie volante fut établie : les civières des ambulances furent mises debout, des manteaux furent étendus et formèrent les parois de ce Louvre improvisé; des drapeaux en étaient le portique.

Sur ces parois, les officiers du génie dessinèrent à la craie les traits anecdotiques des phases de l'empire; la foule militaire s'instruisit et jugea ces œuvres fugitives. Les officiers de la comptabilité s'étaient chargés du programme distribué à la porte de ce palais mobile. Un des tableaux qui eut le plus de succès, fut celui du duel engagé dans les États napolitains, entre la légation française et la légation russe.

Parmi les royautés de la conquête, celle de Naples était la mieux assise : Murat, fastueux et chevaleresque par nature, avait trouvé de la sympathie dans l'enthousiasme de son peuple; sa cour avait adopté le luxe héraldique, moins l'étiquette, qui avait été sabrée par le soldat-roi. Quand il paraissait sur son cheval de bataille richement caparaçonné, laissant flotter au gré de la brise napolitaine son manteau du siècle des suzerains, le peuple battait des mains et remplissait l'air de ses vivats. Ce costume pittoresque avait fait surnommer Murat *le roi du mélodrame* : c'était Napoléon qui l'avait ainsi stigmatisé. Mais la fiction de l'optique disparaissait devant le danger : quand la charge battait, il y avait sous l'or et la soie un cœur de brave. Le courage bouillant du roi de Naples lui avait valu, comme son habit de faste, un surnom; on l'appelait alors : « Le pre-

« neur de bastions. » C'était là le chemin de son ovation.

Les puissances du Nord avaient des ambassadeurs près du trône où siégeait la sœur de Napoléon; l'Angleterre seule avait refusé à l'usurpation sa sanction diplomatique.

Autour de ces trônes octroyés par une épée, il y avait un vernis militaire; c'était un camp au repos, la France y avait sa préséance de suzeraine; quand on frôlait l'écusson aux abeilles, il y avait du sang jusque sur l'hermine des diplomates. Une de ces scènes d'honneur vint dramatiser la cour de Naples : c'était alors que l'aigle de Napoléon, faisant butin des couronnes et des peuples, avait déchiré les drapeaux de l'Autriche, de la Prusse et de tout le cercle germanique; la Russie seule n'avait pas encore payé la dîme du siècle, mais elle voyait Napoléon fixer son regard sur la Pologne. Les notes diplomatiques des cabinets des Tuileries et de Saint-Pétersbourg étaient déjà empreintes du levain de la sixième coalition; il ne fallait qu'une étincelle pour allumer le foyer qui couvait.

La Russie était représentée à Naples par le prince Dolgorouki; la France, par un disciple de Talleyrand, le baron Durand de Mareuil. Dans les réceptions de cour, l'ambassadeur français avait toujours le pas sur ceux des autres puissances, et le corps diplomatique s'était soumis tacitement à la hiérarchie de famille du roi Joachim; mais la fierté des mandataires des vieux trônes rompait parfois le frein imposé par la force. Il fallait toute la profondeur des calculs politiques pour garder l'équilibre en sacrifiant l'orgueil. Cette préséance obligée amena un événement qui fit époque dans les annales de la diplomatie.

La fête du roi vint brillanter la cour de Naples; Joachim était assis sur un trône rehaussé de tout le clinquant de la pourpre; le luxe de son costume tailladé de velours et de soie, les joyaux qui retenaient le panache flottant de sa toque, rivalisaient avec la parure diamantée de la reine; le couple royal s'enivrait d'hommages; c'était pour Murat et Caroline le festin de la vie.

Au milieu de la foule des courtisans d'Italie, une tête blonde se détachait : un front haut, un regard qui avait mesuré aux côtés du roi de Naples l'espace des champs de bataille, donnaient à ce guerrier français un aspect chevaleresque; on voyait qu'il savait défendre un drapeau. C'était le général Excelmans, grand écuyer du roi Joachim; à sa contenance, il semblait avoir reçu mission de représenter la puissance militaire.

L'étiquette avait changé d'aspect comme le trône; le baise-main de la vieille monarchie napolitaine avait été aboli; des règlemens nouveaux avaient établi pour les divers corps de l'État le cérémonial d'un défilé silencieux. Les galeries d'attente étaient encombrées de la foule dorée; on attendait l'ouverture de la salle du trône.

Là, les vieux noms de la noblesse napolitaine se mêlaient à ceux d'une ère nouvelle, et la magistrature était sur la même ligne d'introduction que les chefs de l'armée de Joachim. L'ambition, ce pirate de l'époque, était le point de contact qui réunissait sous le drapeau des matières hétérogènes.

Le signal est donné; les portes s'ouvrent, les hérauts d'armes se placent, les chambellans sont à leur poste, pour tenir note de la régularité du cérémonial.

Le pas était accordé de droit à l'ambassadeur de France, et le baron Durand de Mareuil s'avançait pour se placer en tête du corps diplomatique, quand le prince Dolgorouki, par un mouvement rapide, heurte l'envoyé de la France, le repousse en arrière, ne se retourne pas, et s'approche jusqu'au pied du trône; il met alors la main sur la garde de son épée et dit d'une voix retentissante : « Sire, dans cette occasion solen-
« nelle, le représentant de l'empereur de toutes
« les Russies ne veut céder à personne la gloire
« d'offrir à Votre Majesté les félicitations de son
« souverain. »

L'aspect de cette scène était dramatique; un silence de stupéfaction régnait, même sur le trône; tous les regards étaient fixés sur le roi et sur l'ambassadeur français : l'élève de Talleyrand avait seul gardé le sang-froid imperturbable d'un diplomate.

Il s'avança et complimenta le roi avec calme. Joachim, visiblement troublé, balbutia une réponse insignifiante, et la présentation allait reprendre son cours, quand une voix s'éleva derrière le dais royal; c'était celle du grand écuyer. Depuis le commencement de cette scène, sa main pressait fortement l'épée à l'aigle de France. « Monsieur le baron, » dit avec l'accent d'une voix concentrée le général Excelmans, « assurez l'Em-
« pereur qu'il y a ici plus d'un Français pour
« soutenir l'honneur de la France. »

Cette apostrophe était le prologue d'un drame, la réception fut rapide. Aussitôt que le roi fut libre, il se retira, suivi de son grand écuyer. Dans l'intimité du tête-à-tête, Murat développa à son compagnon d'armes les conséquences graves que pouvaient avoir une provocation à l'ambassadeur de Russie; mais le général, aux prières et aux menaces du roi de Naples, répondit : « Sire, l'honneur de la France avant tout! Votre
« disgrâce ne peut m'enlever mon épée... c'est la
« fortune du soldat. »

Joachim irrité, congédia le grand écuyer, qui attendait avec impatience sa liberté. Il courut chez le baron de Mareuil pour lui demander le droit de le représenter sur le terrain de l'honneur. Le diplomate serra la main de son compatriote, ils se comprirent... Déjà le prince Dolgorouki, *adjudant-général de l'empereur de Russie*, avait reçu un cartel du *baron Durand, ex-officier du génie*. De cette manière, le caractère politique des deux adversaires était mis en dehors de la querelle. Mais le prince russe répondit qu'il ne pouvait agir sans en référer à sa cour. L'insistance personnelle du baron de Mareuil amena dans cette diplomatie privée une réciprocité de notes.

Pendant ces échanges de messages, le général Excelmans, gardé à vue par la police du palais, était en proie au paroxisme d'une fièvre de patriotisme ; il parvint à se soustraire à la surveillance de ses *gardes-du-corps*, et courut à l'ambassade de Russie. Le comte de Bekendorff, secrétaire de légation, comprit Excelmans ; il accepta pour son compte le cartel du champion de la France, et il fut convenu que les deux ambassadeurs seraient amenés sur le terrain comme témoins.

Excelmans vole chez le baron de Mareuil ; mais celui-ci lui répond : « Vous ne serez que mon « second, général, car M. l'ambassadeur nous « fait enfin la grâce d'être de la partie, et vous « trouverez juste que je reprenne mon rang. A « demain ; nous ferons partie carrée, à neuf « heures précises, sur le territoire de Pozzuoli. »

Le grand écuyer jeta un coup d'œil sur l'ambassadeur français, et il soupira... Il pensait à la stature gigantesque du prince Dolgorouki.

Dans une des vallées pittoresques qui entourent Naples, une ruine antique se dessine ; les colonnades encore debout rappellent les féeries du temple de Sérapis. Là, tout est silencieux ; les mosaïques du lieu sacré sont le butin de l'antiquaire, la main de l'homme glane sur celle du temps. C'était le lieu marqué pour la rencontre des duellistes diplomates.

Au milieu de ces arceaux détruits, qui attestaient le néant des couronnes ; sur ce sol où les siècles s'étaient prosternés devant des dieux, on allait disputer dans le sang une prérogative de cour ; cette poussière du temps que les combattans allaient fouler, semblait leur dire : le passé fut grand... il n'est plus !...

Le premier coup de neuf heures sonnait à l'horloge d'un couvent, lorsque deux calèches s'arrêtèrent devant ces ruines. En un moment, Français et Russes furent prêts à se mesurer en champ clos. Le signal fut donné ; les deux ambassadeurs croisèrent leurs armes. Le général Excelmans suivait d'un regard inquiet la lutte qui lui semblait trop inégale ; mais il vit que l'habileté du baron de Mareuil rétablissait l'équilibre : tranquille alors, il se mit en garde, et s'adressant au second de l'ambassadeur russe : « Comte « de Bekendorf, à nous deux maintenant ; mais « avant, veuillez vous conformer à l'usage fran- « çais : échangeons nos épées. »

Le général avait la conscience de sa supériorité à l'escrime ; il venait de s'apercevoir que l'arme de son adversaire, beaucoup plus courte que la sienne, enlevait au Russe un avantage, et il avait voulu égaliser la chance. Bekendorf, croyant céder à une simple courtoisie, obéit.

Mais bientôt l'expérience d'Excelmans mit fin au combat. Le jeune Russe, plus courageux qu'habile, tomba dangereusement blessé, malgré les ménagemens de son adversaire.

Le premier sang termina le duel : les deux ambassadeurs se retirèrent; Excelmans prodigua ses soins au blessé, qui fut plusieurs semaines entre la vie et la mort.

La rencontre des deux ambassadeurs, quoique d'une bien plus grave conséquence, occupa moins le public que le duel du général Excelmans. Le défi chevaleresque du grand écuyer excita l'enthousiasme des Napolitains, et le roi Joachim approuva, dans son for intérieur, l'exaltation d'honneur dont la politique lui commandait le blâme. La sœur de Napoléon octroya, tête levée, ses sourires de reine à l'athlète de la France.

Ce duel fit événement; il occupa toutes les cours d'Europe, et l'on s'attendait à voir les deux ambassadeurs disgraciés : mais Napoléon et Alexandre avaient le secret de la grande lutte qu'ils allaient ouvrir en face des nations armées; les représentans de leurs couronnes furent approuvés, et Excelmans fut placé par Napoléon au rang des dévoués de sa fortune.

Les grandes lices convièrent tous les bras, et le murmure des offenses fut absorbé dans le duel de la patrie contre l'Europe.

HALTE V.

La Redevance du Souvenir.

« Et d'un de plus! En avons-nous allumé de ces feux de bivouac! » s'écriait un vieux chevronné en jetant une bourrée au foyer ambulant de Friedberg; « d'abord au siége d'Ypres, puis dans les champs de Schaffhouse, de Tauffel, de Winterlous et de Zurich. Il y faisait chaud! car sur ce terrain-là, lorsque nous n'amenions pas six prisonniers par homme, le sommeil des camps n'était pas franc.

— « C'était le bon temps! » répliqua un ancien vélite. — « Oui, c'était le bon temps, » dit le grenadier, il n'y avait pas de poussière sur nos guêtres, nous allions comme le vent, et il y en avait pour tout le monde, des rafraîchissemens de coups de sabre! Pour mon compte, présent;

voilà la balafre ! — C'est ici où l'on en gagne des balles, » interrompit un artilleur, « à ce poste-là; campé en face du Lech. Il y a quelques années, nous restions cinq du régiment; les biscaïens avaient emporté le reste. Je leur lançais des volées, aux Autrichiens, et à force de chauffer la mèche, leurs canons nous servirent d'oreillers. Pour lors, le général Lecourbe, dans sa ronde de nuit, arriva à notre bivouac et dit : « Artilleurs, « ce ne sont point vos pièces que vous gardez.— « Non, mon général, mais nous n'en sommes pas « plus mal pour ça; nous dormons sur le canon « de l'ennemi. » Nous ne pensions plus à l'oreiller, et voilà que le lendemain, à la revue, le général donne à chacun de nous une grenade d'or. Il est là le bouquet, dans mon havre-sac; ces pompons-là, c'est le porte-bonheur du soldat. »

— « A l'eau salée, il fait bon aussi, » ajouta un marin de la garde : « l'Empereur se promenait à Boulogne pour faire la nique aux Anglais. Il y avait du micmac dans son air, et nous disions : « gare aux autres! avec lui, pas de pensées sans bombarde. — Viens ici, vieux loup de mer, » qu'il me dit. J'avance, et il me questionne sur la manière de démâter ces flûtes à voiles qui font la contrebande. J'en avais déjà amarré trois sur nos côtes, équipages anglais et marchandises idem; tout fut mis à fond de cale dans les prisons de la ville. — « Ah! tu as fait ça, marin, » me dit l'Empereur, « eh bien! inspecte mon tabac, et

« dis s'il est de contrebande. » Il ouvre sa tabatière, à lui la première prise, comme de juste. — « En uses-tu, » me dit-il. — « Oui, sire. — « Eh bien! prends la prise et garde la tabatière. » Et ce n'était pas l'or qui en était le plus beau, son portrait était dessus! Depuis lors, je la mène partout; elle a entendu, sur les plages les plus lointaines, la bordée de tribord et de babord, et elle en entendra bien d'autres, si l'Anglais veut toujours être empereur de l'Océan. »

Les conscrits ranimèrent le feu du bivouac, et tous trinquèrent au souvenir de la grenade et de la tabatière d'or.

On releva la vedette de faction; le fantassin, en descendant sa garde, dit : « Je lui ai crié : Qui vive? et pour cette fois, le général Maucune a répondu : France!... Il n'est pas toujours en si belle humeur. Un jour, il se promenait à cheval aux Champs-Élysées; il n'avait encore que l'épinard de colonel. Le voilà pris de fantaisie d'entrer dans une contre-allée; j'étais là pour garder le terrain des bourgeois, je lui crie : « Mon colonel, on ne passe pas! — Je veux passer. — Vous ne passerez pas! — Je te dis que si. — Je vous dis que non... » Le colonel s'obstine, se soulève sur ses étriers, pique son cheval et veut forcer la consigne. Je pointe ma baïonnette sur le flanc de la bête, elle tombe... le colonel mesure le terrain à plat. Il se débarrasse, se met à grommeler, et me dit : « Je crois que tu as tué mon cheval? —

C'est possible ! — Tu as bien fait. » Et mettant un napoléon dans ma main, il me dit : « Va boire à ma santé. »

« Le hasard fit que six mois après je fus de faction rue Richelieu, au moment où l'Empereur sortait de l'Opéra. La consigne était de ne laisser passer aucune voiture. Un général de l'état-major veut filer avec son équipage ; c'était encore Maucune. Cette fois, il était général, et moi le même fantassin qui crie : « On ne passe pas ! » Il dit son nom et son titre, et crie : « Fouette, cocher ! » Ma baïonnette piquait encore, je lui abats un autre cheval. Le lendemain, le général est mandé, comme moi, chez le gouverneur de la place : il prévoit la réprimande, fouille encore dans sa poche, tire un double Napoléon, et me dit : « Je t'ai donné vingt francs pour avoir tué le cheval du colonel, je t'en donne quarante pour avoir tué celui du général. » L'Empereur, qui sut le trait, dit : « Quinze jours d'arrêts forcés à Maucune : il a oublié qu'à la consigne, le soldat a toujours le pas. »

— « Assez causé, troupiers, » dit le sergent de ronde. « Qui de vous est de soupe ? La gamelle est en retard. » Alors apparut une recrue, un enfant de Paris, qui avait été marmiton en titre dans les cuisines de l'Empereur. Quand c'était son tour, il y avait régal au bivouac. Les soldats s'accroupirent devant la fumée de la julienne des camps. Ce fut le tour du cantinier de raconter son anecdote; son sujet fut : *La Soupe de l'Empereur.*

« Avant de vous défiler le rudiment de la cantine, » dit-il, « avalons le bouillon, il est chaud et bon, et pour celui-ci, il n'y a pas de cheveux dedans.

« Pour lors j'étais de cuisine aux fourneaux des Tuileries. Il y avait avec nous un petit rouge qui était le paillasse des gâte-sauces. A sa crinière il attachait des petits morceaux de bois, et secouant sa caboche, il jouait les airs : *Encore un quarteron, Claudine, et la belle Madelon.* Mais souvent ça amenait du bruit, vu que le chef suait de peur de voir voler dans la soupe de l'Empereur un des cheveux du marmiton. Faut vous dire (car c'est drôle tout de même), que l'empereur Napoléon, lui qui avait du rôti de tous les pays, aimait la soupe; c'était toujours son écuelle qui était recommandée au chef de cuisine par le maître d'hôtel.

« Ce jour là, comme je vous l'disais, je tenais la queue de la casserole; le petit roux était à la farce, et plus que de coutume, avec sa musique, il égayait la compagnie; un valet de pied crie : « La soupe de l'Empereur! » On se presse et le potage est sur le plateau. Mais en le dressant, un cheveu du petit rouge vole dedans; il est englouti dans le coulis!... Je vois le coup : dans le moment le service partait, je ne pus mettre la main dessus, et je dis : « va comme je te pousse! »

« L'Empereur dînait en bourgeois avec l'impératrice Marie-Louise : il attendait sa soupe, et les empereurs n'aiment pas à attendre. L'Impératrice, c'est différent, elle n'aime que la choucroute, et elle attend patiemment qu'elle soit refroidie. Tout-à-coup l'Empereur s'écrie : « Voilà un po-
« tage excellent, goûtez-en, madame! » Pour réponse, l'Impératrice pousse un cri, détourne la tête et dit : « Ne mangez pas! renvoyez, renvoyez!... Un cheveu dans votre cuillère!.... »

« Grand grabuge! le maître d'hôtel, accouru aux cris d'alerte, croit que la vie de Sa Majesté est en danger; pâle, tremblant, il dit : « Pourtant j'ai goûté la soupe. » — « Voyez, monsieur, » répliqua l'Empereur, en roulant ses yeux d'un jour de bataille, et le fameux cheveu s'aligne devant le maître d'hôtel effaré. Mais lui, pas bête du tout : « Ah! Sire, » qu'il dit en tournant un regard sournois du côté de l'Impératrice blonde.... « vous
« savez. Si j'osais!... mais ce serait trop de faveur!...
« Si Votre Majesté daignait me le donner, ce serait
« une belle récompense de mon zèle... » L'Empereur comprit, il s'apaisa. Le maître d'hôtel enlève le cheveu, la soupe est mangée, et le chef de table file son nœud pour aller faire enchâsser l'échantillon de la crinière du petit roux, qui venait de passer pour un cheveu de l'Impératrice. Le gâte-soupe fut chassé le même jour, comme ça va sans dire. Mais il n'a rien perdu, car, pour lui faire comprendre que sa langue devait être

aux arrêts, il eut sur la frontière une bonne place dans le corps des gabelous, et moi qui savais la frime, je dis tout bas : « En v'la une sévère, et « une solide! Ce n'est pas tout gain que d'être « empereur; mieux vaut la gamelle du bivouac. »

« Place au foyer!... crie-t-on de toute part, « voilà le capitaine Mathieu. — Dites donc le ba- « ron de Rotermann, » reprit le porte-étendard, et un des nôtres, et un des bons! Son titre est inscrit sur sa cartouche. Un Français pour deux Autrichiens, ça va d'un temps; mais quatre, six, douze, vingt, et vous n'attraperez pas le nombre que le capitaine Mathieu et son dragon Descartes ont ramené à Rotermann. » — « Bah! — Il n'y a pas de bah! et, comme je vous le disais, c'était une file. Le prince Eugène avait donné à San-Michel une dégelée au général Jellachich; Mathieu, en allant en reconnaissance sur la route de Salzbourg, tombe dans une embuscade. Il fait la feinte d'être appuyé par un corps d'armée et d'être envoyé en parlementaire. Il arrive près du général Plankelt, et lui dit : « Votre général en chef est battu; on vous laisse la faculté de défiler avec vos trois mille hommes, artillerie et caissons, en parade de prisonniers devant les bataillons français, ou bien vous allez être écharpés. Je viens vous en faire la sommation pour l'honneur du drapeau. »

« Les trois mille Autrichiens, entortillés dans le compliment, mirent bas les armes.

« Nos commandans de citadelles s'empressèrent de donner décharge des vaincus, et l'Empereur dota le vainqueur de la baronie du champ de bataille. Depuis, le nom de *Mathieu Rotermann* ronfla dans le baptême du camp ; ce nom fut salué dans les bulletins de la grande armée, et celui qui le porte ne passe jamais devant nos postes sans recevoir double port d'arme. »

Cependant, les feux du bivouac cessent, le tambour résonne, les roulemens se prolongent, on entend sous les tentes crier : « Soldats, à vos rangs!.. L'ennemi approche, voilà la canonnade..... Chargeons!..... »

HALTE VI.

Le Grognard.

L'armée de Napoléon était le reflet de celui qui l'avait formée. Dans ses cadres, il n'y avait pas une case de ses guerriers où l'Empereur ne pût poser le doigt sans hésiter ; il n'y avait pas non plus un vieux soldat qui ne sût par cœur l'étymologie des traditions militaires. Les causeries du bivouac étaient les tablettes de l'histoire. Là, chaque saillie amenait une anecdote, et, jusque dans les jours de revers, on allait exhumer la franche gaîté du camp. Tous ces dictons du soldat sont la légende du cachet de l'empire.

Ainsi l'épithète de *Grognard*, devenue historique, eut pour origine le caractère bizarre d'un grenadier de la grande armée.

Dans un des jours brumeux des dernières cam-

pagnes de Napoléon, des conscrits s'étendaient en murmurant sur le sol humide de la Saxe. Ces recrues, appelées avant leur temps, pleuraient au bivouac de Vemwald le repos du foyer et le beau ciel de France. Alors les officiers se mêlant aux soldats ranimaient le courage par l'exemple. Un jeune lieutenant disait en riant aux novices de gloire de sa compagnie : « Vous êtes des gro-
« gnards. — Halte ! mon lieutenant, » s'écrie un vieux sergent; « ils ne l'ont pas encore gagné,
« le sobriquet : avant d'être grognard, il faut avoir
« été *Ploquet*.

— « Contez-nous donc ça, sergent, » dit le plus hardi des conscrits.

Jeunes officiers et fantassins se serrèrent autour du foyer qui flambait, et le chevronné commença le récit du blason du soldat :

« Finalement, faut qu'vous l'sachiez; s'il y avait eu un régiment des *malcontens*, qui est-ce qui aurait marché en tête avec les épaulettes à bouillons? c'était le caporal Ploquet, du 61ᵉ; ça, c'était le dire de l'armée.

« Ploquet était toujours le premier au feu. Pas un ordre du jour, un lendemain de bataille, sans que le nom du caporal y fût écrit; la salle de police, il n'en connaissait pas la porte. A la parade, s'il y avait une bonne parole, c'était toujours pour le caporal Ploquet : eh bien ! il n'en était pas plus content pour ça. Il ruminait toujours, sa vie était un long grognement.

« En campagne, il se plaignait de la fatigue ; en garnison, « le repos lui faisait mal aux jambes ; » en congé, « l'étape était toujours trop longue ; » et si, par hasard, on avait un bout de paix, « on usait ses guêtres comme des péquins. » C'était de quoi rire, et c'est ce que tout le monde faisait ; mais, pour être maronneur, Ploquet n'en était pas moins bon camarade.

« Pour lors, toujours roulant nos briquets, nous v'là enfilés sur la route de Moscou..... Ha ! c'est là qu'il fallait voir Ploquet : sa langue avait de quoi mordre !... Quand sa gourde était à sec, il criait : — « Si ça continue, nous irons, le ventre « vide, porter nos os au bout du monde.... Je « vous le demande, qu'est-ce que nous allons « faire dans un pays de sauvages, où l'on fait dix « étapes sans rencontrer un champ de pommes « de terre ? Cinq cents paquets de cartouches sur « le dos, et pas un ennemi pour les brûler... Est- « ce que c'est une campagne, ça ? Est-ce qu'on y « pense, de nous faire courir, sans dégaîner, après « des Cosaques qui détalent toujours devant « l'aigle ? »

« Si son fourniment était muni d'une bonne rengaîne, Ploquet le trouvait trop lourd : enfin, jamais content, quoi ! Mais, vous le savez, avec not' empereur, on n'attend pas que l'horloge sonne pour se lever : si bien, donc, que nous v'là à deux journées de Mojaïsk, devant une redoute bien constituée pour avaler des bataillons, et bien plantée par les autres, pour que nous ne puissions aller plus loin sans l'enlever.

« La générale bat : l'armée s'aligne, les colonels passent dans les rangs, et partout ils répètent : « Enfans! l'Empereur nous donne la gloire de « prendre cette redoute. » A nous la redoute!.... « en avant!.. » que nous crions tous; c'était bien naturel, n'est-ce pas? Eh bien! qui est-ce qui seul ne criait pas? c'était le caporal Ploquet. Il grommelait ainsi : « Allez donc, usez vos poumons!.. « ne dirait-on pas que c'est une épaulette qu'on « nous donne!... Beau service, ma foi! de nous « faire ébrécher les premiers par la mitraille.... « Sont-ils paroissiens! »

— « Oh! pour le coup (que je lui dis), caporal, c'est le plaisir de grogner; car vous devez être content de voir de près les ennemis.

— « Oui, de près! quand on nous aura fait « piétiner le terrain, l'arme au bras, pendant un « quart d'étape, quand la moitié du régiment n'y « sera plus; alors ceux qui resteront pourront « travailler un peu.

— « Mais la redoute sera à nous?

— « C'est possible, et qu'est-ce que ça fera, « une de plus?

— « Et la gloire!

— « Ah, ouiche! merci, je sors d'en prendre : « toi et moi, nous en aurons de la gloire, quand « il y en aura de trop pour les chapeaux dorés de « l'état-major, tous Parisiens, tous freluquets,

« qui ont des bottes luisantes et l'estomac plein. »

Le conteur s'arrêta. — « Et la redoute, est-elle restée en plan? » dit un sergent-major.

— « Ha! la redoute? une heure après, il y faisait chaud; nous marchions sous le feu des batteries, et à chaque bordée le 61e s'éclaircissait; le premier bataillon surtout... C'était la grêle... Les conscrits qui en étaient à leurs premières dragées, firent demi-tour à gauche; mais pour filer, il n'y avait pas mèche; ils trouvèrent le passage barré par la baïonnette de Ploquet : « Le premier « qui rompt les rangs est mort! » Et les conscrits se remirent au pas. Pendant ce temps-là, un boulet emportait la giberne du caporal; il ne manqua pas sa belle, et faisant sa grimace, il s'écria : « Faire deux cents lieues avec un fourniment et « tant de cartouches sur les reins, et les voir sau- « ter sans en avoir mâché une!... ça commence « à m'enfifrer. »

Dans son style soldatesque, le vieux grenadier raconta la prise de cette terrible redoute, qui coûta aux Français deux mille huit cents hommes en moins de deux heures!

Là, Ploquet s'élança le premier sur la brèche; il passa son corps dans une meurtrière, et se cramponnant à la muraille, il fraya voie à son régiment. Le carnage fut horrible; un nuage de fumée ne laissait rien distinguer, on s'étreignait corps à corps, on s'animait, la lutte était furieuse; enfin le feu cessa et les Français poussèrent le houra de victoire... l'aigle de Napoléon flottait sur les bastions...

« Ce moment-là payait pour tous ceux qui restaient... » reprit le narrateur. « Mais cette fois-là il n'en restait guère! On ordonna de battre au drapeau; rien!... Le tambour-major, le tambour-maître, tous les tambours et jusqu'aux fifres..., morts!... Pauvre soixante-unième! Sur trois mille deux cents hommes, il en restait quatre cents!... « Et Ploquet? » répétèrent les conscrits.

— « Je disais comme vous : et Ploquet?... quand je le vis assis, le dos contre un pan de muraille, étanchant le sang d'une blessure à la tête; un coup de sabre avait pourfendu son schako. « Ma foi,
« caporal, la calotte de votre couvre-chef était
« bien rembourrée, c'est heureux.

— « Ha! tu appelles ça heureux, toi? deux pa-
« quets de cigares, comme tu n'en fumeras peut-
« être jamais, ni moi non plus, qui étaient au
« fond de mon schako! »

— « Mais sans les cigares, vous étiez...

— « Ça se peut, mais n'y a toujours pas de
« quoi se réjouir. »

Ploquet fit bander sa plaie, qui heureusement n'était pas grave, et reprit son rang au bataillon.

Le lendemain de cette journée mémorable, l'Empereur reçut de Paris le portrait du roi de Rome; il le fit attacher sur le fronton de sa tente, afin que l'armée pût contempler les traits de l'héritier de sa couronne. Tout le monde se porta en foule devant le pavillon impérial : les grands pour faire leur cour, les soldats parce qu'ils aimaient leur empereur.

— « Et Ploquet? » dirent toujours les recrues.

— « Ploquet n'était pas loin : — « Caporal, » que je lui dis, « voulez-vous venir présenter les armes à la peinture du roi de Rome? »

— « Belle occasion! aller planter le piquet devant une figure, sans savoir si le marmot aura le toupet du père! » Mais tout en grognassant, nous filons, moi avec mon uniforme un peu délabré par le combat, et le caporal coiffé d'un sac à avoine recouvert d'un mouchoir, en guise d'appareil.

« Nous voilà arrivés, bon! nous étions là comme les autres; mais tout-à-coup nous entendons de tous côtés le nom de Ploquet. Un aide-de-champ entre dans la tente, et voilà l'Empereur qui paraît; la foule se range, comme de juste, il fait un signe; c'était au caporal qu'il visait. Vous croyez que Ploquet se met au pas de course? du tout; il s'avance aussi tranquille que si c'était le sergent de ronde. Pour lors l'Empereur lui dit :

« Ploquet, tu es entré hier un des premiers dans la redoute, je le sais; tu es un brave, je suis content de toi.

— « Ma foi, mon empereur, si vous êtes content, il n'y a pas de mal, car il y en a diablement qui ne le sont guère.

L'Empereur sourit et continue :

— « Voyons ! que veux-tu ? est-ce une épau-
« lette qu'il te faut ? »

— « Oh ! merci, mon empereur, il ne manque-
« rait plus que ça ; c'est bien assez, avec le train
« que nous menons, d'avoir un peloton sur les
« bras !... merci. »

— « C'est donc la croix que tu veux ?... Allons,
« qu'à cela ne tienne, pour que nous restions
« bons amis ; la voilà ! »

« Et ce ne fut pas une croix de magasin qu'il
lui donna, ce fut la sienne ! Eh bien, le caporal
prit d'une main la croix, de l'autre il fit le salut,
et il l'attacha tranquillement à un bouton de son
habit ; il n'y avait que lui qui n'avait pas une
larme dans l'œil ou sur sa moustache. « Tout de
même (que je dis), en voilà une soignée ! » et
l'Empereur était de mon avis, car, en faisant demi-
tour à droite, il dit, en rentrant dans sa tente :
« Ma foi, voici un *grognard* bien difficile à con-
tenter ! » Ce baptême-là n'avait pas besoin de re-
gistre ; personne n'oublia le grognard de la grande
armée ; il a été le parrain des autres.

« Peu de jours après, nous étions alignés devant Moscou ; on battit le rappel, et on nous lut
cette fameuse proclamation où l'Empereur commençait par nous dire : « Soldats ! voilà la bataille
que vous avez tant désirée !... » Ce fut alors le
tour du grognard.

— « Oui, désirée ! il n'y a pas de presse, pour
manger du cheval sur le champ de victoire !

— « Mais au fait, caporal, vous avez la balafre de la redoute; vous pouvez aller à l'ambulance.

— « Eh! que veux-tu que j'y fasse, à ton ambulance?

— « Vous y serez l'abri du canon.

— « Et si je ne veux pas y être, moi, à l'abri du canon?... C'est amusant, n'est-ce pas, de compter les coups, et de ne pas voir les boulets?... avec ton ambulance!... »

Ploquet se traîna comme il put à son rang.

Le tourbillon de feu de Moscou était éteint dans le sang; la retraite forcée de la grande armée s'effectuait; Smolensk était là avec ses déceptions. C'est dans ce lieu où Napoléon retrouva son grognard. Au milieu du nébuleux horizon qui entraînait son aigle, il gardait mémoire de ses braves; il reconnut le caporal, et souriant tristement, il lui dit:

— « Mon pauvre Ploquet, c'est bien maintenant le cas de ne pas être content!

— « Ma foi, mon empereur, je pense que vous ne l'êtes guère plus que nous.

— « Si j'étais sûr d'avoir toujours cent mille hommes comme toi, je serais tranquille.

« Mais, » continua le grenadier de la Moscowa, « il n'y avait plus de bataillons à compter, les mauvais jours étaient venus: le froid, la faim, les Cosaques sur nos pas; tout le bataclan de Russie!... finalement, nous roulons notre sac jusqu'à la Bérésina. Il n'y a pas besoin de vous dire la chose, tout le monde sait qu'il y faisait chaud et froid !... Là, c'était à toi, à moi; il y en avait une mêlée ! et une fameuse !...

— « Et Ploquet?

— « Ah ! le grognard ? il déroulait le rudiment, et cette fois-là il était en règle, car des misères il n'y avait que le choix, à la Bérésina ; ça fut la fin de tout !... Ploquet et moi, nous nous enfilons sur le pont; en suivant la bousculade, nous étions à moitié de l'étape, mais la débâcle arrive, le canon des Russes balayait tout. Le *sauve qui peut* roule la foule sur le passage ; le caporal et moi nous tombons dans le fleuve... Ploquet, jurant et ruminant, me passe le bras gauche sous le menton, nage de l'autre, et nous arrivons sur la rive; sans lui j'y aurais laissé ma peau. — « Cours, ne t'arrête pas, » qu'il me dit, « car si le froid nous saisit, nous sommes perdus! » Il me pousse, il me pousse!... mais tout-à-coup, je ne sens plus ses deux poings, je me retourne... un boulet venait de lui emporter les cuisses!... Caporal, montez sur mon dos.

— « Marche donc !...

— « Vous venez de me sauver la vie, c'est mon tour !...

— « Belle vie ! pour courir après... marche, je te dis; je suis plus heureux que vous tous, dans cinq minutes je n'aurai plus froid... Il disait vrai : je le vis poser ses lèvres sur la croix de l'empereur et tomber la face sur la neige... Il était mort !...

HALTE VII.

Le Drame.

La France était aux abois : elle s'était repliée sur elle-même, elle avait compté ses défaites hors frontières, elle allait avoir à soutenir une guerre intérieure.

Napoléon avait cherché à relever ses aigles ; ses pas de retour en France étaient guettés. Les partis posèrent un piége au sein de la capitale, ils y poussèrent les fonctionnaires qui étaient chargés de la surveillance. Les généraux Malet, Guidal et Lahory, avec un petit peloton déterminé, se présentèrent chez le duc de Rovigo, ministre de la police, et chez Pasquier, préfet de police ; tous deux furent arrêtés en vertu d'un sénatus-consulte apocryphe qui annonçait la mort de l'Empereur, et qui ordonnait des mesures de sûreté. Le duc de Rovigo fut conduit à la Force avec Desmarets, chef des exécutions secrètes. Pasquier parvint à s'évader, et se cacha chez un pharmacien, rue de Jérusalem.

Pendant ce temps, on faisait des dispositions à l'Hôtel-de-Ville pour recevoir le gouvernement provisoire. Ce coup d'État devait entraîner les masses ; mais tout-à-coup la contre-révolution fit halte. Le gouvernement qui devait surgir n'avait pas mesuré tous les écueils. On arrêta les trois généraux qui s'étaient poussés en avant, et les tentatives d'une régénération politique avortèrent.

L'effroi d'une réaction dura un jour. Les hommes qui avaient levé la tête tombèrent sous un feu de peloton. C'est toujours là le tribut des déceptions ; le sang arrhe le triomphe, le sang solde les revers.

Cette conjuration était de nature à être dramatisée : jamais sujet ne prêta plus aux impressions de la scène. Les théâtres français, les théâtres étrangers ont reproduit cet épisode des derniers temps de l'empire. Elle fut aussi représentée dans les loisirs du bivouac. Alors la gaîté et les saillies nationales étaient dans les camps ; la parodie était une des popularités de l'époque.

Naguère Erfurth avait vu accourir les acteurs du Théâtre-Français. Ils arrivaient pour égayer les rois que Napoléon avait vaincus ; on croyait voiler les revers de leur couronne en leur faisant partager les plaisirs d'un grand empire. Ces plaisirs à la suite des grandes déroutes, ces comédiens voyageant avec les fourgons de la grande armée, peignaient le siècle.

Des scènes impressionnables se mêlaient parfois aux délassemens des camps. La vieille garde était campée sur les hauteurs de Mikalewka, lorsque, le 6 novembre 1812, l'Empereur apprit l'attentat et le châtiment du général Malet. La colère et un sourire de pitié accompagnèrent la réception de l'estafette : la colère était pour les fonctionnaires qui avaient oublié le roi de Rome à la nouvelle de la mort de Napoléon, répandue par les conspirateurs ; la pitié s'adressait au ministre et au préfet de police, qui s'étaient laissé conduire en prison et qui s'étaient trouvés dans la même geôle avec les hommes qu'ils avaient fait préventivement incarcérer. Ces mandataires n'avaient su, ni pour eux ni pour l'empire, déjouer les plans de trois conjurés qui, en s'évadant d'une maison d'arrêt, sans argent, sans crédit, sans armes, avaient mis à deux doigts de sa perte la couronne impériale. Jamais semblable trame n'avait retenti dans l'histoire ; c'était une conjuration modèle.

Ce fut sur la conspiration Malet que les officiers d'état-major improvisèrent à Magdebourg des scènes épigrammatiques. Le drame avait pour titre *les Philadelphes*. C'était l'époque de la retraite de Russie : Napoléon avait abandonné son armée; il y avait de l'exaspération sous la tente, mais cette exaspération ne détruisait point le caractère français. Il se joue des désastres, et s'il y a quelque chose pour lui de poignant, il l'exhale par des traits satiriques; il fronde le ridicule pour se consoler des tribulations de la guerre.

Un théâtre fut échafaudé au bivouac; les valises servirent de vestiaire, et bientôt on vit les acteurs militaires métamorphosés en conjurés et en espions étrangers. Le premier tableau scénique représentait un champ funéraire; une fosse était ouverte, c'était là où les Philadelphes venaient prêter serment. Cette association secrète avait déjà fourni une voie de conjuration connue de toute l'armée. Un sous-lieutenant des gardes remplissait le rôle allégorique de chef de l'État; un dialogue mit en action les manœuvres des Philadelphes; cette fédération toute militaire avait entraîné la perte d'Oudet, colonel du 9e régiment de ligne, connu dans l'association sous le nom de *Philopœmen*; Malet avait reçu, parmi les conjurés, celui de *Léonidas*.

Quelques jours après la mort du colonel Oudet, un sergent-major, à Wagram, s'était brûlé la cervelle sur sa tombe. Toutes ces catastrophes avaient été combinées dans le drame. Napoléon lui-même s'était fait recevoir, le 1er septembre 1795, dans la société des *Francs-Juges*, qui relevait de celle des Philadelphes. Sa réception eut lieu dans la forêt de Fontainebleau, en présence des frères qui lui communiquèrent les insignes de l'agrégation.

Cette association portait le titre de « secte universelle. » Le grand-maître était au Caire ; les conciliabules s'arrogeaient le droit de lancer des firmans de mort ; puis on frappait dans l'ombre.

Cette coalition était en permanence dans les rangs de l'armée : elle glissait ses manifestes sous le manteau du bivouac, et des mains qui portaient le drapeau étaient furtivement tendues pour les saisir au passage. Lorsque l'aigle, à l'apogée de son vol, laissait tomber de sa serre, sur des têtes guerrières, le trop plein des couronnes, on riait des complots qui se formaient au-dessus de son atmosphère ; mais, quand on le vit descendre tenant sa foudre à demi éteinte, on prit au sérieux les attaques des sociétés secrètes ; alors, les Philadelphes furent frappés.

Au jour où l'on dramatisa les complots, tous les adeptes étaient connus.

On mit en scène le général Chatelier, qui servait dans l'armée autrichienne, et qui faisait partie de la conjuration. Napoléon avait lancé un décret qui portait : « que, dans le cas où ce général serait fait prisonnier, il serait passé par les armes. »

Cette menace, qui violait les lois de la guerre, avait attiré de la part du prince Charles une déclaration de représailles ; le manifeste autrichien annonçait « que les officiers français prisonniers serviraient d'otages au général Chatelier, et qu'on leur appliquerait la peine du talion. »

Ce général paraissait sous le costume d'un soldat de la garde; il était venu reconnaître les lignes françaises et pactiser avec les Philadelphes.

Le spectacle était semi-féerique; les officiers qui avaient fait la campagne d'Espagne y mêlèrent l'allégorie politique de la *danse macabre*.

La mort jouait le rôle d'une reine tenant ses États en laisse et passant en revue ses peuples; elle avait ses gardes, sa cour et tous les attributs de l'empire. C'était ainsi que les conjurés avaient représenté dans leur trame la France et Napoléon.

Cette reproduction d'un complot fut tolérée, afin de mieux faire ressortir la justice de la répression violente qui venait d'ensanglanter Paris. Les temps étaient changés; les mandataires de Napoléon reconnaissaient au pouvoir le besoin des apologies, à l'armée et au peuple, le droit de les censurer.

Le monarque des grandes hécatombes était couvert d'un manteau pourpre; ce manteau était censé cacher un corps vague où un cœur avait jadis battu pour la gloire. C'était un pouvoir factice qu'on revêtait; il n'avait de puissance que sur le trépas, tous ses ordres étaient homicides, il s'asseyait sur un trône ébranlé. La main glacée de la mort imposait la destruction des générations ; c'était la patrie sous le dictateur ; c'était le mannequin que les Philadelpes avaient mis en relief ; c'était la politique des conspirateurs, inscrite dans leur correspondance et mise en action. Devant cette figure défilait le cortége des personnages : les uns étaient chancelans et paraissaient fléchir sous le poids des douleurs ; les autres, par leur pantomime, indiquaient et la résignation et l'espérance d'abattre la dynastie féerique. On entendait les fanfares et les tambours qui battaient aux champs devant l'effigie de la divinité lugubre ; des enfans de troupe, enveloppés de manteaux noirs, figuraient les génies de la nuit ; ils jonchaient de débris le champ funéraire. Puis des groupes de vieillards s'avançaient pour présenter de l'or et tous les attributs des arts libéraux à l'idole qui consommait dans ses fêtes de bataille, la sueur et l'avenir des peuples.

Au milieu de cette solennité, un officier accourt, se penche vers l'oreille du prince des sépulcres ; il lui donne avis qu'une conspiration est tramée contre lui, et qu'une régénération va faire disparaître la trace de ses pas. L'alarme se répand ; le pouvoir infernal voit échapper ses proies ; les maléfices sont sur ses armes, la magie du triomphe a disparu ; le champ reste désert, la mort est seule sur son domaine déchu.

Là, un monologue mit en lumière les scènes de la bonne ville de Paris ; le roi apocryphe énu méra, en style de parodie, la hardiesse des conjurés. « Quoi ! Rovigo, mon grand justicier, qui a les clefs de tous les passages de l'enfer, se laisse mettre les menottes et renfermer, lui dont la mission est d'étouffer les soupirs, de comprimer les vœux d'une liberté rebelle, et d'incarcérer les hommes qui se meuvent dans une atmosphère suspecte; lui qui doit refouler dans les cœurs tous les sentimens occultes, et ne laisser sortir des poitrines que le cri de : Vive l'Empereur ! Lui, croire à la mort du génie des batailles... lui, accueillir le sénatus-consulte des trois prisonniers !... honte !... honte !... honte !...

« Et Pasquier ! se laisser envelopper dans sa couverture, quand il doit avoir l'œil ouvert sur tout ce qui se fait à Paris ! Un préfet de police ! laisser changer le gouvernement avec trois grenades et une écharpe tricolore; le préfet, qui a ses grandes et petites entrées dans la maison des aliénés..., ne pas savoir que chez Dubuisson, au milieu des fous qui portent la camisole, une conjuration se trame !... que là, Malet prépare ses ordres du jour, ses proclamations ! Un préfet, ne se douter de rien !... Les Polignac et les Puyvert formulent leurs vœux arriérés pour une dynastie tombée, et la police ne vient pas se placer aux écoutes sur quelque branche, pour abattre ce vieux tronc !... Elle laisse l'abbé Lafon et Boutreux jouer le rôle de commissaires de police, et faire sommation de changer la cocarde, d'abattre les aigles!... honte!... encore honte!...

(*A ces mots, le dominateur frappe du pied, et des tombes s'entr'ouvrent; elles sont béantes. A ce signe, une escorte se montre.*) « Gardes, faites approcher l'estafette. » (*Alors le courrier qui a franchi tout d'un trait la distance de Paris à Magdebourg s'approche.*)

« A quelle heure es-tu parti de Paris? — A minuit : on lisait aux flambeaux le jugement de mort des conspirateurs.

— « Bien! Comment la garde de Paris a-t-elle osé défiler devant le peuple, en osant proclamer un autre gouvernement? — Le peuple crie : «vive tout le monde! » quand on lui dit que celui qui le commandait est mort.

— « Où étais-tu dans la journée des mystifiés? — Près de la caserne de la 10ᵉ cohorte. Le colonel Soulier avait fait former le cercle d'officiers, et le général Malet pérorait. La troupe était sous les armes, elle entendit cette proclamation. (*L'estafette ouvre son portefeuille et remet l'écrit suivant.*)

PROCLAMATION.

« Le général de division commandant la force armée de Paris et les troupes de la première division militaire.

« Citoyens et soldats, Bonaparte n'est plus ! Le

tyran est tombé sous les coups des vengeurs de l'humanité ! Grâces leur soient rendues ! ils ont bien mérité de la patrie et du genre humain.

« Si nous avons à rougir d'avoir si long-temps supporté à notre tête un étranger, un Corse, nous sommes trop fiers pour y souffrir un enfant *bâtard*.

« Il est donc de notre devoir le plus sacré de seconder le sénat dans sa glorieuse résolution de nous affranchir de toute tyrannie.

« Un sincère et ardent amour de la patrie nous inspirera les moyens nécessaires pour opérer cette urgente et dernière révolution; mais c'est à votre courage, à votre parfaite union, à votre confiance réciproque, que nous devrons nos glorieux succès.

« Citoyens, dans cette journée à jamais mémorable, reprenez toute votre énergie, arrachez-vous à la honte d'un vil asservissement; l'honneur et l'intérêt se réunissent pour vous en faire une loi : c'est un régime oppressif qu'il faut renverser; c'est la liberté à reconquérir, pour ne plus la laisser perdre.

« Terrassez tout ce qui oserait s'opposer à la volonté nationale; protégez tout ce qui s'y soumettra.

« Soldats ! les mêmes motifs doivent vous animer ; il en est encore un plus puissant pour vous, celui de ne plus prodiguer votre sang dans des guerres injustes, atroces, interminables, et contraires à l'indépendance nationale. Prouvez à la France et à l'Europe que vous n'étiez pas plus les soldats de Bonaparte que vous ne fûtes ceux de Robespierre. Vous êtes et serez toujours les soldats de la patrie, qui saura vous restituer le juste avancement dû à vos services et dont vous êtes frustrés depuis si long-temps.

« Légionnaires civils et militaires, on conserve votre institution : nous devons, n'en doutez pas, cette faveur insigne au serment que nous avons fait de défendre la liberté, l'égalité, et de combattre la féodalité de tous nos moyens. Tel est notre serment, il doit être gravé dans nos cœurs. Comme un de vos commandans, je vous requiers de l'accomplir. Mais souvenez-vous qu'il n'y a de vraie liberté que celle qui provient des lois. Toute autre idée ne serait qu'une folie, qui finirait toujours par rendre la tyrannie inévitable; et il se trouverait encore des hommes assez lâches, assez pervers pour dire qu'elle est nécessaire.

« Travaillons tous de concert à la régénération publique. Pénétrons dans ce grand œuvre, qui méritera à ceux qui y participeront la reconnaissance des contemporains, l'admiration de la postérité, et qui lavera la nation, aux yeux de l'Europe, des infamies commises par le tyran.

« Réunissons nos efforts pour obtenir une consstitution qui assure le bonheur des Français. Qu'elle soit basée sur la raison, sur la justice, et nous sommes certains d'y parvenir.

« Mes braves camarades, le champ de la véritable gloire vous est ouvert, de celle qui vous fera estimer, chérir de vos concitoyens, de celle enfin qui vous vaudra de justes récompenses nationales. Saisissez une si belle occasion pour vous montrer dignes du nom français; mourons, s'il le faut, pour la patrie et la liberté, et rallions-nous toujours au cri de *Vive la nation!*

« Signé MALET. »

(*Le souverain à part.*) « Des soldats, avoir des baïonnettes, et ne pas tuer à la première phrase le promulgateur!... Qu'ont fait ces recrues?
— « La troupe, après cette lecture, a suivi le colonel Soulier, qui s'est avancé sur l'Hôtel-de-Ville, en faisant tête de colonne. Là, en l'absence du préfet, toutes les dispositions ont été prises. Il n'y avait pas de dérangemens à faire : le préfet Frochot figurait dans le nombre des régisseurs provisoires de la France. En voici les noms : Carnot, président; Moreau, vice-président. Augereau, Bigonet, Florent-Guyot, Frochot, Destut-Tracy, Jacquemond, Lambrechts, Mathieu de Montmorency, Alexis de Noailles, l'amiral Truguet, Volney et Garat; tous ces hommes d'opinions mélangées devaient se trouver compactes pour gouverner l'Etat.
Le souverain cachetant un message et le remetant à l'estafette.) « Voilà la réponse au sénat.

(*Seul.*) Pouvoir d'osier! pouvoir à tout vent! voilà donc les promesses, la foi jurée!...

« Les Philadelphes sont partout, dans l'administration, dans les camps : c'est la franc-maçonnerie du glaive. Malet en était le ressort; il est mort, mais son parti vit... je saurai l'atteindre.

« Guidal remplaçant le préfet de police! Lahory substitué à Rovigo! quelle audace! et la garde parisienne! quelle faiblesse!... Le colonel Rabbe, l'un des juges du duc d'Enghien, proclamer à la face de l'Etat les mandataires des Bourbons!... Les Noailles et les Montmorency! quelle aberration, ou plutôt quel crime! Malheureux peuple! malheureuse France! » (*Il sort.*)

(*Alors on voit apparaître trois conjurés qui s'étaient glissés dans l'escorte, et qui regardent autour d'eux s'ils ne sont pas aperçus.*)

« Frères! » s'écrie l'un d'eux, « les Philadelphes sont trahis, mais ils portent le poignard sur le cœur; il est là, comme leur serment. Le brave Malet et ses compagnons sont morts; il faut relever l'œuvre! les francs-juges ont condamné Napoléon : il doit périr...

« L'engagement des Philadelphes a été poussé loin à Paris; le triomphe a été salué pendant quelques heures. Malet avait simulé les ordres des dictateurs : ces ordres ont été un moment exécutés; Rovigo et Desmarets, son acolyte, ont tous deux été conduits à la Force; ils se sont jetés aux genoux du concierge qui refusait de les recevoir, ne pouvant croire que Malet, Guidal et Lahory, tous trois prisonniers d'État, avaient secoué leurs chaînes, et amenaient au cachot les grands pourvoyeurs des geôles.

« Malet seul a centralisé sur lui tous les pouvoirs du sénat; il a requis Hullin, gouverneur de Paris, de le reconnaître à son lieu et place; celui-ci lui a demandé l'exhibition de ses ordres. « Mes « ordres, » s'est écrié Malet, « les voilà ! » Et à ces mots, il l'a étendu par terre d'un coup de pistolet. Ce coup de feu devait assurer le succès ou produire la chute des Philadelphes : le triomphe a été suspendu. Le major de la place, Laborde, s'est esquivé du lieu de la scène; il est rentré peu après, accompagné de gendarmes. On s'est jeté sur Malet, il a été arrêté, garrotté, jugé et fusillé au cri de *vive l'Empereur !* Ainsi la mort de Napoléon, qui venait d'être publiée, a fait un pas rétrograde dans le sang des Philadelphes...

« — C'est une page qui crie vengeance...

« — C'est une page qui a mis en relief le courage des coalisés : aucun n'a trahi son frère !

« La scène du jugement a grandi les Philadelphes. On répète cette réponse de Malet, au président Dejean, à cette question :

« — Quels sont vos complices? — La France et vous-même, si j'avais réussi. — Qu'avez-vous à dire pour votre défense? — Rien ! Un homme qui s'est constitué le défenseur de son pays n'a pas besoin de défense. Il triomphe, ou il meurt.

« Les Philadelphes ont su mourir... Malet, Labory et Guidal, ces trois généraux, chefs de colonne, sont tombés; Soulier, Steenhouver et Borderieux ont eu la même fosse..... Piquerel, Lepars, Régnier et Beaumont ont confondu leur vie et leurs adieux...

— « Malet a commandé le feu du supplice. Ils sont là... (*il montre du doigt la terre*); là..., le tertre rougi fermente... Il a une attraction avec l'âme des victimes; c'est à notre tour de frapper...

Chatelier (*l'un des conjurés*) : — « Il faut tuer plus qu'un homme, il faut tuer la France. Il n'y a point de baïonnettes ennemies, quand elles sont aiguisées pour affermir un pouvoir. L'incognito doit nous servir, non à cacher un meurtre, mais à prendre une place et les drapeaux qui nous font face. Demain, au camp, et à visage découvert, nous combattrons.

Les conjurés. — « Et nous, dans la nuit nos poignards agiront; notre poste est sous la tente : l'ami de Kléber aura le même sort. (*Ils se serrent la main et se séparent.*) »

Pendant cette scène, deux soldats de la vieille garde écoutaient. Ils prennent le signalement des conjurés, et à la parade, ils rompent les rangs, présentent les armes, et révèlent la conjuration qui fermente jusque sous l'aigle. On forme le cercle : les officiers décident que les Philadelphes seront mis en peloton à l'avant-garde, et qu'au premier coup de feu de l'étranger ils seront fusillés. L'attaque des retranchemens a lieu; on marche au pas de charge sur les redoutes, et, dans l'action, les Philadelphes sont abattus.

Ce fut là le dénoûment du drame du camp; ce fut aussi là le dénoûment que l'histoire enregistra.

Les Philadelphes tombèrent par le jugement secret de l'armée, sans qu'on ait pu savoir si les coups qui les ont atteints sous les drapeaux sont venus de l'ennemi ou des rangs français. Ainsi, une vérité sanglante vint se mêler à la fiction : la mort fut la moralité de la pièce; la mort est la moralité de toutes les conjurations.

La conspiration Malet résuma les phases de l'empire, elle fut, pour la population parisienne, ce qu'est un coup de canon inattendu et dont on va chercher la cause : la grande cité s'était endormie dans le calme, et le lendemain, des bruits vagues circulèrent sur le complot de la veille; puis, ce murmure sourd devint un son distinct; puis, la chronique des autorités prisonnières alimenta toutes les conversations. Aux halles, sur les places publiques, de petits groupes se détachaient de la foule; mais, sous le régime de compression, on osait à peine donner essor à la pensée, et c'était à voix basse qu'on se demandait : « Savez-vous la nouvelle? » Bientôt on put en parler haut : le soir, sur tous les carrefours, des agens de police, suivis de deux crieurs portant des torches, firent proclamer à haute voix l'exécution des généraux Malet, Guidal et Lahory. Les habitans sédentaires connurent ainsi l'événement qui venait d'ébranler le trône impérial. Chaque famille acheta ce sinistre bulletin d'une fusillade de nuit, et, dans le secret du foyer, ceux qui regrettaient le passé ou ceux qui souffraient trop des maux de la guerre, dirent la rage dans le cœur, comme les Philadelphes : « C'est dommage!... »

Un supplice accompli sans l'ordre de la loi, résuma les phases d'un complot de quelques heures.

Cette mystérieuse exécution eut un lendemain ; la curiosité chercha des détails sur ces trépas nocturnes, la précipitation laissait entrevoir la décadence de la puissance dictatoriale de Napoléon.

On redisait les apostrophes des condamnés jugés sans défenseurs, et la courageuse énergie des chefs; on les plaignait, et le peuple murmurait.

On commençait à se remémorer le passé, on entrevoyait la possibilité d'un revers dans la fortune impériale, et on se tenait prêt pour l'heure d'une restauration.

La conspiration Malet eut une grande portée sur l'esprit public : on s'étonna de n'avoir pas aperçu plutôt qu'une dynastie qui ne repose que sur la force d'une épée, quelque fort que soit le bras qui la porte, se lime, s'affaisse et tombe.

Les conjurés avaient caché dans les plis d'un drapeau, qu'ils espéraient déployer grand, leurs arrhes d'avenir. On connaissait leur plan, les regrets remplacèrent l'espérance, car l'opinion dominatrice était favorable à la France et penchait en faveur des princes de l'exil. Ces morts avaient été les courtisans du malheur; jamais on ne les avait vus aux pieds du trône quêtant des faveurs; ils ne se trouvèrent qu'à l'appel du supplice, où ils répondirent : « Présens! »

HALTE VIII.

L'Horoscope.

Les haltes de l'armée, ces trèves de quelques heures, étaient réparties sur tous les sols. Le champ de bataille était le lit camp qui avait le plus d'attrait; au pied des bastions de toutes les forteresses de l'Europe, les grenadiers de France ont pris pose : ils ont heurté à toutes les capitales, et on leur a ouvert. Le génie des combats transportait leur aigle d'un pôle à l'autre.

La Bohême, la Saxe, la Silésie, la Bavière entraient dans la confédération de leurs conquêtes. Les montagnes de Riesengeburge, de Bohemerwald et de Ergezeburge furent pavoisées de leurs tentes. La Moldaw et l'Eger contournèrent leurs bivouacs. Ces rives qui avaient vu tous les peuples errans, tous ces bohémiens qui s'étaient armés par caravanes et qui avaient foulé le monde, étaient à leur tour foulés par les étendards de la grande armée.

Le passé semblait apporter à l'avenir les vieilles traditions. Là, pour vaincre, on interrogeait les augures : la bonne et la mauvaise chance s'appuyaient sur les préjugés ; le sort des armes, qui n'avait que la magie du courage, était de peu de valeur sur un sol où les destinées semblaient être prédites.

Le soldat de France s'égayait du domaine cabalistique qu'on étalait devant ses yeux ; sa vie était taraudée par tant de combats que son âme était sans prestiges. Il causait familièrement avec les devins de Leutmeritz et de Konigsgratz. Une seule chose le touchait dans la bonne aventure que les vieux peuples de Crudim et de Craslau mettaient en relief : c'étaient les prédictions tirées du grand livre des mystères de Philippe-Noël-Olivarius, docteur et astrologue, qui avait rempli le seizième siècle de ses horoscopes.

Ces prophéties, marquées du type de 1542, déroulaient les phases de l'empire. C'était l'actualité qu'on parcourait en lisant ces vieux feuillets. Le nécromancien fut commenté au feu du bivouac de Frauemberg ; il avait aussi été lu par Napoléon et par Joséphine, comme l'une des pages les plus extraordinaires que la superstition puisse offrir aux regards.

C'est Napoléon qui rapporta de ses conquêtes

le livre d'Olivarius, et qui en fit présent à l'impératrice.

— « Eh bien! demanda Joséphine, voilà donc ta trouvaille? — Oui; on dit qu'il est ici question de moi, reprit Napoléon. — Comment? dans un livre publié en 1542? — Lis donc : ce sont les grandes vérités de maître Noël-Olivarius.

L'impératrice essaya; mais comme le style était en vieux français, et les caractères mal formés, elle resta quelques instans à parcourir des yeux les trois pages de ce chapitre, puis d'une voix assurée elle commença ainsi :

« La Gaule-Itale verra naître, non loin de son sein, un être surnaturel; cet homme sortira tout jeune de la mer; viendra prendre langue et mœurs chez les Celtes-Gaulois; s'ouvrira, encore jeune, à travers mille obstacles, chez les soldats un chemin, et deviendra leur premier chef. Ce chemin sinueux lui baillera force peines : s'en viendra guerroyer près de son natal pays par un lustre et plus.

« Outre-mer, sera un guerroyant avec grande gloire et valeur, et guerroyera de nouveau le monde romain.

« Donnera lois aux Germains, pacifiera trouble et terreur aux Gaulois-Celtes, et sera ainsi nommé, non roy, mais par après appelé *imperator* par grand enthousiasme populaire.

« Batailleur, partout dans l'empire déchassera princes, seigneurs, rois, par deux lustres et plus.

Puis élèvera de nouveaux princes et seigneurs à vie, et parlant sur son estrade, criera : *sidera ! sacra !* Sera vu avec une armée forte de quarante-neuf fois vingt mille hommes, piétons armés qui porteront armes à cornets de fer. Il aura sept fois sept fois deux mille hommes qui feront jouer machines terribles, et vomiront et soufre et feu et mort. La toute suppute de son armée sera de quarante-neuf fois vingt mille hommes.

« Portera à dextre main un aigle, signe de la victoire à guerroyer. Donnera maints pays aux nations, et de chacun paix.

« S'en viendra dans la grande ville, ordonnant force grandes choses : édifices, ponts, ports de mer, aqueducs, canaux ; fera à lui tout seul, par de grandes richesses, autant que tout Romain, et tout dans la domination des Gaules.

« Aura femmes par deux..... »

Joséphine s'arrêta.

— « Continue, » dit l'Empereur, qui n'aimait pas les interruptions.

« ... Et fils un seul. S'en ira guerroyant jusqu'où croisent les lignes longitude et latitude, cinquante-cinq mois. Là, ses ennemis brûleront par feu la grande ville, et lui y entrera et sortira avec siens de dessous cendres. Force ruines ; et les siens n'ayant plus pain ni eau, par grande et décime froidure, qui seront si malencontres que les deux tierces parties de son armée périront, et en plus par denue et autres, là n'étant plus dans sa domination.

« Lors, le grand homme, abandonné, trahi par siens amis, pourchassé à son tour à grande perte jusque dans sa propre ville, par grande population européenne, à la sienne place sera mis le vieil roi de la cape.

« Lui, contraint à l'exil dans la mer dont est devenu si jeune, et proche de son sol natal, y demeurant par onze lunes avec quelques uns des siens vrais amis et soldats qui, n'étant plus sept fois, sept fois, sept fois, deux fois de nombre, aussitôt les onze lunes parachevées, que lui et les siens prendre navires et mettre pied sur terre celte-gauloise.

« Et lui cheminera vers la grande ville où s'estre assis le vieil roi de la cape, qui se lève, fuit, emportant avec lui ornemens royaux. Pose chose en son ancienne domination, donne au peuple force lois admirables.

« Ains déchassé de nouveau par trinité population européenne, après trois lunes et tiers de lune, est remis à la sienne place le vieil roi de la cape, et lui cru mort par ses peuples soldats qui, dans ce temps, garderont pénates contre leur cœur.

« Les peuples et les Gaulois comme tigres s'entregorgeront. Le sang du vieil roi de la cape sera le jouet de noires trahisons. Les malencontreux seront déçus, et par le fer et par le feu seront occis. Le lys maintenu; mais les derniers rameaux du vieil sang seront encore menacés.

« Ains guerroyeront entre eux.

« Lors un jeune guerrier cheminera vers la grande ville; il portera lion et coq sur son armure. Ains la lance lui sera donnée par grand prince d'Orient. Il sera secondé merveilleusement par peuple guerrier de la Gaule-Belgique qui se réuniront aux Parisiens pour trancher troubles et réunir soldats, et les couvrir tous de rameaux d'olivier.

« Guerroyant encore avec tant de gloire sept fois sept lunes que trinité population européenne, par grande crainte et cris et pleurs, offrent leurs fils et épouse en otages, et ployant sous des lois saines et justes, et aimées de tous.

« Ains paix durant vingt-cinq lunes.

« Dans *Lutetia*, la Seine rougie par sang, suite de combats à outrance, étendra son lit par ruine et mortalité, séditions nouvelles de malencontreux maillotins.

« Ains seront pourchassés du palais des rois par l'homme valeureux, et par après les immenses Gaules déclarées par toutes les nations grande et mère nation. Et lui, sauvant les anciens restes, règle les destinées du monde, dictant conseil souverain de toute nation et de tout peuple, pose base de fruit sans fin et meurt. »

Joséphine surprise de ce qu'elle venait de lire, s'arrêta, ferma le livre et interrogea Napoléon sur cette étrange prédiction. Mais l'Empereur, ne voulant pas donner une grande importance à maître Olivarius en le commentant, se contenta de répondre :

« Les prophéties disent toujours ce qu'on veut leur faire dire ; cependant j'avoue que celle-ci m'a beaucoup surpris (1). »

Tous les grands hommes ont été entourés de prestiges : les complots avaient l'aspect du destin ; le surnaturel semblait grandir le temps. Toutes les prédictions les plus singulières se sont ancrées dans leur règne. Alexandre-le-Grand se dirigeant vers Babylone, fut supplié par Néarque de suspendre ses pas. Un prophète Chaldéen avait prédit qu'il mourrait en entrant dans cette cité ; il entre et meurt. Jules César allait au Capitole, un nécromancien s'approche et lui dit : « Prends garde aux ides de mars. » César sourit de pitié. Aux ides de mars, il est assassiné. Sylla voit dans

(1) Le bon Olivarius a rencontré le vrai. Le règne de Napoléon, la restauration et la révolution de 1830, tout a été prédit, tout s'est réalisé : il y a encore des troubles et des convulsions politiques auxquels un jeune guerrier mettra un terme. On le voit s'avancer vers une grande cité, portant sur son écusson le symbole de la force et de la prudence, un *lion* et un *coq*, la lance qui doit frapper dans ses mains est la lance d'un grand prince. Les peuples accourent et marchent à sa voix, et les « malencontreux maillotins » seront abattus, et la Seine roulera leur sang. Mais au milieu des grandes catastrophes, un génie bienfaisant surgira, il étendra sa main sur la France. Le monde sera enchaîné à sa loi, et les peuples seront parés par la civilisation. Voilà ce qu'on voit poindre à l'horizon, voilà ce que nous révèle Olivarius dans ses prophéties populaires ; l'avenir est gros,... attendons !

ses rêves les parques qui l'appellent, il se réveille en sursaut, et la journée finit sur son cercueil. Et Henri IV, n'avait-il pas reçu la révélation du mathématicien Risacazza, qu'il périrait par le poignard?

Napoléon eut aussi sa fiction; il eut sa dame blanche qui revenait à certaines époques pour éclairer ses résolutions : l'*homme gris* avait promis de lui rendre trois visites.

Avant le sacre, l'être sans nom vint, dit-on, lui faire une première visite aux Tuileries. Il reçut sa seconde visite après la bataille de Wagram, et il apparut pour la troisième fois à Fontainebleau, en 1814. Il vint lui rappeler ses sermens, et tous les hommes que l'association des francs-juges avait atteints. Toutes les conjurations sous son règne furent empreintes de mystère; dans toutes, les *philadelphes* étaient aperçus dans le lointain.

Il est vrai que les grandes destinées attirent le merveilleux, et Napoléon avait été frappé de plusieurs prédictions, entre autres de celle d'une Egyptienne.

« Je me promenais au Caire, » dit-il, « avec quelques officiers, quand une femme, au teint basané et aux vêtemens sales, vint à nous. Elle nous regarda long-temps, puis elle me prédit, sans me connaître, que je deviendrais un jour aussi grand que César et Mahomet. M'adressant à ceux qui m'entouraient, je leur dis : S'il fallait croire aux prédictions de ces bohémiens, tous les hommes seraient des aigles et des géants. »

Mais ce que Napoléon ne dit pas, c'est qu'il alla rechercher la sibylle.

Vêtu du simple costume d'officier, il se présenta à elle; l'Égyptienne, après avoir placé sur la table divers coquillages symboliques, lui dit :

« Tu auras deux femmes; tu en répudieras une à grand tort, ce sera la première; la seconde ne lui sera point inférieure par ses grandes qualités, elle te donnera un fils. Peu après commenceront contre toi de sourdes intrigues. Tu cesseras d'être heureux et puissant. Tu seras renversé dans toutes tes espérances. Tu seras chassé par la force, et relégué sur une terre volcanisée, entourée de mers et d'écueils. Garde-toi, mon fils, de compter sur la fidélité de tes amis. » Elle avait lu la prédiction d'Olivarius, et faisait preuve de mémoire.

Bonaparte, pour la récompenser, lui fit donner vingt-sept sequins.

Voilà de quoi remplir l'imagination la plus forte : ce miroir d'avenir fut présenté à Napoléon à la manière antique. Il était à jeun, il aspira toutes les prévisions du sort; il baissa les yeux devant la baguette magique qui faisait mouvoir sa destinée, et l'orgueil qui crut à demi paya de quelques sequins les jeux de la décevance et du fatalisme.

Il y avait dans la vie de Napoléon tant de phases, qu'elle était devenue un laboratoire astrologique. Il parlait de son étoile, et Joséphine, qui avait aussi la crédulité du cœur, lui disait : « C'est mon étoile qui influence la tienne. » Pour cette fois, l'Empereur ne voulut pas y croire, et quand il eut changé de compagne, on dit : « Voilà son étoile qui file ! »

Tous les bohémiens, toutes les sibylles, y compris mademoiselle Lenormand, avaient prédit à Napoléon un diadème. C'est toujours ce que met en avant la nécromancie ; c'est le grand hameçon qu'elle append, en tournant une carte ou en compulsant les pulsations d'une vipère ; c'est une couronne qui est le grelot de la magie.

Une prédiction à laquelle Napoléon fut plus sensible, ce fut celle qu'il recueillit dans ses jeunes ans, à Brienne, lors de la distribution des prix. La première couronne qui para son front lui fut offerte dans ce concours par la marquise de Montesson, femme du gouverneur de l'Alsace ; en la posant sur sa tête, elle lui dit : « Puisse cette couronne vous porter bonheur (1)!..... »

Quand ces prophéties étaient redites au bivouac, les soldats regardaient en riant leurs mains calleuses, et cherchaient à y lire une fortune de gloire ; alors ceux qui avait l'expérience des combats disaient : « Ce n'est pas à la main de Napoléon, mais à son épée, qu'il faut regarder comment on se fait empereur. »

(1) Napoléon dans sa prospérité se rappela ce souhait ; il combla madame Montesson de biens et d'honneurs, et lui fit rendre une pension de soixante mille francs qu'elle avait perdue dans la révolution.

HALTE IX.

Qui est-elle ?

Les événemens les plus dramatiques devenaient les sujets d'entretien, et faisaient trêve, sous la tente, aux récits militaires.

Après le licenciement de l'armée de la Loire, en 1815, les officiers de l'empire avaient repris leurs cantonnemens sous le toit de famille ; les hameaux étaient occupés par les vieux réquisitionnaires, et près de la cantine du foyer, on devisait de la chronique du jour. Alors le public était occupé d'une grande affaire qui venait de mettre tous les esprits en émoi : il s'agissait du procès en reconnaissance d'état civil de la marquise de Douhault. Elle avait fait assigner M. de Champignelles, son frère, devant le tribunal de Saint-Fargeau, « afin d'être réintégrée dans tous ses

« droits, noms et actions, et dans la jouissance
« de ses biens. »

Deux vieux soldats, anciens serviteurs du château de Chazelet, racontaient «qu'après avoir en-
« terré une bûche au lieu et place de madame de
« Douhault, ils avaient reconnu la défunte pour
« être bien leur maîtresse, lorsqu'elle était venue
« dans le même village faire constater sa résur-
« rection. »

Cette affaire fit tant de bruit, que tous les jurisconsultes furent admis à donner leur avis, et plusieurs juridictions eurent à prononcer sur les incidens de ce procès fameux.

Les annales de l'empire furent remplies de détails, de plaidoiries, de décisions qui se contredirent et laissèrent tout en suspens. « Qui est-elle? » fut toujours l'énigme indéchiffrable de cette cause ; le temps a laissé du vague, mais ce vague est de l'histoire. La franchise militaire s'égaya souvent sur cette intrigue des grandes phases du barreau. Voilà ce que les deux témoins oculaires laissèrent percer dans une des haltes des champs, où l'on retrouvait les causeries du bivouac.

« Oui, » s'écrièrent les deux conteurs, dont les masures héréditaires côtoyaient l'ancien château de Chazelet; « oui, c'était bien une bûche qu'on enterra pour Adélaïde-Marie Rogres de Lusignan de Champignelles, veuve de Louis-Joseph, marquis de Douhault. »

Tout ce qui sort de la marche ordinaire des événemens excite vivement la curiosité. Les spectateurs écoutèrent, ils prirent des notes, et après avoir compulsé les archives des greffes, les éclaircissemens suivans ont été recueillis.

Les tribunaux retentirent pendant plus de trente années des plaintes de madame de Douhault; elle annonçait que d'avides parens, à l'aide de faux actes, et en faisant célébrer ses obsèques, l'avaient fait passer pour morte, et s'étaient ainsi approprié sa fortune.

Elle réclamait contre ce crime, et demandait qu'on lui rendît son nom. Ses prétentions, tour à tour accueillies par quelques autorités et repoussées par les tribunaux, furent enfin proscrites par un arrêt de la Cour de cassation, qui, en lui défendant de porter le nom de Douhault, ne lui en donnait cependant aucun autre, et renvoyait les poursuites devant la Cour criminelle du département de l'Yonne.

Cette singulière affaire, après avoir fourni un aliment à la curiosité et occupé toute la France, serait, comme tant d'autres, tombée dans l'oubli, si nos auteurs de mélodrames ne s'en étaient emparés, et ne l'avaient rappelée à notre souvenir sous les noms de *la fausse Marquise*, *la dame du Château*, *le faux Martin Guerre*, etc.

Cette femme, âgée de quatre-vingt-cinq ans, reparut en 1830, et, presque sur le bord de la tombe, elle redemandait qu'on lui rendît, avec son existence civile, la justice qu'elle disait lui avoir été déniée.

Dans un long mémoire, elle réclama contre un jugement de la Cour spéciale de Bourges, rendu le 28 vendémiaire an 13, qui déclare l'acte mortuaire contre lequel elle s'élève « non entaché de « faux. » — Et contre l'arrêt de la Cour d'appel de Paris, du 23 prairial suivant, qui la condamne à 15,000 francs d'amende. La teneur de cet arrêt laisse son origine incertaine; la Cour déclare « qu'il ne lui appartient pas de juger qui elle est, « et de quelle famille elle sort, et ordonne le ren- « voi des jugemens et arrêts à la Cour criminelle « de l'Yonne. » Cette disposition a été confirmée par la Cour de cassation.

Pourtant, depuis que ce jugement était rendu, la Cour criminelle de l'Yonne n'en avait point suivi l'effet, on la laissait dans une position sans exemple dans les annales du barreau français, puisqu'en lui défendant de porter son nom, on ne lui en reconnaissait aucun.

Elle se plaignait que, par des menaces et un abus de pouvoir aussi coupable qu'inouï, on l'avait privée du droit de faire interroger son adversaire; qu'on lui interdisait le ministère d'un avocat, et qu'on lui avait enfin ôté tous les moyens de produire les preuves de l'identité de sa personne avec madame de Douhault : au nombre de ces preuves, elle citait le témoignage de ses anciens vassaux.

Elle prétendait qu'à l'aide de son nom et de son argent, son adversaire, M. de Champignelles, avait dû nécessairement réussir, tant auprès des personnes dont la probité répugne à supposer l'existence du crime, qu'envers celles auprès desquelles les honneurs et l'opulence ne peuvent avoir tort.

Elle disait qu'en déversant le ridicule sur sa personne, son antagoniste avait réussi à faire naître cette prévention si difficile à détruire et si funeste dans ses effets.

La réclamante annonçait que lors des interrogatoires qu'elle avait subis à la Cour spéciale de Bourges, on avait employé tous les moyens pour la troubler et pour mettre sa mémoire en défaut; elle se plaignait du procureur-général qui, dans son réquisitoire imprimé, aurait tronqué et défiguré plusieurs de ses réponses; elle assurait que lors des débats, les témoins de l'identité, au nombre de plus de cent cinquante, étaient traités brusquement, interrompus dans leurs dépositions, troublés par des questions au-dessus de leur intelligence, menacés de la prison s'ils persistaient à reconnaître la prétendante pour être madame de Douhault, et que les gendarmes répandus dans la salle ajoutaient encore à leur terreur; tandis que les témoins négatifs, ceux surtout qui, après avoir reconnu madame de Douhault dans leur première déposition, s'étaient ensuite rétractés, furent écoutés avec complaisance, mis à leur aise sur des siéges, et traités avec beaucoup d'égards.

Elle citait comme une preuve de l'injustice qui avait présidé à ces débats, un fait remarquable et qu'elle disait avoir rempli d'indignation tous ceux qui en avaient été témoins. On lui confronta un nommé *Jean Bourdin*, tourneur de chaises à Sens, mari d'une nommée *Anne Buirette*, avec laquelle on avait projeté de l'identifier. On avait menacé ce *Bourdin* de la prison s'il ne reconnaissait pas la réclamante pour sa femme. Au moment où on l'introduisit dans la salle des débats, une voix fit entendre ces mots : « Dis que c'est ta femme, tu ne risques rien. » Bourdin répondit tout haut : « Non, je ne veux pas faire de tort à la loi. » En effet, il persista à ne point la reconnaître.

Dans le moment où elle citait à madame de Champignelles, sa sœur, ci-devant supérieure des Dominicaines à Montargis, des circonstances très marquantes, on entendit la même voix interrompre les débats en ces termes : « Elle vous persuadera peut-être qu'elle est votre sœur ; dites comme elle, il n'en sera ni plus ni moins. » Cette voix, assure-t-elle, était celle du procureur-général. A ces mots, qui lui présageaient ce qu'elle devait attendre de ses juges, elle se trouva mal, on l'emporta ; et quoiqu'il s'agît d'une question d'identité de personne, on continua l'audition des témoins ; et, comme l'avait annoncé la *voix terrible*, « il n'en fut ni plus ni moins jugé, » et son *acte mortuaire* fut déclaré non entaché de faux.

De ce jugement sont découlés tous les maux qui ont pesé sur cette infortunée, elle a été placée dans une position jusqu'alors sans exemple dans les annales du barreau.

Sur dix-huit témoins qui ont parlé d'Anne Buirette, femme de Jean Bourdin, quatre ont dit la reconnaître dans la réclamante; quatorze autres, et le mari même de cette Anne Buirette, ont déclaré ne trouver aucune ressemblance entre cette femme et celle qui soutient être madame de Douhault.

Cent cinquante témoins ont reconnu positivement madame de Douhault dans la réclamante; dix-huit ont cru que c'était elle, sans pouvoir l'affirmer.

Vingt-un témoins ont déposé de faits de vexation et de tentatives de séduction, employés envers les témoins affirmatifs pour les exciter à trahir leur conscience.

Dans une position aussi critique, il ne restait à l'infortunée qu'une dernière ressource, elle y recourut avec confiance, et se pourvut en cassation contre les arrêts rendus contre elle, forte *de nouvelles pièces qui démontraient la fausseté des principaux faits qui leur ont servi de base.*

Le procureur-général près la Cour de cassation a rendu justice à la preuve que la réclamante a apportée de cette étrange erreur.

« Il est vrai, » dit ce magistrat, « que la demanderesse prouve très bien qu'elle n'est pas Anne Buirette ; il est encore vrai qu'en rapprochant cette preuve de celle des faits, qu'Anne Buirette et Marie-Catherine Bothel sont les seules personnes qui sont entrées à la Salpêtrière le 3 janvier 1786, on demeure convaincu qu'il y a erreur dans la 38e réponse de la demanderesse à l'interrogatoire de Saint-Fargeau. » Cette erreur a été fatale à la réclamante ; elle a motivé aussi le refus du tribunal de Saint-Fargeau de la confession judiciaire de M. de Champignelles, qu'elle invoquait.

Le procureur-général dit encore à cet égard : « Il est certain que l'article 1er du titre 10 de l'ordonnance de 1660 avait été violé de la manière la plus étrange, pour ne pas dire la plus scandaleuse, par le tribunal de Saint-Fargeau. »

Par l'effet de cette même *erreur de date*, on a donc refusé à Saint-Fargeau toute preuve testimoniale.

A quoi bon, disaient les juges de ce tribunal, chercher des éclaircissemens *sur un fait impossible ?* et partant de ce principe que la réclamante était Anne Buirette, ils considérèrent comme *inutile* une *vérification d'écritures*. La Cour de cassation ne pouvant juger sur le fond et annuler cet arrêt, le procureur-général s'exprima ainsi : « Il y a dans les réponses de la réclamante des faits qui paraissent indiquer une véritable identité entre elle et la veuve de Douhault. » Ce magistrat ajoute que, « c'est un malheur sans doute pour la demanderesse de ne s'être pas procuré, de n'avoir pas produit, avant l'arrêt qu'elle attaque, la pièce qui anéantit ce fait si accablant pour elle; mais ce malheur, ce n'est pas à la Cour de cassation qu'il appartient de le réparer. »

Dans l'espace de cinquante ans, on n'a pu dévoiler l'inconcevable mystère de l'existence de cette infortunée, car si elle n'est ni Anne Buirette ni madame de Douhault, *qui est-elle donc ?*

Il importait que cette question fût résolue; un semblable phénomène ne pouvait exister dans l'ordre social; aussi le ministère public près la Cour de cassation s'est-il prononcé pour la révision.

Tel fut aussi l'avis du célèbre Desèze : « que l'autorité souveraine pourrait ordonner la révision de ces arrêts. »

Il ajoute : « Il s'agit d'ailleurs d'une de ces questions auxquelles la société tout entière est intéressée.

« La société, en effet, ne peut pas tolérer qu'on dépouille *un de ses membres* de l'état qui lui appartient naturellement.

« Elle ne peut pas souffrir que ce membre existe au milieu d'elle, sans aucune place, sans aucun nom, sans aucune famille.

« Elle ne peut pas tolérer qu'il soit seul, isolé, sans aucune communication possible avec ses autres membres, réduit à ses facultés naturelles et ne pouvant exercer aucun droit civil.

« D'un autre côté, s'il y a de la part du membre qui réclame, un dessin hardi d'usurper un état qui n'est pas le sien, s'il y a une intrigue coupable, s'il y a des machinations frauduleuses, il importe également à la société que ce projet audacieux ne reçoive pas son exécution, et que l'usurpation même soit punie. Sous tous les rapports, cette question est de la plus haute gravité.

« C'est donc à la réclamante à recourir elle-même à cette puissance et à tâcher d'en obtenir ce secours protecteur, qui, en servant si utilement sa propre situation, servira encore la justice. »

Les plus célèbres jurisconsultes de la capitale ont émis la même opinion.

Le rideau qui dérobe cette femme à la société n'a été ni levé sous l'empire, ni levé sous la restauration.

Que du moins son malheur tourne au profit de notre législation; qu'il serve d'exemple, qu'il décide à s'occuper des moyens de ne laisser aucune erreur irréparable dans une matière aussi importante que la *question d'état*, et qu'on remédie à toute imprévoyance de nos lois.

« Le cas dont il s'agit est tellement inconcevable, » disait encore Desèze, « tellement hors de tout ce que l'on connaît et de tout ce qui peut arriver, qu'il semble appeler toute l'attention du législateur. »

Dans l'ancienne législation, la révision avait lieu, en matière criminelle, dans les cas où des pièces recouvrées après un jugement rendu en démontraient l'injustice.

Cette révision, qui laissait un recours si précieux contre les événemens qui peuvent tromper la prudence humaine, n'a point été conservée dans la législation nouvelle. On l'a sans doute regardée comme incompatible avec l'institution du jury, et on ne l'a pas admise non plus contre les arrêts des cours spéciales dans lesquelles il n'y a pas de jurés. Mais si une cour spéciale criminelle a rendu un arrêt préjudiciel à une question d'état civil, l'erreur de fait qu'elle aurait consacrée devrait d'autant mieux être soumise à révision, que le législateur lui a donné une sorte de pouvoir discrétionnaire.

C'est dans les cas extraordinaire qu'il est beau de s'élever à la hauteur des difficultés; c'est surtout dans une question qui intéresse l'ordre social tout entier, qu'il est honorable de n'envisager l'obstacle que pour en triompher.

Tous les jurisconsultes marquans ont été entendus en faveur de la réclamante et ont demandé « à la justice et à l'Etat qui est-elle? »

C'est une grande tâche à s'imposer que celle de venir au secours de l'opprimé, de faire servir à la défense du faible, au renversement de l'erreur, au triomphe de la vérité, les biens les plus précieux de l'homme, le génie, l'éloquence et le talent. C'est alors qu'il est beau de combattre la prévention, l'opinion et le pouvoir.

On applaudit avec joie à la noble audace de l'homme dévoué qui entre dans la lice; chacun s'intéresse à la lutte qui s'engage, nul ne reste indifférent à l'issue du combat. Mais cet enthousiasme doit avoir la raison pour guide.

La défense d'un accusé est un devoir de l'humanité; lorsqu'elle échoue pour l'innocence, le pouvoir qui donne aux rois une prérogative de clémence atteint au-delà des bornes de toute autre puissance.

Ce don de grâce n'a découlé d'aucunes lèvres pour madame de Douhault; elle est morte, et sur sa tombe on peut inscrire encore cet interrogatoire : *Qui est-elle?*

HALTE X.

Un Repas de roi.

Paris, la ville des merveilles, cette halte de l'ambition et des plaisirs, fut courtisé par les roués de Louis XV et par les tapageurs de l'empire. Les jeux, les danses et les bons repas étaient en vogue. Tous les jeunes hommes qui avaient partagé les loisirs des princes improvisés à la poudre du canon étaient les narrateurs de ces temps d'élévation phénoménale. Quatre promeneurs se balançaient nonchalamment sur des chaises, aux Champs-Élysées, ils rappelaient l'origine de leurs hauts emplois. Ces emplois avaient duré quelques heures de joyeuse vie; en les écoutant on les reconn   et on retint cette narration :

Jérôme Bonaparte, roi de Westphalie, tenait cour plénière dans les estaminets; ce frère de l'autocrate des Tuileries avait rassemblé, à la fin d'une des campagnes de l'empire, ses vassaux à la *Courtille*, et les grands dignitaires de sa couronne au *Cadran bleu*. Les chants, les bravades et tout l'entraînement de la gloire tenaient séance à ce bivouac de la bonne chère. Là, on décrétait la guerre, on étendait ses conquêtes, en vidant les verres de Chablis ou d'Aï. Rien ne coutait à l'amphitryon; grandeurs, dignités, fortune, c'était l'ennemi qui devait faire les frais; c'était la renommée de l'Empereur qui devait garantir le paiement de l'écot.

Dans cette rançon, Brunswick, Hesse-Cassel, Fulde, Paderborn, devaient entrer dans les limites du royaume de Westphalie, et le nouveau monarque festinait son ovation au milieu de ses camarades de jeunesse : tous ressemblaient à des écoliers qui se sont un instant dégagés de la férule du maître pour fêter leur indépendance.

Mais au milieu de ces joies, de ces libations, de ces promesses, la police, qui est une marâtre des joyeux passe-temps, était aux écoutes. Fouché ne riait jamais quand il s'agissait de l'élévation d'une royauté nouvelle; il avait tué un roi, et le régicide ne permettait pas au jeune frère de Napoléon de trôner sans lui soumettre la carte de ses États, et même la carte de son dîner. La police prend toujours un carré de terre dans les royaumes octroyés par la force, et elle y a toujours son plat servi.

Jérôme Bonaparte prenait peu de souci de l'espionnage; il était comme son impérial frère, il n'aimait pas les représentations. Il secouait la régence que Napoléon lui avait donnée, et la police n'avait pas son laisser-faire chez lui.

La nouvelle puissance westphalienne avait reçu très froidement les hommes d'État qu'on lui avait imposés. Ceux-là ne figuraient pas à ses banquets. Ainsi, Siméon, Beugnot et Jolivet, qu'on avait donnés à Jérôme Bonaparte pour organiser son royaume, n'eurent même pas l'honneur de vider une coupe à la santé de leur roi. Il en fut ainsi pour le général Lagrange qui avait le commandement de ses bastions, et dont le nom était resté inconnu au maître d'hôtel du roi Jérôme.

On touchait aux joyeusetés du carnaval; il s'agissait de secouer l'étiquette qui rend souvent lourde la pourpre, et d'embellir la royauté de tout le luxe de l'abondance et de toutes les jouissances sensuelles que Paris offre aux princes et aux sujets. Les scènes piquantes que présentèrent alors les promotions de Jérôme Bonaparte, mirent en relief un tableau de mœurs que nous empruntons à Salgue, l'un des témoins oculaires :

« Quelque temps après son élévation au trône,
« Sa Majesté westphalienne s'était signalée à Pa-
« ris, dans une partie de plaisir dont les détails
« convenaient assez peu à la dignité royale.

« Elle avait rassemblé, chez un des plus cé-
« lèbres restaurateurs de Paris, plusieurs de ses
« amis : un poète du Vaudeville, fort connu alors

« sous le nom de l'*Inévitable*, un romancier, homme
« de beaucoup d'esprit et de peu de décence,
« un jeune baron de B***, et quelques autres
« personnages qu'il eût été difficile d'admettre
« dans la cour d'un grand roi. Les commence-
« mens furent paisibles, mais la gaîté s'anima
« avec les vins d'entremets et de dessert; le café
« et les liqueurs dérangèrent totalement la tête de
« Sa Majesté, et comme il convenait de monter
« sa maison royale d'une manière digne d'elle,
« elle ordonna au romancier P. L. B*** de pren-
« dre la plume et d'écrire sous ses ordres : il eut,
« pour récompense de sa docilité, la chancelle-
« rie; M. R. de C***, la correspondance littéraire
« et la bibliothèque; un chevalier E. A. N*** fut
« nommé connétable; enfin, la liste des grands
« officiers du royaume de Westphalie se com-
« pléta de la même manière. Le roi apposa sa
« signature, et le cachet de sa montre servit de
« sceau.

« Après un conseil tenu si gaîment, le prince
« jugea à propos de passer la soirée avec ses
« grands officiers; et comme il n'avait point de
« palais à Paris, on choisit les salons voisins d'une
« dame l'Ev***, qui tenait une de ces maisons où
« les demoiselles sont accortes et prévenantes.
« Le roi et sa cour gardaient le plus sévère inco-
« gnito; mais il ne tarda pas à être levé. Sa Ma-
« jesté ne se trouvant apparemment pas aussi
« satisfaite qu'elle le désirait, fit du bruit; ses of-

« ficiers, pour se conformer aux exemples du
« prince, en firent comme lui; bientôt le trouble
« fut dans l'asile des plaisirs. La souveraine du
« lieu voulut intervenir, ses titres furent mécon-
« nus, on la battit; ses nymphes elles-mêmes ne
« furent pas mieux traitées. La garde qui veille
« aux barrières du palais accourut; le commis-
« saire se présenta, le prince et les grands offi-
« ciers couraient risque de passer la nuit au
« corps-de-garde. Dans cette extrémité, le mo-
« narque se nomma, et les baïonnettes s'abais-
« sèrent devant lui. Mais peu d'instans aupara-
« vant, Sa Majesté avait frappé, du bâton qui lui
« servait de sceptre, un des inspecteurs de la
« police.

« Cet officier en ayant gardé rancune, dressa
« un procès-verbal, et alla le présenter au mi-
« nistre de la police. C'était Fouché, homme que
« n'éblouissait pas la splendeur du trône. Il manda
« dans ses bureaux les grands officiers de West-
« phalie, les semonça comme il convenait, se fit
« remettre leurs brevets, et se rendit au palais,
« pour semoncer aussi le nouveau souverain. Il
« n'eut point la peine de se faire annoncer. Comme
« il entrait, Sa Majesté se rendait chez l'impéra-
« trice Josephine. Le ministre la pria de s'arrê-
« ter, et lui représenta avec un ton d'autorité
« le scandale de sa conduite, la publicité qu'elle
« avait déjà, le tort qu'elle lui ferait auprès des
« ambassadeurs et des princes allemands, dont

« la capitale était remplie : mais il ne lui dit point
« qu'il avait pris la liberté de casser ses nomina-
« tions de la veille et de retirer aux grands offi-
« ciers de sa couronne les lettres du sceau qu'il
« leur avait données.

« Jérôme Ier, trouvant le style de Fouché un
« peu trop familier, réplique avec hauteur; et sa
« conversation s'animant, les mêmes lettres qui
« volaient sur le bec de ver-vert, à son retour de
« Nantes, volent sur les lèvres du prince. Le mi-
« nistre s'irrite, et se hâte de monter chez Napo-
« léon. Il rend compte de l'orgie de la veille et
« produit les brevets qu'il avait retirés. On peut
« juger du courroux de l'Empereur; il fait venir
« le monarque de Westphalie, et, sans respect
« pour sa couronne, il le traite de *polisson*... »

Mais la nouvelle Majesté, se redressant avec
fierté à cette épithète, déclara à son impérieux
frère que sa couronne était indépendante.

Napoléon, emporté par la colère, saisit une
canne pour chasser de sa présence le *polisson*; il
n'avait qu'un ordre à donner pour le faire fla-
geller, il se retint; mais, dès ce jour, la disgrâce
environna le prince qu'on nommait : « Le roi
« Roger bon temps. » Et cette disgrâce ne s'arrêta
que devant la chute de la couronne que l'Empereur avait donnée, et qu'un prince de son sang
ne sut pas défendre.

Ainsi les mœurs qui font rougir l'homme, dé-
gradent jusqu'aux souvenirs.

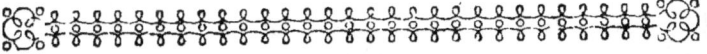

HALTE XI.

Le Dais impérial.

Sur la terre étrangère, la souvenance des haltes de guerre se rapportait à la patrie, et sur le sol du foyer, la mémoire des vieux soldats allait chercher les exploits les plus lointains pour rajeunir leurs vieux ans.

Sur la rade de Boulogne, en face de cette pyramide élevée à la grande armée, de vieux officiers de marine se reposaient sur la grève avec des vétérans d'Austerlitz.

Là, ils énuméraient toutes les phases des révolutions; leurs balafres en marquaient les périodes. La gloire de l'empire, les journées d'honneur de la restauration et les pas de décevance de la couronne élective de juillet, tout était passé en revue, sur cette plage battue par le chant du triomphe et par le clairon de la retraite.

Les uns avaient reçu à Boulogne, en 1804, et lors de la fédération impériale, la croix d'honneur; les autres avaient été mis aux arrêts en 1840, pour avoir tiré l'épée en l'honneur de Louis Napoléon Bonaparte, et pour avoir salué le débarquement du neveu de l'Empereur. Tous ces doyens des batailles avaient vu les ovations et les revers des grandes renommées; ils racontaient les légendes des commotions armées, ils avaient pris pour texte le *Dais impérial*, et autour d'eux on faisait silence.

Jadis on élevait sur les boucliers le chef des Francs; c'était le pavois du pays libéré. Le dais impérial, par une analogie de conquête, fut formé des drapeaux ennemis, et la France fut agrandie. L'épée de Napoléon et l'airain qui tonna sur tous les sols, proclamèrent nos victoires; partout où la grande armée vint poser ses tentes, il y eut de la gloire.

Le dais impérial fut donc blasonné par le sang étranger et par le triomphe; les grandes revues furent la pompe des phases napoléoniennes. Il fallait suivre le récit de ces hommes de guerre, de ces historiens de nos grandes phalanges; ils nous reportaient sur le terrain où ils avaient pris pause. Ce terrain était le camp de Boulogne; ils narraient l'instant où Napoléon fit élever un dais de voiles anglaises. Quelques jours après le sacre, ces voiles avaient été enlevées à l'ennemi; elles étaient un trophée de nos escadres. Ce dais était éblouissant; c'était la splendeur du courage, c'était un insigne d'illustration en face de l'Océan.

L'armée de terre défilait au pas redoublé, au pas de conquête; ce tableau était l'action de la gloire; on entendait les proclamations qui enflammèrent la bravoure au cri de : « honneur et patrie ! »

Au milieu d'un enthousiasme belliqueux, tous les corps d'armée manœuvraient et s'harmoniaient avec les mouvemens nautiques, toutes les évolutions spontanées formaient le cadre du dais impérial; là, on accordait de l'avancement et on proclamait les triomphes des drapeaux. Les fêtes du camp de Boulogne ne ressemblèrent à aucune autre : ce n'était plus le petit caporal gradé par les baïonnettes, c'était le successeur des rois, tenant le sceptre en main et venant, la couronne en tête, répudier le bonnet phrygien et confier ses destinées à l'aigle impérial, qui allait poser son aire sur tous les dais européens.

L'armée voyait son empereur au premier rang, et ne voyait plus la patrie qu'en seconde ligne. Tout était grandeur, magnificence, éclat; la solennité des armes était tout à la fois monarchique et patriotique.

Les salves d'artillerie ouvrirent la revue du camp; 80,000 hommes étaient présens : le maréchal Soult avait établi un vaste amphithéâtre en face de la mer, dans un cercle orné de faisceaux ; le trône des rois francs était le simulacre des franchises conquises au prix du sang ; le dais impérial était formé des drapeaux enlevés à l'ennemi dans les plaines de Montenotte, d'Arcole, de Rivoli ; aux Pyramides, à Aboukir, à Marengo. Tous ces trophées étaient le bulletin de la grande armée.

L'armure brisée des électeurs de Hanovre était là pour dire que l'Angleterre serait bientôt étreinte par le génie de la guerre.

Toutes les colonnes mises en bataille et formant un rayon qui venait aboutir au dais de l'ovation impériale, annonçaient que ce trône était le centre de gravitation des États.

Les tambours battirent au champ. Les acclamations signalèrent l'arrivée de l'Empereur : il était entouré des membres de sa famille ; sur les marches du trône, les maréchaux qui avaient tracé son avenir, et au pied du dais s'inclinaient les ministres qui quêtaient un sourire.

Le silence fit prévoir une harangue : le grand chancelier de la légion-d'honneur s'avança, les héros d'armes firent un appel aux chevaliers, l'Empereur répéta la formule du serment et distribua les nouvelles décorations : le casque de Bayard était l'urne où Napoléon puisait les récompenses pour ses plus vaillans soldats.

Des courses, des jeux, des banquets, des danses, des feux d'artifice, des chants guerriers à la louange des compagnons de l'Empereur, tout jetait dans les cœurs de nouveaux engagemens de vaillance; le dais impérial était toujours paré des splendides fleurons du courage.

Des largesses, de la gloire, des souvenirs et des promesses, c'était l'association des tentes, c'était le coup de fortune de tous les guerriers, de tous les aspirans à la prospérité du pays.

Napoléon descendit de son trône pour visiter les côtes. Il monta une embarcation et voulut braver la croisière anglaise, et le peuple disait : « Il navigue sous son étoile. »

L'amiral Keith longeait la rade, il lança contre notre pavillon toutes ses bordées et les brûlots qu'il avait à bord; ce salut de bataille fut rendu par cent navires, et les Anglais passèrent, ayant émoussé leur réputation dans un engagement qu'ils n'osèrent soutenir.

Les vents étayaient la fortune de Napoléon; des tentatives essayées contre la France échouèrent, et les opinions se partagèrent « sur l'issue « du grand procès dont Neptune et Mars devaient « être les arbitres. »

Les parages de Douvres et de Calais étaient couverts de spectateurs; le monde alors appartenait à la France; l'Angleterre était à la remorque de nos victoires.

La paix du continent allait être engloutie; le serment des combats fut juré et tenu; le succès ne trahit point l'aigle impérial, il plana, et son cri de guerre fut porté aux deux pôles.

La Grande-Bretagne avait aussi sa pompe armée : Hyde-Parck était garni de bataillons : soixante corps de volontaires furent passés en revue par le roi et par les princes alliés. La ville de Londres vint déposer dans l'urne des batailles l'enrôlement de 46,000 hommes; il y avait aussi élan pour combattre la France.

194 vaisseaux de ligne avaient appareillé, 218 frégates et plus de 500 bricks couvraient les mers; toutes les richesses de l'Inde, tous les tributs maritimes des différens ports où l'Angleterre avait conservé des ramifications, étaient venus renforcer ses escadres, et les bords de l'Océan et de la Méditerranée étaient les limites sans fin de la puissance anglaise.

Devant cette chaîne, on aurait dit « que le ciel « venait proclamer au pavillon français, comme « à la mer, *huc usque venies.* »

Les temps ont marché, l'empire a abaissé son dais en lambeaux, le sceptre de la restauration a été brisé; tous les pavillons ont changé d'aspect; les révolutions ont amoncelé en quelques jours les débris des couronnes, le vent de la mer a balayé tous les insignes d'une grandeur héréditaire pour faire place aux insignes d'un orgueil sans passé.

L'Angleterre, au milieu des commotions, s'est créée reine absolue; elle a flagellé de sa politique et de ses traités les dynasties; comme une vague, elle a surgi grande sur une mer houleuse. Les souvenirs se sont groupés autour des vieilles gloires de l'empire : la branche aînée de la maison de Bourbon ne régnait plus, la famille d'Orléans était montée au pavois de Louis XIV, en oubliant que les droits de l'hérédité ne peuvent faillir.

Le machiavélisme de la diplomatie anglaise avait créé un ferment de discorde; il voulait apporter une diversion dans les diadèmes, et la France était toujours le lieu où ce machiavélisme faisait pivoter les rois.

L'année 1840 était ouverte; les cendres de Napoléon devaient traverser les mers et prendre pose sous le dôme des Invalides, armorié des tributs de ses conquêtes.

Alors toute l'Europe avait les yeux fixés sur un grand catafalque; alors la question d'Orient agitait les cabinets, comme les souvenirs de l'empire occupaient les préméditations de la France. Il y avait une continuité de haines et de jalousies contre la patrie qui avait si long-temps vaincu les puissances continentales et lutté contre la Grande-Bretagne; de tous côtés on prévoyait un orage.

Un incident ouvrit l'écueil, il ne se referma que sur des tombes et sur des cachots.

Des vedettes posèrent leur pied à faux; ces vedettes tenaient à la lignée des Bonaparte; la politique avait marqué des têtes; Boulogne, lieu de souvenance, avait été le lieu choisi pour une tentative d'ovation; le drapeau impérial reparut, mais un souffle et quelques coups de feu l'abattirent.

Le bras qui l'avait inauguré ne fut ni assez fort, ni assez heureux pour le tenir debout.

Le temps est venu, les puissances qui venaient d'offrir leur appui à la Sublime-Porte avaient mis la France à l'index; elle ne compta pas dans la balance européenne. Cet affront avait été signalé, l'Angleterre le brava. La France encouragea les trophées d'Ibrahim, les puissances regardèrent son camp comme un camp d'insurrection; la révolution de juillet voulut faire de la propagande, la Grande-Bretagne résolut de profiter de ce pas sur un terrain sans fond.

Lord Palmerston, à la tête de la diplomatie anglaise, avait accueilli Napoléon-Louis; c'était une vie toute d'action qui pouvait faire diversion à la politique européenne, et entraver celle de la France. C'en était assez pour capter le cabinet de Saint-James, alors il flatta l'espoir d'un jeune prétendant.

L'époque parlait haut. La légitimité de Napoléon Ier avait été reconnue par les ordonnances de Louis-Philippe Ier; le catafalque élevé aux cendres de l'Empereur était un drapeau. Lord Palmerston ferma les yeux sur le *City-of-Edimburg*, frété par Napoléon-Louis sur les côtes de la Grande-Bretagne, pour marcher avec son seul nom à la conquête d'un royaume.

Une poignée d'hommes, quelques lances et un aigle vivant, tel fut le cortége de Napoléon-

Louis. C'est au port de Vimereux, vers quatre heures du matin, le 6 août 1840, qu'il débarqua. En abordant sur la terre de France, il fut salué du titre de Napoléon II par ses compagnons. Le général comte Montholon, le colonel Vaudrey, le commandant Parquin, le colonel Voisin, tous les noms qui avaient retenti à Sainte-Hélène et à Strasbourg, se retrouvèrent sur la plage. On s'arme, on s'embrasse, on avance sur la grève de Boulogne.

Une cinquantaine d'hommes, tous expérimentés au métier de la guerre, forment la garde du prétendant. Ils avaient arboré le numéro du 40ᵉ de ligne, en souvenir de la présentation d'armes qui avait retenti dans les murs de Strasbourg.

Napoléon-Louis veut se rendre maître de la caserne du 42ᵉ. Déjà le lieutenant Aladenize s'était emparé d'un peloton de soldats, lorsque le capitaine Puygellier rallia sa compagnie et fit résistance; on parlemente. Le chef du poste déclare qu'un Napoléon ne doit point invoquer la légitimité, puisqu'elle a été abattue et foulée aux pieds par l'Empereur. Un coup de pistolet est tiré pour engager l'action; un soldat est atteint : c'est Napoléon qui a fait feu. La générale bat; le peloton débarqué gagne l'intellerieux et se rallie au pied de la colonne de la grande armée. Là, le neveu de l'Empereur veut mourir ou soutenir de son épée l'écusson impérial; il veut être cloué par les baïonnettes françaises à ce monument qui a mis en relief la gloire de l'empire. La garde citoyenne de Boulogne marche en rang serré contre lui ; c'est le colonel Sansot qui la dirige, c'est Foissy-Sauvage qui arrache le drapeau qui flotte au pied de la colonne de la grande armée ; c'est la milice civique qui croise la baïonnette au cri de « Vive la France! »

Napoléon-Louis, voyant que la fortune l'a abandonné, se replie sur le rivage ; il se jette à la nage, il aborde un bateau de sauvetage, il cherche à gagner le *City-of-Edimburg*, qui est à l'ancre. Le tocsin, les cris, les coups de feu, tout est confusion, tout appelle la mort. Les compagnons du prince sont traqués ; ceux qui le suivent dans les flots périssent sous les coups des hommes ou sous la violence des vagues. Faure, intendant, est tué ; le colonel Voisin est blessé ; le bâtiment anglais est capturé. La douane s'unit à la garde nationale, la garde nationale à la ligne ; tous veulent des récompenses, tous frappent. Les prisonniers s'accumulent ; les rapports officiels grandissent cet événement pour en faire un trophée qui a fait surgir la patrie au milieu d'une hécatombe. On recueille les proclamations et les décrets de Napoléon II pour en faire un auto-da-fé. Le roi assemble la chambre des pairs, et la chambre des pairs ouvre et verrouille des geôles. Les détenus de la haute cour attendent et espèrent ; ils ont en main un drapeau dont on peut secouer la poussière pour pointer l'avenir : mais le succès seul appelle la sympathie.

Le chef de l'État se rend à Boulogne ; il distribue des grades et la légion-d'honneur à tous ceux qui ont pris part à l'action. Il promet d'achever les travaux de cette colonne qui a vu succomber les efforts de Napoléon II. C'est une curée de faveur que la bourgeoisie attend et qu'elle reçoit. Le maire et ses adjoints, le capitaine Puygellier et le lieutenant Ragon, quatre sergens, les marins, les douaniers, les gendarmes, obtiennent de l'avancement, il y a plus de croix distribuées que de prisonniers faits sur la grève ; et sur cette colonne qui regarde l'Océan, l'histoire a arrhé la place de cette inscription :

« L'an mil huit cent quarante, année du retour
« des cendres de Napoléon, empereur des Fran-
« çais, Louis-Napoléon Bonaparte, son neveu,
« étant venu à Boulogne réclamer la couronne
« impériale, fut fait prisonnier par des bourgeois
« de la vieille garde, et condamné à une réclusion
« perpétuelle par de vieux assermentés de l'em-
« pire. »

Ainsi tout ce qui toucha aux phases napoléoniennes s'éleva, et tomba. Les espérances qui gagnent les temps sans but de nationalité sont une déception.

L'expérience fit connaître que l'opinion suit l'intérêt et ne tient pas compte des souvenirs. Les pairs de France, dont la plupart sortaient de la vieille armée, avaient été jusqu'à voter la mort ; ce fut par une grâce spéciale que Louis-Napoléon Bonaparte fut renfermé au château de Ham, et eut pour dais impérial la voûte d'un cachot.

HALTE XII.

Le Vallon Sacré.

Dans la mosaïque de l'empire, les loisirs du bivouac sont des fleurons; leurs scènes variées encadrent les tablettes solennelles où l'histoire a inscrit les phases d'un règne. Les tableaux des haltes militaires changeaient selon le caractère des officiers qui formaient ces garnisons d'un jour. Des lices, des musées, des cercles, des théâtres, furent tour à tour improvisés; les lettres eurent aussi leur tribut. Ce fut à Utrecht, sur les bords d'un bras du Rhin, dans les sinuosités d'une gorge qui portait le nom de *Vallon sacré*, que la gaîté française prit essor. Ce vallon avait résonné des ballades de Goëthe; tout était impressionnable, on se livra aux délassemens de l'esprit. Dans ce lieu, on simula une séance académique; là, Napoléon fut mis en relief, ainsi que tous les rois de sa famille. On chantait et l'on critiquait leurs *faits et gestes*, car la liberté fut toujours la compagne des Muses, et dans l'arène poétique toutes les inspirations étaient protégées et accueillies : c'était le privilége du Parnasse, et on en usa.

Dans cette cour lyrique, il n'y avait point d'étiquette pour entraver la vérité dans sa course; elle présentait en riant son miroir, elle faisait les délices des camps.

Napoléon était grand guerrier et mauvais prosateur. Lieutenant au régiment de La Fère, il corrigeait, en longeant les vieilles murailles de Dôle, les épreuves de ses satires contre le constituant Buttafuoco. Ces philippiques, écrites en style *italico-français*, étaient l'œuvre d'une imagination républicaine fort exaltée; elles frappaient la noblesse de la Corse, et pourtant Bonaparte était noble!... Il fut nommé *le Noble Républicain*. Il avait encensé l'idole laide et dégoûtante de 1793; le sang, les larmes étaient les attributs de la divinité; comme Saturne, elle dévora ses enfans. Cette idole était la révolution : bien des hommes d'avenir plièrent le genou devant elle. Napoléon, après l'avoir maintenue en vue, se coucha par terre et la laissa passer; puis il la visa et la frappa à mort.

Les *Soupers de Beaucaire* furent l'essai de l'apprenti dictateur; puis les plans de guerre, les discours d'apparat, les dissertations législatives, les correspondances diplomatiques, vinrent occuper ses méditations. Tout l'appareil d'un règne profond en politique et harmonieux en littérature forma enfin un temple où le culte des Neuf Sœurs fut promulgué.

L'arène était ouverte. Le prince Lucien, disgracié de la politique, eut des couronnes dans la lice des lettres; il fut l'Homère de la famille Bonaparte. Son *ode* sous le titre d'*Odyssée* unit la gloire antique à la gloire moderne. Il offrit un camée à Aignan, traducteur du chantre de la Grèce, et cueillit lui-même au Pinde son diadème.

L'esprit, chez Lucien, fut patriotique. Il chanta, dans *la Cyrnéide*, la libération de la Corse; il chanta, dans *Charlemagne*, les libertés de l'Église. Tous ses poëmes héroïques n'avaient pas de corde vibrante pour la postérité; l'espace de l'actualité suffisait à l'élan de son vol.

Les arts se plurent aussi à poser une guirlande de fleurs sur le groupe napoléonien, comme un legs de l'inspiration du ciseau de Canova. Ce fut Pauline Bonaparte qui servit de modèle à la Vénus du moderne Praxitèle.

Le romancier, le poète lyrique, celui dont les officiers sous la tente aimaient à redire les tirades et les fragmens gracieux, était le prince Louis. Il fut privé du sceptre de la Hollande, et, dans son exil, il sut changer l'amertume de ses loisirs en accords où la sensibilité de l'âme s'harmoniait avec l'esprit du poète. La vie de Louis Bonaparte, toute de déception, eut pour miroir le roman de *Marie* ou *les Peines de l'amour*. Cette composition mélancolique est le souvenir d'une première passion.

Louis Bonaparte, banni de la Corse avec sa famille, n'eut pas, comme ses frères aînés, une éducation suivie. Sur le sol de la France, il vint frapper aux écoles dans le moment où l'anarchie venait d'en fermer violemment les portes. Son élan intellectuel fut refoulé; il aimait les sciences, et la politique lui mit en main une épée. A la suite de Napoléon, il marcha d'un pas d'honneur, mais il ne recueillit pas de palmes brillantes.

La teinte rêveuse de son esprit le fit nommer par Napoléon *l'enfant gâté de Jean-Jacques*.

Les excès de la guerre, à Pavie, révoltèrent l'âme aimante de Louis; au retour de la campagne d'Italie, il rentra dans le cercle du foyer de famille.

Ce prince se rendait souvent à Saint-Germain pour visiter sa sœur Caroline, au pensionnat de madame Campan. Là, il rencontra la jeune Marie, fille d'un émigré. Son cœur s'élança vers elle, un vœu d'hymen fut exprimé. La politique étendit sa main de fer et brisa sa guirlande d'avenir; le frère de Napoléon ne pouvait s'unir à la fille d'un proscrit de la république. Le prince Louis fut attaché à l'expédition d'Égypte: au retour de cette campagne forcée, Marie n'était plus libre.

Ainsi, Louis Bonaparte n'eut que des fardeaux dans la portion de grandeur qui lui fut départie : il passa en pleurant sur un trône, qu'on lui donna en échange de la vie qu'il avait rêvée heureuse. Sous le diadême il trouva un joug; il ne voulut pas s'y soumettre, il revint s'asseoir à son foyer privé. Mais là encore il y eut pour lui déception : son mariage avec Hortense Beauharnais était sans sympathies; il chercha dans les fictions romantiques un point d'appui pour ses pensées; il se créa une solitude dans un palais, il s'isola, et retournant les feuillets de ses jeunes ans, il fut auteur.

Louis se livra à ses goûts littéraires; il publia le roman de *Marie*. L'ex-roi, pour payer un tribut de souvenir à la nation qu'il avait tant aimée, fit de son héroïne une Hollandaise. Le charme d'un premier amour, une union rompue par le tumulte d'une révolution, la séparation, la guerre, le sacrifice de Marie qui donne sa main pour sauver son père, le retour du fiancé de ses jeunes ans ; tout, dans cette nouvelle épistolaire, mêlait la vérité des émotions de l'âme à l'attrait littéraire.

La retraite de Louis à Gratz vit éclore des productions plus graves. Sous le titre d'*Histoire de la Hollande, de 1804 à 1810*, l'ex-roi livra à l'examen de ses contemporains l'apologie de son règne de quatre années.

Puis, accordant de nouveau son luth, il chante sa patrie, sa mère et encore le nom de Marie.

41

> Le ciel est pur, la mer tranquille,
> L'air se balance sur les eaux ;
> De mon vaisseau la voile agile
> S'élève au gré des matelots...
> Adieu, rives de la patrie
> Qui protégeâtes mon berceau !
> Adieu, ma mère, adieu, Marie !
> Je crois voguer vers le tombeau.

Après avoir exhalé ses soupirs dans cette pièce de vers élégiaques, intitulée *le Départ*, il ramena sa pensée sur *le Retour*, comme l'espérance qui allége le fardeau des cœurs navrés.

Le poète, dans cette strophe, a varié de tons, et a cherché à imiter les accens du Tasse :

> Tout fuit, meurt et revient au jour
> Devant la nature constante ;
> Tout est ou départ ou retour
> Dans la sphère toujours mouvante :
> Le jour qui s'éteint dans la nuit
> Revient sur l'ombre qui la suit
> Étaler sa clarté féconde,
> Et tour à tour chaque saison
> Sur notre immobile horizon
> Fait apparaître un nouveau monde.

On trouve aussi une image pleine d'une douce philosophie dans les vers qui servirent d'épitaphe au mausolée de Marie. Il dit de la vie :

« C'est une ombre au plaisir, un colosse au malheur... »

Les solitudes fleuries des environs de Gratz vibrèrent des derniers accens poétiques de Louis

Bonaparte. Le *Chant des Proscrits* a eu plus d'un cœur pour écho :

> Adieu, florissante contrée,
> Où nul ne comprit tous mes maux,
> Mais où, l'âme triste, éplorée,
> J'ai souvent rêvé le repos...
> Mais rien n'est pour un long usage
> Dans ce monde trop incertain.
> Le temps est un bac de passage
> Où nos pas s'attachent en vain.
> Confidens d'un cœur solitaire,
> Jeunes arbres, mes seuls amis,
> Puisse votre ombre hospitalière
> Mieux abriter d'*autres proscrits !*...

Plus tard, ces accords du malheur furent redits près des tourelles de Ham, où il y avait un *autre proscrit*.

Louis Napoléon entendit dans sa prison le chant paternel; il y répondit.

Au pied de sa geôle, il s'était trouvé aussi un ménestrel parmi les vieux soldats de l'empire chargés de le garder. Au déclin du jour, une voix amie fit entendre la strophe :

> « Confidens d'un cœur solitaire..... »

« Le confident » donna de l'ombrage; le pouvoir s'alarma. La garde de la forteresse fut changée, et on remplaça la sentinelle qui surveillait le neveu de l'Empereur par un montagnard : celui-là n'avait jamais reçu le vieux baptême des armes; il obéit à la défense, et ne chanta même pas les *refrains picards* qui pouvaient rappeler le nom de Napoléon.

Le prisonnier d'État n'eut point d'allégement; il n'eut que l'amertume des souvenirs... Les souvenirs sans espoir furent toujours la torture de la captivité. Mais le temps arrhe la liberté, l'oubli et la fin des peines.

HALTE XIII.

Les Baïonnettes.

Les baïonnettes, cette arme du pas de charge, ce rempart de la frontière, ce gage de toutes les gloires ont couvert l'empire de trophées. C'est en croisant la baïonnette que nos hommes de guerre ont enlevé les positions les plus inexpugnables, ont patronisé le courage et implanté le drapeau sur tous les sols conquis. L'étranger devant nos rangs a défilé en colonne de prisonniers, et nos soldats ont pris pose dans toutes les capitales; aussi Napoléon disait : « L'histoire des baïon-
« nettes, c'est l'histoire de la bravoure. »

L'année 1814 allait se clore lorsque des pelotons de recrues s'arrêtèrent sur des mamelons des Basses-Pyrénées, en regard de Bayonne. Là, les officiers d'escorte firent aligner les apprentis du bivouac devant un champ que les Anglais venaient d'acheter pour enterrer leurs morts, après l'un de nos combats à la baïonnette : à cette halte ils abaissèrent leur épée en disant : « Respect à la « cendre des vaincus ; » puis les récits de prouesse ne tarirent point et complétèrent quelques heures de repos.

« Dans l'origine, » disait le sergent instructeur, « on mettait la baïonnette dans le canon du fu-« sil ; aujourd'hui on l'adapte à la douille, ce qui « n'empêche ni de charger ni de tirer ; » et les érudits de la troupe citaient les plus brillantes charges et prouvaient que le savoir patriotique de la France est l'histoire de ses conquêtes.

La ville de Bayonne inaugura en 1670 la défense d'une place forte par l'usage des baïonnettes ; cette création se maria aux victoires de Louis XIV. En 1671 les fusiliers furent les premiers à s'en servir, et le régiment *royal artillerie* ne marcha plus sans ce bastion d'honneur. Les baïonnettes apparurent pour la première fois en lice de guerre en 1692, dans la campagne de Lombardie ; à cette époque c'est à la baïonnette que Turin fut contraint de se soumettre, et depuis, que de fois l'ennemi a déposé les armes devant nos carrés de baïonnettes !

Tous nos grands capitaines ont manœuvré comme soldats, et l'ennemi est venu amortir ses coups quand nous avons serré nos rangs et rendu la gloire compacte. Il n'y a pas une bataille où l'action des baïonnettes n'ait déterminé la victoire; c'est l'arme du champ d'honneur, c'est l'arme du prodige; avec elle on combat, on triomphe, et on est en repos devant le péril.

Latour d'Auvergne ne voulut, au passage des Alpes, que la grenade et la baïonnette pour insignes de succès; il prisa au-dessus des épaulettes le titre de *premier grenadier de France*. Masséna soutenait en croisant la baïonnette le premier feu de l'ennemi; puis en criant : « En « avant! » il frayait route aux cohortes de France.

Le siège de Manheim avait retardé la marche de l'armée de Sambre-et-Meuse, Pichegru fit une sommation en tête des baïonnettes, et Manheim capitula et se déclara pour nos armes. Alcmaer, cette presqu'île du Helder, était occupée par le duc d'York et par l'armée anglo-russe; Brune s'avance, et le prince capitule; il nous renvoie pour rançon 8000 prisonniers de guerre, et la Hollande est perdue pour l'Angleterre.

Oudinot, à Reggio, culbuta des Autrichiens et agrandit son nom par les baïonnettes; et Soult, après avoir fait à Memmingen comme à Zurich sa faction de soldat pour observer l'ennemi, reprit, quelques heures après, le commandement de l'armée, et ramena pour butin, les prisonniers, l'artillerie et les bagages conquis à la baïonnette.

Montebello et le prince de la Moscowa avaient pour oreiller, sur leur lit de camp, un faisceau de baïonnettes enlevées à chaque engagement à l'ennemi, et chaque jour les capitulations imposées par Napoléon étaient signées à la pointe des baïonnettes. Mack commandait à Ulm 5o,ooo Autrichiens, et en moins de quinze jours ces 5o,ooo hommes capitulent et se rendent prisonniers devant les baïonnettes de l'empire.

Toutes les journées de défaite furent le tribut des baïonnettes : le général Gillinger tenait Vérone avec une garnison de cinq mille hommes ; il capitule, rend son épée, et l'archiduc Charles fait battre la retraite.

Murat frappe aux portes de Vienne, et les habitans, laissés à eux-mêmes, sans prévisions de guerre, font un appel à tous les courages; mais tous les courages capitulent devant nos bataillons croisant la baïonnette.

Augereau bat Jellachich dans les défilés de la Forêt-Noire; il force les Autrichiens à Lindau, à Bregentz, et la capitulation de Doernberg est faite sous le pas de charge; elle nous laisse en possession de tout le Voralberg, de Feldkirch et de Rudenz.

Chaque coup de baïonnette enlevait une redoute, abattait une muraille. Erfurth, Ratkau, Magdebourg, furent amenés à capitulation : à Erfurth, quatorze mille Prussiens furent faits prisonniers; le prince d'Orange et le maréchal Moellendorf furent conduits au camp français, avec cent pièces d'artillerie qui servaient d'escorte à leur défaite. A Ratkau, Blücher et le duc de Brunswick, dix généraux, treize mille hommes, se rendent à discrétion, et l'Allemagne s'enveloppe dans un grand linceul. Magdebourg, la place la plus forte de la Prusse, laisse entamer ses bastions; vingt généraux, vingt mille hommes et sept cents pièces de canon tombent, sous le commandement de Ney, au pouvoir de dix mille baïonnettes.

Les redditions se succèdent. Gameln, sur le Weser, en deux heures est soumis aux Français; puis à Nienburg une capitulation est faite; et Glogau, capitale de la Basse-Silésie, se rend comme un seul homme, avec armes et bagages.

L'ennemi n'a pas le temps de relever ses ponts-levis : Schweidnitz, Dantzick et Kœnigsberg sont pris en un mois, comme des places ouvertes.

Les Français marchent et abattent : Glatz et Kosel subissent la loi du vainqueur.

Ce n'est pas assez pour le drapeau de l'aigle : Stralsund et Rugen sont réduits et capitulent; puis les clefs de Laybach, Flessingue et Dresde sont appendues à nos baïonnettes.

La victoire est rapide comme le pas redoublé : Stettin, Modlin et Torgau demandent des traités, et les scellent par la remise de leurs garnisons, et ces garnisons accumulent dans nos cantonnemens des milliers de prisonniers, qui arrivent sur la traînée de la grande épée de Napoléon.

Les baïonnettes résumèrent l'action de toutes les batailles, elles formèrent la garantie de tous les traités; elles sont restées les armoiries de la grande armée.

ÉCLAIRCISSEMENS HISTORIQUES.

APPENDICE.

LES MANIFESTES.

Les manifestes, sous l'empire, ont été la grande voix qui a régénéré les institutions; c'est avec des manifestes que Napoléon porta le courage au cœur chez les peuples et parmi les soldats qu'il commandait. La veille des batailles, il animait son armée par ses paroles, puis on mourait pour tenir l'engagement qu'il avait pris au nom de la France, en face de l'ennemi.

Les manifestes étaient les proclamations des grandes journées; ils arrhaient la gloire, ils étaient la langue des camps, la harangue des drapeaux; on scellait par le sang les sermens prononcés par la gloire; on enchaînait sa vie aux trophées que Napoléon avait marqués. Les manifestes inspiraient l'enthousiasme de l'honneur; on était conduit à la victoire ou au trépas, en passant sous ces gages de défi.

L'éloquence militaire donnait le mouvement aux grandes légions; elles défilaient sous les promesses de l'Empereur; son épée était la charte des combats, on pliait ou on grandissait à sa vue.

Il n'y a pas un acte dans l'existence de Napoléon qui n'ait été le reflet des impressions qu'il sut donner par son langage; le mouvement des nations, la politique, l'action de la bravoure, tout appartient à ses manifestes; il sut produire l'entraînement, et l'entraînement qui appelle les convictions, trace l'avenir et l'agrandit.

La vie de Napoléon, comme consul et comme empereur, se lit dans ses manifestes; ils ont été remarquables. Le siècle s'est façonné et a marché à la suite de ses proclamations, car ses proclamations ont toujours fait un appel à la nationalité et souvent à la morale. Le génie et la liberté se sont unis pour produire les grandes destinées du soldat couronné, et lorsque l'ambition déborda les inspirations grandes et généreuses qui avaient marqué l'avénement de sa puissance, il y eut une éclipse de gloire; le pouvoir resta sans force et à nu.

L'histoire des manifestes est donc l'histoire des grandeurs et de la décevance des phases napoléoniennes.

Au jour des plus grands troubles de la patrie, les manifestes venaient la rassurer.

Les doctrines républicaines avaient alarmé le pays; la terreur de 1793 avait broyé tous les principes conservateurs; la religion semblait exilée; elle n'avait trouvé que quelques consciences pour en mûrir le germe. Napoléon devant son armée fit un pas vers la morale, il fit bénir ses drapeaux, inclina son épée, et fit taire les insultes portées au culte de la vieille patrie. Rien de plus beau que le manifeste qui imposa sous les armes le respect à la religion, et qui protégea la foi.

Napoléon allait monter sous le dais impérial, lorsqu'il adressa aux lévites qui arrivaient des déserts de Sinnamary ces paroles mémorables:

« Ministres d'une religion qui certes est aussi
« la mienne, je regarde comme perturbateurs du
« repos public, et je ferai punir comme tels, de
« la manière la plus rigoureuse et la plus écla-
« tante; et même, s'il le faut, de la *peine de*
« *mort*, quiconque fera la moindre insulte à notre
« commune religion, ou osera se permettre le
« plus léger outrage envers vos personnes sacrées.

« Les philosophes modernes se sont efforcés de
« persuader à la France que la religion catholi-
« que était l'implacable ennemie de tout système
« démocratique et de tout gouvernement républi-
« cain; de là cette cruelle persécution que la ré-
« publique française exerça contre la religion et
« contre ses ministres; de là toutes les horreurs
« auxquelles fut livré cet infortuné peuple... Moi
« aussi, je suis philosophe, et je sais que dans
« une société quelconque, nul homme ne saurait
« passer pour vertueux et juste, s'il ne sait d'où
« il vient et où il va. La simple raison ne peut
« nous fournir là-dessus aucune lumière; sans la
« religion, on marche continuellement dans les
« ténèbres, et la religion catholique est la seule
« qui donne à l'homme des lumières certaines et
« infaillibles sur son principe et sur sa fin der-
« nière. »

Napoléon, élevé par l'enthousiasme d'un jour, sentit que pour consolider un trône, il fallait plus que de l'enthousiasme : la révolte est toujours au milieu des masses sans croyance, il assura donc un moment par la force des principes religieux la puissance, et la vérité fut alors visible pour tous.

ÉCLAIRCISSEMENS HISTORIQUES.

I

OVATION.

Napoléon avait ajouté des palmes à ses drapeaux ; il se composa un trône, une cour, et revêtit le manteau impérial : il allait à sa taille. Il voulut que l'oint du seigneur fît respecter sa force, et que la puissance morale secondât la puissance de son bras. Le sacre appela Pie VII à Paris. Le pontife avait encouragé, comme évêque d'Imola, la république cisalpine ; il contribua, comme chef du Vatican, à poser sur la tête de Napoléon la couronne des rois fils aînés de l'Église. Le Sénat se courba devant la nouvelle ovation, et François de Neufchâteau prononça le discours suivant :
« Sire, le premier attribut du pouvoir souverain des peuples c'est le droit de suffrage appliqué spécialement aux lois fondamentales ; c'est lui qui constitue les véritables citoyens,

Jamais, chez aucun peuple, ce droit ne fut plus libre, plus indépendant, plus certain, plus légalement exercé, qu'il ne l'a été parmi nous depuis l'heureux 18 brumaire. Un premier plébiscite vous les confia pour la vie; enfin, pour la troisième fois, la nation française vient d'exprimer sa volonté. Trois millions cinq cent mille hommes, épars sur la surface d'un territoire immense, ont voté simultanément l'empire héréditaire dans l'auguste famille de votre majesté... Sire, la voix du peuple est bien ici la voix de Dieu;.. elle fait entrer au port le vaisseau de la république;.. oui, Sire, de la république! Ce mot peut blesser les oreilles d'un monarque ordinaire : ici, ce mot est à sa place, devant celui dont le génie nous a fait jouir de la chose, dans le sens où la chose peut exister chez un grand peuple..... Depuis quarante siècles, on agite la question du meilleur des gouvernemens; depuis quarante siècles, le gouvernement monarchique était considéré comme étant le chef-d'œuvre de la raison d'État, et le seul port du genre humain; mais il avait besoin qu'à son unité de pouvoir et à la certitude de sa transmission on pût incorporer, sans risque, des élémens de liberté. Cette amélioration dans l'art de gouverner est un pas que Napoléon fait faire en ce moment à la science sociale; il a posé le fondement des États représentatifs. »

Napoléon n'entendait point gérer l'État selon les vues qui lui étaient tracées; il salua le peuple, et fit entendre ces mots :

« Je monte au trône où m'a appelé le vœu unanime du Sénat, du peuple et de l'armée, le cœur plein du sentiment des grandes destinées de ce peuple, que, du milieu des camps, le premier j'ai salué du nom de *grand*. Depuis mon adolescence, mes pensées tout entières lui sont dévolues, et, je dois le dire ici, mes plaisirs et mes peines ne se composent plus aujourd'hui que du bonheur et du malheur de mon peuple. Mes descendans conserveront long-temps ce trône. Dans les camps, ils seront les premiers soldats de l'armée;.. magistrats, ils ne perdront jamais de vue que le mépris des lois et l'ébranlement de l'ordre social ne sont que le résultat des faiblesses et de l'incertitude des princes. »

Après ce discours, Napoléon jeta un coup d'œil à son armée, et ce coup d'œil la rallia à son pavois.

« Soldats, s'écria-t-il, voici vos drapeaux. Ces aigles vous serviront toujours de point de ralliement ; elles seront partout où votre empereur les jugera nécessaires pour la défense de son trône et de son peuple. »

Il fallut, pour le fondateur d'une nouvelle dynastie, maintenir l'Europe dans une concordance d'intérêt qui ne fît naître aucun soupçon d'envahissement. La paix fut caressée par Napoléon, tout en la foulant aux pieds : une nouvelle coalition continentale s'organisait ; il lui importait de ne point perdre l'initiative de l'agression, et de pallier les reproches de comprimer les peuples et de trop aimer la guerre ; c'est ainsi qu'il écrivit au roi d'Angleterre pour ouvrir des négociations pacifiques :

« Je n'attache pas de déshonneur à faire les premiers pas ; j'ai assez, je pense, prouvé au monde que je ne redoute aucune des chances de la guerre..... la paix est le vœu de mon cœur, mais jamais la guerre n'a été contraire à ma gloire... Je conjure votre majesté de ne pas se refuser au bonheur de donner la paix au monde. Une coalition ne fera jamais qu'accroître la prépondérance et la grandeur continentale de la France. »

Le dictateur de France fut applaudi dans ses résolutions : les grands corps de l'État vinrent l'en féliciter.

« Le Sénat, considérant qu'après avoir triomphé de tant de manières des factions intérieures et des ennemis du dehors, l'Empereur vient de remporter encore un triomphe plus éclatant et peut-être plus difficile, en s'élevant au-dessus des ressentimens naturels que devaient inspirer à son cœur tant d'attentats et tant de haines, et en proposant la paix en faveur de l'humanité, par sa lettre du 12 nivôse à sa majesté britannique, arrête que la copie de cette lettre sera consignée dans ses registres comme un monument glorieux pour le prince qui l'a écrite, et pour la nation qu'il gouverne ; considérant ensuite que cette proposition, faite dans le moment où la France est dans la situation la plus redoutable, n'a obtenu des ennemis qu'une réponse qui paraît éluder tout projet de conciliation, le Sénat déclare que l'Empereur doit compter dans cette guerre sur tout son zèle, comme il doit compter sur la fidélité du peuple et de l'armée. »

11

LE PAS DE CHARGE.

L'orage grondait ; les nations avaient rallié leurs phalanges, et allaient faire bouclier contre la France. Le pas de charge allait battre, les armées étaient en présence ; Napoléon parcourut les rangs de ses bataillons, et lança ces paroles :

« Soldats ! la guerre de la troisième coalition est commencée. L'armée autrichienne a passé l'Inn, violé les traités, attaqué et chassé de sa capitale notre alliée..... Soldats ! votre empereur est au milieu de vous ; vous n'êtes que l'avant-garde du grand peuple. S'il est nécessaire, il se lèvera tout entier à ma voix pour confondre et dissoudre cette nouvelle ligue qu'ont tissue la haine et l'or de l'Angleterre. »

Les bataillons de France marchaient au pas de course sur la terre étrangère ; l'aigle volait sur toutes les cathédrales des villes de Prusse et d'Allemagne. Chaque pas de Napoléon était une bataille gagnée ; chaque mot produisait une conquête.

« Soldats de la grande armée ! » s'écria-t-il, « nous avons fait une campagne en quinze jours ; vous ne vous arrêterez pas là. Cette armée russe, que l'or de l'Angleterre a transportée des extrémités de l'univers, nous allons l'exterminer. »

Bientôt arriva ce salut des combats où tous les potentats mirent genou en terre..... ce soleil d'Austerlitz qui refléta tant de gloire sur les baïonnettes françaises. Alors Napoléon se retournant vers son armée, s'écria :

« Soldats! je suis content de vous; vous avez, à la journée d'Austerlitz, justifié tout ce que j'attendais de votre intrépidité. Vous avez décoré vos aigles d'une immortelle gloire. »

Le *Te Deum* retentit dans toutes les églises de France; Napoléon écrivit en ces termes à l'archevêque de Paris :

« Mon cousin, nous avons pris quarante-cinq drapeaux sur nos ennemis, le jour de l'anniversaire de notre couronnement, de ce jour où le Saint-Père, ses cardinaux et tout le clergé de France firent des prières dans le sanctuaire de Notre-Dame, métropole de notre bonne ville de Paris. Nous avons ordonné, en conséquence, qu'ils vous soient adressés, pour la garde en être confiée à votre chapitre métropolitain. Notre intention est que tous les ans, audit jour, un office solennel soit chanté dans ladite métropole, en mémoire des braves morts pour la patrie en cette grande journée, lequel office sera suivi d'actions de grâces pour la victoire qu'il a plu au Dieu des armées de nous accorder. »

La coalition européenne n'était point abattue. Le roi de Naples avait ouvert ses ports aux Anglais; la reine avait stigmatisé la dynastie napoléonienne. La haine contre les Bourbons entra dans le cœur de Napoléon, et sa haine fut la chute des trônes. Sa diplomatie fut mise à nu, ses manifestes lancèrent la foudre; les peuples firent silence.

« Soldats! depuis dix ans j'ai tout fait pour sauver le roi de Naples; il a tout fait pour se perdre. Après les batailles de Mondovi et de Lodi, il ne pouvait m'opposer qu'une faible résistance; je me fiai aux paroles de ce prince, et fus généreux envers lui. Lorsque la seconde coalition fut dissoute à Marengo, le roi de Naples qui, le premier, avait commencé cette injuste guerre, abandonné à Lunéville par ses alliés, resta seul et sans défense. Il m'implora, je lui pardonnai une seconde fois. Il y a peu de mois, vous étiez aux portes de Naples, j'avais d'assez légitimes raisons, et de suspecter la trahison qui se méditait, et de venger les outrages qui m'ont été faits. Je fus encore généreux : je reconnus la neutralité de Naples; j'ordonnai d'évacuer ce royaume, et, pour la troisième fois, la maison de Naples fut raffermie et sauvée. Pardonnerons-nous une quatrième fois ? Nous fierons-nous une quatrième fois à une cour sans foi, sans honneur, sans raison? Non, non! la dynastie de Naples a cessé de régner; son existence est incompatible avec le repos de l'Europe et l'honneur de ma couronne. Soldats! marchez, précipitez dans les flots, si tant est qu'ils vous attendent, ces débiles bataillons des tyrans des mers! montrez au monde de quelle manière nous punissons les parjures! Ne tardez pas à m'apprendre que l'Italie tout entière est soumise à mes lois ou à celles de mes alliés; que le plus beau pays de la terre est affranchi du joug des hommes les plus perfides; que la sainteté des traités est vengée, et que les mânes de mes braves, égorgés dans les ports de Sicile, à leur retour d'Égypte, après avoir échappé aux périls des naufrages, des déserts et de cent combats, sont enfin apaisées. Soldats! mon frère (Joseph) marchera à votre tête; il connaît mes projets, il est le dépositaire de mon autorité; il a toute ma confiance, environnez-le de la vôtre. »

La reine de Prusse avait aussi stimulé la noblesse à prendre les armes contre Napoléon; ce dernier écrivit à Berthier :

« On nous donne un rendez-vous d'honneur, jamais un Français n'y a manqué; et puisqu'une belle reine veut être témoin des combats, soyons courtois, marchons sans nous coucher pour prendre la Saxe. »

Aux portes de Berlin, et de son quartier-général de Postdam, il adressait la proclamation suivante :

« Soldats ! vous avez justifié mon attente, et répondu dignement à la confiance du peuple français ; vous avez supporté les privations et les fatigues avec autant de courage que vous aviez montré d'intrépidité et de sang-froid au milieu des combats ; vous êtes les dignes défenseurs de l'honneur de ma couronne et de la gloire du grand peuple ; tant que vous serez animés de cet esprit, rien ne pourra vous résister. La cavalerie a rivalisé avec l'infanterie et l'artillerie ; je ne sais désormais à quelle arme je dois donner la préférence ; vous êtes de bons soldats. Voici les résultats de nos travaux : une des premières puissances de l'Europe, qui osa naguère nous proposer une honteuse capitulation, est anéantie ; les forêts, les défilés de la Franconie, la Saale, l'Elbe, que nos pères n'eussent pas traversés en sept ans, nous les avons traversés en sept jours, et livré dans l'intervalle quatre combats et une grande bataille ; nous avons précédé, à Postdam, à Berlin, la renommée de nos victoires. Nous avons fait soixante mille prisonniers, pris soixante-cinq drapeaux, parmi lesquels ceux des gardes du roi de Prusse, six cents pièces de canons, trois forteresses, plus de vingt généraux ; cependant plus de la moitié de vous regrettent de n'avoir pas encore tiré un coup de fusil. Toutes les provinces de la monarchie prussienne, jusqu'à l'Oder, sont en notre pouvoir ! Soldats ! les Russes se vantent de marcher à nous ; nous marchons à leur rencontre, nous leur épargnerons la moitié du chemin ; ils retrouveront Austerlitz au milieu de la Prusse. Une nation qui a aussitôt oublié la générosité dont nous avons usé envers elle après cette bataille, où son empereur, sa cour, les débris de son armée n'ont dû leur salut qu'à la capitulation que nous leur avons accordée, est une nation qui ne saurait lutter avec succès contre nous. Cependant, tandis que nous marchons au devant des Russes, de nouvelles armées, formées dans l'intérieur de l'empire, viennent prendre notre place pour garder nos conquêtes. Mon peuple tout entier s'est levé, indigné de la honteuse capitulation que les ministres prussiens, dans leur délire, nous ont proposée. Nos routes et nos villes frontières sont remplies de conscrits qui brûlent de marcher sur vos traces. Nous ne serons plus désormais les jouets d'une paix traîtresse, et nous ne poserons plus les armes que nous n'ayons obligé les Anglais, ces éternels ennemis de notre nation, à renoncer au projet de troubler le continent, et à la tyrannie des mers. »

Ce fut à Berlin que Napoléon signa tous les décrets qui portèrent à la France des idées d'ordre et de grandeur; ce fut là où il reçut une députation du Sénat; ce fut là où il déclara le blocus continental; ce fut là où il mesura son épée avec celle du grand Frédéric. Aux félicitations qui lui furent apportées, il répondit aux mandataires de la France :

« Il nous en a coûté de faire dépendre les intérêts des particuliers de la querelle des rois, et de revenir, après tant d'années de civilisation, aux principes qui caractérisent la barbarie des premiers âges des nations; mais nous avons été contraints, pour le bien de nos peuples et de nos alliés, à opposer à l'ennemi commun les mêmes armes dont il se servait contre nous. Ces déterminations, commandées par un juste sentiment de réciprocité, n'ont été inspirées ni par la passion, ni par la haine. Ce que nous avons offert, après avoir dissipé les trois coalitions qui avaient tant contribué à la gloire de nos peuples, nous l'offrons encore aujourd'hui que nos armes ont obtenu de nouveaux triomphes. Nous sommes prêts à faire la paix avec l'Angleterre, nous sommes prêts à la faire avec la Russie, avec la Prusse; mais elle ne peut être conclue que sur des bases telles qu'elle ne permette à qui que ce soit de s'arroger aucun droit de suprématie à notre égard, qu'elle rende les colonies à leur métropole, et qu'elle garantisse à notre commerce et à notre industrie la prospérité à laquelle ils doivent s'attendre. »

Napoléon reprit sa marche; il gagna Varsovie, alla à la rencontre du czar, et de son quartier-général de Posen il harangua ainsi ses phalanges :

« Soldats! il y a aujourd'hui un an, à cette heure même,

que vous étiez sur le champ mémorable d'Auterlitz. Les bataillons russes épouvantés fuyaient en déroute, ou, enveloppés, rendaient les armes à leurs vainqueurs. Le lendemain, ils firent entendre des paroles de paix, mais elles étaient trompeuses. A peine échappés, par l'effet d'une générosité peut-être condamnable, aux désastres d'une troisième coalition, ils en avaient ourdi une quatrième. Mais l'allié sur la tactique duquel ils fondaient leur espérance principale, n'est déjà plus. Ses places fortes, sa capitale, ses magasins, ses arsenaux, deux cent quatre-vingts drapeaux, sept cents pièces d'artillerie, cinq grandes places de guerre sont en notre pouvoir. L'Oder, la Wartha, les déserts de la Pologne, les mauvais temps de la saison, n'ont pu nous arrêter un moment; vous avez tout bravé, tout surmonté; tout a fui à votre approche. C'est en vain que les Russes ont voulu défendre la capitale de cette ancienne et illustre Pologne. L'aigle française plane sur la Vistule. Le brave et infortuné Polonais, en vous voyant, croit revoir les légions de Sobieski de retour de leur mémorable expédition. Soldats! nous ne déposerons point les armes que la paix générale n'ait affermi et assuré la puissance de nos alliés, n'ait restitué à notre commerce sa liberté et ses colonies. Nous avons conquis sur l'Elbe et l'Oder; Pondichéry assure nos établissemens des Indes, le cap de Bonne-Espérance et les colonies espagnoles. Qui leur donnerait le droit de faire espérer aux Russes de balancer les destins? Qui leur donnerait le droit de renverser de si justes desseins? Eux et nous, ne sommes-nous pas les soldats d'Austerlitz? »

Eylau, Dantzick avaient été la rançon des batailles; la Prusse était soumise; Napoléon fit entendre à son armée ces paroles:

« Des bords de la Vistule nous sommes arrivés sur ceux du Niémen avec la rapidité de l'aigle. Vous célébrâtes à Austerlitz l'anniversaire du couronnement; vous avez, cette année, dignement célébré celui de Marengo, qui mit fin à la guerre de la seconde coalition. Français, vous avez été dignes de vous et de moi ; vous rentrerez en France couverts de tous vos lauriers, et après avoir obtenu une paix glorieuse qui porte avec elle la garantie de sa durée. »

III

LES ARMES AU REPOS.

La paix de Tilsitt avait mis les armes au repos : l'Allemagne, la Prusse, la Russie avaient apprécié tout ce que la gloire pouvait entreprendre. La grande ère de l'empire était tracée ; Napoléon vint rendre compte de ses exploits, et, à l'ouverture de la session législative de 1807, il rappela ainsi ce qu'il avait fait pour la France :

« Messieurs, » dit-il aux députés, aux tribuns et aux conseillers d'État réunis, « depuis votre dernière session, de nouvelles guerres, de nouveaux triomphes, de nouveaux traités ont changé la face de l'Europe politique. Si la maison de Brandebourg, qui la première se conjura contre notre indépendance, règne encore, elle le doit à la sincère amitié que m'a inspirée le puissant empereur du Nord. Un prince français règnera sur l'Elbe ; il saura concilier les intérêts de ses nouveaux sujets avec ses premiers et ses plus sacrés devoirs... Quelle que soit l'issue que les décrets de la Providence aient assignée à la guerre maritime, mes peuples me trouveront toujours le même, et je trouverai toujours mes peuples dignes de moi. Français, votre conduite, dans ces derniers temps où votre empereur était éloigné de plus de cinq cents lieues, a augmenté mon estime et l'opinion que j'avais conçue de votre caractère. Je me suis senti fier d'être le premier parmi vous... Vous êtes un bon et grand peuple ! J'ai médité différentes dispositions pour simplifier et perfectionner nos institutions. La nation a éprouvé les plus heureux effets de l'établissement de la Légion-d'Honneur. J'ai créé différens titres impériaux pour donner un nouvel éclat aux principaux de mes sujets, pour honorer d'éclatans services, pour distribuer d'éclatantes récompenses, et aussi pour empêcher le retour de tout titre féodal, incompatible avec nos institutions. »

IV

PROCLAMATIONS EN ESPAGNE.

Les phases de Napoléon se rembrunirent : après avoir conquis des royaumes à la lutte, il voulut vaincre l'Espagne par la duplicité, et dans cet art il se montra trop habile pour sa mémoire. Encourager les dissensions de famille, se présenter comme un pacificateur, tendre des piéges, flatter Charles IV, attirer à lui Ferdinand VII, telle fut sa diplomatie : Bayonne devint le lieu d'une conjuration ; c'est là où Napoléon se rendit, c'est là où il attira un jeune prince pour en faire son prisonnier, c'est là où il écrivit ces lettres qui amorcèrent la bonne foi pour la faire chuter ; dans l'une d'elles il disait à Ferdinand VII :

« Mon frère, j'ai reçu la lettre de votre altesse royale ; elle doit avoir acquis la preuve dans les papiers qu'elle a eus du roi, son père, de l'intérêt que je lui ai toujours porté ; elle me permettra, dans la circonstance actuelle, de lui parler avec franchise et loyauté. En arrivant à Madrid, j'espérais porter mon illustre ami à quelques réformes nécessaires dans ses États, et à donner quelque satisfaction à l'opinion publique. Le renvoi du prince de la Paix me paraissait nécessaire pour son bonheur et celui de ses sujets.

Les affaires du Nord ont retardé mon voyage. Les événemens d'Aranjuez ont eu lieu ; je ne suis point juge de ce qui s'est passé et de la conduite du prince de la Paix ; mais ce que je sais bien, c'est qu'il est dangereux pour les rois d'accoutumer les peuples à répandre du sang et à se faire justice eux-mêmes. Je prie Dieu que votre altesse royale n'en fasse pas elle-même un jour l'expérience. Il n'est pas de l'intérêt de l'Espagne de faire du mal à un prince qui a épousé une princesse du sang royal, et qui a si long-temps régi le royaume. Il n'a plus d'amis ; votre altesse n'en aura plus si jamais elle est malheureuse ; les peuples se vengent volontiers des hommages qu'ils nous rendent. Comment, d'ailleurs, pourrait-on faire le procès du prince de la Paix sans le faire à la reine et au roi votre père ? ce procès alimentera les haines et les passions factieuses, le résultat en sera funeste pour votre couronne ; votre altesse royale n'y a de droits que ceux que lui a transmis sa mère ; si le procès la déshonore, votre altesse royale déchire par là ses droits. Qu'elle ferme l'oreille à des conseils faibles et perfides. Elle n'a pas le droit de juger le prince de la Paix ; ses crimes, si on lui en reproche, se perdent dans les droits du trône. J'ai souvent manifesté le désir que le prince de la Paix fût éloigné des affaires ; l'amitié du roi Charles m'a porté souvent à me taire et à détourner les yeux des faiblesses de son attachement : misérables hommes que nous sommes ! faiblesse et erreur, c'est notre devise ; mais tout cela peut se concilier : que le prince de la Paix soit exilé de l'Espagne, et je lui offre un refuge en France. Quant à l'abdication de Charles IV, elle a eu lieu dans un moment où mes armées couvraient les Espagnes, et aux yeux de l'Europe et de la postérité, je paraîtrais n'avoir envoyé tant de troupes que pour précipiter du trône mon allié et mon ami. Comme souverain voisin, il m'est permis de vouloir connaître avant de reconnaître cette abdication. Je dis à votre altesse royale, aux Espagnols, au monde entier : si l'abdication du roi Charles est de pur mouvement, s'il n'y a pas été forcé par l'insurrection et l'émeute d'Aranjuez, je ne fais aucune difficulté de l'admettre, et je reconnais votre altesse royale comme roi d'Espagne; je désire donc causer avec elle sur cet objet : la circonspection que je porte depuis un mois dans ces affaires doit lui être garant de l'appui qu'elle trouvera en moi, si à son tour des factions, de quelque nature qu'elles soient, venaient à l'inquiéter sur le trône. Quand le roi Charles me fit part de l'événement du mois d'octobre dernier, j'en fus douloureusement affecté, et je pense avoir contribué, par les insinuations que j'ai faites, à la bonne issue de l'affaire de l'Escurial. Votre altesse royale avait bien des torts : je n'en veux pour preuve que la lettre qu'elle m'a écrite, et que j'ai constamment voulu ignorer. Roi à son tour, elle saura combien les droits du trône sont sacrés; toute démarche près d'un souverain étranger de la part d'un prince héréditaire est criminelle; votre altesse royale doit se défier des écarts des émotions populaires; on pourra commettre quelques meurtres sur mes soldats isolés, mais la ruine de l'Espagne en serait le résultat. J'ai déjà vu avec peine qu'à Madrid on ait répandu des lettres du capitaine-général de la Catalogne, et fait tout ce qui pouvait donner du mouvement aux têtes. Votre altesse royale connaît ma pensée tout entière; elle voit que je flotte entre diverses idées qui ont besoin d'être fixées. Elle peut être certaine que, dans tous les cas, je me comporterai avec elle comme avec le roi son père; qu'elle croie à mon désir de tout concilier, et de trouver des princes dignes de mon affection et de ma parfaite estime. »

Pendant ce temps, des ordres secrets étaient expédiés à Murat; les troupes françaises étaient entrées à Madrid. Napoléon avait pointé la dynastie espagnole pour étendre la sienne. Le trône des Bourbons allait être renversé dans la Péninsule, comme à Naples; Joseph Bonaparte allait porter la main sur la couronne de Charles-Quint, à l'aide des baïonnettes de France. Le complot marchait à ses fins, rien n'embarrassait Napoléon; il craignait seulement que Murat n'eût pas assez de ménagemens envers les princes qu'il voulait tromper, et ses recommandations furent vives et pressantes ; il lui écrivait :

« Vous userez de bons procédés envers le roi, la reine et le prince Godoï. Vous exigerez pour eux, et vous leur rendrez les mêmes honneurs qu'autrefois. Vous ferez en sorte que les Espagnols ne puissent pas soupçonner le parti que je prendrai : cela ne sera pas difficile, je n'en sais rien moi-même. Vous ferez entendre à la noblesse et au clergé que si la France doit intervenir dans les affaires d'Espagne, leurs priviléges et leurs immunités seront respectés. Vous leur direz que l'empereur désire le perfectionnement des institutions politiques de l'Espagne, pour la mettre en rapport avec l'état de la civilisation de l'Europe, pour la soustraire au régime des favoris..... Vous direz aux magistrats, aux bourgeois des villes, aux gens civilisés, que l'Espagne a besoin de recréer la machine de son gouvernement, et qu'il lui faut des lois qui garantissent les citoyens de l'arbitraire et des usurpations de la féodalité, des institutions qui raniment l'industrie, l'agriculture et les arts ; vous leur peindrez l'état de tranquillité et d'aisance dont jouit la France, malgré les guerres où elle est toujours engagée ; la splendeur de la religion qui doit son établissement au concordat que j'ai signé avec le pape. Vous leur montrerez les avantages qu'ils peuvent tirer d'une régénération politique.... Je songerai à vos intérêts particuliers, n'y songez pas vous-même... Vous allez trop vite dans vos instructions du 14 ; la marche que vous prescrivez au général Dupont est trop rapide... C'est à la politique et aux négociations qu'il appartient de décider des destinées de l'Espagne. »

Fier de ses desseins spoliateurs, il voulut couvrir l'expédition d'Espagne d'un voile politique ; l'intérêt qu'avait la France à brider la domination britannique fut mis en avant ; c'était toujours sur l'Angleterre qu'il rejetait ses fautes, c'était toujours elle qu'il attaquait pour rattacher à ses plans l'esprit national ; il vint dire au Corps Législatif :

« Une partie de mon armée marche contre celles que l'Angleterre a formées ou débarquées dans les Espagnes. C'est un bienfait particulier de cette providence qui a constamment protégé nos armes, que les passions aient assez aveuglé les conseils anglais pour qu'ils renoncent à la protection des mers, et présentent enfin leur armée sur le continent. Je pars dans peu de jours pour me mettre moi-même à la tête de mon armée, et, avec l'aide de Dieu, couronner dans Madrid le roi d'Espagne, et planter mes aigles sur les forts de Lisbonne. L'empereur de Russie et moi nous nous sommes vus à Erfurth..... Nous sommes d'accord et invariablement unis pour la paix comme pour la guerre. »

Une fois que Napoléon eut mis le pied en Espagne, il parla en maître : les vieux capitulaires furent abrogés, l'inquisition fut abolie, la liberté proclamée, mais avec des restrictions qui laissaient voir un joug.

« Mais, dit Napoléon aux Espagnols, si mes efforts sont inutiles, et si vous ne répondez pas à ma confiance, il ne me restera qu'à vous traiter en provinces conquises et à placer mon frère sur un autre trône. Je mettrai alors la couronne d'Espagne sur ma tête et je saurai la faire respecter des méchans, car Dieu m'a donné la force et la volonté nécessaires pour surmonter les obstacles. »

V.

PROCLAMATIONS EN ALLEMAGNE.

L'aigle impériale était à peine posée sur les monts de la Péninsule, que l'Allemagne soulevée courut aux armes, c'était une nouvelle lutte, c'était un million d'hommes qui allaient s'entrechoquer. Le Sénat fournit son contingent.

Les ordres de Napoléon couvrirent la France d'impôts, et une nouvelle génération vint camper à Donawerth. L'Empereur passa en revue ces nouveaux bataillons, et leur adressa ces mots :

« Soldats, le territoire de la confédération a été violé. Le général autrichien veut que nous fuyions à l'aspect de ses armes, et que nous lui abandonnions nos alliés. J'arrive avec la rapidité de l'éclair. Soldats, j'étais entouré de vous lorsque le souverain d'Autriche vint à mon bivouac de Moravie; vous l'avez entendu implorer ma clémence et me jurer une amitié éternelle. Vainqueurs dans trois guerres, l'Autriche a dû tout à notre générosité. Trois fois elle a été parjure! nos succès passés nous sont un sûr garant de la victoire qui nous attend. Marchez donc, et qu'à notre aspect l'ennemi reconnaisse son vainqueur. »

Le 23 avril 1809, Napoléon combattit le prince Charles, et fut vainqueur à Ratisbonne. Il s'empara des États de Bavière et après le combat il publia cet ordre du jour :

« Soldats, vous avez justifié mon attente; vous avez suppléé au nombre par votre bravoure; vous avez glorieusement marqué la différence qui existe entre les soldats de César et les cohues armées de Xercès. En peu de jours, nous avons triomphé dans les batailles de Tarnn, d'Ahnsberg et d'Eckmühl, et dans les combats de Peyssing, de Landshutt et de Ratisbonne : cent pièces de canons, quarante drapeaux, cinquante mille prisonniers,... voilà le résultat de la rapidité de votre marche et de votre courage. L'ennemi, enivré par un cabinet parjure, paraissait ne plus conserver aucun souvenir de vous; son réveil a été prompt; vous lui êtes apparus plus terribles que jamais. Naguère il a traversé l'Inn, et envahi le territoire de nos alliés. Aujourd'hui, défait, épouvanté, il fuit en désordre. Déjà mon avant-garde a passé l'Inn; avant un mois nous serons à Vienne. »

Napoléon vint heurter pour la seconde fois aux portes de Vienne : tout fléchit devant ses phalanges.

« Soldats, dit-il, un mois après que l'ennemi passa l'Inn, au même jour, à la même heure, nous sommes entrés dans Vienne. Ces landwerhs, ces levées en masse, ces remparts créés par la rage impuissante des princes de la maison de Lorraine, n'ont point soutenu vos regards; les princes de cette maison ont abandonné leur capitale, non comme des soldats d'honneur qui cèdent aux circonstances et aux revers de la guerre, mais comme des parjures que poursuivent leurs remords. En fuyant de Vienne, leurs adieux à ses habitans ont été le meurtre et l'incendie; comme Médée, ils ont de leur propre main égorgé leurs enfans. »

Ce fut à Vienne, ce fut au milieu des trophées de Wagram, qu'un fanatique visa la vie de Napoléon; il fut saisi et amené devant lui; son interrogatoire fut court, le prévenu avoua tout.

« D'où êtes-vous? lui dit Napoléon, et depuis quand êtes-vous à Vienne? — Je suis de Naumbourg et j'habite Vienne depuis deux mois. — Que me voulez-vous? — Vous demander la paix, et vous prouver qu'elle est indispensable. — Pensez-vous que j'eusse voulu écouter un homme sans caractère et sans mission? — En ce cas, je vous aurais poignardé. — Quel mal vous ai-je fait? — Vous opprimez ma patrie et le monde entier. Si vous ne faites point la paix, votre mort est nécessaire au bonheur de l'humanité. Vous tuer n'est pas un crime, mais un devoir, que d'autres vrais Allemands rempliront après moi; c'est la plus belle action qu'un homme d'honneur puisse entreprendre.... Mais j'admirais vos talens, je comptais sur votre raison, et, avant de vous frapper, je voulais vous convaincre. — Est-ce la religion qui a pu vous déterminer? — Non; mon père, ministre luthérien à Erfurth, ignore mon projet; je ne l'ai communiqué à personne; je n'ai reçu de conseil de qui que ce soit. Seul, depuis deux ans, je médite votre changement ou votre mort. — Étiez-vous à Erfurth quand j'y suis allé l'année dernière? — Je vous y ai vu trois fois. — Pourquoi ne m'avez-vous pas tué alors? — Vous laissiez respirer mon pays; je croyais la paix assurée, et je ne voyais en vous qu'un grand homme.—Connaissez-vous Schneider et Schill?—Non. — Êtes-vous franc-maçon? illuminé?—Non. —Vous connaissez l'histoire de Brutus?—Il y a deux Romains de ce nom; le dernier est mort pour la liberté.—Avez-vous eu connaissance de la conspiration de Moreau et de Pichegru? — Les papiers m'en ont instruit. — Que pensez-vous de ces hommes?—Ils ne travaillaient que pour eux et craignaient de mourir. — On a trouvé sur vous un portrait; quelle est cette femme? — Ma meilleure amie, la fille adoptive de mon vertueux père. — Quoi! votre cœur est ouvert à des sentimens aussi doux, et en devenant un assassin, vous n'avez pas craint d'affliger, de perdre les êtres que vous aimiez?—J'ai cédé à une voix plus forte que ma tendresse. — Mais en me frappant au milieu de mon armée, pouviez-vous échapper? — Je suis en effet étonné d'exister encore. — Si je vous faisais grâce, quel usage feriez-vous de votre liberté? — Mon projet a échoué, vous êtes sur vos gardes,... je m'en retournerais paisiblement dans ma famille. »

Le jeune Allemand reçut la mort.

VI

PROCLAMATIONS EN ITALIE.

L'Europe était en haleine; l'épée de Napoléon était un sceptre pesant, l'étendard de la chrétienté fut déchiré par ses mains. La tiare menacée répudia le soldat couronné; l'irritation de Napoléon fut extrême : il voulut être le geôlier du Saint-Père, et, après son excommunication, il rendit ainsi compte, le 3 décembre 1809, au Corps Législatif, de ses démêlés avec la cour de Rome :

« L'histoire m'a indiqué la conduite que je devais tenir envers Rome. Les papes, devenus souverains de l'Italie, se sont constamment montrés les ennemis de toute puissance prépondérante dans la Péninsule ; ils ont employé leur influence spirituelle pour lui nuire. Il m'a donc été démontré que l'influence spirituelle, exercée dans mes États par un souverain étranger, était contraire à l'indépendance de la France, à la dignité et à la sûreté de mon trône. Cependant, comme je reconnais la nécessité de l'influence spirituelle des descendans du premier des pasteurs, je n'ai pu concilier ces grands intérêts qu'en annulant la donation des empereurs français, mes prédécesseurs, et en réunissant les États romains à la France. »

Le blocus continental était partout décrété : le nouveau roi de Hollande, Louis Bonaparte, y manqua, il fut déchu ; il reçut l'ordre d'abdiquer en faveur de son fils. Ces ordres furent suivis. Les potentats que Napoléon faisait monter sur des trônes, en descendaient à sa voix ; c'étaient des ovations de quelques heures. Le 20 mars 1810, Napoléon adressa, à Saint-Cloud, au fils de Louis, ces paroles :

« Venez, mon fils, je serai votre père ; vous n'y perdrez rien. La conduite de votre père afflige mon cœur ; sa maladie seule peut l'expliquer. Quand vous serez grand, vous paierez sa dette et la vôtre. N'oubliez jamais, dans quelque position que vous placent ma politique et l'intérêt de mon empire, que vos premiers devoirs sont envers moi, vos seconds envers la France ; tous vos autres devoirs, même envers les peuples que je pourrais vous confier, ne viennent qu'après »

Tous les États étaient placés dans une espèce de vasselage devant la pourpre impériale. Le Hanovre était administré par Bernadotte ; il fut élu, par la puissance de Bonaparte, prince royal de Suède. Ses frères et ses soldats ramassèrent des diadèmes aux pieds de Napoléon, et les petites contrées indépendantes furent rattachées au grand empire. Napoléon sapa les Alpes, et enclava sous sa domination les cantons suisses. Ses décrets étaient toujours des agrandissemens ; voici celui qu'il rendit le 12 novembre 1810 :

« Considérant que la route du Simplon est utile à soixante millions d'hommes, qu'elle a coûté à nos trésors de France et d'Italie plus de 18 millions, dépense qui deviendrait inutile si le commerce n'y trouvait commodité et parfaite sûreté ; que le Valais n'a tenu aucun compte des engagemens qu'il avait contractés lorsque nous avons commencé les travaux pour ouvrir cette grande communication ; voulant d'ailleurs mettre un terme à l'anarchie qui afflige ce pays, et couper court aux prétentions abusives de souveraineté d'une partie de la population sur l'autre, nous avons décrété et ordonné, décrétons et ordonnons ce qui suit : 1° Le Valais est réuni à l'empire; 2° il en sera pris possession sans délai en notre nom. »

La politique devenait chaque jour plus sombre : le pape n'avait point cédé aux exigences de Bonaparte : sous l'apparence de maintenir les libertés de l'Eglise gallicane, des prélats furent convoqués pour établir un schisme ; il n'eut pas lieu. Cette espèce de congrès ne décida rien et fut dissout. L'Espagne n'avait point cédé non plus aux intimidations de Napoléon ; le climat et une guerre atroce dévoraient ses bataillons dans la Péninsule.

« Cette lutte contre Carthage, » dit Napoléon en ouvrant la session de 1811, « qui paraissait devoir se décider sur le champ de bataille de l'Océan ou au-delà des mers, le sera donc désormais dans les plaines des Espagnes ! Lorsque l'Angleterre sera épuisée, qu'elle aura enfin ressenti les maux qu'avec tant de cruauté elle verse depuis vingt ans sur le continent, que la moitié de ses familles seront couvertes de voiles funèbres, un coup de tonnerre mettra fin aux affaires de la Péninsule, aux desseins de ses armées, et vengera l'Europe et l'Asie en terminant cette seconde guerre punique. »

VII

PROCLAMATIONS EN RUSSIE.

Les guerres de Pologne éclatèrent et Napoléon entra de nouveau en lice. Il gagna Dresde, passa à Thorn, et de son quartier général de Wilkowiski, il adressa à l'armée cette proclamation :

« Soldats ! la Russie a juré éternelle alliance à la France et guerre à l'Angleterre ; elle viole aujourd'hui ses sermens. Elle ne veut donner aucune explication de son étrange conduite que les aigles françaises n'aient repassé le Rhin, laissant par là nos alliés à sa discrétion. Nous croit-elle donc dégénérés ? ne serions-nous plus les soldats d'Austerlitz ? Elle nous place entre le déshonneur et la guerre ; le choix ne saurait être douteux. Marchons en avant, passons le Niémen, portons la guerre sur le territoire de Russie ; elle sera glorieuse aux armes françaises ; la paix que nous conclurons mettra un terme à la funeste influence que le cabinet moscovite exerce depuis cinquante ans sur les affaires de l'Europe. »

Napoléon semblait pressentir la catastrophe de Moscou ; arrivé à Witepsk, il s'écria :

« Je reste ici ; je veux m'y reconnaître, y rallier, y reposer mon armée et organiser la Pologne. La campagne de 1812 est finie, celle de 1813 fera le reste. » Puis se tournant vers le comte Daru, directeur des subsistances : « Pour vous, Monsieur, songez à nous faire vivre ici, car nous ne ferons pas la folie de Charles XII. Plantons ici nos aigles, » ajouta-t-il en s'adressant à Murat, « 1813 nous verra à Moscou ; 1814, à Pétersbourg. La guerre de Russie est une guerre de trois ans. »

La grande armée avait battu l'ennemi à Valentina, à Viarzma et à Moscou.

L'illusion tomba ensuite devant une déroute, et la France cria haro contre les revers de Napoléon. Il répondit :

« Tous les bruits qui courent sur ma défaite sont faux : j'ai toujours battu les Russes ; mon armée est superbe ; je vais en France chercher trois cent mille hommes ; je pèse plus sur mon trône qu'à la tête de mes armées. Il faut surveiller l'Autriche et la Prusse ; si j'ai éprouvé quelques échecs, c'est un petit malheur, c'est l'effet du climat. J'en ai vu bien d'autres! à Marengo, je fus battu jusqu'à six heures du soir ; à Esling, cet archiduc avait pensé m'arrêter, mais je ne pus empêcher que le Danube ne crût de seize pieds dans une nuit ; sans cela, la monarchie autrichienne était finie : de même en Russie, je ne puis empêcher qu'il gèle à vingt degrés. On venait dire tous les matins que j'avais perdu dix mille chevaux dans la nuit, eh bien! bon voyage. On dit que je suis resté trop long-temps à Moscou, cela peut être, mais il faisait beau ; la saison a devancé l'époque ordinaire ; j'y attendais la paix. C'est une grande scène politique ; qui ne hasarde rien n'a rien. Au reste, du sublime au ridicule il n'y a qu'un pas. »

Le grand sépulcre de Russie montrait la déchéance des conquêtes. Napoléon voulut remplacer la puissance militaire par la force monarchique ; il s'écria :

« Nos pères avaient pour cri de ralliement : « Le roi est mort, vive le roi! » Ce peu de mots contiennent les principaux avantages de la monarchie. Je crois avoir bien étudié l'esprit que mes peuples ont montré dans les différens siècles ; j'ai réfléchi à ce qui a été fait aux différentes époques de notre histoire ; j'y penserai encore. La guerre que je soutiens contre la Russie est une guerre politique ; j'aurais pu armer une partie de sa population contre elle-même en proclamant la liberté des esclaves ; un grand nombre de villages me l'ont demandée ; mais lorsque j'ai connu l'abrutissement de cette classe nombreuse du peuple russe, je me suis refusé à cette mesure qui aurait voué à la mort et aux plus horribles supplices bien des familles. » Il dit ensuite aux conseillers d'état : « C'est à l'idéologie, à cette ténébreuse métaphysique qui, en recherchant avec subtilité les causes premières, veut sur ses bases fonder la législation des peuples au lieu d'approprier les lois à la connaissance du cœur humain et aux leçons de l'histoire, qu'il faut attribuer tous les malheurs qu'a éprouvés notre belle France. Ces erreurs devaient amener et ont effectivement amené le régime des hommes de sang. En effet, qui a proclamé le principe d'insurrection comme un devoir? qui a adulé le peuple en l'appelant à une souveraineté qu'il était incapable d'exercer? Lorsqu'on est appelé à régénérer un Etat, ce sont des principes constamment opposés qu'il faut suivre. »

Tous les trophées étaient engloutis; la dernière phase des batailles fut mémorable et sanglante. Napoléon la mit au-dessus de tout ce que sa renommée avait produit; il disait :

« Soldats! je suis content de vous, vous avez rempli mon attente. La bataille de Lutzen sera mise au-dessus des batailles d'Austerlitz, d'Iéna, de Friedland et de la Moscowa. Dans une seule journée, vous avez déjoué tous les complots parricides de nos ennemis. Nous rejetterons ces Tartares dans leurs affreux climats, qu'ils ne doivent pas franchir. Qu'ils rentrent dans leurs déserts glacés, séjour d'esclavage, de barbarie et de corruption, où l'homme est ravalé à l'égal de la brute! Vous avez bien mérité de l'Europe civilisée. Soldats! l'Italie, l'Allemagne vous rendent des actions de grâces. »

L'année 1814 vit clore la grandeur de l'empire : le Corps Législatif s'était soulevé, M. Lainé avait parlé du bonheur de la France sous l'empire des lis, il avait remué les esprits. Napoléon regarda en face les députés et les interpella ainsi :

« Qu'espériez-vous en vous mettant en opposition? vous saisir du pouvoir? mais quels étaient vos moyens? Êtes-vous représentans du peuple? Je le suis, moi; quatre fois j'ai été appelé par la nation, et quatre fois j'ai eu les votes de cinq millions de citoyens pour moi. J'ai un titre, et vous n'en avez pas. Vous n'êtes que les députés des départemens de l'empire. Qu'auriez-vous fait dans les circonstances actuelles, où il s'agit de repousser l'ennemi? Auriez-vous commandé les armées? auriez-vous eu assez de force pour supporter le poids des factions? Elles vous auraient écrasé, et vous auriez été anéantis par le faubourg Saint-Antoine et le faubourg Saint-Marceau. Auriez-vous été plus puissans que l'Assemblée constituante et la Convention? Que sont devenus les Guadet et les Vergniaud? Ils sont morts, et votre sort eût été bientôt le même. Comment avez-vous pu voter une adresse pareille à la vôtre? Dans un moment où les ennemis ont entouré une partie de notre territoire, vous cherchez à séparer la nation de moi! Votre commission a été conduite par l'esprit de la Gironde et d'Auteuil. Lainé est un conspirateur, un agent de l'Angleterre, avec laquelle il est en correspondance par l'intermédiaire de l'avocat Desèze. Les autres sont des factieux. Votre rapport est rédigé avec une astuce et des intentions perfides dont vous ne vous doutez pas. Deux batailles perdues en Champagne eussent fait moins de mal. Quoique j'aie reçu de la nature la force de résignation, j'avais besoin de consolations. J'ai sacrifié mes passions, mon ambition, mon orgueil au bien de la France. Je m'attendais que vous m'en sauriez quelque gré... Loin de là, dans votre rapport, vous avez mis l'ironie la plus sanglante à côté des reproches! Vous dites que l'adversité m'a donné des conseils salutaires. Comment pouvez-vous me reprocher mes malheurs? Je les ai supportés avec honneur, parce que j'ai le caractère fort et fier, et si je n'avais pas cette fierté dans l'âme, je ne me serais pas élevé au premier trône de l'univers. Cependant j'avais besoin de consolations, et je les attendais de vous. Vous avez voulu me couvrir de boue, mais je suis de ces hommes qu'on tue et qu'on ne déshonore pas. Etait-ce avec de pareils reproches que vous prétendiez relever l'éclat du trône? Qu'est-ce que le trône, au reste? quatre morceaux de bois dorés, revêtus d'un morceau de velours. Le trône est dans la nation, et l'on ne peut me séparer d'elle sans lui nuire; la nation a plus besoin de moi que je n'ai besoin d'elle. Lorsqu'il s'agit de repousser l'ennemi, vous demandez des institutions? N'êtes-vous pas contens de la constitution? il y a quatre ans qu'il fallait en demander une autre. Vous voulez donc imiter l'Assemblée constituante, et commencer une révolution? Mais je ne ressemblerai pas au roi qui existait alors; j'abandonnerais le trône, et j'aimerais mieux faire partie du peuple souverain, que d'être roi esclave. Vous avez été entraînés par l'esprit de faction. On est venu vous dire qu'avant de combattre il fallait savoir si l'on avait une patrie; on ne trouvait donc de patrie que là où régnait l'anarchie. Vous pouviez faire beaucoup de bien, et vous avez fait beaucoup de mal; et vous en auriez fait plus, si j'avais laissé imprimer votre rapport. Vous parlez d'abus, de vexations; c'est du linge sale qu'il fallait blanchir en famille, et non sous les yeux du public... Dans trois mois nous aurons la paix; les ennemis seront chassés de notre territoire, ou je serai mort. »

VIII

PROCLAMATIONS EN FRANCE.

Napoléon était encore debout; mais sa couronne était tombée. Les puissances étrangères entraient à Paris. Napoléon descendit de son pavois; en présence de ses aigles, il s'écria :

« Les puissances alliées ayant proclamé que l'empereur Napoléon était le seul obstacle au rétablissement de la paix en Europe, l'empereur, fidèle à son serment, déclare qu'il renonce, pour lui et ses enfans, au trône de France et d'Italie, et qu'il n'est aucun sacrifice, même celui de la vie, qu'il ne soit prêt à faire aux intérêts de la France. »

Napoléon, du haut de son piédestal, se jeta en bas; sa chute entraîna celle des siens. Il gagna l'île d'Elbe, et, pendant son trajet, l'animosité populaire remplaça l'ovation militaire. Napoléon, sur l'invitation des commissaires étrangers, chercha son salut sous des déguisemens divers; il dit au sous-préfet d'Aix :

« Vous ne m'auriez pas reconnu sous ce costume; ce sont ces messieurs qui me l'ont fait prendre, le jugeant nécessaire à ma sûreté. J'aurais pu avoir une escorte de trois mille hommes; je l'ai refusée, préférant me confier à la loyauté française. Les Provençaux se déshonorent. Depuis que je suis en France, je n'ai pas eu un bon bataillon de Provençaux sous mes ordres; ils ne sont bons que pour crier. Les Gascons sont fanfarons, mais ils sont braves : dites à vos Provençaux que l'empereur est bien mécontent d'eux. »

A son arrivée à l'île d'Elbe, il adressa ces mots au commandant de l'île :

« Général, j'ai sacrifié mes droits aux intérêts de la patrie, et je me suis réservé la propriété et la souveraineté de l'île d'Elbe. Toutes les puissances ont consenti à cet arrangement. Faites connaître aux habitans cet état de choses et le choix que j'ai fait de leur île pour mon séjour, en considération de leurs mœurs et de leur climat : dites-leur qu'ils seront l'objet de mon intérêt le plus vif. »

Pendant son séjour à l'île d'Elbe, Napoléon eut plusieurs conférences avec des émissaires de France. La politique de Louis XVIII était stigmatisée; tout ce qui avait été fait, tout ce que Napoléon comptait faire à son retour, fut discuté; son plan était mis à nu. Voilà l'entretien qu'il eut avec un magistrat de Lyon.

« Si je débarquais en France, » disait-il, « n'est-il pas à craindre que les chouans et les émigrés massacrent les patriotes? — Je ne le pense pas, Sire ; nous sommes les plus nombreux et les plus braves. — Oui, mais si l'on vous entasse dans les prisons, ils vous y égorgeront. — Le peuple ne laisserait pas faire. — Puissiez-vous ne pas vous tromper ! D'ailleurs, j'arriverai si vite à Paris, qu'ils n'auront pas le temps de savoir où donner de la tête. J'y serai aussitôt que la nouvelle de mon débarquement... Oui, dit l'Empereur, j'y suis résolu... je partirai... L'entreprise est grande, est difficile, est périlleuse, mais elle n'est point au-dessus de moi. La fortune ne m'a jamais abandonné dans les grandes occasions... Je partirai avec mon épée, mes Polonais, mes grenadiers. La France est tout pour moi. Je lui appartiens ; je lui sacrifierai avec joie mon repos, mon sang et ma vie. »

Napoléon marcha au-devant de ses destinées. En touchant la rive française, il fit répandre la proclamation suivante :

« Français, la défection du duc de Castiglione livra Lyon sans défense à nos ennemis ; l'armée dont je lui avais confié le commandement était, par le nombre de ses bataillons, la bravoure et le patriotisme des troupes qui la composaient, à même de battre le corps de l'armée autrichienne qui lui était opposé, et d'arriver sur les derrières de l'aile gauche de l'armée ennemie qui menaçait Paris. Les victoires de Champ-Aubert, de Montmirail, de Château-Thierry, de Vauchamp, de Montereau, de Craone, de Reims, d'Arcis-sur-Aube et de Saint-Dizier, l'insurrection des braves paysans de la Lorraine, de la Champagne, de l'Alsace, de la Franche-Comté et de la Bourgogne, et la position que j'avais prise sur les derrières de l'armée ennemie, en la séparant de ses magasins, de ses parcs de réserve, de ses convois et de tous ses équipages, l'avaient placée dans une situation désespérée. Les Français ne furent jamais sur le point d'être plus puissans, et l'élite de l'armée ennemie était perdue sans ressource : elle eût trouvé son tombeau dans ces vastes contrées, qu'elle avait si impitoyablement saccagées, lorsque la trahison du duc de Raguse livra la capitale et désorganisa l'armée. La conduite inattendue de ces deux généraux, qui trahirent à la fois leur patrie, leur prince et leur bienfaiteur, changea le destin de la guerre. La situation désastreuse de l'ennemi était telle, qu'à la fin de l'affaire qui eut lieu à Paris, il était sans munitions par la séparation de ses parcs de réserve. Dans ces nouvelles et grandes circonstances, mon cœur fut déchiré, mais mon âme resta inébranlable. Je ne consultai que l'intérêt de ma patrie, et m'exilai sur un rocher au milieu des mers ; ma vie vous était et devait encore vous être utile ; je ne permis pas que le grand nombre de citoyens qui voulaient m'accompagner partageassent mon sort ; je crus leur présence utile à la France, et je n'emmenai avec moi qu'une poignée de braves nécessaires à ma garde : élevé au trône par votre choix, tout ce qui a été fait sans vous est illégitime. Depuis vingt-cinq ans, la France a de nouveaux intérêts, de nouvelles institutions, une nouvelle gloire qui ne peuvent être garantis que par un gouvernement national et par une dynastie née dans ces nouvelles circonstances. Un prince qui règnerait sur vous, qui serait assis sur mon trône par la force des armes qui ont ravagé notre territoire, chercherait en vain à s'étayer des principes du droit féodal ; il ne pourrait assurer l'honneur et les droits que d'un petit nombre d'individus ennemis du peuple, qui, depuis vingt-cinq ans, les a condamnés dans toutes nos assemblées nationales. Votre tranquillité intérieure et votre considération seraient perdues à jamais. Français ! dans mon exil j'ai entendu vos plaintes et vos vœux : vous réclamiez ce gouvernement de votre choix, qui seul est légitime. Vous accusiez mon long sommeil, vous me reprochiez de sacrifier à mon repos les grands intérêts de la patrie. J'ai traversé les mers au milieu des périls de toute espèce ; j'arrive parmi vous reprendre mes droits qui sont les vôtres. Tout ce que des individus ont fait, écrit ou dit depuis la prise de Paris, je l'ignorerai toujours ; cela n'influera en rien sur le souvenir que je conserve des services importans qu'ils ont rendus ; car il est des événemens d'une telle nature, qu'ils sont au-dessus de l'organisation humaine. Français ! il n'est aucune nation, quelque petite qu'elle soit, qui n'ait eu le droit de se soustraire, et ne se soit soustraite au déshonneur d'obéir à un prince imposé par un ennemi momentanément victorieux. Lorsque Charles VII rentra à Paris et renversa le trône éphémère de Henri VI, il reconnut tenir son trône de la vaillance de ses braves, et non d'un prince régent d'Angleterre. C'est aussi à vous seuls et aux braves de l'armée que je fais et ferai toujours gloire de tout devoir. »

A chaque station, Napoléon laissait une proclamation ; il adressa aux habitans des Hautes-Alpes ces paroles :

« Citoyens, j'ai été vivement touché de tous les sentimens que vous m'avez montrés ; vos vœux seront exaucés ; la cause de la nation triomphera encore. Vous avez raison de m'appeler votre père ; je ne vis que pour l'honneur et le bonheur de la France. Mon retour dissipe vos inquiétudes ; il garantit la conservation de toutes vos propriétés, l'égalité entre toutes les classes, et ces droits dont vous jouissez depuis vingt-cinq ans, et après lesquels nos pères ont tant soupiré, forment aujourd'hui une partie de votre existence. Dans toutes les circonstances où je pourrai me trouver, je me rappellerai toujours avec un vif intérêt ce que j'ai vu en traversant votre pays. »

A son entrée à Paris, Napoléon voulut flatter la force civique ; il adressa ces mots aux gardes nationaux :

« Soldats de la garde nationale de Paris, je suis bien aise de vous voir. Vous avez versé votre sang pour la défense de la capitale, et si des ennemis sont entrés dans vos murs, la faute n'en est pas à vous, mais à la trahison... La France a dû se séparer des Bourbons ; sa voix appelait un libérateur. L'attente qui m'avait décidé au plus grand des sacrifices, avait été trompée. Je suis venu, et du point où j'ai touché le rivage, l'amour de mes peuples m'a porté jusqu'au sein de ma capitale... Soldats ! vous avez été forcés de porter des couleurs proscrites par la nation ; mais les couleurs nationales étaient dans vos cœurs. Vous jurez de les prendre toujours pour signe de ralliement, et de défendre le trône impérial, seule naturelle garantie de vos droits. »

La chute de Napoléon fut consommée à Waterloo. A son retour dans la capitale, il voulut tenter de relever sa dynastie ; ses vœux furent ainsi exprimés :

« Français ! en commençant la guerre pour soutenir l'indépendance nationale, je comptais sur la réunion de tous les efforts et de toutes les volontés, et sur le concours de toutes les autorités nationales ; j'étais fondé à en espérer le succès, et j'avais bravé toutes les déclarations des puissances alliées contre moi. Les circonstances me paraissent changées, je m'offre en sacrifice à la haine des ennemis de la France. Puissent-ils être sincères dans leurs déclarations, et n'en avoir réellement voulu qu'à ma personne ! Ma vie politique est terminée, et je proclame Napoléon II empereur des Français. Les ministres actuels formeront provisoirement le conseil du gouvernement. L'intérêt que je porte à mon fils m'engage à inviter les Chambres à organiser sans délai la régence par une loi. Unissez-vous tous pour le salut public, et pour rester une nation indépendante. »

Mais le prisme était brisé ; l'Océan l'emprisonnait à Sainte-Hélène. Là, il voua dans son testament « l'Angleterre à la « haine des peuples, » et fit des souhaits pour que sa cendre vînt reposer sur les bords de la Seine. Sa volonté de mort, après vingt ans, fut accomplie.

Tel est le résumé des principales pièces émanées de Napoléon dans toutes les périodes de sa carrière de soldat, de consul et d'empereur ; elles proclament l'authenticité des faits qui ont composé sa renommée et entraîné sa décadence.

« La force sans principe ne fait ni l'avenir des rois ni l'avenir des peuples. »

IX

LES DEUX IMPÉRATRICES.

L'empire, ses progrès, son influence se développèrent sous les pas de la gloire; mais aussi la fortune de Bonaparte eut pour levier les nœuds qu'il resserra, à son début de triomphes, avec Joséphine; elle prit part à toutes les vicissitudes de sa carrière avant de prendre part aux grandeurs de son règne.

La vie de cette impératrice est liée aux plus grandes phases de la vie de Napoléon : elle le vit sous-lieutenant, général, empereur! Joséphine avait en elle la seule attraction de cœur qui s'attachât au trône de Napoléon; elle palliait par des bienfaits les sacrifices de ses conquêtes : quand il la répudia, son ambition à nu frappa l'Europe; il chuta.

L'archiduchesse Marie-Louise, élevée avec toute la fierté autrichienne, n'eut pour Napoléon qu'un entraînement d'étiquette, et au jour de ses revers, à l'anniversaire de Waterloo, on la vit donner, dans les fêtes de Parme, le bras au duc de Wellington, qui avait renversé l'empereur en passant sur le sang français.

Joséphine, créole et passionnée, avait embelli l'existence de Napoléon : Marie-Louise ne porta que des souvenirs amers dans son âme.

L'une fit preuve d'une abnégation de chaque jour; l'autre mesura aux pas de la politique les protestations de sa tendresse.

Napoléon compta sur l'une, et vit juste; Napoléon se confia à l'autre et ne trouva que déception. Toutes deux retracent les fluctuations d'une couronne, qui le matin était grande, et qui le soir n'avait plus qu'un fleuron.

Ces deux impératrices ont offert, à l'avenir, une grande leçon : il n'y a rien de durable quand il faut construire sur la pointe d'une épée.

La fortune vient, se pose, passe, sans faire aucune incision sur les tables du temps.

Joséphine, mariée au comte de Beauharnais, eut pour fruit de cette union, Eugène et Hortense. Elle quitta la cour, en 1787, pour aller rejoindre à la Martinique une mère âgée. Bientôt la révolte des noirs la força de quitter son pays natal ; elle revint en France et retrouva une révolution. Le comte de Beauharnais était général en chef de l'armée du Rhin ; il servait avec courage, mais bientôt il fut une des victimes de 1793 ; son sang coula sur l'échafaud. Madame de Beauharnais fut elle-même jetée dans les prisons ; elle dut la vie à madame Tallien, et elle n'oublia jamais les services qu'on lui avait rendus.

Joséphine impératrice fit une pension au chef du 9 thermidor, bien que ses missions durant la Terreur l'avaient fait frissonner.

Après le 13 vendémiaire, Napoléon, en remettant à Eugène Beauharnais l'épée de son père, fit par cet acte sa cour à Joséphine. En 1809, en bombardant le palais impérial de l'Autriche, il apprit que Marie-Louise n'avait pas voulu fuir avec sa famille ; alors, Napoléon, par courtoisie, fit changer la direction des batteries, et le feu des assiégeans respecta l'asile de l'archiduchesse. Ce fut avec une épée qu'il conquit le cœur de l'une ; ce fut avec le canon qu'il conquit le cœur de l'autre.

Joséphine fut courtisée par le général Hoche ; elle préféra le général Bonaparte. Marie-Louise fut courtisée par des princes héréditaires ; elle préféra le soldat empereur. « Si je gagne des batailles, c'est vous qui gagnez des cœurs, » disait Napoléon à Joséphine ; puis, jugeant les deux impératrices, il s'exprimait ainsi : « J'ai été occupé en ma vie de « deux femmes très différentes : Joséphine est l'art et les grâ- « ces ; Marie-Louise, l'innocence et la simplicité naturelle. » Il aurait pu ajouter : l'une était bonne et spirituelle ; l'autre était nulle et hautaine. La France a gardé le souvenir de celle qui fut bienfaisante et dévouée ; elle a oublié celle qui fut égoïste et qui se trouva heureuse.

Joséphine sut former autour d'elle un cercle d'amis ; Marie-Louise n'eut qu'un cercle de courtisans.

Les larmes de Joséphine étaient une pétition d'apitoyance : à la mort du duc d'Enghien, elle pleura ; après le jugement de MM. de Polignac et de Rivière, elle demanda grâce : Marie-Louise n'usa de sa puissance devant aucune condamnation.

Joséphine aimait le luxe, mais relevait l'infortune ; Marie-Louise oublia qu'elle avait pour aïeule Marie Thérèse ; elle resta froide devant les malheurs de la patrie.

Joséphine accourut la première au devant de toutes les peines, de tous les dangers de Napoléon ; l'archiduchesse oublia qu'elle était épouse et qu'elle avait été Française.

Ainsi, le même diadême en ceignant deux fronts, ne garda qu'une seule empreinte.

X

LES COURONNES NAPOLÉONIENNES.

Bonaparte et les diadèmes départis par sa puissance devinrent les ovations des grandes batailles achetées au prix du sang des peuples, ils ont formulé une des grandes pages de l'empire. Chaque État a payé sa rançon ; l'épée de Napoléon a dîmé sur tous les sceptres, sa famille et ses généraux mêmes ont pu sonner dans leur antichambre des valets à la livrée royale : les grands potentats ont plus d'une fois plié le genou devant ces monarques du bivouac, improvisés sur la déroute de l'ennemi.

La lignée napoléonienne reposait sur une jeune tige qui avait du sang de l'Autriche ; elle n'a pu grandir. En France, elle aurait été de droit repoussée ; des souvenirs de gloire n'auraient pu patroniser la souche : tant il est vrai que la nationalité s'allie à l'action héréditaire, et que les conquêtes qui avancent les progrès pour agrandir la France, ne vont pas jusqu'à étayer les couronnes hors droit.

Le dernier souffle du roi de Rome, du duc de Reichstadt, ne s'est exhalé ni en France, ni dans l'empire du Vatican. Le rejeton napoléonien a séché sur plante, et l'Allemagne n'a eu qu'un linceul de roi qui ne commandait qu'à un guidon d'Autrichiens.

Toutes les royautés créées par Napoléon ont défilé tête basse, à la suite de son cercueil. Murat, ce roi des tentes et des escadrons, a porté l'épaulette avec bravoure, mais il a échoué en portant le diadème de Naples. Il a trahi son maître; il a été fusillé comme un conscrit qui fuit avec armes et bagages et qui revient au camp pour demander ses équipemens à une entrée en campagne.

Joseph Bonaparte, plus diplomate que guerrier, saute de trône en trône, et n'en arrhe aucun. Il se traîne à la remorque de la diplomatie, se place d'abord sur les degrés du dais royal de Naples, monte et redescend, sans qu'on s'aperçoive qu'il a touché le sceptre de Ferdinand; va en Espagne, monte et redescend les degrés du trône, sans qu'on s'aperçoive, non plus, qu'il ait touché la couronne de Charles-Quint. Puis il va et vient des États-Unis à la Grande-Bretagne pour étudier l'art de régner sur quelques arpens de terre, non comme roi, mais comme simple bourgeois. Voilà la vie de ce frère de Napoléon qui porta un des coins du manteau impérial.

La branche napoléonienne fournit un roi qui regarda de près tous les pas de la royauté, et qui craignit dans ses États de porter son pied à faux. Ce roi était Louis Bonaparte : il avait la Hollande sous sa domination, il fut prudent et non heureux; il fut fier et non pusillanime; il voulut régner par son vouloir, c'est dire qu'il se sentit la force d'abdiquer. Il avait épousé Hortense de Beauharnais; il refusa d'être vassal de l'empire; le jour où son vœu perça, il ne régna plus.

Quant à Jérôme, roi de Westphalie, il prit le sceptre comme une marotte de carnaval; tant que les jours gras de la royauté durèrent, il voulut bien être roi, mais aux jours d'abstinence il ne sut plus jouer son rôle; il vécut roi au jour le jour.

Après l'action de ces potentats gradés dans les rangs napoléoniens, venaient les rois qui portaient couronne en s'alliant aux princesses impériales; ainsi Marie-Anne-Elisa Bonaparte octroya la largesse d'une couronne au petit prince de Piombino, qui ne fit ni grand bruit de guerre, ni grand effet de pose dans la politique des Etats européens.

Il n'en fut pas de même des soldats qui s'emparèrent des couronnes étrangères, sous les ailes de l'aigle impérial.

Bernadotte, en Suède, foula la légitimité, et fit surgir de nouvelles palmes; il les greffa sur le vieux trône de *Charles XIII.* Il fut aussi un semi-roi qui a laissé dans les camps une belle renommée, et qui a placé dans les monarchies son nom avec éclat et prépondérance. Eugène Beauharnais, après avoir vaincu sur tous les sols comme lieutenant de l'Empereur, a renvoyé ses trophées et ses drapeaux à la branche héréditaire de Bavière, et les vieilles dynasties du Nord n'ont point répudié sa jeune gloire monarchique.

Ainsi, les couronnes napoléoniennes se sont posées sur le monde et ont fait le tour du monde; le temps a passé, leur incision est restée; leur avenir marche.

XI

LES TRAITÉS DE PAIX.

Le tableau des grands règnes est celui qui place les peuples sous la pacification des armes. La France aime à voir Napoléon signant des traités et jurant la paix en regardant l'Europe en face, et en portant la main sur la garde de son épée.

Les conquérans oppriment et semblent débonnaires; on récolte sur les champs de bataille et on fait largesse aux vaincus, en octroyant quelques parcelles du bien qu'ils possédaient la veille de combattre.

La politique des traités de paix est de toujours empiéter; c'est l'arme à deux tranchans; on taille de tous côtés, et quand on a abattu, on veut relever et consolider ce qui est debout en portant ses limites hors droit. Cette tactique est l'épreuve et des plus vaillans et des plus rusés.

Voyons ces congrès où on combat de finesse à finesse, où on joue les hommes et les empires par un mot, par une phrase, où chaque virgule est diplomatiquement posée : à peine si on donne haleine aux potentats et aux peuples. Les méditations surchargent la tête des hommes d'État; ils élaborent les traités, ils les signent, et les sujets les soldent.

Napoléon consacrait peu de temps aux délibérations des traités, et quand le temps des interprétations était venu, il aimait mieux les rompre que les discuter. Aussi ces traités n'étaient-ils qu'un repos d'armes.

Sous le Consulat et sous l'Empire, il y eut de grandes coalitions pour et contre la France; des conventions faites et défaites à coups de plume et à coups de canon, des ruptures, des rapprochemens; on aurait dit que tous les royaumes étaient mis à la merci de la diplomatie : rien ne fut stable que l'ambition qu'on voyait poindre, quoique les couronnes étaient défleuries.

Les premiers traités qui imposèrent sous les drapeaux le plus de concessions à l'étranger, furent ceux qui apparurent après les orages révolutionnaires, et sur les faisceaux de l'armée d'Italie. Celui de Campo-Formio (17 octobre 1797) résuma les destinées de l'Autriche : il scella la destruction de quatre grandes armées du Nord, et apporta à la France les Pays-Bas et les îles Ioniennes. Trois mois après (28 janvier 1798), la réunion de la ville libre de Mulhouse eut lieu; puis Genève (26 avril 1798) fut aussi enclavé à notre territoire.

De pas de gloire en pas de gloire nos phalanges octroyaient des villes, des contrées, des royaumes. L'Egypte posa les armes, et par le traité d'El-Arisch (24 janvier 1800) elle livra ses postes d'honneur.

Les États-Unis vinrent (30 juillet 1800) demander un traité d'alliance où « le pavillon pût couvrir la marchandise, » et bientôt la paix de Lunéville (9 février 1801) s'ouvrit comme une belle page de prospérité. Ensuite vient le traité de Madrid (21 mars 1801); là l'Espagne nous concède les États de Parme; puis celui de Florence (28 mars 1801), où Naples nous abandonne l'île d'Elbe, Piombino et les Présides.

Notre drapeau avance et les frontières se parent : par le traité d'Amiens (25 mars 1802), toutes les possessions continentales du roi sarde nous adviennent.

La libre navigation de la mer Noire était enviée par notre commerce; la Porte signe un traité (25 juin 1802) où nos bâtimens marchands ont toute sécurité. La guerre européenne se fait de nouveau pressentir : une convention de neutralité (1803) est signée avec l'Espagne et le Portugal, et la Grande-Bretagne flotte dans son agression. Naples respecte aussi la neutralité. Ferdinand IV, par le traité de Paris (21 septembre 1805), s'interdit d'employer dans son armée des officiers russes et autrichiens. Mais les grandes journées s'accumulent; l'Allemagne n'est qu'un champ de bataille, et les traités ne se signent plus qu'à Vienne (15 décembre 1805). Alors l'Autriche et la Prusse font les honneurs de la guerre : les pays d'Anspach et de Bareuth, Clèves et Neufchâtel sont à nous; puis le traité de Presbourg (26 décembre 1805) donne des royaumes à nos alliés. Les électeurs de Bavière et de Wurtemberg obtiennent des villes, des terres et le titre de roi. Cet appât appelle sous les drapeaux tous les princes d'Allemagne. Les grands ducs de Bade, de Berg, de Darmstadt veulent grandir; tous entrent dans le traité de la confédération du Rhin (12 juin 1806), tous se courbent et saluent les aigles de France.

Les campagnes de Prusse et d'Allemagne s'ouvrent et se referment. Le traité de Tilsitt (9 juillet 1807), fait avec les puissances du Nord, fait connaître de quel côté a penché la victoire. Frédéric-Guillaume abandonne toutes ses possessions entre le Rhin et l'Elbe. Napoléon donne au bivouac des croix d'honneur à ses soldats et des bastions aux princes qui ont combattu avec lui.

Le besoin d'un repos d'armes se fait toujours sentir ; alors intervient le traité de Kœnigsberg (12 juillet 1807) qui consolide la paix européenne, et qui provoque l'évacuation des troupes françaises en Prusse et dans la Silésie.

Cependant la politique est toujours en action pour troubler les États : quand les peuples sommeillent, les rois donnent aux artilleurs l'ordre de tenir allumées les mèches du canon. Le traité d'alliance de la France et du Danemarck (16 octobre 1807) et le traité secret de Fontainebleau avec l'Espagne (27 octobre 1807), faisaient prévoir une rupture avec les puissances belligérantes ; le cri : Aux armes ! ne tarda pas à éclater. Ce cri suivit le pas de charge et fit le tour du monde. Il retentit (11 novembre 1807) sur le territoire de la Hollande, et la Hollande nous abandonna Flessingue : ce houra porta l'alarme dans la Péninsule (5 mai 1808), et Charles IV céda à Napoléon tous ses titres sur l'Espagne.

Le temps était venu où il y avait plus de traités que de combats. La convention avec la Prusse (8 septembre 1808) réduisit le roi Guillaume au droit de n'avoir plus dans ses États qu'une garnison de quarante mille hommes, et le traité de Vienne (14 octobre 1809) donna à la France Goritz, Montefalcone, Trieste, et le cercle de Villach. Ce furent les dernières rançons payées à nos victoires : les traités, les armistices, les congrès avaient cessé de signaler des largesses. Dresde, Plesswitz, Prague et Châtillon furent remplis par les phases des capitulations de 1813 et de 1814 ; mais alors ce n'était plus la France qui donnait, et le traité de Paris (11 avril 1814), qui ne laissa à Napoléon que la souveraineté de l'île d'Elbe, fit connaître que les plus grands conquérans ne retrouvent plus dans leur chute les diamans de leur couronne, mais une île pour prison et une île pour tombeau.

TABLE.

Introduction.	5
Exposition.	13
Chap. I. Terre et Mer.	37
II. Cause célèbre.	43
III. Le Sacre.	67
IV. Campagne d'Allemagne.	75
V. Trafalgar.	93
VI. L'Écriteau.	115
VII. Campagne de Prusse.	121
VIII. Le Gouverneur de Berlin.	131
IX. Campagne de Pologne.	135
X. Prison d'État.	143
XI. Campagne d'Espagne.	155
XII. La Contrebande.	179
XIII. Campagne d'Autriche.	189
XIV. Événemens intérieurs.	197
XV. Campagne de Russie.	205
XVI. Papier fausse monnaie.	231
XVII. Campagne de Saxe.	241
XVIII. Le Cheval Ambulance.	257
XIX. Campagne de France.	261

TABLE.

CHAP. XX. Les Adieux a l'Armée. 285
XXI. Les Cent jours. 293
XXII. Les dernières Phases. 317
XXIII. Mort de Napoléon. 325
XXIV. Le Repos du Soldat. 333
XXV. Les Funérailles. 341

ANALYSE.

Le Prix de la Gloire. 37
L'Écusson. 38
La Rade. 39
Le frêle Esquif. 40
Le Rêve. 42
L'Attentat. 45
La Falaise. 46
Le Serment. 47
Le Salaire du Crime. 51
Les deux Frères d'Armes. 52
Le Jury. 53
L'Interrogatoire. 57
La Condamnation. 64
Le dernier Salut. 65
Notre-Dame. 69
Veni Creator. 71
Les Contrastes. 73
Les Petits Moyens. 76
Le grand Peuple. 77
La Forêt. 78
Ulm. 79
Le Dais guerrier. 83
En Avant! 87
Austerlitz. 88
Traité de Paix. 91
Les Armemens maritimes. 94
Nelson et Villeneuve. 97
Les Escadres. 99
Le Point de mire. 103
L'Abordage. 105
Le Suaire d'honneur. 108
La Version apocryphe. 109

TABLE. 541

Les Récits traditionnels.	113
Deux Destinées.	114
La Parure du Régiment.	116
La Vieille Moustache.	119
Les Griefs politiques.	123
Le Legs des Batailles.	127
Bas les Armes!...	ib.
La Trahison.	132
La Grâce.	133
Le Jugement de l'Avenir.	134
Les deux Victoires.	135
Le Pas de Géant.	137
Le 24e de Ligne.	139
Les Cartouches.	ib.
Friedland.	140
La Couronne effeuillée.	142
La Main de Fer.	144
Madrid.	165
Le Pavois de Famille.	168
Guerre d'Extermination.	171
Flux et Reflux.	176
L'Auto-da-fé.	181
Le Prix d'un Service.	183
La Licence des Mers.	184
Eckmühl.	190
Esling.	191
Wagram.	ib.
Les Ambulances.	193
Paix de Vienne.	194
La Répudiation.	195
Les Pompes nuptiales.	199
Le Roi de Rome.	204
La Rupture diplomatique.	208
Le Goliath français.	210
Smolensk.	215
La Moskowa.	216
Le Kremlin.	220
La Bérésina.	228
Les fausses Banknotes.	232
La part d'Avenir.	243

TABLE.

Tout à demain.	246
Dresde.	248
Leipsick.	252
La Défection.	256
La Valise.	258
L'Aide-major.	259
Le Vieil ami.	260
L'Enfant soldat.	262
L'Invasion.	263
Champ-Aubert.	265
Montmirail.	267
Montereau.	268
Arcis-sur-Aube.	273
Le Ressuscité.	276
Blocus de Lyon.	278
Reddition de Paris.	283
L'Abdication.	288
Le Gouvernement provisoire.	289
Les Adieux aux Aigles.	290
Le Navire.	292
L'île d'Elbe.	ib.
Le Retour en France.	298
L'Élan populaire.	ib.
La Prophétie.	299
Fleurus.	311
Waterloo.	312
La Déception.	315
Le Bellérophon.	322
L'Ile Sainte-Hélène.	324
Le dernier Vœu.	327
L'Agonie.	328
Parallèle.	329
Le Tribut du soldat.	333
Les Obsèques.	342
Les Palmes de la tombe.	345
Les deux Vétérans.	356
La Chamade.	357
Le Salut du drapeau.	359
Les Invalides.	ib.
Les Hémisphères de gloire.	360

LES FEUX DU BIVOUAC.

ÉPISODE.

HALTE I. Les Faits d'Armes.	369
II. L'Incognito.	375
III. Les Soirées.	387
IV. Le Duel diplomatique.	395
V. La Redevance des souvenirs.	405
VI. Le Grognard.	413
VII. Le Drame.	425
VIII. L'Horoscope.	441
IX. Qui est-elle ?	451
X. Un Repas de roi.	463
XI. Le Dais impérial.	469
XII. Le Vallon sacré.	481
XIII. Les Baïonnettes.	489

ANALYSE.

L'Échiquier du Camp.	370
La vieille Armure.	372
Le Laboureur.	377
Le Déguisement.	381
Le Fauteuil académique.	382
L'Horloge des camps.	385
L'Hôtel des Pages.	388
Les Fêtes de cour.	389
Gode save the king.	390
Le Requiem.	394
L'Agression.	401
L'Exaltation.	404
La Vedette.	407
La Consigne.	409
La Gamelle.	410
Le Cheveu.	411
Le Grenadier.	413
Le Fourniment.	415
La Redoute.	417

TABLE.

L'Étape.	422
La Croix.	ib.
L'Adieu.	ib.
Le Sénatus-Consulte.	423
Les Philadelphes.	425
Les Francs-Juges.	426
La Danse macabre.	428
Le Supplice nocturne.	440
Les Bohémiens.	441
L'Inconnue.	452
Le Roi de l'Écot.	464
Le Camp de Boulogne.	470
La Paix du Continent.	473
L'Urne des Batailles.	474
Hyde-Park.	ib.
L'Aigle vivant.	476
Le Sauvetage.	478
Les Tourelles de Ham.	487
L'Arme des Frontières.	489
La Forêt noire.	492
Les Redditions.	493

NOTES.

LES MANIFESTES.	497
1. L'Ovation.	501
2. Le Pas de charge.	504
3. Les Armes au repos.	510
4. Proclamations en Espagne.	511
5. Proclamations en Allemagne.	515
6. Proclamations en Italie.	518
7. Proclamations en Russie.	521
8. Proclamations en France.	525
9. Les deux Impératrices.	531
10. Les Couronnes Napoléoniennes.	533
11. Les Traités de paix.	535

FIN.

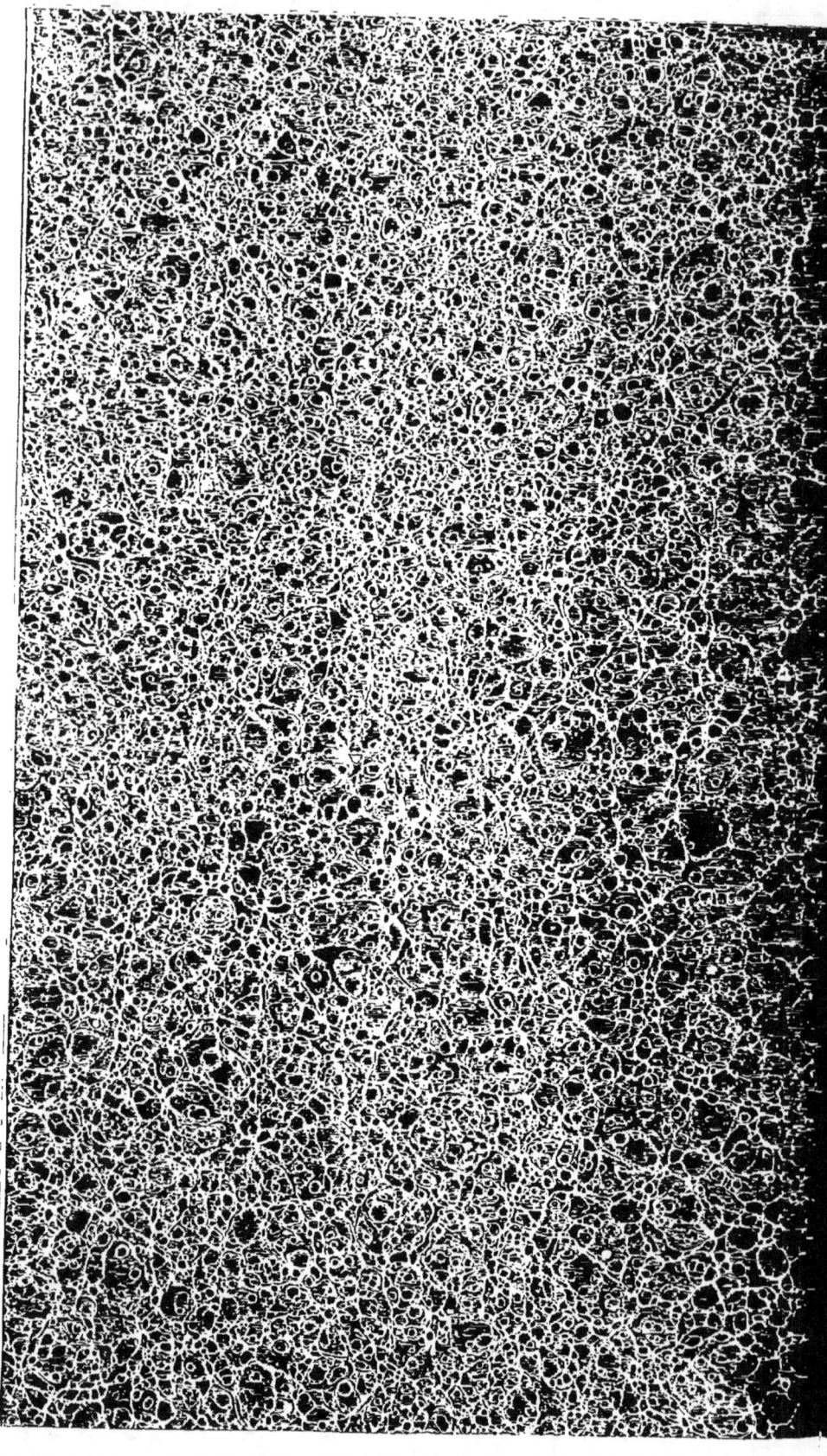

www.ingramcontent.com/pod-product-compliance
Lightning Source LLC
Chambersburg PA
CBHW070832230426
43667CB00011B/1767